· 上海外国语大学阿拉伯学研究中心项目
· 上海高校高峰高原学科建设子项目
· 上海高校一流学科（A类）建设子项目
· 国家重点（培育）学科子项目
· 上海市重点学科子项目
· 高等学校特色专业建设点子项目
· 上海外国语大学国家级一流本科专业建设点子项目

بدعم من: مركز البحوث والتواصل المعرفي
الرياض - المملكة العربية السعودية

مركز البحوث
والتواصل المعرفي
Center for Research &
Intercommunication Knowledge

网站地址：https://crik.sa/

دراسات الاستعراب

(العدد السادس، 2021)

مجلة علمية محكمة تعني بالدراسات العربية

والدراسات الخليجية

阿拉伯学研究

第六辑（2021）

主　编◎蔡伟良　周　放

副主编◎陆怡玮　史　月

世界知识出版社

北京 · 2021

图书在版编目（CIP）数据

阿拉伯学研究. 第六辑，2021/蔡伟良，周放主编. —北京：世界知识出版社，2020.11

ISBN 978-7-5012-5869-7

Ⅰ. ①阿… Ⅱ. ①蔡… ②周… Ⅲ. ①阿拉伯国家—研究—文集 Ⅳ. ①K370.07-53

中国版本图书馆CIP数据核字（2020）第248317号

书　　名	阿拉伯学研究. 第六辑（2021） Alaboxue Yanjiu. Di-liu Ji (2021)
主　　编	蔡伟良　周　放
副 主 编	陆怡玮　史　月
责任编辑	刘　喆
责任出版	赵　玥
责任校对	张　琨
封面设计	刘　凌
出版发行	世界知识出版社
地址邮编	北京市东城区干面胡同51号（100010）
网　　址	www.ishizhi.cn
电　　话	010-65265923（发行）　010-85119023（邮购）
经　　销	新华书店
印　　刷	北京虎彩文化传播有限公司
开本印张	710毫米×1000毫米　1/16　21印张　2插页
字　　数	387千字
版次印次	2021年7月第一版　2021年7月第一次印刷
标准书号	ISBN 978-7-5012-5869-7
定　　价	45.00元

دراسات الاستعراب

(العدد السادس، 2021)

مجلة علمية محكمة صادرة عن قسم اللغة العربية بجامعة شانغهاي للدراسات الدولية

主编的话

时间悄然飞逝，距离《阿拉伯学研究》第五辑的出版问世转眼竟已过去了4年。原本2019年底就可付梓的第六辑，因为众所周知的原因——疫情突至而搁浅。这段时间，几乎所有的学术活动都被按下了暂停键。利用这一学术活动的空窗期，重新审阅来稿，又经多次斟酌，终于定下了本辑的最终目录。作为主编还得写上几句，题为《主编的话》，其实就是谈谈看了这些文稿后的感想。同时，也借此机会，对多年来不吝支持的各位中外学者，对为本辑组稿、审稿、编辑而不辞辛劳的我的同事们表示由衷感谢。

从2009年编辑出版第一辑《阿拉伯学研究》至今已有12年。当年，朱威烈教授作为主编为该辑撰写了题为《坚持走学科内涵发展的道路》的文章，从中可以悟得学科内涵发展与阿拉伯学研究的逻辑关系。

阿拉伯学的基础是阿拉伯语语言文学，而作为一门学科的阿拉伯学，又不仅仅囿于语言文学，有如早年西方人创立的“东方学”那样。我们倡导构建的阿拉伯学，就是意在以语言为工具，以雄厚的相关历史文化知识为基础，展开对包括语言本身在内的阿拉伯文学、文化、历史、宗教，乃至当代政治、经济、社会等全方位、多学科的研究。回观已经出版问世的前几辑《阿拉伯学研究》，虽然各辑的版块设计在命名上稍有不同，但主题及内容构成则基本未变。

毫无疑问，从学科角度而言，阿拉伯学是一门综合且庞杂的学科。构建一个学科本身就是一个漫长的过程，何况是囊括数个领域的阿拉伯学，它更需要几代人锲而不舍的努力。秉承初心,《阿拉伯学研究》作为学术交流的平台，也作为研究成果的展示窗口，将继续做实、做强组稿、编辑工作，也更希望得到各路专家、学者的鼎力支持。

本辑《阿拉伯学研究》共载论文25篇，涉及语言学、文学、国别区域与文化、教学研究等多个领域，稿源来自国内外10余所高校或科研机构。

语言文学依然是本辑的重点。在语言学方面，有对阿拉伯语语言学重磅经典的研读，也有对相关国家语言政策的跟踪研究；在文学方面，既有经典重读类的研究论文，也有中国90后对沙特80后作家作品的解读；而在国别区域与文化研究方面，所涉及的有阿联酋、苏丹、阿尔及利亚等多个阿拉伯国家，所涵盖的主题有政治也有经济及其他。

最令人欣慰的是，这些成果大部分出自年轻学者之手，甚至是在读博士、硕士研究生。擅长与互联网打交道的“后浪”们正在崛起，他们不一样的探究问题的视角，定会成为今后阿拉伯学研究中的一大亮点。作为主编，我非常希望《阿拉伯学研究》能成为青年学者发表学术成果的园地，像当年的《阿拉伯世界》杂志那样，在促进中国阿拉伯学研究的同时，也为学术人才的培养作出应有的贡献。

目　录

文化与社会

教学改革与语言政策

الفهرس

أوراق خاصة

اللسانيات والترجمة

الأدب والنصوص

الثقافة والمجتمع

الإصلاح التعليمي والسياسات اللغوية

［特稿］

فن الإيجاز وتجلياته في الكتابة العربية *

مسعود ضاهر**

مخلص البحث: الكتابة الوسيلة الأُمّ لِنقلِ أخبار السَّلف بأشكال عدة منها الوثائق المدوَّنة، ودواوين الشعر، والرواية المتداولة، ونقد المرويات؛ وبأساليب تتنوّع بحسب تلك الأشكال. وقد آثَرَت العَربُ الاقتصادَ في الكلامِ والكِتابَة، فَكانَ فَنُ الإيجاز أبرز ما يميّز ما وصلَ إلينا من التراث المخطوطِ؛ ويُعرفُ بالمتضادِ البَدِيعيّ للإسهابِ والتطويل، وهدفه تكثيف المعاني في الكلمات، مع الحفاظ على مضمون الرواية بعد تعريتها من الشوائب المُمِلَّة والزوائد المُخِلّة بالنص.

ولعلّ هذا الفَن يجتلي براعة الكُتّاب وقدرتهم على تقديم الوقائع، وسردِ الأخبارِ، واقتناص الأفكار، وحرصهم الشديد على عدم إنقاص المضامين بزيادة الألفاظ أو بالعكس. وقد يتجسّد هذا الفن في ضروبٍ من الكتابة، كالحِكَمِ والأمَثَالِ، وبيوت الشِّعْر الوعظي، والنوادر الأدبية، والحكايات الشعبية، والقصصِ السّردية القصيرة جِدًا، والتوقيعات، والإهداءات، والخُطَبِ، والرسائل لا سِيّما الأدبية منها.

وما أشدَّ حاجتنا إليه في ظلِّ استفحال أزمة التسويق الراهنة التي تشهدها حركة النشر العربية اليوم، وتكديس آلاف الأطروحات الجامعية والبحوث التي لن تتخذَ من هذه التقنية الكتابية خيرَ مُعينٍ على صيانتها من التراكم والتكاثر غير النَّافِعَينِ؛ وتخلّت عن الإفادة من خَلَّفَهُ لنا فرسانُ الكتابة الإبداعية والتأريخية، بل لم تتوارثْهُ عن كُتبِ الأخبار التي عَجّتْ بعُيونِ النصوص القائمةِ على اختصار المبنى والمعنى في حُلّةٍ مُمتِعةٍ.

الكلمات المفتاحية: فن الإيجاز، الكتابة العربية، التقنية الكتابية

تشكل الكتابة مختبرًا حقيقيًا لنقل أخبار السلف بأشكال عدة منها الوثائق المكتوبة، ودواوين الشعر، والرواية المتداولة، ونقد المرويات، وإبراز مغالط الكتاب اللغوية، والحرص على الأسلوب الأنيق، وجمال الألفاظ، والموسيقى الشاعرية، واحترام القواعد اللغوية، وحسن التأويل والاستعارة والتشبيه. ويتبنى الكاتب المبدع جمال السرد الروائي، والبراعة في وصف الأحداث، وإتقان فن التحليل والتعليل في تفسير الأحداث، وسلاسة التحقيب الزمني، والبراعة في وصف حركة المجتمع، واستخلاص الحكمة من فلسفة السرديات،

---

* محاضرة ألقتها الكاتبة في جامعة الدراسات الدولية بشانغهاي بتاريخ 15 نوفمبر 2017.

** المفكر اللبناني وأستاذ في الجامعة اللبنانية.

والتعلم من دروس الماضي بصفته "كتاب العبر" وفق ابن خلدون.

بيد أن تحليل تلك المفاهيم يحتاج إلى مجلدات كثيرة. لكن هذه الدراسة المكثفة جدا تركز فقط على إبراز فن الإيجاز في الكتابة العربية، وفي سرد الأحاديث والروايات، وفي استخلاص الحكم على قاعدة معروفة تقول بأن "الأمثال حكمة الأجيال"، أو في بيت واحد أو أكثر من الشعر يختصر قصيدة عصماء بأكملها، أو بعبارة واحدة يختصر فيها الكاتب البارز وصف بلد كقول هيرودوتس "مصر هبة النيل"، ووصف الجزائر بأنها "بلد المليون شهيد"، ووصف لبنان بأنه "طائر الفينيق" الذي يقوم دومًا من رماده.

تجدر الإشارة إلى أن التراث العربي يختزن كمًّا هائلاً من النصائح التي تطالب بالاختصار. منهاعلى سبيل المثال لا الحصر: اختصر، أو مختصر مفيد، أو خير الكلام ما قل ودل، أو أطال فأملّ وأوجز فأخلّ، أو من أكثر الترداد أعياه الملل، أو قل كلمتك وامش...

أولا: معنى ومحتوى الإيجاز في الكتب العربية

وهناك كتب كثيرة، معظمها ذو طابع تثقيفي أو أكاديمي تعالج فن الإيجاز في مختلف مجالات المعرفة ومنها الكتابة السردية التي غالبًا ما كان التطويل فيها غير مبرر. فتقود الإطالة في سرد الأحداث إلى مغالط كثيرة تخرج الكتابة العربية من دائرة الإمتاع اللغوي إلى دائرة السرد الممل دون ضوابط في الشكل، والمضمون، والمنهج. لذا انتشر بين الباحثين المحدثين مقولات كثيرة تسخر من الإطالة في الكتابة السردية.

لا بد إذن من اعتماد فن الإيجاز في الكتابة العربية الموثقة والمسندة بشكل جيد لكي تتم الإستفادة منها في تحويل المعطيات أو الأحداث إلى نص أدبي متماسك يشكل مدماكًا صلبًا في بناء مجتمع المعرفة العربي. فالإيجاز علم وفن، هدفه تقديم الحد الأقصى من المعلومات من خلال الحد الأدنى من الكلمات، مع الحفاظ على مضمون الرواية بعد تعريتها من الشوائب أو ما أطلق عليه ابن خلدون في مقدمته صفة "مغالط المؤرخين".

لعل الغاية الأساسية من فن الإيجاز في سرد الرواية التاريخية أو الأدبية المسندة إلى وقائع تاريخية أن يبرز الروايا المعطيات الأساسية فيها دون الدخول في التفاصيل من جهة، ودون الإخلال في تناسق تلك المعطيات من جهة أخرى. فيحقق فن الإيجاز في النص الأدبي غايته من خلال الابتعاد عن الإطالة المملة أو الإيجاز المخل بالرواية. وتتحق معه نصيحة حكماء العرب من دراسة الماضي واستخلاص الدروس منه، والتي تتلخص بعبارة: "إنّ من يدرس الماضي يضيف أعمارًا إلى عمره."

يختلف فن الإيجاز في الخطاب الأدبي عن غيره من فنون المعرفة البشرية. لذلك يصنف بأنه فن تقديم المعطيات الاجتماعية من خلال تكثيف الأخبار، وتحليلها، وإبراز الإشكالية التي تتمحور الرواية حولها، والفنون الأدبية المعتمدة في توصيفها. ما يستوجب اختيار أفضل أسلوب لغوي يتلاءم مع طبيعة المادة السردية من حيث الوصف الجميل، والتحليل المعمق، والإيجاز اللغوي. وتلعب الصياغة اللغوية

المكثفة دورًا أساسيًا في تنسيق الكلام، وحسن سبك الجمل اللغوية، واعتماد السهل الممتنع في مجال التفسير والتحليل والتعليل تبعًا لتفرع الكتابة الأدبية والغاية من سردها.

يحتاج فن الإيجاز في الكتابة العربية إلى خبرة واسعة، واعتماد الإبداع أو الابتكار الذي يظهر قدرة الكاتب، أو الأديب، أو الشاعر، أو الراوي على كتابة النص وتوظيفه في سياق معرفي بحيث تتبلور مهارته في إيجاز نصه وتوظيفه على قاعدة معتمدة في الكتابة الأدبية وغيرها من أنواع المعرفة. وهي تتلخص بعبارة "الأسلوب هو الكاتب" أي تجسيد لشخصيته. على أن يمارس الأديب فن الإيجاز في السرد والتحليل. فينتقي كلماته بدقة متناهية بحيث لا يمكن حذف أي كلمة دون الإخلال بالشكل والمضمون معا. ويعبر فن الإيجاز بوضوح عن مضمون المقولات النظرية بصورة لغوية مدهشة. وخير مثال على ذلك عبارة ابن خلدون في وصف التاريخ بقوله: "التاريخ في ظاهره لا يزيد عن الإخبار، لكن في باطنه نظر وتحقيق." وهي مقولة علمية رائدة تحتاج إلى دراسات مستفيضة لشرح أبعادها النظرية ومضامينها غير المحدودة.

غالبًا ما يوصف فن الإيجاز في الكتابة الأدبية بأنه تعبير عن الأفكار الأساسية للوقائع في كلمات قليلة دون الإخلال بالمضمون العام لتلك الوقائع. إلا أنّ حجم الإيجاز يختلف بين كاتب وآخر في مجال سرد المعطيات من خلال اختيار الوقائع الدالة عليها، وبين أديب وآخر يقدم نصًا أدبيًا أو قصائد مطولة ذات مرجعية تاريخية مسندة.

قدمت هذه الدراسة نماذج من الإيجاز في المرويات من خلال نصوص تاريخية، أو نصوص أدبية ذات أبعاد تاريخية. وكان الهدف منها في كلتي الحالتين جذب القارئ أو المستمع وتدريبه على الاستيعاب، والتركيز، والتقاط العناصر الأساسية في المعطيات من خلال حكمة مكثفة، أو بيت من الشعر يسكن عميقًا في ذاكرة الناس ووجدانهم لأنه يختصر مضمون قصيدة مطولة بأكملها.

تنتقل معطيات الماضي من جيل إلى جيل عبر نماذج أدبية مكثفة جدًا ومستندة إلى وقائع دامغة لتستقر في ذاكرة الناس وتتحول إلى حكمة، أو مثل شائع، أو بيت مفرد من الشعر تردده أجيال متعاقبة. وفن الإيجاز الأدبي يختصر الوقائع بأكملها من خلال نص مكثف جدًا يكتبه أديب فذّ يكتب مسيرة شعب بأكمله، أو أقصوصة مميزة ذات دلالة رائعة، أو أبيات من الشعر تشكل تكثيفًا قل نظيره لتوصيف حدث معين، أو مسيرة قائد بارز.

فالإيجاز في الكتابة العربية علم وفن، وهو يعتمد مبدأ الاقتصاد اللغوي الذي يدرب الباحث على تقديم معلومات غنية في كلمات أو جمل محدودة. وذلك على غرار ما أشار إليه ابن خلدون في مقدمته النظرية الهامة والتي حلل فيها بدقة "فضل علم التاريخ وتحقيق مذاهبه والإلماع لما يعرض للمؤرخين من المغالط وذكر شيء من أسبابها"، ورسم أطوار الدولة الإسلامية في زمانه بعبارات موجزة أظهرت التحالف الثابت بين العصبية السياسية مع العصبية الدينية، وأفرد صفحات رائدة لدراسة طبيعة البداوة المتوحشة التي لا تنتهي وظائفها إلا بالاستقرار وترسيخ العمران الحضري.

تجدر الإشارة هنا إلى أن نص ابن خلدون في مقدمته كان مختلفًا تمامًا عن نصه في مؤلفه المعروف ((كتاب العبر في أخبار العرب والعجم والبربر)). فـ"المقدمة" تتضمن نماذج هامة على فن الإيجاز في الكتابة السردية، والذي لم يكن معتمدًا في زمانه. بالمقابل، جاء ((كتاب العبر)) على شكل سرد مطول في عدة أجزاء. واعتمد فيه ابن خلدون الأسلوب التقليدي في كتابة التاريخ التي كانت سائدة في زمانه على غرار كتابات الطبري، والبلاذري، والمسعودي، والواقدي، وكثير غيرهم. فلم يحظ ذلك الكتاب بما حظيت به مقدمة ابن خلدون التي ترجمت إلى كثير من لغات العالم، وأحدثت نقلة نوعية ما زال تأثيرها كبيرًا في الكتابة المكثفة والمعاصرة. وتضمنت مقولات نظرية قدمت عبر إيجاز رائع في بعض نصوصها، إلى جانب الحرص الشديد على تقديم مقولات نظرية معمقة تساعد على فهم حركة المجتمعات وتبدلاتها المستمرة على غرار ما وصف به العصبية، والبداوة، وأطوار الدولة الإسلامية.

ثانيا: حركة المجتمع وغاية الكتابة السردية

تحدث حكماء العرب عن عبر الماضي، وتحدث فيورباخ عن مراحل تطور المجتمعات البشرية، وقدم هيجل تحليلاً فلسفيًا للدروس المستفادة من الماضي، وتبنى كارل ماركس وفريدريك إنجلز مقولة الصراع الاجتماعي على خلفية اقتصادية تظهر تداخل البناء التحتي والبناء الفوقي، وطور ماكس ويبر الكتابة السردية في مجال العلاقة البنيوية المتداخلة بين الرأسمالية والأخلاق البروتستانتية، وحلل بعمق الإرث المستمر في الدولة الباتريمونيالية، ورسم بليخانوف بدقة دور الفرد في التاريخ ومدى تأثيره في تغيير الوقائع.

تحتل دراسة هيجل عن "العقل في التاريخ" مكانة متميزة في دراسة أنواع الكتابة السردية بصورة علمية رصينة، وبأبعاد عقلانية. ورسم فيها حدود التلاقي والاختلاف بين الرواية التاريخية كما حصلت على أرض الواقع، والكتابة الروائية المسندة إلى وقائع متخيلة. وحلل بدقة مدى علاقة الرواية السردية بأحداث التاريخ الواقعية. وأظهر الفارق النوعي بين التاريخ الأصلي الذي يكتبه المؤرخ ويدون فيه الوقائع الموثقة بدقة، وبين الرواية التي يطلق عليها الأديب "رواية الواقع" لكنها ترسم صورة الواقع كما تخيلها الروائي من خلال قراءته لكتب تاريخية محددة. ولا يتسع المجال هنا للغوص في تحليل الفارق النوعي بين الكتابة التاريخية والروايات المسندة إلى المرويات التاريخية. علما أن الفنون الأدبية كثيرًا ما تستند إلى التاريخ في أعمالها المميزة، ومنها المسرح، والأوبرا، والشعر، والقصة القصيرة، والرواية، والأقصوصة، والسينما وغيرها. وسنكتفي هنا بتقديم نماذج ذات دلالة عن فن الإيجاز في الكتابة السردية، وفن الإيجاز في أعمال أدبية مسندة إلى وقائع تاريخية.

1 – نماذج من نصوص أدبية

أ – إبلاغ رسالة بعزل أحد الولاة

في رواية منسوبة إلى الأخوين الأمين والمأمون، أنّ والدهما الخليفة العباسي هارون الرشيد، طلب أن يكتب كل منهما على حدة رسالة تتضمن عزل أحد الولاة بعد أن أساء إلى الخلافة بأعماله.

كان المأمون مثقفًا متنورًا عرف بالحنكة والدبلوماسية المرنة. وبعد تفكير عميق كتب رسالة مطولة ذكّر فيها الوالي بأعماله المميزة التي أهلته لتولي ذلك المنصب. لكن السلطة أفسدته، وأبعدته عن الاهتمام بشؤون الرعية. فانصرف إلى الملذات والمكاسب الشخصية إلى أن تذمر منه الخاضعون لسلطته، وبعثوا بشكاوى تطالب بعزله. فأبلغ المأمون الوالي بقرار عزله عبر أسلوب دبلومسي مرن، مؤكدًا على أنّ الخليفة هارون الرشيد بادر إلى رفع الظلم عن الرعية، وأمر بتعيين وال مكانه.

بالمقابل، لم يعرف عن الأمين الحنكة، والأناة، والدبلوماسية. لذلك اختصر تلك الوقائع التي أشار إليها أخوه المأمون، فكتب رسالة العزل بكلمات مختصرة جدًا ودون أن يستخدم عبارات تدل على احترام الوالي. فجاء قرار العزل على الشكل التالي:

عرفناك فوليناك، إختبرناك فعزلناك. يدك في الكتاب ورجلك في الركاب. - الخليفة هارون الرشيد

ب – خطبة طارق بن زياد قبل إحراق الأسطول الإسلامي

تشير بعض الروايات إلى أنّ القائد الإسلامي طارق بن زياد أمر بإحراق السفن التي أوصلته إلى بر الأندلس ليقطع طريق العودة على جنوده، ويدفعهم للاستبسال في القتال أمام العدو. وقد جاء فيها: " أيها الناس، أين المفر؟ البحر من ورائكم، والعدو أمامكم، وليس لكم والله إلا الصدق والصبر. واعلموا أنكم في هذه الجزيرة أضيع من الأيتام على مائدة اللئام. وقد استقبلكم عدوكم بجيشه وأسلحته، وأقواته موفورة، وأنتم لا وزر لكم إلا سيوفكم، ولا أقوات إلا ما تستخلصونه من أيدي عدوكم. وإن امتدت بكم الأيام على افتقاركم، ولم تنجزوا لكم أمرًا ذهبت ريحكم، وتعوضت القلوب من رعبها منكم الجراءة عليكم. فادفعوا عن أنفسكم خذلان هذه العاقبة. وإني لم أحذركم أمرًا أنا عنه بنجوة، ولا حملتكم على خطة أرخص متاع فيها النفوس إلا وأنا أبدأ بنفسي. واعلموا أنكم إن صبرتم على الأشق قليلاً، استمتعتم بالأرفَه الألذ طويلاً. فلا ترغبوا بأنفسكم عن نفسي، فما حظكم فيه بأوفى من حظي."

ج – الإمبراطور مايجي يوجز أهداف حركة التحديث في اليابان بجملتين

كانت اليابان تعيش في عزلة شبه تامة عن العالم الخارجي حتى أواسط القرن التاسع عشر.ولم تبدأ

بالانفتاح بشكل واسع على ثقافات أوروبا والولايات المتحدة الأمريكية وباقي مناطق العالم إلا مكرهة بعد إنذار الكومندور الأميركي، بيري، بفتح أبوابها وتوقيع اتفاقيات مذلة مع الولايات المتحدة الأمريكية ودول أوروبية في الفترة ما بين 1853–1858. فأفضت تلك الاتفاقيات إلى ردود فعل رافضة تبلورت تباعًا مع إصلاحات الإمبراطور المتنور مايجي (1868–1912) طوال النصف الثاني من القرن التاسع عشر. رفضت اليابان أن تتصدى للغرب بأسلحة يابانية تقليدية خشية السقوط تحت الاحتلال الأجنبي على غرار ما حل بالصين والهند وغالبية دول جنوب وشرق آسيا. وركزت إصلاحات مايجي على تطوير الجيش الياباني ودعمه بكل الوسائل المتاحة، وتثقيف وتطوير القوى المنتجة ومراكز الإنتاج لتعزيز الجبهة الداخلية من خلال الاستفادة القصوى من علوم الغرب العصرية والتكنولوجيا المتطورة. ورفع الإمبراطور شعاره الأول: "الحقوا بالغرب وتجاوزوه." فدل على فهم عميق لحركة التحديث العالمية التي كان طابعها آنذاك غربيًا بالكامل. وأرسل عشرات البعثات الإدارية، والطلابية، والأكاديمية، والصناعية للاستفادة من علوم الغرب العصرية دون مركب نقص. وكان هاجسه الأساسي كالتلميذ الذي يستوطن علوم الغرب وتقنياته الحديثة بهدف استيعابها والإبداع فيها وصولاً إلى تجاوز صناعة الغرب ومقولاته الثقافية. وحين تأكد مايجي من إنجاز مرحلة التوطين والانتقال إلى مرحلة الإبداع والتمايز عن الغرب، رفع شعاره الثاني: "التكنولوجيا غربية أما الروح فيابانية." هكذا أوجز المتنور الياباني بجملتين صاغهما بدقة متناهية، غائية حركة التحديث اليابانية التي اقتبست علوم الغرب وعملت على تجاوزها، وأقامت التوازن الرائع بين الأصالة والمعاصرة بصورة مدهشة.

د – مالك بن نبي: القابلية للاستعمار ونظرة كل من الزبون والتلميذ إلى الغرب

يعتبر مالك بن نبي من المفكرين العرب المسلمين الذين أولوا اهتمامًا خاصًا بثقافة عصر العولمة، انطلاقًا من رؤية ثاقبة لسيرورة التاريخ العالمي أو التاريخ المعولم منذ بداية عصر النهضة الأوروبية وانتشار أفكار عصر الأنوار على المستوى الكوني. فناقش بعمق طبيعة النهضة التي شهدتها اليابان وبعض المناطق العربية في القرن التاسع عشر الذي يعتبر في نظر المؤرخين قرن الاستعمار المباشر على المستوى العالمي. وكانت لديه الجرأة الكافية للقول بأنّ لدى الشعوب العربية "القابلية للإستعمار"، وإلا لما فشلت طوال القرن العشرين وحتى الآن في التحرر من التبعية للغرب التي تشكل نوعا من الاستعمار الجديد. فكتب في ((مذكرات شاهد للقرن)) أنّ النهضة كانت ظاهرة عامة في مختلف البلاد المستعمرة. فإذا كانت النهضة هي الفعل الذي ردت به الشعوب المستعمرة في تلك الظروف، فلماذا اختلفت النتيجة طالما أنّ الأسباب التاريخية كانت واحدة؟ وتوصل إلى نتيجة عقلانية مفادها أنه لا بد من تجاوز مقولة رد فعل الشعوب المستعمرة ضد الاستعمار إلى ربط النهضة برد فعل الشعب الناهض على الحضارة الغربية التي هي علة الاستعمار. وبعد أن رسم مسار النهضة اليابانية بصورة ثقافية تثير الإعجاب، استخلص منها العبرة التالية: "لو حللنا الصورة الشمسية الخاصة بنهضة اليابان، فإننا نجد فيها مع الأشياء الغربية الحديثة أشياء

عتيقة من مخلفات حضارة" (الميكادو والساموراي). وسوف نجد فيها إلى جانب عالم زاخر بالأشياء، عالمًا آخر زاخرًا بالأفكار الجديدة: الأفكار التي نبعت من عبقرية اليابان عندما اصطدمت بواقع القرن التاسع عشر. وهذه الملاحظة جديرة بالتأمل لأنها تكشف لنا عن "الفارق العظيم بين الصلة التي ربطتها اليابان بالحضارة الغربية وبين صلتنا بها. فاليابان وقفت من الحضارة الغربية موقف التلميذ، ووقفنا نحن منها موقف الزبون. إنها تستورد منها الأفكار خاصة ونحن نستورد منها الأشياء خاصة".

2 – نماذج من نصوص فلسفية

كونفوشيوس: أتيت لتحكم لا لتقتل

يروى أن الفيلسوف الصيني كونفوشيوس دخل على الإمبراطور فوجده يأمر بإعدام لص. فأظهر امتعاضه الشديد لأن الحكم جائر، والجريمة لا تستحق ذلك العقاب. وخاطب الإمبراطور بحدة قائلا له: "أتيت لتحكم لا لتقتل." فرد الإمبراطور بغضب: "وما تريدني أن أفعل باللصوص؟" أجاب الفليسوف: "تقضي حاجتهم، فليس القتل عقابًا للسارق ولا أسلوبًا للحكم." وقد وجدت الدول التي تمارس الديموقراطية فعلا أن تصرف الحكيم الصيني يساعد على إقامة نظام عادل وبناء دولة العدالة أو الرعاية الاجتماعية التي جعلت من القصاص أسلوبًا لتقويم اعوجاج الخارجين على القانون بهدف تعويدهم على الممارسة السليمة التي تجعل المواطن صالحًا، يحترم نفسه كما يحترم دولته وقوانينها، وهي تمارس تطبيق القانون بشكل عادل على الجميع بحيث تزداد ثقة المواطن بدولته، وتتعاون مؤسسات المجتمع المدني على حل المشكلات الاقتصادية والاجتماعية والثقافية بأسلوب حضاري دونما حاجة إلى استخدام العنف المفرط تحت ستار تنفيذ القانون كما يحصل في الأنظمة التسلطية. فتطبيق القانون غايته إصلاح المواطنين وليس ترهيبهم أو قمعهم، أو قتلهم.

3 – نماذج من الحكم والأمثال المستمدة من خبرات تاريخية

الأمثال كثيرة جدًا في هذا المجال، وهي تعبر عن وقائع حدثت بالفعل، وتم توصيفها بعبارة موجزة لكنها ذات دلالة. ومنها على سبيل المثال لا الحصر: "اللي استحوا ماتوا"، وهو يقال في المواقف المنافية للعادات العربية، أو الخادشة للحياء. وقصة المثل أنّ مجموعة من سيدات الطبقة المترفة في عصر المماليك ذهبن إلى أحد الحمامات الشعبية المنتشرة آنذاك في مدينة دمشق، وجرت العادة ألا يخرجن دون تغطية الجسم والوجه بالكامل في طريقهم إلى الحمامات. وذات يوم، اندلع حريق هائل في أحد الحمامات الشعبية، فخرجت معظم النساء عاريات، في حين رفضت النساء المترفات الخروج استحياء دون غطاء أمام الجميع، وفضلن الموت.

ومن الأمثال ذات الدلالة التاريخية: "الله يحميك يا ابني من الحكيم والحكومة"، و"اليد التي لا تستطيع

مواجهتها قبلها وأدع عليها بالكسر"، و"العين لا تقاوم المخرز"، و"العدو العاقل خير من الصديق الجاهل"...

4 – روايات وقصص ومسرحيات وأفلام ذات دلالات تاريخية معبرة

تقدم أقصوصة جبران خليل جبران ((خليل الكافر))، بصفحاتها القليلة، نموذجًا فذًّا في الإيجاز التاريخي حول توصيف العلاقة بين الفلاحين والأديرة في تاريخ جبل لبنان الحديث. وقد نجح جبران بأسلوبه الأدبي المحكم في توصيف تلك العلاقة بصورة فاقت في دلالاتها النفسية ما كتب عن تلك العلاقة في الدراسات التاريخية الكثيرة، وبخاصة ذات المنحى الطائفي. كما نجح توفيق يوسف عواد في رسم صورة دقيقة وشاملة، بإيجاز تاريخي وأدبي رائع، مجتمع جبل لبنان في الحرب العالمية الأولى من خلال كتابه ((الرغيف)) الذي قدم صورة مكثفة جدًا لمعاناة الشعب اللبناني والتي ذهب ضحيتها ثلث سكان جبل لبنان ماتوا جوعًا. وقدم نجيب محفوظ وصفًا رائعًا ودقيقًا في ثلاثيته الشهيرة عن القاهرة. أما على المستوى العالمي فالروايات التاريخية أكثر من أن تعد وأبرزها ((البؤساء))، و ((الحرب والسلم))، و ((آنا كارنينا))، و((حكاية جينجي اليابانية))، ومسرحيات شكسبير، وموليير، وفيلم ((سبارتاكوس)) أو ((ثورة العبيد في روما))، وكثير غيرها.

5 – نماذج من أبيات شعرية ذات دلالة تاريخية

كتبت دراسات لا حصر لها على أهمية الشعر في التوثيق لتاريخ العرب وتراثهم الثقافي والاجتماعي. وقديمًا قيل "الشعر ديوان العرب".هناك أبيات من الشعر تعبر عن مواقف سياسية جريئة تركت أثرها الكبير على مسار الدراسات التاريخية والثقافية العربية. فقد اعتبرت قصيدة إبراهيم اليازجي الطويلة والتي مطلعها:

تنبهوا وإستفيقوا أيها العرب   فقد طمى الخطب حتى غاصت الركب

منطلقًا لمواقف سياسية عربية دعت إلى استقلال العرب عن الأتراك وإقامة أنظمة عربية مستقلة. وكتب معروف الرصافي قصيدته الرائعة عن الفراغ الذي حل بقصر يلدز، وتهكم فيها على حاكمه السلطان العثماني المستبد عبد الحميد الثاني:

قصر عبد الحميد أنت ولكن   أين يا قصر، أين عرش الجلال؟
أين خاقانك الذي كان يدعى   قاسم الرزق، باعث الآجال
قد تخوننتا ثلاثين عاما   جئت فيها لنا بكل محال

أفأصبحت يا قصر نادما   تبالي بالقوم أم لا تبالي؟

وكتب أحمد شوقي قصائد عدة تستحث قدرة الشعب على القيام بالتغيير، ومنها:

وما نيل المطالب بالتمني   ولكن تؤخذ الدنيا غلابا
وما استعصى على قوم منال   إذا الإقدام كان لهم ركابا...
قف دون رأيك في الحياة مجاهدا   إن الحياة عقيدة وجهاد

وأطلق الشاعر التونسي أبو القاسم الشابي أبياتًا من الشعر دخلت عميقًا في وجدان الشعب العربي، فرددها الناس على امتداد العالم العربي، وأبرزها:

إذا الشعب يوما أراد الحياة   فلا بد أن يستجيب القدر
ولا بد لليل أن ينجلي   ولا بد للقيد أن ينكسر
ومن يتهيب صعود الجبال   يعش أبد الدهر بين الحفر

ونشر خليل مطران، شاعر القطرين مصر ولبنان، قصائد رائعة حلل فيها نفسية الشعوب في خضوعهم لمجرمين كبار، أبرزها قصيدة "نيرون"، التي جاء فيها:

كل قوم خالقو نيرونهم   قيصرا سموه أم سموه كسرى

وقصيدته الشهيرة بعنوان: ((مقتل بزرجمهر))، وهو"حكيم فارس والورى". سخط عليه كسرى بسبب نصيحة فأمر بقتله أمام جماهير من الناس وقفت كالنعاج تبارك عمل الجلاد. لكن ابنة بزرجمهر تحدت التقاليد والعادات القديمة ودخلت بين الجماهير دون حجاب. فتعجب كسرى من جرأتها، وأرسل مبعوثًا ليسألها:

مولاي يعجب كيف لم تتقنعي؟   قالت له: أتعجبا وسؤالا؟
ما كانت الحسناء ترفع سترها   لو أن في هذي الجموع رجالا.

مؤخرًا، وبعد كثرة مؤتمرات القمة العربية التي ذهبت توصياتها أدراج الرياح. في حين كانت

إسرائيل تتوسع في فلسطين وجوارها، وتحتل المزيد من الأراضي العربية، وتهجر الشعب الفلسطيني من دياره، وتصادر المقدسات الإسلامية والمسيحية وتدمر بعضها. وكانت تلك الوقائع الدامغة تجري على مرأى من الحكام العرب الذين تهافتوا إلى عقد قمم عربية متلاحقة لكنها متقاعسة إلى الحدود القصوى في الدفاع عن الشعوب العربية، والأراضي العربية، وتراث العرب وثقافتهم وتاريخهم. فانبرى الشاعر عمر أبو ريشة إلى وصف مهزلة القمم العربية في قصيدة رائعة، أبرز أبياتها:

خافوا على العار أن يمحى فكان لهم   إلى الرباط لدعم العار مؤتمر

ختامًا، يحتل فن الإيجاز في الكتابة التاريخية والأدبية موقعًا متميزًا في التراث العربي. وقد تجلى في عدد كبير من الحكم، والأمثال الشعبية، والنوادر الأدبية، والشعر، والمرويات السردية وغيرها. وهو يحث الأعمال الأدبية على الاختصار والبعد عن المرويات المملة. ومع استفحال أزمة التسويق في المرحلة الراهنة تشهد حركة النشر العربية اليوم تكديس آلاف الأطروحات الجامعية دون أن تجد من ينشرها، أو من يقرأها في حال غامر المؤلف ونشرها على نفقته الخاصة. لذا لا بد من الإيجاز في الكتابة السردية لإنقاذ البحث العلمي في هذا المجال، وتزويد المكتبة العربية سنويًا بأعمال أدبية ممتعة ومكتوبة بأسلوب أدبي معمق، يخلو من السرد الممل ويقدم إضافات نوعية إلى اللغة العربية وآدابها.

أدب المقالة عند أحمد أمين

سعيد عدنان*

ملخص البحث: تناول هذا البحث أدب أحمد أمين (1886–1954) في المقالة؛ وقد وجد أنّ المقالة تنقسم عنده على ثلاثة أقسام كبيرة؛ الأوّل: مقالة الشخصيّة، والثاني: مقالة الأفكار، والثالث: مقالة البوح. ورأى أنّ مقالة الشخصيّة قد صوّرت شخصيّات قديمة من التراث العربيّ، وشخصيّات حديثة معاصرة، وأنّ مقالة الأفكار قد عالجت قضايا الأدب، والدين، والمجتمع، وأنّها هي الأكثر بين مقالات الكاتب، أمّا مقالة البوح التي يُعرب فيها عن ذات نفسه فإنّها الأقلّ بين مقالاته. وقد اتّضح من البحث أنّ أحمد أمين كاتب تشغله المعاني والأفكار أكثر ممّا تشغله الألفاظ والصياغة، وأنّه يريد من اللغة إبلاغ المعنى ولا يتوخّى منها جانب الفنّ.

الكلمات المفتاحية: المقالة، أحمد أمين

نشأ أحمد أمين (1886–1954) على نمط من الدراسة؛ قديمه أكثر من جديده؛ فأتيح له أن يضبط أصول المعرفة في اللغة، وفي الدين، وفي التاريخ. درس، أوّل ما درس، في (الكُتّاب) يشدو مبادئ اللغة، ويحفظ القرآن الكريم، ويتعلّم رسم الحرف. ثمّ انتقل إلى مدرسة ابتدائيّة، ثمّ التحق بالأزهر؛ قِبلة الدارسين في مصر يومئذ، ومن بعده، رغب في مدرسة القضاء الشرعيّ؛ ليكون قاضياً، وكانت مدرسة القضاء الشرعيّ يوم إنشائها على قدر رفيع من النظام، ومن المعارف التي تدرّس، ومن هيئة التدريس؛ فانضمّ إليها، وتخرّج فيها، وولي القضاء مدّة يسيرة، ثمّ عاد إليها مدرّساً.

كان، وهو في مدرسة القضاء الشرعيّ، قد تهيّأت له معارف رصينة متماسكة؛ في اللغة وما يتّصل بها، وفي الدين وما يشتقّ منه، وفي التاريخ وما يكون منه، وما يمتدّ إليه. وكان مع ذلك ينطوي على نزوع نحو الأدب؛ يقرؤه، ويحفظ منه، ويرغب في مزاولته بنحو ما. وقد كانت له، منذ نشأته الأولى، سجيّة تحبّ المعرفة، والتزوّد منها، والاتّساع فيها؛ لا يرضيها أن تقف عند ضرب بعينه من دون ما سواه؛ بل إنّ متعتها في المعرفة كلّها؛ تأخذها على أصولها. لقد استقامت له المعارف القديمة على أحسن ما تكون الاستقامة؛ لكنّه

---

* شاعر ومفكر عراقي، وأستاذ كليّة التربيّة بجامعة كربلاء، العراق.

لم ينقطع عن عصره، ولم يُغفل معارفه، وسعى جهده أن يحيط بها، وأن يجعلها قريبة منه، دانية. وشرع يكتب في موادّ من القديم، وفي أخرى من بنات العصر. وكان من نهجه في الحياة أن يكون العمل منظّماً، بعيداً عن التخبّط؛ لكي يؤتي ثماره؛ فكان أن أنشأ، مع طائفة من أصدقائه، في سنة 1914 لجنة التأليف والترجمة والنشر، وبقي يرأسها حتّى وفاته في سنة 1954.

كانت لجنة التأليف والترجمة والنشر إحدى حسنات أحمد أمين، وآثاره الحميدة في الأدب الحديث؛ فلقد ترجمت عيون الكتب الفلسفيّة والأدبيّة ترجمة رصينة محكمة، ونشرت جملة من كتب التراث نشراً صحيحاً سليماً، وطبعت آثاراً أدبيّة وفكريّة ما تزال مصدر متعة وفائدة. وصدرت عنها مجلة ((الثقافة)) بما كان لها من صدى في الأدب الحديث.

وشرع يزاول التأليف والكتابة؛ واتّجه نحو الجانب العقلي من الحضارة العربيّة الإسلاميّة يكتب فيه؛ فألّف فجر الإسلام، وضحى الإسلام، وظهر الإسلام؛ فتمّت له دراسة النواحي الاجتماعيّة والفكريّة عند العرب المسلمين في صعود حضارتهم، وفي استقرارها، ثمّ وهي تنحدر نحو السفح. وقد اتّسمت دراسته بوضوح المنهج، وحسن الاستقصاء، وقوّة الحجّة، واستقامة البيان.

ومع التأليف الرصين المحكم كان يكتب المقالة على نحو منتظم؛ إذ لا يكاد يمرّ أسبوع من دون أن تكون له مقالة منشورة في صحيفة أو مجلّة.

كانت المقالة شيئاً مستحدثاً في الأدب العربيّ؛ لم يعرفها إلّا في النصف الثاني من القرن التاسع عشر؛ يوم نشأت الصحافة، ودعت الأقلام إلى الكتابة فيها. كان الأدباء يكتبون النثر بلغة مثقلة بالزخرف، والصناعة اللفظية؛ مكثرين من السجع، والجناس؛ على نحو ما جرت عليه الكتابة في العصر الوسيط. فلمّا اقترب العرب من الغرب، وعرفوا الصحافة؛ كان لا بدّ أن يتخفّف من يكتب فيها من ثقل السجع، والزخرف اللفظي؛ لكي يلائم ما تقتضيه الصحافة. وقد شهدت الكتابة أعلاماً أحسنوا إلى العربيّة؛ إذ تضاءل عندهم السجع وما يتّصل به، وقلّ التكلّف؛ كمثل رفاعة رافع الطهطاوي، ومحمّد عبده، وعبد الله النديم، وغيرهم من ذوي الفضل في إحسان عقد الصلة بين العربيّة والعصر الحديث.

لقد عرفت المقالة طريقها إلى الأدب العربيّ، وأقبل عليها الكتّاب وكأنّهم وجدوا فيها الشكل الملائم لما يريدون التعبير عنه. فقد برع فيها مصطفى لطفي المنفلوطيّ، وجعلها مشحونة بالعاطفة، متّصلة بالخيال. وزاولها أحمد لطفي السيّد، ومكّن لها من صحيفته (الجريدة) وجعلها قائمة على الفكر الواضح الرصين، والبناء المتماسك. إنّ أحمد لطفي السيّد ممّن قامت بهم المقالة، واتّضح كيانها، وصحّ بناؤها.

ثمّ كان لها من طه حسين ما ارتفعت به، وبلغت ذروة من الفن الرفيع؛ لغة، وفكراً، وخيالاً، وعاطفة تسري في الكلمات، وتؤلّف بينها. وكان مع طه حسين؛ أحمد حسن الزيّات، وإبراهيم عبد القادر المازنيّ، ومحمّد حسين هيكل، وعبّاس محمود العقّاد، وأحمد أمين، ومن في طبقتهم، أو دونها قليلاً؛ ممّن استقرّت بهم المقالة نوعاً من أنواع الأدب.

زاول أحمد أمين الأدب بالمقالة؛ كتبها ونشرها في مجلّات أشهرها ((الرسالة))، و ((الهلال))، و ((الثقافة)) ثمّ جمعها في كتاب من عشرة أجزاء سمّاه ((فيض الخاطر)). على أنّ ((فيض الخاطر)) لم يُقصر على المقالة وحدها؛ وإنّما ضمّ أبحاثاً في الأدب، والتاريخ، كالذي كتبه عن الأدب الجاهلي، والذي كتبه عن زعماء الإصلاح الديني، وما أشبه ممّا هو بحث ودراسة، وليس مقالة أدبيّة. ولا ريب في أنّ هذه الصفحات مقصورة العناية على المقالة الأدبيّة في ((فيض الخاطر)) دونما سواها.

كان يكتب المقالة؛ لا يكاد يخلو أسبوع منها، يعالج فيها قضيّة من قضايا الأدب، أو شأناً من شؤون المجتمع؛ متوخّياً الوضوح، وحسن الإبانة، والوجازة. ولقد نزلت تلك المقالات من نفسه منزلة رفيعة؛ فقد أحبّها، ووجد فيها، وهو يستعيدها، قطعاً من نفسه بقيت على الزمن؛ فأعلن حرصه عليها إذ ضمّ أشتاتها في كتاب.

يقول، وهو في مقام الإبانة عن ذلك: " إنّها قطع من نفسي أحرص عليها حرصي على الحياة، وأجتهد في تسجيلها إجابة لغريزة حبّ البقاء، وهي مجموعة أدلّ منها مفرّقة، وفي كتاب أبين منها في أعداد." (فيض الخاطر 1: 5)

ولعلّه لم يقل ذلك، أو مثله عن أثر آخر من آثاره. وهو قول لا يصوّر منزلة هذه المقالات من نفس كاتبها وحدها؛ وإنّما يصوّر أيضاً ما بلغته المقالة، يومئذ، من منزلة عند كتّابها وقرّائها معاً. ثمّ مضى يعرب عمّا يرجو لمقالاته عند القرّاء: "ثمّ لعلّي أقع على قرّاء مزاجهم من طبيعة مزاجي، وعقليتهم من جنس عقلي، وفنّهم من فنّي؛ يجدون فيها صورة من نفوسهم، وضرباً من ضروب تفكيرهم؛ فيشعرون بشيء من الفائدة في قراءتها، واللذة في مطالعتها؛ فيزيدني ذلك غبطة ويملئني سروراً." (نفسه) ثمّ يُبين عن منشئها، والدواعي التي أوجدتها فيقول: " بعض هذه المقالات وليد مطالعات هادئة، وبعضها نتيجة عاطفة مائجة، وكلّها تعبيرات صادقة." (نفسه) ثمّ يُلمّ بما جاءت عليه من صياغة فيقول: " وخير أسلوب عندي ما أدّى أكثر ما يمكن من أفكار وعواطف في أقلّ ما يمكن من عسر وغموض والتواء، وراعك بجمال معانيه أكثر ممّا شغلك بزينة لفظه، وكان كالغانية تستغني بطبيعة جمالها عن كثرة حليها."(نفسه) وكأنّه قد سمع ما قيل في مقالته من أن معانيها تغلب فنّها حتّى تكاد تمحوه؛ فجعل يقيم الحجّة على سلامة مذهبه! كان المعنى مقصده؛ فإذا تمّ له لم يعبأ بالصياغة على أيّ نحو أتت. على أنّ معانيه غزيرة ثرّة لا تقف عند ميدان بعينه؛ وإنّما الحياة كلّها متاحة لها.

وقد اندرجت مقالاته في ثلاثة ضروب؛ ضرب يقيمه على رسم شخصيّة ممّن عرف من الناس، واتّصلت بينهما الأسباب، أو على رسم شخصيّة يلتقطها من التاريخ ليرى فيها مجلى فكرة، وبيان قضيّة. وضرب يقيمه على بسط فكرة يلمّ بها مبيناً عن مداها وجدواها في الحياة. وضرب يجعله منفذ بوحه، وإبانة عن نفسه.

وتريد هذه الدراسة أن تقف عند هذه الضروب الثلاثة ضرباً ضرباً مبينة عن خصائصها، وعن قيمها

الفكريّة والجماليّة.

1 – مقالة الشخصية

ومدارها أن تصوّر شخصيّة، وتضع ملامحها، وتُلمّ بفكرها. وهي على صنفين؛ صنف يصوّر شخصيّات قديمة من التاريخ، وصنف يصوّر شخصيّات حديثة ممّن عرف الكاتب، واتّصلت بينه وبينها الأسباب بنحو ما. ومادته وهو يصوّر الشخصيّات القديمة؛ كتبُ التاريخ؛ لكنّه لا يورد كلّ ما جاء فيها؛ فليس المقام مقام بحث واستقصاء؛ وإنّما يأخذ من التاريخ ما يرسم الصورة، ويضع الملامح، ويُشيع نمطاً من حياة. فقد كتب عن الأحنف بن قيس مستهلاً مقالته بوصف هيئته: "ضئيل الجسم، صغير الرأس، متراكب الأسنان، مائل الذقن، ناتئ الوجنة، غائر العينين، خفيف العارضين، أحنف الرجل، ليس شيء من قبح المنظر إلّا وهو آخذ منه بحظ، تنبو عن مرآه الأحداق، وتتفادى عن شخصه الأبصار." (فيض الخاطر 1: 104) وهو استهلال بارع يمهّد لما يأتي بعده من مفارقة بعيدة؛ إذ يقول من بعد: " وهو مع هذا سيّد قومه، سيّد تميم، وهي ما هي في العظمة، إن غضب غضب لغضبته مائة ألف سيف لا يسألونه فيمَ غضب." (نفسه) ولا شكّ في أنّ صفات الأحنف تلك ممّا جاء في كتب الأدب والتاريخ؛ لكنّ نسقها على هذا النحو المتتابع المفصح عن المفارقة شيء من صنعة الكاتب؛ أراد به ضرباً من الطرافة، ولوناً من الفن. ولا شك في أنّ الكاتب لا يورد كلّ ما جاء في كتب الأدب والتاريخ عن الأحنف بن قيس؛ وإنّما يلتقط منها ما يرسم المعالم، ويبني الشخصيّة؛ إذ هو في هذا المقام كاتب منشئ، وليس مؤرّخاً يُعنى بالاستقصاء والإحاطة.

ألمّ من خبر الأحنف بنشأته الأولى التي كانت قبل الإسلام، ثمّ بنشأته الأخرى التي هذّبها الإسلام، ثمّ أبان عن مقدرته التي استصفت خير ما كان للعرب قبل البعثة، وأضافته إلى ما نفذ إليها من هذا الدين الجديد؛ فكان الأحنف زعيم قبيلة وصاحب دين وتقى. وحين يجري ذكر الحلم فإنّ أستاذ الأحنف فيه على ما يقول الكاتب؛ قيس بن عاصم المنقري.

رسم الكاتب معالم الأحنف بن قيس كما تبدو لمن ينظر إليه ، فإذا أتمّها ، واستقامت له بها صورة جليّة ناطقة ؛ أقبل يسبر أغوار نفسه ويهبط المدارج إليها لكي يقف على السرّ الكامن فيها ؛ يقول : " فإن نحن سئلنا عن مركز العظمة في الأحنف ، فعظمته كانت تتركّز في خصلتين تتصل إحداهما بالأخرى اتّصالاً وثيقاً : أنّه منح نظراً صائباً يتعرّف به المحاسن والمساوئ ، ومعالي الأمور وسفاسفها ، وقلّ أن يخطئ في ذلك ؛ ثمّ منح إلى ذلك إرادة قويّة يحمل بها نفسه على ما أدرك من معالٍ ومحاسن مهما كلّفه من مشقّة، وحمّله من جهد ؛ فلو علم أنّ الماء يفسد مروءته ما شربه ." (فيض الخاطر 1: 105) ثمّ يمضي الكاتب في صفات الأحنف وأخلاقه التي قامت على هاتين الخصلتين حتّى يتمّ مقالته؛ فإذا بها، على وجازتها، تنبئ عن شخصيّة الأحنف في ظاهرها، وفي باطنها إنباء واضحاً متآزر العناصر!

وكتب عن سلمان الفارسي؛ فبدأ، أوّل ما بدأ، أن وضع سلمان في طبقته من المسلمين، وقرنه إلى

صاحبيه؛ بلال الحبشي، وصهيب الرومي؛ وقال: هؤلاء الثلاثة؛ كلّ واحد منهم يرجع إلى أمّة كانت تجاور العرب؛ فبلال يرجع إلى الحبشة، وبينها وبين المسلمين سبب أيّ سبب، وصهيب يرجع إلى الروم الذين كانوا موضع تجارة العرب، وسلمان من بلاد فارس. وكلّ منهم يتّصف بأشياء من صفات قومه. ثمّ رجع مع سلمان إلى نشأته الأولى على ديانة قومه في بلاد فارس ؛ يوقد نار المعبد ، مقبلاً على دينه ، منشغلاً به ، ثمّ يطرأ عليه ما يشكّكه في أمر قومه ودينهم ؛ فينقلب إلى المسيحيّة ، ويقبل عليها بقلب مخلص ، ويُمضي فيها زمناً ؛ حتّى إذا حاكت في نفسه منها أشياء جعل يفكّر ويقلّب الرأي ، وفي قلبه شوق إلى الحقّ ، ونزوع نحو الهدى . وإذ سمع بظهور الإسلام عقد العزم أن يتّجه نحو مدينة الرسول؛ فبلغها بعد مصاعب وآلام.

وقف الكاتب عند معالم شخصيّة سلمان؛ فصوّرها في تحوّلاتها، واختلاف الأقدار عليها، وتنقّلها في الأرض حتّى قرّ بها المطاف عند أرض العرب في رحاب الإسلام. ثمّ هو لا يقف عند ظواهر شخصيّة سلمان؛ بل يسعى أن يُرجع الظواهر إلى ما استقرّ في الأعماق ممّا كوّن الشخصيّة، وصاغ هيئتها؛ فيقول: " أظهر ما في صورة سلمان بعد ذلك شيئان: علمه وطريقة حياته؛ أمّا علمه فهو مساير تمام المسايرة لما رووا من تاريخ حياته؛ فهو رجل تعمّق في الوثنيّة حتّى عرف أسرارها ووكّل بشعائرها، ثمّ عرف النصرانيّة وأخذ عن رهبانها، وانقطع لدراستها وتطبيقها ... ثمّ أسلم واتّصل أكبر اتّصال بمنبع الإسلام في أزهر أيّامه. ... أمّا نوع حياته فقد تبع طبيعة مزاجه الذي لازمه منذ نشأته، فاعتكف في الوثنيّة، وترهّب في النصرانيّة، وتزهّد في الإسلام؛ وهذه النزعة هي التي جعلته يحلّ مكاناً بارزاً بين رجال الصوفيّة." (فيض الخاطر 2: 167-168)

ويمضي الكاتب مع سلمان حتّى يصل به إلى المدائن، ويبلغ معه نهاية العمر ؛ فإذا به وهو والٍ على المدائن مثلما كان في أوّل أمره؛ زهداً وورعاً واستقامة، لم تبدّل الولاية من نهجه شيئاً. ويقف معه وقد طابت نفسه من الولاية فيعتزلها، ويلوذ في بيته منتظراً أجله.

لقد رسم الكاتب صورة واضحة متماسكة لسلمان الفارسيّ مستمدّاً عناصرها من التاريخ؛ لكنّه لم يُثقلها بكلّ ما جاء في التاريخ عن سلمان؛ بل اصطفى منها ما يقوم بخطوط الصورة وألوانها، ويفصح عن معنى.

ولا شكّ في أنّ الكاتب إذ يصطفي من رجال التاريخ من يقف عندهم فإنّما يفعل ذلك لمعنى متّصل بعصره، ولرسالة ينطوي عليها أولئك الرجال لم يبلها الزمان.

فقد كتب عن أبي ذرّ الغفاري واقفاً عند معالم حياته؛ في نشأته الأولى، وفي حبّه الحقّ وجهره به، وفي إسلامه؛ فقد كان من المسلمين الأولين الذين صغت قلوبهم إلى الدعوة الجديدة وهي في مهدها. ثمّ يقف على ما كان بينه وبين معاوية، وما كان بينه وبين عثمان، وما أنكر عليهما من سرف وترف، وإغفال حقّ فقراء المسلمين، ثمّ ما آل إليه من نفي إلى الربذة، وانقطاع عن الناس حتّى إذا جاءه الموت لقيه وحده في منقطع من الأرض ليس معه غير عجوزه التي صحبته وصحبها مدّة حياته.

على أنّ الكاتب حين يبسط أفكار أبي ذرّ ويقوم بحجّته، لا يُغفل بيان وجه الحقّ عند ذوي السلطان؛ إذ يقولون: إذا أدّى المسلم ما عليه من فرض الزكاة فهو حرّ في ماله ينفقه على أيّ نحو شاء! أمّا أبو ذر فمذهبه أنّ الزكاة هي الفرض؛ ولا يكتفى بها من أغنياء المسلمين حين يكون إلى جوارهم فقر وفقراء! ولا ريب في أنّهما مذهبان مختلفان أشدّ الاختلاف؛ لا بد أن يقع بينهما صدام مهما حاول أولو الأمر إرجاءه!

وكلّ شخصيّة قديمة وقف عندها الكاتب رسمها بأقوى العناصر دلالة عليها، وأجرى ملامحها بصياغة واضحة سمحة، وسعى أن يوصل رسالتها إلى قارئه.

وإذا كان التاريخ مرجعه في تصوير أولئك الماضين؛ فإنّ الخبرة المباشرة مادته في تصوير معاصريه ممّن اتّصلت بينه وبينهم الأسباب. فقد كتب عن علي بك فوزي أستاذه وصديقه راسماً معالم شخصيّته؛ لكنّه لم يبدأ معه من الميلاد والنشأة؛ وإنّما بدأ من يوم وفاته!

كان علي بك فوزي قد غادر مصر، وجال في أوربّا، ثمّ استقرّ به المقام في الآستانة حتّى أدركه الموت؛ فلمّا أعادوا جثمانه إلى القاهرة، خرج أصفياؤه، ومن سمع بفضله، وعرف منزلته من العلم والخلق؛ يشيّعونه إلى مستقرّه.

بدأ الكاتب من مشهد التشييع، ثمّ انحدر في قصّ أطراف من حوادث حياة الفقيد، ومن حميد خلاله؛ حتّى ينشئ له صورة واضحة المعالم، قويّة الأركان، ملتئمة العناصر. وكلّ مصادره في ذلك إنّما ترجع إلى خُلطةٍ وصُحبةٍ وصلت بينه وبين علي بك فوزي في مصر، وإلى تسقّط أخباره حين غادرها واستقرّ في الآستانة. فقد كان الفقيد أستاذه في مدرسة القضاء ؛ يقول عنه : "رحمة الله عليه ؛ فقد كان أمّة وحده، ولم أر له نظيراً في كلّ من عاشرتُ ... لم يفخر في حياته بنسب ؛ على أنّه كان جديراً أن يفخر به لو وجد الفخار مدخلاً إلى نفسه ... ولم يفخر بعلمه ، وهو الواسع العلم العميق التفكير ؛ يجيد العربيّة إجادة قلّ أن يكون لها نظير ، ويتكلّم الإنكليزيّة كأحد أبنائها ، ويحذق الفرنسيّة والألمانيّة والتركيّة ...ومع هذا كلّه تجلس إليه ، إن لم تكن تعرفه ، فكأنّه أمّي غبيّ جاهل بكلّ شيء ؛ فهو ذهب خالص غُطي بقشرة من طين..." (فيض الخاطر 1: 189) بدأ بفضائله المشهودة حتّى إذا أتمّ القول فيها مضى يصف بدء معرفته به ، ويصف هيئته: "عرفته أوّل مرّة أستاذاً بمدرسة القضاء يدرّس لنا التاريخ الإسلاميّ . وتطاير إلينا قبل قدومه أخبار منثورة عن تاريخ حياته: أنّه تخرّج من مدرسة المعلمين، ثمّ سافر في بعثة إلى إنكلترا ... وحبسنا أنفاسنا عند قدومه نستطلع طلعته. ودخل علينا رجل قصير القامة ... أسمر اللون في وسامة، واسع العينين في خجل، كبير الرأس في عظمة. يتأبّط كتباً كثيرة العدد لا يتناسب حجمها مع حجمه، بين عربيّة وإنكليزيّة، ويأبى أن يحملها الفرّاش عنه كما اعتدنا أن نرى من غيره. وأكبر ما راعنا منه أنّه بدأ درسه بعبارة عربيّة فصيحة التزمها في كلّ درسه، وفي كلّ دروسه بعد." (نفسه 1: 190) ثمّ يُلمّ بما انطوى عليه من مشاعر رقيقة سريعة الخدش، يرى فيها الكاتب أنّها هي ما كان يوجّه حياته، ويُحكم علاقته بمن يحيطون به. وهو، من بعد، حريص على أن يسلم له كيانه، وألّا يسمع من أحد ما يؤذيه. ثمّ هو صارم في ما يرى أنّه صواب

وحقّ لا يتهاون فيه، ولا يتخلّى عن شيء منه. وقد جعل ذلك منه شديدَ النفور لا يُلقي بزمامه إلى أحد؛ فكان أن خرج من التعليم إلى الإدارة، ثمّ خرج من الإدارة إلى التقاعد عن العمل، ثم خرج من مصر كلّها واعتزل الناس، واكتفى براتب شهريّ يسير يُقيم به أوده؛ يُنفق منه على نفسه، وعلى ما يلزمه من حقوق. وكلّما تقدّمت به السن زاد عزلة، ونفوراً، وانطواء على نفسه يقلّب عليها الفِكَر مشفقاً عليها، رحيماً بها ممّا أصابها.

بدأ الكاتب مقالته بمشهد التشييع وقد نُقل جثمان علي بك فوزي من الآستانة إلى القاهرة، ثمّ رجع منه إلى قصّ جانب من حياة فذّة بين الحيوات، لا شبيه لها، تتّسم بالغرابة في كلّ منحى من مناحيها، ثمّ اختتم مقالته ببيان ما آلت إليه حياة علي بك في أُخرياتها؛ ولقد أجاد الوصف، وأحسن التحليل، ورسم الملامح رسماً قويّاً واضحاً، وقام بحق المرثي خير قيام.

ويكتب عن مصطفى عبد الرازق، وهو في مقام الرثاء أيضاً؛ وقد جمع بينهما وادي الحياة فعرفه معرفة القريب من القريب، والصاحب من الصاحب؛ فلمّا توفّي شرع يكتب عنه، ويرسم خطوط حياته، ويصل بين عناصرها؛ حتّى تنهض صورة مكتملة الوضوح، شديدة القوّة. قال في مبتدأ مقالته: " رحم الله صديقنا وزميلنا مصطفى عبد الرازق رحمة واسعة، فقد ترك في نفس كلّ من عرفه فراغاً لا يملأ، ولوعة يعزّ عليها الصبر." (فيض الخاطر 7: 242) ثمّ يمضي إلى بيان حميد خصاله؛ في النشأة، والعلم، والخلق، ويقف عند سماحة النفس، ولين الجانب، ومحبّة الناس؛ يقول عنه: " سمح كريم النفس، يبذل العطاء للبائس والمحتاج، فكم بكته أسر كان يعولها في الخفاء، وكم له من يد على اليتامى والفقراء، وكم أنفق في تعليم محتاج. " (نفسه 7: 243) ويُشيد باستقامة أمره كلّه؛ حتّى في مزاولة السياسة جرى على كريم خلقه! ويُبين عن مكانته في الدرس الفلسفيّ، وما وطّأ منه، وما سلك من سبله؛ فكان رائداً يقتفي أثره دارسو الفلسفة من طلبته. ولا يُغفل ما كان بينه وبين الشيخ محمّد عبده من وثيق الصلة؛ فلقد تلمذ عليه، وأخذ عنه، وسلك سبيله؛ وكان الشيخ قد أدرك فيه مخايل النجابة وهو فتى ناشئ. ولا تنتهي المقالة حتّى ترتسم في الذهن صورة واضحة المعالم، قويّة التأثير تعرف بها مصطفى عبد الرازق.

وكلّ شخصيّة أدار عليها الكاتب مقالة من مقالاته؛ فإنّما هي مجلى قيم رفيعة، وعنوان صدق وإخلاص، لها في محيطها منزلة مرموقة. وكأنّ الكاتب يريد أن يُشيع تلك القيم من خلال حديثه عمّن تلبّسها، وبنى حياته عليها.

2 – مقالة الفكرة

ومنها تأتي أكثر مقالات الكاتب! ذلك أنّ أحمد أمين كاتب أفكار قبل أن يكون مصوّر عواطف؛ تشغله الفكرة، وتملأ عليه نفسه فيروم الإبانة عنها بأقرب طرائق الإبانة، وأيسرها، وأوضحها. ومدار أفكاره على الأدب، والدين، والمجتمع.

أ – الأدب

انشغل أحمد أمين بالأدب؛ قديمه، وحديثه، وبقضاياه، وسعى أن يكون له رأي في شؤونه وشجونه. وإذا كان جانب الفكر قد غلب على ذهنه، وعلى مؤلّفاته؛ فإنّه لم يُرد أن يُخلي يده من الأدب وما يتّصل به؛ فقد وقف على جوانب منه في سفره ((ضحى الإسلام))، وعُني به حين قام على " لجنة التأليف والترجمة والنشر"، وحين أصدر مجلة ((الثقافة))، وهو حاضر في ((فيض الخاطر)).

فقد كتب عن المقالة وكيف تكون ، معرباً عن تصوّر صحيح متماسك ؛ يقول تحت عنوان : " كتابة المقالات " : "هناك أنواع من المقالات يصحّ أن نسميها مقالات علمية بالمعنى الواسع ، فتشمل المقالات الاجتماعيّة كما تشمل بحث مسألة أدبيّة بحثاً علميّا ؛ وهذا النوع سهل على الكاتب متى تيسّرت له أدوات البحث من كتب ومراجع ونحوها ... وهناك نوع من المقالات هي المقالات الأدبيّة بالمعنى الخاص ، وأعني بها الأدبيّة أدباً إنشائيّاً صرفاً لا أدب بحث ودرس ؛ وهذه أصعب من الأولى من حيث إنّها تتطلّب – فوق حسن الاستعداد – المزاج الملائم ؛ فليس الكاتب في كلّ وقت صالحاً لها ، بل لا بدّ أن يكون مزاجه ملائماً للموضوع الذي يريد أن يكتب فيه ." (فيض الخاطر 1: 144) بنى مقالته على الفرق بين ضربي المقالة؛ ضرب تُراد منه المعرفة، وضرب يُبين عن تجربة؛ وإذا كان الضرب الأوّل يكتبه من يُحسن اللغة، ويعرف سبل المعرفة؛ فإنّ الضرب الثاني لا يكتبه إلّا أديب كاتب؛ وشرطه هو شرط الأدب الخالص! ثمّ يمضي في بسط الحديث، والإتيان بالأمثلة المبينة عما يُريد. وكلّ موضوع صالح أن تُكتب فيه مقالة أدبيّة: " من الذرة الحقيرة إلى الشمس الكبيرة، ومن الرذيلة إلى الفضيلة، ومن كوخ الفلاح إلى قصر الملك." (نفسه 1: 145) وتتدرّج المقالة حتّى تستوفي موضوعها استيفاء حسناً، وحتّى يبلغ الكاتب منها ما يبغي من شرح فكرته وإيضاحها؛ ويطمئن أنّها وصلت إلى القارئ بتمامها. ولا ريب في أنّها مقالة من الضرب الأوّل الذي غايته بسط الأفكار وإبلاغها، وليس الإعراب عن تجربة، والبيان عن عاطفة. إنّ أحمد أمين، في هذه المقالة وأمثالها يستوعب الفكرة التي يريد الكتابة عنها، ويرجع إلى مصادرها ومراجعها، ويعود بخلاصة وافية عنها، ثمّ يبني مقالته بناء متتابعاً رصيناً يفضي بعضه إلى بعض حتّى يتمّ له إيضاحها، وشرح عناصرها على نحو من الوجازة المبينة. وهو في كتابته هذه يكتفي من اللفظ بسلامته، ووضوح دلالته، ولا يتطلّب وراء ذلك جمالاً، أو نحواً من أنحاء التأثير.

وكان ممّا شغله فوقف عنده؛ أمرُ الصدق في الأدب! كيف يكون؟ وما مداره؟ وماذا قال فيه الأدباء القدماء؟ فقد كتب مقالة جعل عنوانها صريحاً واضحاً مقتصداً في اللفظ: الصدق في الأدب . بدأها: " شاع في الأدب العربيّ القول المأثور: أعذب الشعر أكذبه." ويقول ابن رشيق القيرواني في العمدة:" من فضائل الشعر أنّ الكذب الذي اجتمع الناس على قبحه حسن فيه." وهكذا نجد في كتب الأدب كثيراً من هذه الأقوال. ويمكن تفسيرها بأحد أمرين أو هما معا:

1) أنّ الشاعر في كثير من مواقفه يعتمد على المبالغة والغلو فيها كقول أبي نواس:

وأخفت أهل الشرك حتّى إنّه ... لتخافك النُطف التي لم تُخلق

وكقول أبي تمّام:

فقد بثّ عبد الله خوف انتقامه ... على الليل حتّى ما تدبّ عقاربه

... ونحو ذلك كثير ...

2) والمعنى الثاني أنّ الشعراء يوصفون بالكذب لأنّهم ينسبون لأنفسهم أعمالاً جليلة لم يأتوا بها، ويزعمون مزاعم لا تستند إلى حقيقة ... لكن ليس هذا من الشعر الراقي في شيء؛ فلا الغلو في المبالغة ولا نسبة شيء إلى غير فاعله ممّا يزين الشعر؛ وإنّما نشأ قولهم:" إنّ أعذب الشعر أكذبه من تصوّر ناقص لمعنى الشعر." (نفسه 1: 231-232)

بسط الكاتب ما قيل في " أعذب الشعر أكذبه " بعبارة واضحة، وأمثلة شارحة؛ ثمّ انتهى إلى بيان نقصه، وأنّه لا يصوّر الشعر الرفيع في مراميه السامية؛ فيقول: " فالذي أرى أنّ رسالة الأديب هي من جنس رسالة الفيلسوف؛ كلاهما يرمي أو يجب أن يرمي إلى إبراز الحقيقة، ونقلها إلى السامع أو القارئ؛ وغاية ما بين الفيلسوف والأديب من فرق أن الفيلسوف ينقلها إلى عقل السامع أو القارئ؛ والأديب ينقلها إلى قلبه. " (نفسه 1: 232) وعنده أنّ الصدق يمنح الأدب قوّة، ويجعله على طريق الخلود؛ وأنّ الأدب الرفيع لا بدّ أن يكون صادقاً! ومن أجل أن يزيد فكرته وضوحاً ويمكّن لها عند القارئ يستشهد بقول وردسورث: " الشعر هو الحقّ ينقله الشعور حيّاً إلى القلب " فينفي بذلك الكذب عن الشعر الأصيل.

لقد بنى الكاتب مقالته هذه على منحى من ترابط الأفكار، وتدرّجها، ووضوحها لكي يصل إلى ما يريد أن يصل إليه من تقرير أصالة الصدق في الأدب! لكنّه لم يكن يتوخّى نمطاً من الصياغة رفيعاً، ولم يرد أن يجعل للكلمات ظلالاً موحية؛ كان يكتفي باستقامة المعنى، ووضوح المقصد، وسلامة اللفظ؛ إذ غايته الأفكار، وليس الفن.

وينظر في الأدب من جهة أخرى فيراه أدب روح، وأدب معدة؛ أدباً يسمو بالمعنى الرفيع، وآخر يظلّ في مدار المادّة لا يكاد يفارقها؛ فيكتب: " أدب الروح وأدب المعدة ." مقالة قائمة على نظر متأمّل في الأدب العربيّ منذ نشأ حتّى مطلع نهضته في العصر الحديث. يقول: "هذا اصطلاح جديد أضعه لنوعين من الأدب، يتميّزان كلّ التميّز، ويختلفان كلّ الاختلاف، لعلّ في وضعه فائدة في تقويم الأدب، وصحة تقديره. وأعني بأدب الروح الأدب الذي يتصل بالعواطف السامية عند الإنسان فيهذبها ويرقيها ويغذّيها. فالقرآن

أدب روح لأنّه يسمو بالإنسان عن عالم المادة، ويأخذ بيده إلى السماء لينظر إلى الأرض، نظرة تُريه الحقّ حقّاً والباطل باطلاً. وباب الحماسة في ديوان الحماسة – مثلاً – أدب روح لأنّه صادر عن نفوس قويّة، وباعث لمشاعر قويّة ... وغزل جميل وكثيّر والعباس بن الأحنف أدب روح لأنّه يصهر النفس ويطهرها... وأدب الطبيعة أدب روح لأنّه شعور بالجمال مجرداً عن الرغبة ... أمّا أدب المعدة فنريد به ذلك الأدب الذي يدور حول سدّ الرمق، واستدرار المال، وتحصيل القوت. فأدب المديح أدب معدة لأنّ مبعثه الاحتيال على الممدوح حتّى يستخرج منه ما في يده ... والغزل الفاجر أدب معدة ... ولعلّك تعجب إذا أنا عددت كثيراً من شعر الزهد أيضا أدب معدة لأنّه يدور حول المعدة وإن كان سلبيا." (فيض الخاطر 2: 66-67)

ويرى، من بعد، أنّ الأدب العربيّ في جملته، ولا سيّما في العصر العباسيّ، كان أدب معدة يخلو من سمو الروح ونبلها؛ يُنشئه صاحبه وعينه على جائزة ذي السلطان، فإذا ظفر بها رضي، وإذا لم يظفر انحرف إلى الهجاء؛ وكلا الضربين، عند الكاتب، أدب معدة لا أدب روح. لكنّه يرجو، وقد أخذ العرب بأسباب نهضتهم في مطلع هذا العصر الحديث؛ أن يغزر أدب الروح عندهم، وأن يتضاءل أدب المعدة!

بدأ الكاتب مقالته بتقرير فكرتها تقريراً واضحاً محكماً، ثمّ أخذ يلتمس الأدلّة عليها من الأدب العربيّ القديم، ومن الأغراض التي تناولها الشعراء ليزيد من تمكينها عند القارئ حتّى انتهى إلى العصر الحديث فرجا أن تكون الغلبة فيه لأدب الروح على أدب المعدة بعد أن قلّ طمع الأدباء بما في أيدي السلطان. وكلّ ذلك بألفاظ واضحة، وبتراكيب يسيرة البناء لا تعقيد فيها، ولا صنعة تبتغي وجه الفن.

لكن ليس من الصواب أن يُرمى الأدب العربيّ في العصر العبّاسيّ، وهو عصر متراحب، بأنّه أدب معدة؛ فلقد كان منه جانب مشرق بالفكر مضيء بالعاطفة، وكان من أعمدته أدباء ذوو منزع إنسانيّ؛ بقي أدبهم، على الزمن، يُقرأ، ويُلهم، ويُقتدى به. ولعلّ الصواب أن نقول: إنّ جانباً منه كان يُنشأ على سبيل التكسّب، وإنّ جانباً آخر كان يصدر عن روح سامية.

لا ريب في أنّ مقالاته التي تناولت شؤون الأدب، في قديمه وحديثه، كثيرة، وكلّها مقالات تبسط معارف، وتشرح أفكاراً، وكلّها بُنيت بناء واضحاً مترابط الأجزاء، متّجهاً إلى إقناع القارئ بالدليل؛ لكنّها ضئيلة العاطفة، مقيّدة الخيال!

ب – الدين

كان أحمد أمين قد نشأ في بيت يُعلي من شأن الدين، ويعدّه أسّ التنشئة الصحيحة التي ترضي الله، وتوجب السعادة في الدارين؛ فبدأ بحفظ القرآن الكريم، وتشرّب معانيه، والوقوف على سيرة النبي، وما تنطوي عليه من قيم رفيعة؛ فلمّا أخذ يكتب كانت تلك القيم التي نشأ عليها تملأ عليه نفسه، وتسلك به دربه؛ لكنّه لم يقع في إسار التقليد والاتباع، بل كان يُعمل عقله حيث ينبغي إعمال العقل.

كتب مقالة يوازن فيها بين الرأي والعقيدة ؛ ناصراً بها العقيدة على الرأي، ولعلّ مكانة الدين من نفسه كانت مدعاة تلك الموازنة والنصرة؛ يقول في مفتتحها:" فرق كبير بين أن ترى الرأي وأن تعتقده؛ إذا رأيت

الرأي فقد أدخلته في دائرة معلوماتك، وإذا اعتقدته جرى في دمك ... ذو الرأي فيلسوف، يقول: إنّي أرى الرأي صواباً وقد يكون في الواقع باطلاً ... أمّا ذو العقيدة فجازم باتّ لا شكّ عنده ولا ظنّ، عقيدته هي الحقّ لا محالة ... ذو الرأي فاتر أو بارد، إن تحقّق ما رأى ابتسم ابتسامة هادئة رزينة ، وإن لم يتحقّق ما رأى فلا بأس ... وذو العقيدة حار متحمّس لا يهدأ إلّا إذا حقّق عقيدته . "(فيض الخاطر 1: 7)

ثمّ مضى يشقّق الكلام، ويورد الأمثلة التي تُعلي من شأن العقيدة، وتحطّ من شأن الرأي؛ يقول: " قد يجود الرأي، وقد ينفع، وقد ينير الظلام، وقد يظهر الصواب؛ ولكن لا قيمة لذلك كلّه ما لم تدعمه العقيدة. وقلّ إن تؤتى أمّة من نقص في الرأي، ولكن أكثر ما تؤتى من ضعف العقيدة، بل قد تؤتى من قِبَل كثرة الآراء أكثر ممّا يؤتى من قلتها." (نفسه 1: 8)

والمقالة كلّها مقالة فكر؛ بُنيت على حسن الإبانة، ووضوح المقصد، بألفاظ دانية لا غرابة فيها. وهي، من بعد، تنهض على رؤية دينيّة تُنزل العقيدة في أرفع منزل!

غير أنّ الكاتب غفل عمّا تُفضي إليه العقيدة، في كثير من الأحيان، من تعصّب، وبغضاء، وعدوان بين الناس؛ ما لم يحكمها الرأي الرشيد!

ويكتب أحمد أمين في أصل الدين؛ فيضع مقالة بعنوان: ((محمّد والتوحيد)) يقف فيها على مبدأ نشوء الإسلام، وعلى مكانة التوحيد منه؛ يقول: " إن أردنا أن نلخّص الإسلام في كلمة قلنا: التوحيد. وإن أردنا أن نوجز عمل النبي من بدء مبعثه إلى يوم وفاته قلنا: العمل على التوحيد." (فيض الخاطر 6: 14) ثمّ يأخذ في تفصيل ذلك، والإتيان بأمثلة على نهج التوحيد في العقيدة؛ القائم بالتوجّه إلى الله الواحد الذي لا شريك له، وعلى نهجه في ضمّ أطراف القبائل، ومناحي الجزيرة في كيان واحد، وهو في ذلك يستعين بوقائع التاريخ، وبمبادئ الإسلام، ويؤلّف بينها لكي يجلو صفحة التوحيد، ويُظهر منزلتها من الدين، ويُبيّن ما كان في التوحيد من عزّ، وما في مفارقته من ذُل. ويمضي في مقالته حتّى موردها الأخير فيقف على حال المسلمين اليوم؛ وكأنّه ما كتب المقالة إلّا ليوازن بين أمس المسلمين ويومهم!

لا ريب في أنّ (الدين) لا يبارح رؤية الكاتب حيثما كتب؛ فقد يقف على جانب منه، أو ينظر إلى الحياة من خلاله، أو يكتب مفصّلاً فيه! وإذا كان في مقالاته هذه يقف عند السائد من الأفكار؛ فإنّه قد فارق ذلك حين كتب فجر الإسلام، وضحى الإسلام، وظهر الإسلام إذ عالج تجليات الدين مستوعباً تشابك الأفكار؛ لكنّنا هنا مع مقالاته التي أراد بها عامّة القرّاء فلم يوغل في الفكر!

ومن هذه المقالات ذات الطابع العامّ مقالة بعنوان ((وظيفة الدين في المجتمع)) يقول في مستهلها: "لنتصوّر مدينة من المدن عاش أهلها من غير دين، لا مساجد ولا كنائس ولا شعائر ولا اعتقاد بإله ولا بيوم آخر، ولا جزاء من ثواب أو عقاب، ولو ساروا في حياتهم وفق العقل؛ فماذا يكون شأنهم؟ وهل يكونون سعداء؟ إنّي أتصوّرهم يعيشون عيشة جافّة شقيّة؛ أفقهم في الحياة ضيّق محدود بعمرهم القصير في الحياة الدنيا ... " (فيض الخاطر 8: 209) ثمّ تمضي مقالة الكاتب مصوّرة سوء حال مجتمع من دون دين! وكلّها

من تصوّر الكاتب نفسه، ولو أنّه أقامها على دراسة مجتمع يخلو من الدين، أو على دراسة مجتمع لا يضع الدين في الصدارة منه، ثمّ تبيّن أثر ذلك في الأفراد، وفي سلّم القيم؛ لكانت مقالة مفيدة نافعة؛ أمّا وقد أنشأها على تصوّره المحض؛ فهي ليست أكثر من إسقاط فكره على ما هو غائب عنه!

وكلّ مقالات الكاتب في هذا الميدان إنّما تدور في فلك السائد من الأفكار، من دون أن تضعها على محكّ النقد، وكأنّه أراد بها عامّة القرّاء؛ ثمّ إنّها تجعل الإبانة عمّا تريد بلغة يسيرة دانية من الأفهام، من دون توخّي ضرب من الفن.

جـ – المجتمع

عُني الكاتب بمجتمعه، وبما طرأ عليه من تحوّل، وأراد أن يحفظ عليه رفيع القيم، وينأى به عن الجمود والتفكّك معا؛ كان منحى أحمد أمين الاجتماعي؛ أن يستصفي خير ما كان، وأن يضمّ إليه الناشئ الجديد. بل إنّ هذا هو مذهبه في كلّ شؤون الفكر والحياة؛ ألّا ينقطع عن الأصول، وألّا يُغلق بابه بوجه الجديد.

رأى الإحسان قيمة تشدّ أزر المجتمع، وتحفظ كيانه؛ فشرع يكتب عنها ويحضّ عليها، ويرسم لها الطريق الصحيح؛ يقول في مقالة عنوانها ((الإحسان)): " أريد بالإحسان التصدّق على الفقراء، ومعونة الضعفاء والمرضى ...ربّما كانت فضيلة الإحسان من أكثر الفضائل تقلّبا مع الزمان، وتغيّراً في أفهام الناس، فكم بين ما كان يفهمه حاتم الطائي من نحر الجزور وإنهابها الناس، وبين ما وضع من النظم الحديثة للإحسان من فروق ومباينات! " (فيض الخاطر 2: 61) وإذ يفرغ ممّا يُريد بـ (الإحسان) يرجع فيقف عند ما كان عليه عند العرب، وما هو عليه اليوم في حواضر الغرب، ويوازن بين الأمرين؛ فيرى صورة قديمة تقوم على شأن فردي، ويرى صورة جديدة تنهض على ضرب من حسن النظام؛ لا تكون العلاقة فيه بين المحسِن، والمحسَن إليه مباشرة، وإنّما تتولّى ذلك جمعيّات ومنظمات؛ تأخذ المال من المحسِن، وتتولّى إنفاقه في وجوه البرّ والإحسان. ويرى الكاتب أنّ هذه الصورة أجدى على المجتمع وأنفع؛ ولكنّه لم يصل إلى ما أراد إلّا بعد أن عرض حالات شتّى في الشرق والغرب، من القديم والحديث، ووازن بينها، فنفى قديماً بالياً، وأقرّ جديداً ينطوي على نفع المجتمع!

وهو في ذلك كلّه واضح العبارة، سهل المأتى، لا يركب صعب الكلام، ولا يريد أن يُعجب القارئَ بصياغته، وإنّما يكتفي من اللغة بإبلاغ المعنى كشأنه في كثير ممّا يكتب!

وينظر في " الشرق "، وفي " الغرب " فيرى مجتمعين مختلفين؛ " الغرب " يسير بمقتضى العلم، و" الشرق " يسير بمقتضى ما نشأ عليه من سالف التقاليد؛ فيكتب:" في المدنيّة الحديثة " ويبدأ بهذا النحو: "لعلّ أهمّ مظهر من مظاهر المدنيّة الحديثة أنّها جعلت الحياة مؤسسة على العلم. حاولت أن تغزو كلّ مرفق من مرافق الحياة وتؤسسه على العلم؛ فالفلاحة مؤسسة على العلم، في ري الأراضي، وآلات الزرع والحصاد، والزراعة مؤسسة على العلم في شأن النبات ووقايته وآفاته وما إلى ذلك، وهكذا في كلّ شأن

من شؤون الحياة ... ولعلّك إذا قارنت الشرق بالغرب فأوّل ما يفاجئك من وجوه الفروق أنّ الشرق – في كثير من شؤونه – لا يسير على مقتضى العلم، والغرب يسير في كلّ شؤونه على العلم. الفلاح في الشرق يفلح لا على مقتضى العلم، ولكن على متفضى التقاليد ... وهذا الفرق بين المدنيّة الغربيّة والمدنيّة الشرقيّة هو الذي مكّن الغرب من استعمار الشرق."(فيض الخاطر 3: 26) ويأخذ في بيان فضائل العلم، ومنافعه، وبم أفاد الغرب، وكيف انحط الشرق حين أجرى حياته على غير نهج العلم، ويورد من الأمثلة ما يعزّز ذلك؛ حتّى إذا استوفى الحديث في مقام نصرة العلم انقلب إلى الجانب الآخر، فوقف على ما ينقص الغرب ويُضعف منه؛ يقول:" ولكنّ هناك من ناحية أخرى وجهاً ضعيفاً، وجهاً ينقص المدنيّة الحديثة لتكمل، ذلك أنّ للإنسان، بجانب قوّته العاقلة التي نتاجها العلم والتي يرمز إليها عادة بالرأس ، قوّة أخرى روحيّة يرمز إليها بالقلب، ومن مظاهرها الدين، والمثل العليا للخير والسلوك وما إلى ذلك، ولا بدّ لخير الإنسانيّة وسموّها من تعادل القوّتين ونمائهما معا. " (نفسه 3: 29) وعنده أنّ الغرب قصّر في جانب الروح، وأغفل مكانة القلب، ونسي الدين؛ وذلك كلّه نقص فيه! ويقول في ختام مقالته: " إنّ طغيان العلم على الروح، والعقل على القلب هو وجه الضعف في المدنيّة الحديثة. " (نفسه 3: 30) ولكن هل خلا الغرب من رفيع القيم في الخلق، وفي الفنّ، وفي إدارة الحياة؟!

يغلب على مقالات الكاتب ذات المحتوى الاجتماعي؛ أنّها منتظمة في مدار القِدَم والحداثة، وأنّ الكاتب لا يفتأ يوازن بينهما، ويدعو إلى الإفادة منهما معاً، وعنده أنّ القديم الموروث لا يغني عمّا هو جديد آتٍ من وراء البحر، وأنّ الجديد الغريب لا يمكث في الأرض من دون قديم يمسك به!

ومن ذلك مقالته الموسومة بـ ((الإسلام والإصلاح الاجتماعيّ)) إذ يقول:" بعض الأديان اقتصرت على تنظيم العلاقات بين العبد وربّه، فشرعت شعائر العبادة واكتفت بذلك، ولم تمس شؤون الدنيا في قليل ولا كثير، بل منها ما دعا إلى الابتعاد عنها والتجرّد منها. ولم يكن الإسلام من هذا الطراز، بل نحا منحى آخر، فقد نظّم العلاقة بين العبد وربه بما شرع من أنواع العبادات، ومن ناحية أخرى واجه الحياة الدنيويّة، ووقف منها موقف المصلح الاجتماعي والشارع القانوني، فقد نظّم الأسرة، ووضع نظاماً للزواج والطلاق والميراث وما إلى ذلك، ونظّم المعاملات المالية ... ووضع أسس القوانين الجنائية ... وقرّر أصول نظام الحكم من وظائف الخلافة ونظام الشورى ... وعلى الجملة واجه كلّ مرافق الحياة أيضا، وتعرّض لأسسها. " ثمّ يبني على ذلك؛ أنّ ديناً يتصل بحياة الناس هذه الصلة الوثيقة لا بدّ أن يكون مرناً يُحسن الاستجابة لما يستجد، مع السنين، من جديد في الحياة؛ يقول: " ولكنّ كلّ دين يسير على هذا المنهج من تنظيم لشؤون المجتمع، يجب لنجاحه أن يشتمل على عنصر هامّ من عناصر الحياة، وهو عنصر المرونة، وإلّا تخلّف وأصبح في عداد التاريخ، ولم يصلح لكلّ زمان ومكان."(فيض الخاطر 3: 164) وعنده أنّ في الدين ثوابت تبقى على الزمن، وفيه أشياء مرهونة بالزمان والمكان؛ حقّها أن تتبدّل إذا ما تبدّلا! ومن أجل ذلك ينبغي أن يظلّ باب الاجتهاد مفتوحاً في الدين؛ فإذا أُغلق وقع الجمود، وانسد الأفق! ومذهب الكاتب؛ أنّ الإصلاح إنّما

يكون بميزان عدل بين ما هو ثابت، وما هو غير ثابت تقتضي المصلحةُ ما هو خير منه!

وجملة الأمر في " مقالة الفكرة "؛ أنّها هي الغالبة على مقالات الكاتب، وأنّ الأفكار تشغله أكثر ممّا تشغله العواطف والأخيلة؛ غير أن الفكر إذا لم يعتدل به المقام مع اللغة، والخيال، والعاطفة تحيّف حقّ الأدب، وذهب به نحو الجفاف!

3 – مقالة البوح

لا ريب في أنّ المقالة الأدبيّة، في حاقّ سنخها، بوح، وحديث نفس قد تخفّفت من حجابها، وأنسِت بمن تتحدّث إليه، ثمّ إنّ الفكر فيها يأتي ذائباً في نسيج العاطفة، محمولاً بأجنحة الخيال؛ فإذا تضاءل فيها شأن البوح وهت العُرى بينها وبين الأدب، وانتظمت في مدار الدراسة والبحث وإيصال المعرفة.

وإذا كان أحمد أمين كاتباً يغلب عليه العقل، ولا يأذن للعاطفة إلّا بمقدار يسير، ولا يريد أن يبعد به الخيال؛ فإنّه في بعض المقامات يُرخي من أزمّة نفسه، ويُصغي إلى وجيب قلبه، ويقف على حواف البوح!

فقد أحمد حسن الزيّات ولده " رجاء " الذي كان سلوة نفسه، ومعقد أمله؛ فأخذ أصدقاؤه يكتبون معزّين، وكأنّ ما أصاب الزيّات أصابهم؛ وكان بين الزيّات وأحمد أمين صحبة ومودّة دفعته أن يكتب إليه، وأن يشاطره الحزن، وأن يلتمس له العزاء، ويأخذ بيده في درب التأسّي؛ فكتب: ((إلى أخي الزيّات)). وعنوان المقالة منبئ، وحده، عما ستفصح عنه من ودّ وتحنّن؛ يقول في مستهلها: " سعيت أمس لعزائك، في 'رجائي' و 'رجائك'، فرأيتك واجماً ساهماً، والهاً مدلّها، فانعقد لساني، وتخلّف ذهني، وفاض دمعي. وكيف أستطيع عزاءك وما استطعت أن أعزّي نفسي؛ أو كيف أستطيع أن أخفّف ما بك وما استطعت أن أخفّف حزني؟ " (فيض الخاطر 1: 179) فهو إذ يخاطب الزيّات آخذاً في التعزية والمواساة؛ يُفصح عن ذات نفسه، ويُعرب عن مشاعره؛ فلقد آلمه فقدان ابن صديقه، وأثار في نفسه لواعج الحزن، وجعله يُرخي شيئاً من زمامها. وإذا كان الكاتب لم يألف الإفصاح عن خبيء نفسه؛ يصدّه عن ذلك حرج، وحفاظ قديم نشأ عليه؛ فها هو ذا قد تهيّأ له ما يُتيح له أن يبثّ شجوه، وأن يُعرب عن ذات نفسه، وأن يرى في حزن الزيّات أطيافاً من حزنه! يقول: " رأيت بك كمداً باطناً، وحزناً مكتمناً، فعلمت أنّك تتجرّع غصص الهمّ، وتختزن بُرَحاء الكرب، فتمنّيت أن تخفّف عنك بصرخة، وتنفّس عن نفسك بدمعة، ولكن عزّ الصبر وعزّ الدمع." (نفسه) ويمضي في مواساة صاحبه على منحى من البوح ، ثمّ يميل نحو التصبّر والتجمّل، والتسليم، وكفكفة الحزن فيقول: " وليس الوفاء للميّت بالإفراط في الحزن، والإمعان في البكاء؛ وإنّما الوفاء بمقابلة دواعي الحزن بدواعي الصبر، وليست الحكمة في إضعاف الحيّ من أجل الميّت، وإنّما هي في إحياء الحيّ من أجل الحيّ والميّت ... أي أخي ليكن ما أراده الله ، ولنلوّن حياتنا بلون من ألوان التصوّف؛ رضاء بالقدر، واستخفاف بالعالم وما فيه، وطمأنينة إلى قوانينه، وإيمان بعظمة الله وسلطانه ... فهوّن على نفسك، وإن خاب رجاؤك في 'رجاء' فحقّق الله أملك في 'علاء' وعش له ولنفسك وللناس." (نفسه 1: 180) لقد عاد الكاتب إلى نهجه من كبح العاطفة، وتغليب العقل، والتمسّك بمبدأ التوازن الذي أقام حياته عليه؛ لكنّ نُسغاً

من العاطفة ظلّ ينتظم المقالة كلّها منذ أن ابتدأت حتّى بلغت مختتمها.

وقد يجد الكاتب ملاذاً في ضرب من التأمّل الشجي يسكن إليه مثل ما صنع في مقالته: ((السكون في الظلام)) يقول: " ما ألذه، وما أهنأه، وما أحلاه! يذهب بالأوصاب ويردّ العافية إلى الأعصاب. فترة سكون في ظلام يجب أن يقضيها كلّ إنسان في كلّ يوم." (فيض الخاطر 1: 247) وكأنّ الكاتب تعب من أعباء الحياة، وأراد أن يتخفّف من أثقالها شيئا؛ فآوى إلى نفسه يصغي إليها، ويسمع نجواها، وقد نأى عن الآخرين، وشمله ظلام ساكن! ثمّ يمضي في بيان فضيلة السكون في الظلام فيقول هو " أدعى لصفاء الذهن، وصحّة التفكير، وجودة الإنتاج؛ فالبذرة لا تنبت في جلبة وضوضاء وضياء؛ إنّما تنبت في جوف الأرض حيث لا تراها عين، ولا تؤذيها حركة، وحيث تستمتع بكلّ ما في السكون والظلام من قوّة؛ حتّى إذا تمّ نضجها خرجت إلى النور والهواء والحركة بساقها وفروعها، لا بنفسها." (نفسه) وتجري به الخطرات بعضها يلحق بعضاً؛ كلّ خطرة تكشف عن معنى، وتضيء ناحية؛ يقول: " في سكون الظلام يرى الإنسان بعينه ما لا يراه في الضياء، ويسمع بأذنه ما لا يسمع في الضوضاء؛ على أنّه هو لا يرى بعينه فحسب، ولا يسمع بأذنه فحسب؛ بل كلّ شيء فيه يسمع ويرى ... في هذا الضرب من التأمّل يجد الإنسان نفسه حيث لا يجدها في هزل ولا جدّ." (نفسه) وتبلغ المقالة ختامها بالتأمّل، وقد تكاملت عناصرها في الإعراب عمّا ينزع إليه من بوح، وما يرمي إليه من تهذيب، وتقويم، وارتقاء بالحياة! ومهما يكن من أمر فإنّ أحمد أمين كاتب تشغله الأخلاق واستقامتها، ويدور فكره على صلاح الفرد والمجتمع، ويسعى أن يجد في كلّ ما يكتب منفذاً نحو التوجيه والتقويم!

وقد يجد البوحُ منفذاً في ضرب من التأمّل يتّخذ شجرةً في نموّها وتكاملها مداراً له؛ فقد جلس الكاتب بجوار شجرة ورد في حديقة منزله، وشرع يصغي إليها بما توحي به، ويقرأ فيها ما تُكنُّ من أسرار؛ فكتب ((بجوار شجرة الورد)) يقول: " أخذت قلمي وورقي، وجلست بجوار شجرة الورد في حديقتي الصغيرة المتواضعة، استمليتها ما أكتب، فأوحت إلي بهذه الخطرات. هذه شجرة الورد تمتدّ وتشرئب وتتفرّع وترتشف – في نهم – ما تقدّمه لها الشمس من ضوء وحرارة، وتشرب كأس الحياة إلى الثمالة. فليت الناس يعملون عملها؛ فيفتحوا قلوبهم للضوء والحرارة، ويمدّوا فروعهم ما استطاعوا ليمتصّوا غذاءهم ... ويشربوا كأس الحياة مترعة." (فيض الخاطر 3: 203) أقام الكاتب بينه وبين شجرة الورد حديثاً؛ إطاره الشجرة وما لها، ومحتواه الإنسان وما ينبغي له! إذ أراد أحمد أمين للإنسان أن يتعلّم من شجرة الورد؛ فيمدّ جذوره في الأرض مستمدّاً طيّب الغذاء، منفتحاً للشمس والضياء والهواء؛ ذلك أنّ الحياة لا تستقيم إلّا بتكامل عناصرها، وبحسن انسجامها. ويعود إلى فكرته في أنّ النموّ الصحيح لا يتمّ إلّا مسبوقاً باحتجاب واختفاء؛ فيقول مخاطباً شجرة الورد: "يعجبني منك أنّك دُفنت فسكنت، وتكوّنت في الخفاء، ولم تجزعي من الظلام، ولم تظهري إلّا بعد أن تمّ نضجك، واكتمل وجودك ... فليت أخاك الإنسان يعمل عملك فيدفن نفسه حتّى تكتمل قواه، ولا يظهر إلّا بعد أن تنضج ملكاته، ويحسن استعداده." (نفسه 3: 204) وكأنّه، بقوله هذا، يُنبّه بعضاً ممّن يرى؛ إذ تعجّلوا أمرهم، وأغفلوا ما ينبغي من حسن الإعداد! ولا يفارق الكاتب شجرة الورد

حتّى يُلقي عليها بكلّ ما خطر له، وحتّى يجعل منها مثالاً يصوغ الإنسان حياته على غراره إذا أراد حياة سامية رفيعة! وحين يبلغ الكاتب ذلك يطوي أوراقه وينصرف عن شجرته؛ يقول في ختام المقالة: "غمرتني الشمس وغمرتْها، ورأيتُ من الذوق أن أتركها تنعم بحرارتها وضوئها فاستأذنتُ فأذنتْ. ورجوتها أن تسمح بنشر الحديث فسمحت؛ غير أنّها أومأت إلي أنّ عندها أحاديث أخرى لا تسمح بها لكلّ الناس." (نفسه 3: 205) لم يكن الكاتب، من قبل، يتّخذ صيغة الرمز أو الكناية عمّا يريد أن يقول؛ بل كان يورد أفكاره من دون أن يجعل لها لباساً من رمز أو كناية؛ أمّا في هذه المقالة فقد صنع شجرة ورد وأنطقها بما يريد!

ومهما يكن من دنوّه من البوح فإنّ باب هذا المعنى ضيّق عنده لا تنفذ منه إلّا أشعّة ضئيلة حتّى وهو يكتب مقالة بعنوان: ((اعترافاتي))! فإذا كان القارئ يرجو أن يجد بوحاً خالصاً حين يكتب أحمد أمين اعترافاته؛ فإنّ رجاءه في غير موضعه؛ ذلك أنّ ابن الأزهر، وابن مدرسة القضاء الشرعيّ لن يتخلّى عمّا نشأ عليه، ولن ينزع حجاباً تلبّسه نفسه في سنوات نشأتها الأولى!

لكنّه إذا أراد أن يعترف قال: " اعتاد الكتّاب أن يقصروا الاعترافات على المسائل الجنسية التي اعتاد الإنسان يُسرّها ولا يجهر بها إلّا لخواص أصدقائه ... أمّا الكلمة نفسها فواسعة شاملة، تشمل هذا النوع، وتشمل غيره من الفضائل التي اكتسبها الإنسان في حياته بعنف ومشقّة. ومن هنا نذكر شيئاً من الاعترافات على المعنى المشهور فنقول: إنّني رزقت عاطفة تهتزّ للجمال أيّاً كان ... وأذكر من هذا القبيل أنّي وأنا صغير سمعت رجلاً ينشد على الدفّ في مدح النبيّ، فتبعته من حارة إلى حارة حتّى بعد العشاء ... وأذكر أيضا أنّي وأنا صبيّ عشقت صبيّة جميلة بنت جار لنا ، فتعلمت من حبّها ضنى الحبّ وعذابه ولوعته ... وعشقت مرّة مدرسة لي إنكليزيّة كنت أتبادل معها الدروس العربيّة والإنكليزيّة، وأحببتها حبّا يائسا؛ لأنّها كانت متزوّجة وسعيدة بزواجها ... ولولا أنّ الدين والعلم كبتاني لكنت إمام المحبين ."(فيض الخاطر 9: 167) وكلّ هذه أخبار يرويها الكاتب بصيغة باردة فقدت حرارة التجربة وسعتها! ويروي أيضا أخباراً أخرى عن حياته، ولكنّها أخبار متجزأة لا تصوّر تجربة الحياة، ولا تسبر غورها؛ يقول مثلاً في السياق نفسه، وقد تحدّث عن حبّه الحقّ: " ومن هذا النوع الشامل اعترافي بأنّي جبان بقدر شجاعتي في قول الحقّ؛ أخاف التعذيب، وأخاف السجن، وأخاف الشنق؛ وربّما كان هذا هو السبب في أنّي أفضل العلم على السياسة؛ فالعلم طريق غير محفوف بالأشواك، والسياسة طريق وعر محفوف بالأشواك."(نفسه 9: 168) ولو أنّه صبر على هذه الأخبار، واستعاد ما أنبأت عنه من تجارب بأجوائها كلّها لكتب نصّاً أخّاذاً في أدب الاعتراف!

وجملة الأمر؛ أنّ أحمد أمين كاتب غزير الكتابة، واسع الميدان، يجد في كلّ ما حوله مادّة يكتب عنها، له رسالة لا تخطئها في آثاره عين؛ قوامها العلم والأخلاق؛ غير أنّه يكتفي من اللغة بما يُبلغُ به المعنى، وينال عنده المقصد، من دون أن يتوخّى مداخل الفن؛ ألفاظُه فصيحة واضحة قريبة من فهم القارئ، وتراكيبه سمحة معناها في ظاهرها ...

[语言与翻译]

《西伯威书》的核心概念翻译*
——以عامل的译法为例

◎ 鞠舒文**

摘　要：作为传统阿拉伯语语法学和语言学的奠基之作,《西伯威书》的内容及其所承载的思想始终备受相关领域学者的关注。我国在传统阿拉伯语语法和语言方面的研究起步较晚，积淀尚浅，针对具体语法概念和分析手段的阐释仍然存在不足。在积极开展相关研究的过程中，核心术语的翻译是至关重要的一步。本文以《西伯威书》中عامل这一传统语法概念的译法为例，体现翻译古代典籍重要概念时应考虑的因素，进而探讨现代语言学发展中传统阿拉伯语语法学的相容性和定位问题。

关键词：变因；西伯威书；传统阿拉伯语语法学；语法概念翻译

一、引言

《西伯威书》((كتاب سيبويه))（以下简称《书》）是传统阿拉伯语语法研究和语言研究的经典之作，被誉为“语法中的古兰经”（قرآن النحو），其作者西伯威更是被尊为“语法学家的伊玛目”（إمام النحاة）。从古代语法学者的注解，到现代语言学者的探究，围绕《书》的讨论始终没有停止。对于每一位钻研阿拉伯语语法和语言思想的人来说,《书》的意义非比寻常。

荷兰学者基斯·韦斯提格曾对《书》作出这样的评价：“不夸张地说，整个阿拉伯语言研究的传统正是对《西伯威书》的一个庞大评述。”[1] 从总体上看，古代学者对《书》中具体的语法现象和规则给予了较多关注。然而，对规则的过度探究导致纯粹的结构分析倾向，曾令阿拉伯语的语法研究一度陷

* 本文系上海哲学社会科学规划一般课题“阿拉伯语教学语法术语的规范与统一”（课题批准号：2019BYY024）阶段性成果。

** 鞠舒文，上海外国语大学东方语学院阿拉伯语系讲师，主要研究方向：阿拉伯语语言学。

入僵局。在近现代阿拉伯文化复兴的大背景下，众多阿拉伯学者开始对传统语法研究的内容进行反思，借以“西伯威”之名探讨传统语法的去留，思考传统阿拉伯语寓于现代阿拉伯民族的意义。① 这一方面反映了西伯威在传统语法学中的权威地位和深远影响，另一方面则表明，对《书》及西伯威语法思想的研究关乎传统阿拉伯语的现代定位和阿拉伯民族的延续性等问题。

自19世纪末《书》及相关译文在西方世界相继问世以来，西方学者对以《书》为代表的传统阿拉伯语语法学一直抱有兴趣，如今已具备相当的研究基础。与《书》相关的话题更是成为近几年学术讨论的热点。例如，自2010年开始，剑桥大学已经成功举办两届阿拉伯语语言学基础研讨会（Foundations of Arabic Linguistics Conferences），受到西方和阿拉伯学术界的广泛关注，西伯威及其《书》随之成为各方学者热议的主要对象。② 尽管两种具有不同根基的学术传统能否殊途同归仍是一个有待验证的问题，但是西方和阿拉伯学术界在《书》和西伯威研究上的高涨热情表明，如何理解和发展《书》的思想已经成为当今阿拉伯语语言学的重要课题和意义所在。

相比之下，我国的阿拉伯语语言学研究起步较晚。尽管部分中文学术期刊可查有关传统阿拉伯语语法学的论文，但从整体上仍然缺乏对具体语法概念和分析手段的详细阐释。现已出版的阿拉伯语语言学中文书籍多以介绍古代语法研究的概况为主，未出现研究单部古代语法典籍的专著。可见，我国在传统阿拉伯语语法和语言研究方面积淀尚浅，亟待相关领域的学者填补空白，为今后的深入研究和国际学术对话夯实基础。在这个过程中，如何为传统阿拉伯语语法学和语言学的核心术语选择合适的译法，关系到相关研究的顺利开展。所以，术语翻译是至关重要的一步。据此，本文以传统阿拉伯语语法概念عامل的译法为例进行探讨，突出翻译诸如《书》这类古代典籍中重要

① 在近现代阿拉伯文化复兴的浪潮中，“西伯威”这个名字曾被当成阻碍语言改革的标志，一些出版物上甚至出现了“西伯威的罪行”和“打倒西伯威”之类的标题，以衬托改革的决心，如 زكريا أوزون، جناية سيبويه: ((الرفض التام لما في النحو من أوهام))، بيروت: رياض الريس للكتب والنشر، 2002؛ شريف الشوباشي، ((لتحيا اللغة العربية: يسقط سيبويه))، الهيئة المصرية العامة للكتاب، 2004. 有意思的是，另一些学者则对西伯威极力维护，撰文呼吁“西伯威长存”，如 إبراهيم عوض، ((لتحيا اللغة العربية: يعيش سيبويه))، جريدة الشعب (يصدرها حزب العمل)، 21 من سبتمبر 2004م.

② 两届会议上参与研讨的论文分别被收录在2012年和2015年出版的《阿拉伯语语言学基础：西伯威及早期阿拉伯语语法理论》（*The Foundations of Arabic Linguistics: Sībawayhi and Early Arabic Grammatical Theory*）中。这些文章从各个视角对传统阿拉伯语语法学的相关概念进行阐述，尝试运用现代理论和方法在这些传统概念和西方语言学的观点之间建立某种关联。

概念时应考虑的因素，并由此引发对传统阿拉伯语语法学在现代语言学发展中相容性和定位问题的思考。

二、عامل及其在《书》中的运用

传统阿拉伯语语法学中所谓的عامل，就是能够导致名词和现在式动词的词尾发生变化的因素。这种变化也就是通常所说的某某词的格发生的变化。具备这种变格的能力被称为عامل。受到عامل影响的名词和动词统称为معمول（复数：معمولات）。传统阿拉伯语语法学者注重对话语中每一个有词尾变化的名词和动词的分析，以探究它们的عامل是什么。这个讨论过程也就是今天阿拉伯语语法研究的主要形式——إعراب（语法分析）。比如قام زيد中的زيد是个变尾名词，在此为主格，语法学者便会认定影响该词成为主格的因素是قام。所以，قام是زيد的عامل。反之，زيد则是受到قام主格作用的معمول。这种分析方式在传统阿拉伯语语法学的发展中形成了一套理论，全称为نظرية العامل والمعمول，亦可简称为نظرية العامل或者نظرية العمل。

عامل一词早在《书》中就已经出现。这个词在西伯威的使用中也呈现出一定的术语特性，或者说处在一个前术语的状态。西伯威之后的学者继续运用عامل分析语法问题，撰写语法专著讨论这一重要的概念，并且创造了新的术语。前文所提的理论نظرية العامل正是在后代学者们围绕عامل和معمول的讨论中逐渐发展出来的。不过，相对于理论成形后的عامل，西伯威对这一概念的体现还是存在一些差异的。比如，《书》中出现的由عامل的三个根字母ع م ل组成的动词明显多于该名词本身。这一方面反映了西伯威更倾向于用“起变格作用”的过程来解释格的变化，强调的是一种动态过程，另一方面也证明عامل在西伯威时期尚未发展为一个固定的术语。值得注意的是，《书》中与语法分析相关的很多用语都和عامل的情况相似，既存在一般意义，又具有特殊含义，是在后代学者的不断发展中才逐渐定型、成为语法研究体系的重要术语的。这是传统学科术语的普遍特征，也向古代典籍的翻译和研究工作抛出了一个共同的问题，即如何处理经典文献中尚处于潜在术语状态的用语。

要解答这一问题，还需对古代典籍的翻译和研究工作有更清楚的认识。无论是翻译经典，还是研究经典，都应该对那些后来成为固定术语的用语有一个整体的把握。然而，译法择取和术语研究的侧重点不同，恰好呈现出两个相反的过程。鉴于任何术语都是经历标准化和规范化的、具有特定含义和用法的名词，择取译法时不宜脱离当前的术语状态，有必要从已发展成形的理论定义中寻找最适于描述该术语的词与之对译。译法的选定可以为相关术语的研究提供指称和论述的基础。但不容忽视的是，尽量客观地展现某个术语初期的使用状态是进行典籍研究的要务之一。若是用后期发展成形的理论定义去解读早期文献中的某个术语，其研究结果的参考价值自然大打折扣。因此，翻译和研究工作需要相互配合，尤其为前术语形式的名词选择译法时要尽可能考虑周全。

以《书》中的عامل为例，鉴于与之相关的思想在后代的语法研究中发展为一个成熟的理论，译法的选择自然有必要参考后期成形的理论定义。可是，在研读这部经典时，如果仅参照现有的理论（نظرية العامل）去看待西伯威的语法思想，很容易把他对阿拉伯语的认识限定起来，很难看到他对عامل的运用和分析手段是如何有别于后代学者的。有关理论发展成熟后，不少语法学者逐渐倾向于在理论框架内回溯西伯威的观点，仅凭《书》中一些带有“原因”含义的表达（如لأنّ、بـ等）便推断西伯威可能为具体的话语成分指定什么عامل。须知，西伯威的思想先于后来发展出的理论框架，用后者去限定前者，甚至就前者未曾论述的问题推断西伯威的观点，这种做法在研究背景和语境上的问题不言而喻。由此可见，在为عامل选择译法时应对其一般意义和专门意义交错使用的事实保持警醒，尽可能顾及成为正式术语之前的عامل在当时语境下的综合含义。

三、译法探讨

（一）中文译法现状[①]

鉴于我国在传统阿拉伯语语法学和语言学方面的研究积淀尚浅，相关术语的翻译工作有待完善。尽管目前有关阿拉伯语语法的中文教科书可查部分语法术语的译法，但这些译法在国内各高校的教学使用中并没有完全统一。所以，相关术语的定名仍要经历一个取舍的过程。况且，有中文译法可查的大部分术语仅限于语法教学范围，未必适应学术问题的讨论；研究型术语的译法则少有参考标准。عامل一词在国内学界的使用便是一个典型的案例。

① 此部分有关译法探讨的主要内容与图示已收入笔者专著《〈西伯威书〉变因思想研究》“导论”部分。

在国内高校的语法教材中，عامل主要被译为“作用词”。从经堂教育的语法教材《连五本》① 来看，عامل一方面以“阿米里”或“阿瓦米尔”（عوامل，عامل的复数）的音译形式用于相关语法知识的介绍，另一方面则以“职能词”或“支配词”的意译形式出现在讲解语法的具体内容中。这种一词多译的现象同样出现在艾哈迈德·爱敏所著《阿拉伯—伊斯兰文化史》的中译本[2]里。例如，对نظرية العامل的介绍就分别在该书的不同地方出现了“支配理论”和“阿米勒理论”两种译法。此外，刘麟瑞先生在《阿拉伯语语法的产生和语法学派的出现》一文中曾提出：“句中各种成分的词尾音符，词与词在结合时产生的尾变，都是由一定的因素造成的。语法上称这种因素为عامل，可译作‘变因’。”[3]

不难看出，以上几种译法总体上分为两类：音译和意译。如果采取音译，容易导致一个概念多种译法的结果，尤其在将来如何为相关理论（نظرية）定名的问题上没有参考的标准。如前所述，نظرية العامل的完整表达为نظرية العامل والمعمول，也有称法为نظرية العمل；而古今阿拉伯学者对عامل这一概念的指称又常常使用复数形式عوامل，比如朱尔加尼（الجرجاني）的语法专著((العوامل المائة النحوية))。可见，音译的方式并不可取。如果选用意译，则有必要对上述几种意译的形式分情况讨论。

首先，高校教材中较多使用的“作用词”译法可以与“被作用词”的译法一同对应العامل والمعمول这组概念，并且在主动和被动的形式上较为匹配。尽管如此，细查整个عامل系统的结构层次（如图1），便会发现这种意译的形式仍然存在不妥。

根据图1显示，对عامل的理解至少应该认识到三个层次：第一层的عامل是对这一概念的总称；这个概念在第二层按照实际出现与否的标准被划分为“抽象”（معنوي）和“字面”（لفظي）两大类；由此在第三层细分出具体运用到语法分析中的各种عامل。据此可得，高校教材中出现的“作用词”其实只能与系统第二层的العامل اللفظي对应，无法涵盖诸如الابتداء这样并不出现在实际话语中的العامل المعنوي，继而不适于作为概念总称对译第一层的العامل。可见，这种译法

① 《连五本》是中国经堂教育讲授阿拉伯语词法和句法知识的基础教材，共五卷。原名أساس العلوم，意为“基础知识”，编订者为巴基斯坦旁遮普人穆罕默德·海亚特。历史上的《连五本》经过多次编译，版本较多。其内容大致相似，但针对各种术语的译法不尽相同。最新版本可参见：赵连合译《连五本》，宁夏人民出版社，2012。

不适于在学术研究中讨论。

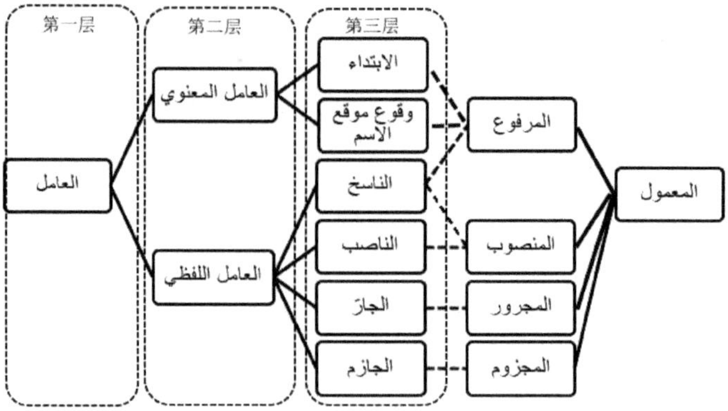

图1

在此有必要对الابتداء的概念做一个补充说明。西伯威在《书》中就曾为الابتداء明确设立了章节进行专门的讨论，这是用于解释名词句的起语为什么处于主格的一种عامل。例如，زيدٌ قائمٌ中زيدٌ的主格不是由于该句中其他成分的作用，而是由الابتداء导致的。至于الابتداء到底意味着什么，后代学者的解读各不相同。比较主流的观点认为，الابتداء使位于话语首位的名词获得一种天然的特性，脱离字面的عامل的作用，因此，这个位置上的名词回归到最初始的状态——主格。这种观点隐含着一套逻辑：主格是名词的初始状态（أصل），[①] 无须分析；只有宾格或属格的情况才被视为格发生了变化，才有必要从实际出现的话语成分中寻找一个عامل来解释这种变化。国内语法教材的编纂者很可能是受到这一观点的影响，所以在教材中避开了像الابتداء这类抽象的عامل，一直使用“作用词”的译法。

其次，“支配词”的译法同样存在无法涵盖العامل المعنوي的问题。选用这一译法还会导致在将来为相关理论定名时出现“支配理论”的说法，很容易与乔姆斯基的“支配理论”（government theory）[②] 产生联想。尽管也有西方学者曾以“governor”（支配者）对译阿拉伯语语法学的عامل，但毕竟两者不是对

① 此处أصل又译“本原”或“原型”。

② “支配理论”（government theory）是乔姆斯基提出的“支配与约束理论”（government and binding theory）的组成部分，亦称“管辖理论”。“支配与约束理论”主要解决代词的所指问题，其中的“支配理论”侧重说明句子成分之间的支配关系，是对生成语法的一种改进。

等的概念。由此不难预见，在翻译阿文文献时选用“支配词”或“支配理论”的另一点不妥，就是会给今后在阿拉伯语语法学思想和西方语言学理论之间可能开展的比较研究造成指称上的混乱。故“支配词”的译法也不可取。

在上述几种译法中，刘麟瑞先生提出的“变因”估计是最符合عامل系统关系的一种。实际上，“变因”的译法在一些关于阿拉伯语语法学的中文文献里是得到沿用的。① “变因”这个词既可以涵盖عامل的三个层次，也可以用“变因理论”对译نظرية العامل，从而体现这一阿拉伯语语法学理论的独特性。从عامل系统的结构层次看，第一层的概念总称即为“变因”，于第二层被划分为“抽象变因”和“字面变因”两类。可见，相对于其他的译法，“变因”一词更加适用于语法学问题的论述，具有明显的优势。不过，这个译法和معمول的现有译法“被作用词”放在一起时，难以产生像阿文术语العامل والمعمول在主动与被动形式上的匹配感，略显遗憾。如果因此再为معمول斟酌一个匹配的译法，那可能又是一个“牵一发而动全身”的工程。

（二）英文译法参考

西方学者对传统阿拉伯语语法学的关注由来已久，相关术语的译法也是他们在研究中面临的一大问题。相对中文译法的情况，西方学者在为某一个概念选择西文译法的过程中，除斟酌择取哪一个单词来对译之外，更多的是关注如何将某个传统阿拉伯语语法的概念同西方现代语言学理论中的概念进行比较。比如，在英文文献中，与عامل一词对译的词主要有operant、operative、operating element、governor和governing operator等。其中，governor的采用率稍显优势。但正如之前所述，这并不意味着能够把عامل与“支配理论”（government theory）中的“支配词”等同起来，نظرية العامل更加不可与“支配理论”（government theory）画等号。有的学者将عامل和“配价语法”（valency grammar）中象征动词支配能力的“价”（valence）进行比较，并在此基础上阐释阿拉伯语语法分析与转换生成语法的相似性。[4]所以，从英文译法的多样性也可以看到西方学者对عامل概念的认知存在差异。

此外，两套术语体系本身的差异也决定了西方现代语言学或语法学名词不能直接与阿拉伯语语法学的概念对应。比如，阿拉伯语中格的范畴既适用

① 沿用“变因”译法的中文文献可参见：刘开古编著《阿拉伯语发展史》，上海外语教育出版社，1995，第279页；王有勇编著《阿拉伯文献阅读》，上海外语教育出版社，2006，第433页。

于名词，又适用于动词（主要是现在式动词）。而以英语为例，格（case）的范畴只用于名词。对于动词而言，相应的范畴被称为语气（mood）。于是，用英语研究阿拉伯语语法学的首要前提就是将阿拉伯语的四种格与英语名词的三种格和动词的三种语气对号入座。辨清指称上的区别并不难，问题在于具体分析时一旦使用英文术语，则避免不了将阿拉伯语的四种格拆解为英语的三种格和三种语气来表达。这一差别不仅造成了阐释和理解上的不便，更重要的是反映出两种语法学传统在语法范畴划分标准上存在本质的不同。

四、总结与启示

以上为عامل甄选译法的问题举例，无论是拣选适合的中文译法，还是对各种英文译法进行推敲，都可以为我国学者研究传统阿拉伯语语法学带来启示。其中，西方学者对عامل的各种解读以及与现代语言学概念的比较更是引发了两个值得思考的问题：一是现代西方语言学思想与传统阿拉伯语语言学思想的相容性；二是传统阿拉伯语语法学的现代定位问题。

众所周知，西方现代语言学的起步比传统阿拉伯语语法学晚了几个世纪。如此巨大的差距势必带来一个疑问：起源于不同时代和背景的两种研究传统能否有效地沟通？或者换一种角度来说，起步较晚的西方语言学是否具有解读传统阿拉伯语语法学的能力？不少西方学者对以《书》为代表的传统阿拉伯语语法学的阐释几乎都建立在现代语言学的术语系统上。结果表明，把阿拉伯语语法学纳入西方语言学理论的探索仍然长路漫漫。[5]进行相关研究的大部分西方学者都希望以传统阿拉伯语语法学的精髓扩充现代语言学的内容。然而，两套学科传统的差异决定了这个过程中难免遇到障碍。这一点从前文讨论的عامل一词英文译法的问题中便可见一斑。

与此同时，两套体系的术语差异还反映了传统阿拉伯语语法学在现代语言学中的一种特殊定位。首先，从传统阿拉伯语语法学的起源看，早期学者研究语法问题的初衷是为宗教服务。他们的研究围绕被伊斯兰教认为唯一合法的语言——阿拉伯语展开，研究对象的局限决定了这不是一门普世通用的学科。比如，本文举例的عامل就是专门用于描写阿拉伯语丰富词尾变化的分析工具。所以，传统阿拉伯语语法学的研究成果并非放之四海而皆准。其次，从学科的整体发展来看，西伯威时期的语法研究与后来趋于规范化发展的语法学存在很大区别。以《书》中的عامل来说，西伯威在解释词尾变化时对这个概念的运用不仅限于阿拉伯语的结构特征，同时还对各种说话方式予以关注。这体现了西方现代语言学的一些特点，可以被认为是介于普通语言学和通俗观念中研究话语结构特征的语法学之间的一种研究方式。然而，后代阿拉伯语语法学者主要把精力放在了结构形式的分析上，对عامل的运用从一系列言语现象的描写向一条条语法规则转化。正是这个复杂的发展过程，造就了传统阿拉伯语语法学丰富的内涵，同时也导致了相关概念的多向性表现，难以用现代语言学的单一学说进行对照。

综上，在现代语言学背景下，无论是探讨传统阿拉伯语语法学问题，还是翻译相关的概念、术语，都应该对语法思想的发展历程有全面的把握，对某个名词特定时期的内涵和外延保持清醒的认识。不可否认，在现代语言学日益发展壮大的今天，传统阿拉伯语语法学的观念依旧深入人心，像《书》这样的经典元素不断发声，并成为国际学术舞台上象征传统阿拉伯—伊斯兰文化的重要标志。为核心的传统概念和术语厘清思路、提供准确的中文译法，是我国阿拉伯语研究者以独特的方式从事相关研究的重要前提和基础。只有这方面的基础牢靠了，我国学者才能顺利地开展国际学术对话，并不失自信地站在世界的舞台上展现自身的实力。

参考文献

[1] VERSTEEGH K. Landmarks in Linguistic Thought Volume III: The Arabic Linguistic Tradition[M]. London & New York: Routledge, 1997: 39.

[2] 爱敏. 阿拉伯—伊斯兰文化史[M]. 纳忠，译. 北京：商务印书馆，2007.

[3] 刘麟瑞. 阿拉伯语语法的产生和语法学派的出现[J]. 阿拉伯世界，1981(03): 6-7.

[4] OWENS J. The Foundations of Grammar: An Introduction to Medieval Arabic Grammatical Theory[M]. Amsterdam: Benjamins, 1988.

[5] CARTER M G. Sibawayhi[M]. New Delhi: Oxford University Press, 2004: 143.

عنوان البحث: ترجمة المصطلحات الأساسية في ((كتاب سيبويه)) : مفهوم العامل كمثال

الباحثة: جيو شوون، محاضرة في قسم اللغة العربية من كلية اللغات الشرقية بجامعة الدراسات الدولية بشانغهاي، واهتماماتها العلمية: اللسانيات والعربية الفصحى، والنحو العربي.

ملخص البحث: ((كتاب سيبويه))، باعتباره من أقدم الدراسات في قواعد اللغة العربية، ظلت محتوياته وأفكاره دائما موضع الاهتمام لباحثي اللغة العربيةوالنحو العربي منذ القدم. يبدأ البحث في هذا المجال متأخرا نسبيا في الصين، والدراسات المعنية ما زالت مفتقرة إلى الترجمة الصينية للمصطلحات الأساسية وتفسيرها، الأمر الذي يشكّل خطوة حاسمة في عملية تطوير البحوث ذات الصلة باستمرار. لذلك، يأخذ هذا البحث الترجمة الصينية لـ"عامل"، مفهوم تقليدي في النحو العربي، كمثال، لتجسيد العناصر الهامة التي ينبغي النظر فيها عند ترجمة المفاهيم الأساسية من الكتب العلمية التراثية، حيث يؤدي إلى التفكير في مسألة توافقية دراسة النحو العربي لعلم اللسانيات وتحديد مكانتها في العصر الحديث.

الكلمات المفتاحية: العامل، ((كتاب سيبويه))، النحو العربي، ترجمة المصطلحات

《伊本·阿齐勒〈千联诗〉注解》中的语料引证*

潘潇寒**

摘　要：伊本·阿齐勒对《千联诗》的注解是当代阿拉伯和非阿拉伯国家高校教授阿拉伯语语法时最常被用作教材的一部古籍，也是我国编写阿拉伯语语法书籍的重要参考书。注释者按照阿拉伯语语法传统将闻习语料作为说明规则的依据，同时继承了伊本·马立克对圣训作为语料的宽容度。本文分析说明《伊本·阿齐勒〈千联诗〉注解》对语料的使用。一方面分析这些语料的类型，以及它们如何被用于解释语法规则，另一方面对注释者引用这些语料之于注释本身的目的进行总结归纳。

关键词：伊本·阿齐勒；《千联诗》；《伊本·阿齐勒〈千联诗〉注解》；语料引证

伊本·阿齐勒（ابن عقيل，1294—1367）是伊本·马立克《千联诗》最重要的注释者之一。《伊本·阿齐勒〈千联诗〉注解》（以下简称为《诗解》）简单明了、直白朴实，不仅没有过多对歧义和观点的讨论，也没有过多的反驳，而且不会对原文本意做过多揣测，因而是最适合阿拉伯语语法初学者的一部注解。《诗解》在古代让“大部分人都能够了解语法，并读懂伊本·马立克的《千联诗》”[1]。而如今，它依旧被作为语法教材在阿拉伯国家各高校使用，还被译介至欧洲。《诗解》是了解传统阿拉伯语语法学的钥匙，也是学习语法的重要参考。因此，本文选择《诗解》，并对其语料引证进行分析说明。

古代阿拉伯语语法学著作中，作者为了解释规则和表达观点，除给出简

*　本文系上海哲学社会科学规划一般课题“阿拉伯语教学语法术语的规范与统一”（课题批准号：2019BYY024）阶段性成果。

**　潘潇寒，上海外国语大学外国语言文学博士后科研流动站在站博士后研究员、东方语学院阿拉伯语系讲师，主要研究方向：古典阿拉伯语、阿拉伯语语法。

单通俗的例句（أمثال）之外，最常见的做法是引证（الاستشهاد），与例句不同，被作为引证对象的例证（شواهد），需要证明例证说话者语言的纯正性。因此，例证一般可以通过传述体系（الرواية）追溯到说话者本人。[2]

这些有传述脉络的语言材料被称为闻习语料（سماع），其本义为“听”，反映出古代阿拉伯人对话语事实的重视。同时，一种用法如果是通过口耳相传和实际听说而流传的，也称对于该用法存在闻习理据（ورد السماع）。由于语料的这种传述性质，随着阿拉伯语语法学的发展，新的著作往往引用以往著作中的例证，从而在语法学家间形成一种对于语料纯正性的共识。一般来说，根据闻习语料权威性的高低来排序，依次为：《古兰经》—古代阿拉伯诗歌—阿拉伯人言语。

有学者统计，《诗解》中引用《古兰经》248次，诗歌362次，阿拉伯人言语63次，[3]引用圣训19次。[4]注释者在论述中对于一个问题往往会引用多种例证予以说明。

一、语料类型

（一）《古兰经》

第一语料是《古兰经》，它是阿拉伯语的最高典范。由于古代文字记载出现得较晚，最初，《古兰经》全部经文都由人背诵并口耳相传，但每个部落对各自方言的使用情况各不相同。对此，穆罕默德指出：“《古兰经》降于七个哈尔夫，怎样方便，你们就怎样诵读。”（44: 2419）[5] 81 从而认可了它的七种读法，后来读法数量被《古兰经》的诵读家们扩展到十种，甚至更多。语法学家们十分重视聆听这几种读法，久而久之将他们听到阿拉伯人的话语中最接近这些读法的作为他们的闻习语料。

在解释代绝对宾语种类的时候，注释者连用三个《古兰经》例证。首先他指出，由كل和بعض与词根构成的正偏组合可以代替词根，对此他引用第4章“妇女”第129节“لَا تَمِيلُوا كُلَّ الْمَيْلِ”〔你们不要完全偏向（所爱的）〕[6] 99。在说明人称代词充当代绝对宾语时，他引用第5章“筵席”第115节“لَا أُعَذِّبُهُ أَحَدًا مِنَ الْعَالَمِينَ”（绝不用于惩治全世界任何人）[6] 127，并进一步阐释，这句话即“لا أعذب العذاب”。在说明数词充当代绝对宾语时，他引用第24章“光明”第4节“فَاجْلِدُوهُمْ ثَمَانِينَ جَلْدَةً”（你们应当把每个人打八十鞭）[6] 350。

在解释《千联诗》第345联“一个变因包含动词的意义而不/与其同根，后置后不再发挥作用”时，注释者指出，如果变因不是动词却包含动词的意义，那么句子中的状语不能前置于此变因。这些变因包括指示名词、希望虚词、比喻虚词、时空宾语和介词短语。例如以下句子就是不正确的：“مجردةً تلك هند”，“أميرًا ليت زيد أخوك”，“راكبًا كأنَّ زيدًا أسد”。此外，注释者指出，如果是后两种短语类型，也有出现状语前置的情况，但比较少见。他引用第39章“队伍”第67节中的一段话：“وَالسَّمَوَاتُ مَطْوِيَّاتٌ بِيَمِينِهِ”（诸天将卷在他的右手中）[6] 465，并指出第二个词读成齐齿音的读法，即“والسموات مطوياتٍ بيمينِه”，此时مطوياتٍ是状语，其变因是由介词词组بيمينه代替的述语。[7] 589

（二）诗歌

第二语料是阿拉伯人，或者具体来说，“操纯正阿拉伯语且未受到第二语言影响的贝都因人”① 的言语。《西伯威书》引用的最后一位诗人伊本·哈尔迈（إبراهيم بن هرمة）卒于伊历176年。此后，由于阿拉伯帝国城市化进程的加速，标准语受到侵蚀，各地土语盛行。地点上，主要为阿拉伯半岛中部沙漠贝都因部落的方言，因为那里远离城市，自然语言仍旧保持原有风貌。总之，向游牧的贝都因人请教语言问题的传统，自公元10世纪后逐渐消失，[8]语料库逐渐关闭。这部分主要被语法学家引用的是古代诗歌，也有散文和实际的话语。而诗歌是《诗解》中占比最大的语料。

第401联“你使其定尾或变尾，如إِذْ一般运行者，/并选择定尾，后跟定尾动词”和第402联“在变尾动词或起语前，/你使之变尾，若有谁将其定尾，也绝不犯错”，论述后面接句子可以为偏次的名词。注释者解释道，这两联认为，这些名词既可以变格，也可以定格，例如：“هذا يومُ/يومَ جاءَ زيدٌ”，“هذا يومُ/يومَ يقومُ زيدٌ”，“هذا يومُ/يومَ بكرٌ قائمٌ”。他指出，这是库法派的观点，诗人和法里西（أبو علي الفارسي，987年卒）都选择这一观点。但如果偏次是过去式动词句，被选择的规则是正次定格。对此他引用纳比埃·祖卜雅尼② 的半联诗句：

① 鞠舒文：《〈西伯威书〉变因思想研究》，博士学位论文，北京大学，2016，第31页，转引自KeesVersteegh, *Landmarks in Linguistic Thought III: The Arabic Linguistic Tradition* (London & New York: Routledge, 1997), p. 38.

② 纳比埃·祖卜雅尼（النابغة الذبياني，535—604），蒙昧时期（又称贾希利叶时期）著名诗人。

عَلَى حِينِ عَاتَبْتُ الْمَشِيبَ عَلَى الصِّبَا

且当华发年岁袭年少

注释者指出，以上这联有传述的两种读法，即حين可以根据在介词后的位置而为属格，也可以根据后面是它偏次这一点而定于开口音。[7] 57 如果后面的偏次是现在式动词句或名词句时，正次一般为变格，也可以为定格。对此，注释者引用读法道，在七读法中，经文“هَذَا يَوْم يَنْفَعُ الصَّادِقِينَ صِدْقُهُمْ”（这确实是诚实有裨益于诚实人的日子）[6] 127 中的يوم尾音可以读合口音为主格，也可以读开口音为定格。[7] 58

针对第404联“表示双数的确指名词，且非/两个独立词，作كِلَا和كِلْتَا的偏次”，注释者首先给出两个例句解释前半句，即كلا的偏次必须是双数确指名词。然后，他引用一联诗句：[7] 60

إِنَّ لِلْخَيْرِ وَلِلشَّرِّ مَدًى　　وَكِلاَ ذَلِكَ وَجْهٌ وَقَبَلْ

善恶皆为此　两者面目明

注释者解释道，这是为了说明诗人“双数确指”的意义，并且要提醒，كلا的偏次双数的意义不能由两个单词表达，而只能接双数名词。但他指出，也有不规则的情况出现，并引用了以下一联诗歌：[7] 60

كِلاَ أَخِي وَخَلِيلِي وَاجِدِي عَضُدًا　　فِي النَّائِبَاتِ وَإِلْمَامِ الْمُلِمَّاتِ

兄弟朋友皆认我为佑　抵挡灾祸、消除苦厄

一部分语法学家允许在نِعْمَ及其同类词构成的句式中同时出现区分语和显现名词，如“نِعْمَ الرجلُ رجلاً زيدٌ”，而另一部分语法学家不允许如此，而将禁止的规定归于西伯威（سيبويه，796年卒）。注释者接下来指出，另一部分语法学家却允许如此情况，并以哲利尔① 的这一联诗歌为证据：[7] 153

وَالتَّغْلَبِيُّونَ بِئْسَ الْفَحْلُ فَحْلُهُمْ　　فَحْلاً، وَأُمُّهُمُ زَلاَّءُ مِنْطِيقُ

① 哲利尔（الجرير بن عطية，653—733），倭马亚王朝时期著名诗人。

泰格莱比的男人实在低劣　母亲们都遮住干瘪的双臂

注释者指出，一些原生名词如果有同根的主动式名词，那么可以用这些名词来代替从属名词所表示的“所有者”意义，如：تَامِر表示有卖椰枣的人（صاحب تمر），بَقَّال表示卖豆子的人（صاحب بُقُول），لَبِس表示卖衣服的人（صاحب لباس）。对于第三种词式，注释者引用西伯威吟诵过的一联诗句：

لَسْتُ بِلَيْلِيّ وَلكِنِّي نَهِرٌ　لاَ أُدْلِجُ اللَّيْلَ وَلَكِنْ أَبْتَكِرْ

我夜息而日作　我早出而晚归

上面的诗句中，نَهِرٌ指عامل بالنهار，即在白天工作的人。[7] 464

需要指出的是，在《诗解》中，诗歌例证常常出现在举例、《古兰经》、圣训和阿拉伯人言语的例证之后作为进一步强调观点或论证的依据。另外，有一部分诗歌例证所说明的规则，属于为了诗歌韵律服务而进行的迫选变化，因此不具备可类比性。

（三）阿拉伯人言语

在“كان类残缺动词”一章中，注释者提到كان一词有可能还会加于必须连用的两个成分之间，例如起语和述语、形容词和被形容词、动词和主语之间。注释者指出，诗人认为这种用法是无条件的，但是كان只有加于ما和感叹动词之间才是可类比的，而其他情况只存在于闻习语料之中。他引证道：“曾闻كان被加于动词及其主语之间，就像他们说的：‘阿卜斯部落安玛利耶家族胡尔舒比的女儿法蒂玛生孩子了，再找不到比他们更好的部落了。’”[7] 267例证的原文如下：

وَلَدَتْ فاطمةُ بنت الخُرْشُبِّ الأنماريةُ الكملة من بني عَبْسٍ لم يُوجدْ كان أفضلُ منهم.

在这个句子中，动词يوجد和代主语أفضل之间插入了كان。

注释者指出，在感叹句中，感叹动词的受作用词不可前置于感叹动词，即下列三句话错误：“زيدًا ما أحسنَ”，“ما زيدًا أحسن”，“بِزيدٍ أحسِنْ”；同时，感叹动词和它的受作用词中间不能有其他成分，两者之间不能有异位语、介词短语或时空宾语。例如，句子“ما أحسنَ مُعْطِيَك الدرهمَ”不能说成“ما أحسنَ الدرهمَ معطِيَك”，句子“ما أحسنَ مارًّا بِزيدٍ”不能说成“ما أحسنَ بِزيدٍ مارًا”。注释者指出，如果是时空宾语或介词短语，则它们可以介于以上两者之间，这是流行的用法。然而，这与阿赫法什①（الأخفش الأوسط，830年卒）、穆巴拉德（المبرد，899年卒）的主张相悖，而绥迈里（عبد الله بن عليّ الصَيْمَرِي，1045年卒）更将禁止的用法归于西伯威。[7] 148不过，注释者指出，在散文和诗歌中都有据可循，并为此列举了四个例证。

其一，阿穆尔·本·麦阿迪·叶克里卜②的话：“在战争中见到苏莱姆人真好！他们对宰拜特的给予真慷慨！他们在宜居之地扎得真牢！”原文如下：

لله دَرُّ بني سُلَيْمٍ ما أحسنَ في الهَيْجَاء لقاءَها وأكرم في اللزَبات عطاها، وأثبت في المكرمات بقاءَها.

其二，引用当哈里发阿里在经过安玛尔身边并拂去了他脸上的尘土时说的话：“艾布·耶卡扎，看到你疯疯癫癫，摔倒在地，于我而言多么难得！”原文如下：[7] 149

أعْزِزْ عليَّ أبا اليقظان أن أراك صريعًا مُجَدَّلاً.

其三和其四是辅士诗人吟诵的两联诗歌，分别是：

وَقَالَ نَبِيُّ الْمُسْلِمِينَ: تَقَدَّمُوا　　وَأَحْبِبْ إِلَيْنَا أَنْ تَكُونَ الْمُقَدَّمَا

众穆斯林的先知说：走向前吧！　　此于我们而言最为乐见

خَلِيلِي مَا أَحْرَى بِذِي اللُّبِّ أَنْ يُرَى　　صَبُورًا، وَلَكِنْ لاَ سَبِيلَ إِلَى الصَّبْرِ

朋友！聪慧人见其　　坚韧甚好！可无从忍耐

此外，注释者还会引用贝都因部落的方言，在《诗解》中引用过的部落有希贾兹（أهل الحجاز）、泰米姆（بنو تميم）、塔伊（بنو طيّ）、拉比阿（بنو ربيعة）、苏莱姆（بنو سُلَيْم）、哈里斯（بنو الحارث）、达比尔（بنو دبير）、阿齐勒（عقيل）等。[9]有时引用也不确切指出是部落的名字。

---

① 艾布·哈桑·阿赫法什，阿拉伯语语法史称阿赫法什·奥塞特，或单称阿赫法什。
② 阿穆尔·本·麦阿迪·叶克里卜（عمرو بن معد يكرب，601—642），阿拉伯诗人，迁士之一。

例如，在“指示名词”一章，注释者说，指示复数名词，不论阴阳性，都统一用أُولَى。而对于这个词有两种方言，其一将它当作延尾名词，即أولاء，这是希贾兹人的语言，它出现在《古兰经》中；其二是将它当作限尾名词，即أولى，这是泰米姆人的语言。[7] 127

在“定尾词与变尾词”一章中论述“六名词”变格标记时，注释者解释道，这些名词有一种方言将它当作延尾名词，例如：هذا أباه、رأيتُ أباه、مررتُ بِأباه。注释者又对此引用了一联诗歌，并指出这种方言比较流行：[7] 53

إنَّ أَبَاهَا وَأَبَا أَبَاهَا　　قَدْ بَلَغَا فِي الْمَجْدِ غَايَتَاهَا

其夫与其父之父　尊贵确已至其极

（四）圣训

众语法学家一般不把圣训作为闻习语料。由于在西伯威的时代，圣训的收集和整理工作尚未完成,《西伯威书》中很少出现对圣训条文的引用。而此后的语法学家一方面效仿西伯威的这一做法，另一方面由于他们“只有很少一部分人是教法学家”[10] 25，因此对此关注不多。同时，他们为了解释自己的行为，指出圣训的传述并非逐字逐句，只是传述了先知话语的意义，并且传述者大多不是半岛的原住民而是麦瓦利，他们的语言并不纯正。但安达卢西亚语法学家普遍开始将圣训作为闻习语料，[10] 300 而伊本·马立克更是大量引用圣训，[11]他的《〈圣训实录〉中问题解释与校正之例证》((شواهد التوضيح والتصحيح لمشكلات الجامع الصحيح))一书对布哈里《圣训实录》中180条与圣训有关的语法问题进行了解释和说明，[12]是第一部从语法学角度研究圣训的著作，集中体现了他将圣训作为闻习语料的立场。而后期《千联诗》的注释者大多受其影响，大量引用圣训作为论述问题的语料依据。闻习语料范围的扩大，很大程度上可以说是阿拉伯语语法学自13世纪起在方法论领域最重要的发展。

第37联末尾一词与第38联“而سِنُون——及其同门词，变格像حِين一样，/部分语法学家视其为连贯”指出，سنة一词的复数سنون可能与حين的变格方式一样，即保持在宾属格的形态سنين，而格标记表现为词尾نون的读音上。例如：هذه سنين、رأيت سنينًا、مررتُ بسنينٍ。注释者指出，这种用法是否连贯存在争议，而正确的是它并非连贯，而只限定于闻习语料中。此后，他引用了两大传述[①]中的一则圣训："主啊！求你使他们遭受如同优素福时期那样的干旱年馑。"（اللهم اجعلها عليهم سنينًا كسنينِ يوسف）[5] 135

在"除外"一章中，注释者指出，代替除外工具词إلا的حاشا一般来说可以使后面的被除语名词为属格，也可以使后面的词为宾格。但خلا与عدا不一样的地方在于，它前面不添加ما，即不说"قام القومُ ما حاشا زيدًا"。但注释者指出，حاشا和ما连用的情况虽然少见，但也出现。进而他说道："艾布·伍麦叶·托尔苏西传述伊本·欧麦尔传述安拉的使者说：'奥萨玛是除法蒂玛之外我最喜欢的人。'"（أسامةُ أحبُّ إليَّ ما حاشا فاطمة）[7] 565 该句中حاشا前面加了ما，且被除语变为宾格。

最后，值得指出的是，在各类语料中，共248条《古兰经》例证中有143条共同一般例证和24条共同读法例证，共362条诗歌例证中有186条共同一般例证和14条共同不规则例证，共19条圣训例证中有8条共同例证，共63条阿拉伯人言语例证中有24条共同例证。[4] 这些共同例证指以往语法学著作中出现过的例证，而注释者直接引用了以往语法学家之所用。仅从这一点也能一窥古代语法发展有机的内在继承关系，以及阿拉伯语语法传统的整体连贯性。

二、引证目的

（一）《千联诗》中涉及的诗歌的例子，将其上下文补充完整

"绝对宾语"一章第292联："وَالْحَذْفُ حَتْمٌ مَعَ آتٍ بَدْلا / مِنْ فِعْلِهِ كَنَدْلاً اللّذْ كَانْدُلا"（省略是定然，当词根出现代替/其动词，比如نَدْلًا就像اِنْدُلْ）指出，如果宾格泛指词根代替命令式动词表达命令义时，对该词根的宾格变因的省略就具备应然性。后半联的例子，出自西伯威吟诵过的两联诗，故注释者给出了这两联的完整内容：[7] 513

يَمُرُّون بِالدَّهْنَا خِفَافًا عِيَابُهُمْ　　وَيَرْجِعْنَ مِنْ دَارِينَ بُجْرَ الْحَقَائِبِ
عَلَى حِينَ أَلْهَى النَّاسَ جُلُّ أُمُورِهِمْ　　فَنَدْلاً زُرَيْقُ الْمَالَ نَدْلَ الثَّعَالِبِ

他们经过达合纳时，布袋轻飘飘　他们从德灵村回来时，包裹沉甸甸
重要事情使人应接不暇　祖莱格，你去像狐狸一样东扒西抓

---

① 圣训的两大传述指布哈里（البخاري）和穆斯里（مسلم）所传述的圣训。

（二）说明《千联诗》表达的观点

注释者指出，如果名词要与主格人称词缀并列，两者之间应该由词缀的独立人称代词区隔开。他先引用第21章“先知”第54节“لَقَدْ كُنْتُمْ أَنْتُمْ وَآبَاؤُكُمْ فِي ضَلَالٍ مُبِينٍ”（你和你们的祖先，确已陷于明显的迷误之中）[6] 326。接着继续说道，如果名词与介词的属格受作用词并列，众语法学家认为并列名词前面必须重复介词，该名词也必须成为属格，如“مررتُ بِك وبزيد”。但是，第560联“对我而言不是必须，因为确实/出现在散文和正确的诗歌里”指出，诗人认为可以不重复介词。注释者为了进一步说明其观点，引用哈姆宰对《古兰经》第4章“妇女”第1节经文的读法：“وَاتَّقُوا اللهَ الَّذِي تَسَاءَلُونَ بِهِ وَالْأَرْحَامِ”（你们当敬畏安拉——你们常假借他的名义，而要求相互的权利的主——当尊重血亲）[6] 77，其中将الأرحام读为属格，从而与به中的第三人称词缀并列，而不是通行版本中的宾格。[7] 220

（三）说明其他语法学家的观点

第66联“人称词缀连用，提前更专用的，/独立词连用，后置你想要的”指出，如果人称词缀连用，应该按照人称第一大于第二、第二大于第三的专用度进行排列，第二人称词缀不能前置于第一人称。例如，“الدرهم أعطيتُكه”（这枚银币我给你了），就不能表述为“الدرهم أعطيتهوك”。但注释者指出，有一部分语法学家允许如此，“伊本·阿西尔在《圣训集》①中传述奥斯曼的话道：‘虚妄者让我知道他们是恶魔。’（أَرَاهُمُنِي الْبَاطِلُ شَيْطَانًا）”[7] 107其中，第三人称词缀هم前置于第一人称的ني。

（四）指出规则使用的“多”“少”“特例”等情况

在“泛指名词与确指名词”一章论述保护性的نون与虚词连用的规则时，注释者首先指出，نون与ليت连用时一般不省略，即ليتني，而不说ليتي，但后者也很罕见地出现过，并列举一联诗：

---

① 伊本·阿西尔（المبارك بن محمد الجزري بن الاثير مجد الدين أبو السعادات，1150—1210），阿拉伯圣训学家，著有《圣训集》（(النهاية في غريب الحديث والأثر)）。

كَمُنْيَةِ جَابِرٍ إِذْ قَالَ: لَيْتِي أُصَادِفُهُ وَأُتْلِفُ جُلَّ مَالِي

好似扎比尔所望，那时他说：但愿我 遇到他，散尽我大半财产

注释者还指出，阿拉伯人的话语中这个نون多是保留的，并引证《古兰经》第4章“妇女”第73节“يَا لَيْتَنِي كُنْتُ مَعَهُمْ”（但愿我曾与他们同在前方）[6] 89。注释者指出，لعل用法相反，一般نون被省略，它保留的情况少见，并各自引一例证。然后，注释者说，“إن类姐妹词”除前两者之外，نون的保留或删除是可选的。注释者最后指出，诗人第70联后半联“以往有人出于迫选，轻读مِنِّي和عَنِّي”表达的是عنِّي和مِنِّي轻读成عَنِي和مِنِي是诗歌中的迫选，但他认为这是一种“特例”，即不规则用法，并引一联诗辅以说明：[7] 106-109

أَيُّهَا السَّائِلُ عنْهم وَعَنِي لَسْتُ مِنْ قَيْسَ وَلاَ قَيْسُ مِنِي

两头打听的人啊 我非盖斯人，彼方亦非我

（五）比较不同的可行规则

针对第494联“你在ذا后面接限定词的任何形式，而不要/调整ذا，因其如同俗语一般”，注释者解释道，如果حَبَ后面是ذا以外的名词，这个名词可以为作حب的主格受作用词，如：حبَّ زيدٌ，也可以为属格，受一个介词影响，如：حبَّ بِزيد。而当حب与ذا连用时，حب的حاء必须读开口音，但如果是其他名词置于حب后面，那么它既可以读合口音，也可以读开口音，即：حُبَّ زيد或حَبَّ زيد。针对这两种情况，注释者引用一联诗歌，并指出其中حب一词حاء读合口音和开口音都被传述。[7] 161 如下：

فَقُلْتُ: اقْتُلُوهَا عَنْكُمْ بِمِزَاجِهَا وَحبَّ بِهَا مَقْتُولَةً حِينَ تُقْتَلُ

就她这脾气，你们为了自己，杀死她吧
她被杀死的那刻，死状多么讨喜

（六）说明不同的变尾方式

这部分的例证多为《古兰经》的不同读法。在“正偏关系”中，注释者说明时空词和方位词的四种变尾方式。如果接偏次，那么这些词变格。

如果偏次被省略，可以维持偏次省略前的尾音，也可以定于合口单音，还可以定于开口鼻音，或作介词من的受词，读齐齿鼻音。对于最后一种变尾方式，注释者说道："就像有人如此念道：'以前和以后，凡事归安拉主持。'"[6] 404 注释者引用的读法为："لله الأمرُ مِنْ قبلٍ ومن بعدٍ"，而通行本的读法是："لله الأمرُ مِنْ قبلُ ومن بعدُ"，即第一种变尾方式。

（七）指出方言用法

《千联诗》第364联和第365联列举所有的介词，其中包括مَتَى一词，对此注释者指出，将متى用作介词是胡扎勒部落（لغة هُذَيْل）的方言。他先引用了该部落的话语"أَخْرَجَهَا مَتَى كُمِّه"，并解释说这句话的意思是"أخرجها مِنْ كُمِّه"（他从袖子里拿出它来）。然后，他又引用该部落诗人的一联诗歌进一步说明，如下：[7] 10

شَرِبْنَ بِمَاءِ الْبَحْرِ ثُمَّ تَرَفَّعَتْ　　مَتَى لَجَجٍ خُضْرٍ، لَهُنَّ نَئِيجُ

尽饮海水，绿浪升腾，有声隆隆

（八）指出诗人对其他学者观点的回应

针对第327联"你使سِوًى、سُوًى和سَوَاء，/完全按照غَيْرٌ被操作的方式操作"，注释者首先指出，西伯威和法拉（الفراء，822年卒）的观点认为，سوى只能作时空宾语，并因此处于宾格地位，指示除外意义，且他们认为只有在诗歌迫选中才可充当其他成分。注释者还指出，诗人的观点是سوى和غير一样，此时是一个变格动词，格位会发生相应变化。接下来，注释者引用了一系列例证来支持诗人的观点。对于سوى属格的情况，他引用了两段圣训和一联诗歌，分别如下：[7] 555-559

دَعَوْتُ رَبِّي أَلاَّ يُسَلِّطَ عَلَى أُمَّتِي عَدُوًّا مِنْ سِوَى أَنْفُسِهِمْ.

我祈求我主不授权于我族人除自己以外的敌人。

مَا أَنْتُمْ فِي سِوَاكُمْ مِنَ الأُمَمِ إِلاَّ كَالشَّعْرَةِ الْبَيْضَاءِ فِي الثَّوْرِ الأسودِ، أَوْ كالشعرة السوداء في الثور الأبيض.

你们对于其他的民族，就像黑牛身上一根白毛，或白牛身上一根黑毛。

وَلاَ يَنْطِقُ الْفَحْشَاءَ مَنْ كَانَ مِنْهُمُ   إِذَا جَلَسُوا مِنَّا وَلاَ مِنْ سِوَائِنَا

他们不发污言秽语　若与我们及其他人同席

上面三个引证中，سوى都是前面介词的受词。而后，注释者针对سوى为主格的情况，引用了两联诗歌，如下：

وَإِذَا تُبَاعُ كَرِيمَةٌ أَوْ تُشْتَرَى   فَسِوَاكَ بَائِعُهَا وَأَنْتَ الْمُشْتَرِي

高贵若有买卖别　他人抛之你获之

وَلَمْ يَبْقَ سِوَى الْعُدْوَا   نِ دِنَّاهُمْ كَمَا دَانُوا

所剩无几，只有侵犯，我等还施于彼身

上文第一联中，سواك是起语；第二联中，سوى العدوان是动词يبق的主语。最后，针对سوى为宾格的情况，注释者也引用了一联诗歌：

لَدَيْكَ كَفِيلٌ بِالْمُنَى لِمُؤَمِّلِ   وَإِنَّ سَوَاكَ مَنْ يُؤَمِّلُهُ يَشْقَى

你有愿必得其愿　他人祈愿反获厄难

此联中，سواك是إن的名词。

（九）辅助术语理解

对于“省音”（الترخيم）一章的第1联，即第608联“省略被呼唤语的词尾，得省音，/如当人呼唤سُعَاد时，说يا سعا”，注释者解释道，الترخيم的词汇学意义是“弱化”。随后引用一联诗歌进行说明，之后接着重新解释الترخيم作为语法学术语的含义。例证如下：[7] 263

لَهَا بَشَرٌ مِثْلُ الْحَرِيرِ، وَمَنْطِقٌ   رَخِيمُ الْحَوَاشِي: لاَ هُرَاءٌ، وَلاَ نَزْرٌ

其肤如娟，其诉　如柔，拿捏妥帖

三、结语

大多数古代语法学著作在解释基本规则时，语法学家往往用一些结构简单的例句就能清晰呈现用法。而包括《诗解》在内的《千联诗》各注解中，对各类语料的引证更多的是为呈现语法规则的多样性和复杂性而服务的。通过这些语料，一方面，我们可以看到《古兰经》在阿拉伯语语法传统中的权威地位，以及语法研究同阿拉伯—伊斯兰诸学科精神内核的统一性；另一方面，我们也可以认识到诗歌以及口述传统在古代阿拉伯学术领域的不朽影响。例如,《千联诗》之所以能成为古代最流行的语法教材，很大程度上也正是由于它是朗朗上口的诗。此外，我们还能体悟到阿拉伯语语法传统发展到在12世纪之后，语法学家在已有基础上对语言研究方法论层面的尝试。最后，对于很多语法问题，古代学者仍未有确切的定论，而当代学者更需要对古代语法学家所定规则在当代的适用性进行新的研究，用新的语料、新的语言现象不断丰富阿拉伯语语法这一庞杂而伟大的理论体系。

参考文献

[1] باسم عبد الرحمن صالح البابلي: مآخذ شراح ألفية ابن مالك على الألفية، بيروت: دار الكتب العلمية، 2014: 144.

[2] محمد سمير نجيب اللبدي: معجم المصطلحات النحوية والصرفية، بيروت: دار الفرقان، 1985: 209.

[3] إلهه صفيان، سيد محمد رضا ابن الرسول: الاستشهاد في شرحي ابن عقيل وشرح السيوطي، بحوث في اللغة العربية وآدابها، 2011 (03): 75.

[4] محمد حسن العطار: الاستشهاد بالحديث النبوي الشريف عند ابن عقيل دراسة وصفية تحليلة، رسالة الماجستير بالجامعة الإسلامية بغزة، 2014: 99.

[5] 布哈里.布哈里圣训实录全集：第二卷 [M].祈学义，译.北京：宗教文化出版社，2008.

[6] 中文译解《古兰经》：圣城麦地那版[M].马坚，译.麦加：法赫德国王《古兰经》印刷局，2002.

[7] ابن عقيل: شرح ابن عقيل، تحقيق: محمد محيي الدين عبد الحميد، ط 20، القاهرة: دار التراث، 1980.

[8] 于迪阳.早期的阿拉伯语研究：从杜艾里到西伯威[J].语言学研究，2019 (02): 109.

[9] حسين النور يوسف: بعض لغات العرب في شرح ابن عقيل على ألفية ابن ماك دراسة وتحليل، آداب، 2005 (23): 49.

[10] محمد المختار ولد ابّاه: تاريخ النحو العربي في المشرق والمغرب، ط 2، بيروت: دار التقريب بين المذاهب الإسلامية، 2011.

[11] صلاح الدين خليل بن ابيك الصفدي: الوافي بالوفيات، بيروت: دار إحياء التراث العربي، 2000: 285-286.

[12] ابن مالك: شواهد التوضيح والتصحيح لمشكلات الجامع الصحيح، بيروت:ععالم الكتب، 2014: 5.

عنوان البحث: الاستشهاد في ((شرح ابن عقيل)) على ألفية ابن ملك

الباحث: د. بان شياوهان، باحث ما بعد الدكتوراه في مجال النحو العربي وعلم أصول النحو في جامعة شانغهاي للدراسات الدولية، محاضر في قسم اللغة العربية لكلية اللغات الشرقية بالجامعة.

ملخص البحث: يعتبر ((شرح ابن عقيل)) على ((ألفية ابن مالك)) من أكثر ما يستخدم في اليوم ككتاب تدريسي من أمهات الكتب النحوية من أجل تدريس النحو العربي والقواعد العربية في كثير من الجامعات والمعاهد في البلدان العربية وغير العربية. كما هو أيضا المرجع الهام في الصين أثناء تأليف الأساتذة والعلماء كتبا بحثية أو تدريسية ذات الصلة. ففي هذا الشرح كان الشارح يستشهد بالسماع أو الشواهد في توضيح القواعد والأحكام حسب ما هو عادة في تقليدات النحو العربي، كما قد ورث ابن مالك توسّعه في استخدام الحديث كالسماع. لذا يقوم البحث بتحليل الاستشهاد بالشواهد في الشرح، فمن ناحية يحلل أنواع الشواهد فيها وكيفية استخدامها في توضيح الأحكام والقواعد، ومن ناحية أخرى يقوم بتلخيص واستنتاج الأغراض المفصلة التي ساقت الشارح إلى هذا الاستشهاد من أجل إكمال شرحه.

الكلمات المفتاحية: ابن عقيل، ((ألفية ابن مالك))، ((شرح ابن عقيل))، الاستشهاد

对mawālī词源、释义和翻译问题的探讨

◎ 程诗婷*

摘　要：mawālī是伊斯兰帝国中重要的社会人群，他们参与宗教运动、社会起义、文化革新，为伊斯兰教的扩张和帝国的兴起作出了不可磨灭的贡献。但是，我们却很难给mawālī这个术语下一个严格的定义，它指代家属、盟友、朋友、释奴、非阿拉伯穆斯林等不同含义。在不同的历史时期中，随着宗教、社会环境的变化，mawālī的词义不断丰富，多种词义的选择和使用频率依时不同。本文将分析mawālī的词源，讨论其在不同时期和文本中词义的变化，并梳理和评论mawālī的汉译。

关键词：麦瓦利；释奴；平民；新穆斯林

mawālī是一个含义颇为复杂的阿拉伯语词汇，原指亲属、外甥、舅舅、盟友、支持者、释奴，伊斯兰教产生后，又指新入教的异族穆斯林。mawālī通过和阿拉伯人建立一种名曰“瓦拉”（wala'）的依附关系，成为部落或社群的“准成员”，从而获得后者的宗谱和一个更加高贵的合法社会身份。mawālī可能是被主人释放的奴隶，也可能是自由人出身，他们对哈里发国家的建设和管理、伊斯兰文明的发展作出了巨大贡献。学界对mawālī的常见描述是“非阿拉伯”“释奴”“异族穆斯林”“新入教者”。在已出版的相关汉文译作和著作中，mawālī的译名尚未统一，如：艾哈迈德·爱敏的《阿拉伯—伊斯兰文化史》中译为“释奴”，希提的《阿拉伯通史》中译为“平民”，纳忠的《阿拉伯通史》中译为“马瓦里”，还有“新穆斯林”“麦瓦利”等译法。细观发现，各译名之间尚存有异议、混淆之处。其一，若它们均为mawālī的合理译名，那是否意味着释奴、新穆斯林意义等同——很显然，新穆斯林中不是释奴者

* 程诗婷，厦门大学外文学院助教，主要研究方向：阿拉伯历史文化。

大有人在；其二，mawālī的子孙延续前人的瓦拉关系成为第二、三代mawālī，他们往往出生在信仰伊斯兰教的环境中，未有改宗的行为，因为一生下来就是穆斯林，也没有被释放的经历，可能他的祖辈是被人释放的奴隶，那称呼其为“释奴”或“新穆斯林”都是欠妥的；其三，如果说mawālī是非阿拉伯穆斯林，殊不知“阿拉伯人”的含义在不同历史时期也在变化，具体可见赵秋蒂[1]、王新刚[2]、王猛[3]的专文论述；其四，此“平民”和中文的“平民”之意是否一致？综合译名中意义不清、混淆之处，本文将从mawālī一词的起源、发展入手，探讨mawālī应如何汉译为宜。

一、语言来源及原始含义

al-mawālī是阿拉伯语词汇الموالي的拉丁字母转写，其中al为定冠词。الموالي是名词المولى的复数，其三个母词根为و - ل - ي，意为“靠拢、帮助”，当向权力、权威靠拢时，即有管辖之意。mawālī（单数：mawlā）是由此组词根派生的名词，是一个同时拥有相对词义的两极词（ألفاظ الأضداد），可分别表示叔叔和侄子、主人和释奴、赞助人和顾客、庇护人和依附人，也指朋友、盟友、支持者。二者间的关系称为“瓦拉”（ولاء，walā'）[4-5]，又译“依附权”，是一种由从血亲发展而来的亲近、互助、支持、保护和依附关系。单数mawlā最常见的意思是“主人、庇护者、神”。由w-l-y派生的词汇还有：1. 管理者mutwāllī（متوالي）。2. 拥有者、长官walīy（وَلِيٌّ）。wilāya（ولاية）是对应的名词，意为“统治、掌管”。现代标准阿拉伯语（MSA）中，家长是管理（学生）事务的人，称为walīy al-'umūr（وليُّ الأمور）。3. al-wālī（الوالي）是管理一群人的人，即省长、埃米尔。4. 动词tawllā（تولّى），意为“就职（某职位）”。5. 人们称呼“主子”为mawla，尤其是北非的圣徒称呼“我的主人”为mawlāya（مولاي），“我们的主人”为mawlāna（مولانا）。

英文著作常用the mawālī来直译定冠词al和这个名词。本文在语言分析中使用阿拉伯语名الموالي，在论述时亦采用mawālī和“麦瓦利”这两个译名。

伊斯兰教产生前，mawālī指阿拉伯部落的亲属、盟友。一个非本部落出身的人，通过合作、盟约的形式与该部落构成附属关系，由此被称作“该部落的mawālī”。mawālī和社会主体之间的关系满足以下三个特点：第一，mawālī是来自社会主体之外的人，或者说，是个“外人”；第二，mawālī是社会主体的附庸；第三，mawālī和社会主体友好合作。

早期的mawālī是一种"假想的亲属"，反映出当时阿拉伯半岛的社会情况：部落与部落各自为战，互为敌友；个体没有家国民族概念，社会关系简单。眼之所见，只有我、亲人、部落、盟友、敌人，这和史学记载、文学作品中的描述是一致的。希提写道，"沙漠生活的经济情况和社会情况，却已经把劫掠提升到一种民族风俗的地位了"。[6] 21 这种频繁发生的战争被称为"阿拉伯人的日子"（أيّام العرب）。在自然环境恶劣、资源匮乏的大背景下，部落是一个人最重要的社会归属。部落内的人们互有血缘关系，一个部落下有若干氏族，氏族又以一顶顶帐篷中的家庭为组成单位。对一个人最严厉的惩罚莫过于将他逐出部落。在炎热天气的炙烤和其他部落的攻击下，被逐出部落的人往往不出几日便因缺乏保护而死。非本部落的他人是可以掠夺的敌人。但是，在各部落相互抢夺资源、血亲复仇的同时，还存在着另外一种盟友关系，即本文讨论的mawālī。以利益为基础结成的mawālī和本部落无血缘关系，亦非敌，是友好的合作关系。理论上，他们和本部落成员享有同等的权利，等同亲属，互相为对方负责（指复仇或缴纳血金），共同保护群体安全。

mawālī也指释奴，即被释放后获得自由的奴隶。奴隶位于社会的最底层，不享有基本的权利。战争是产生奴隶的主要源头。战俘可以赎身，可以为奴，也可以被当作礼品送人。按照习俗，战俘与胜利者如果有血缘关系，则亲属只需缴纳赎金便可赎回。如果血亲之间发生战争，弟兄被俘，可以通过中介人说情，得以释放。[7] 100 与奴隶主发生关系的女奴，在奴隶主死后可获得自由。女奴为奴隶主生下的子嗣，除非受到父亲的公开承认，否则依旧是奴隶。"释奴"作为mawālī最初的词义之一，一直被后人延续使用，是阿拉伯帝国没有废除奴隶制的反映。游牧生活并不需要太多的奴隶，早期的释奴和奴隶、阿拉伯人混居，逐渐阿拉伯化成为阿拉伯人。[7] 101

二、伊斯兰教建立后mawālī词义的发展

公元7世纪初，伊斯兰教在阿拉伯半岛兴起。在穆罕默德的领导下，一个政教合一的国家逐步建立，统一了涣散多年的阿拉伯半岛。在《古兰经》和圣训中，我们能多次找到mawālī的新词义。当然，圣训的收集和成书发生在穆罕默德逝世后，但因所记录的穆罕默德言论均发生在伊斯兰教创教初期，故将其列为该时期mawālī新用法的论据。在这类文本中，它的词义多指向：1. 保护者、襄助者；2. 安拉（真主）。如：

وَإِنْ تَوَلَّوْا فَاعْلَمُوا أَنَّ اللَّهَ مَوْلَاكُمْ نِعْمَ الْمَوْلَى وَنِعْمَ النَّصِيرُ.(8 :40)

如果他们背叛，那么，你们应当知道，真主确是你们的保佑者。保佑者真优美！援助者真优美。[①]

وَاعْتَصِمُوا بِاللَّهِ هُوَ مَوْلَاكُمْ فَنِعْمَ الْمَوْلَى وَنِعْمَ النَّصِيرُ.(22 :78)

信托真主；他是你们的主宰，主宰真好！助者真好。

ذَلِكَ بِأَنَّ اللَّهَ مَوْلَى الَّذِينَ آمَنُوا وَأَنَّ الْكَافِرِينَ لَا مَوْلَى لَهُمْ.(47 :11)

那是因为真主是信道的人们的保护者；不信道的人们，绝无保护者。

قُلْ لَنْ يُصِيبَنَا إِلَّا مَا كَتَبَ اللَّهُ لَنَا هُوَ مَوْلَانَا وَعَلَى اللَّهِ فَلْيَتَوَكَّلِ الْمُؤْمِنُونَ.(9 :51)

你说：我们只遇到真主所注定的胜败，他是我们的保佑者。教信士们只信赖真主吧！

此处mawālī的新词义是一个宗教概念，只有信教才有保护者，不信教者没有。它的单数mawlā指真主，真主是“我们的主人”（mawlāna）。如：

ثُمَّ رُدُّوا إِلَى اللَّهِ مَوْلَاهُمُ الْحَقِّ أَلَا لَهُ الْحُكْمُ وَهُوَ أَسْرَعُ الْحَاسِبِينَ.(6 :62)

然后，世人要被送归真主——他们的主。真的，判决只归他，他是清算最神速的。

在另一些经文中，mawālī之义和早期既有承接，又有创新：

وَلِكُلٍّ جَعَلْنَا مَوَالِيَ مِمَّا تَرَكَ الْوَالِدَانِ وَالْأَقْرَبُونَ وَالَّذِينَ عَقَدَتْ أَيْمَانُكُمْ فَآتُوهُمْ نَصِيبَهُمْ إِنَّ اللَّهَ كَانَ عَلَى كُلِّ شَيْءٍ شَهِيدًا.(4 :33)

我为男女所遗的每一份财产而规定继承人，即父母和至亲，以及你们曾与她们缔结婚约的人，你们应当把这些继承人的应继份额交给他们。真主确是见证万物的。

---

① 如无特别说明，本文提到的《古兰经》内容均引自马坚译版《古兰经》。

此例中الموالي——“继承人”一义承接自前伊斯兰时期的“亲属”，马金鹏注为“后人”[8] 69。法律层面，在缺失直接继承人的情况下，mawālī和主人互享继承权。前伊斯兰时期，阿拉伯人常常收mawālī为义子，后者的名字之后缀于是和亲生儿子一样，在宗谱中也没有任何非原生血缘的体现。后来，伊斯兰教禁止了收养义子的旧俗。因此，这里的继承人仅限在血亲和姻亲之内。

mawālī词义的发展反映了当时社会发生的巨大变革。半岛出现的一神教在历史上首次统一了阿拉伯人，使游牧民萌发了民族、国家的初始概念。它的核心是神的唯一性。为了巩固这种新的精神信仰，《古兰经》对神和人的关系，以及在神的要求下，人和人的关系作出了具体描述。例如：

ادْعُوهُمْ لِآبَائِهِمْ هُوَ أَقْسَطُ عِندَ اللَّهِ فَإِن لَّمْ تَعْلَمُوا آبَاءَهُمْ فَإِخْوَانُكُمْ فِي الدِّينِ وَمَوَالِيكُمْ وَلَيْسَ عَلَيْكُمْ جُنَاحٌ
فِيمَا أَخْطَأْتُم بِهِ وَلَٰكِن مَا تَعَمَّدَتْ قُلُوبُكُمْ وَكَانَ اللَّهُ غَفُورًا رَحِيمًا.(33 :5)

你们应当以他们的父亲的姓氏称呼他们，在真主看来，这是更公平的。如果你们不知道他们的父亲是谁，那么，他们是你们的教胞和亲友。你们所误犯的事，对于你们没有罪过，你们所故犯的事，就不然了。真主是至赦的，是至慈的。

此例中，mawālī被译为“亲友”，英文译为“They are your brothers in religion and your mawālī”。结合上下文与mawālī的本义，此处的亲友实为无血缘关系的，保持合作、帮助的社会成员。“亲友”是从友好关系出发的意译，可以从伊斯兰教创教初期的社会阶层组成来分析。阿拉伯半岛的人民习惯以血缘鉴定孰亲孰远，穆罕默德此时号召信徒们在宗教的旗帜下统一。人和人之间的区别，不再是你从阿拔斯部落来，而我从哈希姆部落来，我们“父亲”的姓氏是我们的代号。所有信伊斯兰教的穆斯林因精神信仰而变得相同。因此，此例经文提到，你可以用传统的父亲的姓氏来称呼他们，这也是阿拉伯半岛的传统。在不知道父亲之名的情况下，凡是穆斯林，便是“你们的教胞”，还有那些帮助你们，和你们结盟的人——mawālī，他们是朋友，又像亲人。从mawālī在此句中的用法可以看出，在穆罕默德创立的乌玛公社中，不同地域、血缘和文化背景的人，遵循一种宗教力量至上、重视团结、尊重差异的友好协作型社会模式。我们也能从其他方面得到佐证，例如：迁士和辅士合作建设乌玛公社；哈希姆家族和其他家族从对立到冰释前嫌，共同组建军队北上开拓；大量异教徒入教后获得重用，如哈立德、欧麦尔、阿布·苏富扬；还有早期穆斯林和犹太人的友好关系。

此例经文的另一个重要性在于，它提出了mawālī的“非阿拉伯”属性。重视宗谱的阿拉伯人十分清楚自己和对方的父亲名字，而外来的异族人却不是这样。称呼他们为mawālī，是在阿拉伯世系中给予外族人一个不受歧视的位置，帮助他们更快地融入伊斯兰社团。

释奴的含义在此时继续存在。穆罕默德生前提倡释放奴隶，并将此视为穆斯林的善功。例如，穆罕默德就释放了他的奴隶宰得·哈利斯。[9]伊斯兰教的第一位宣礼员比拉勒原是麦加富商蓄养的奴隶，后被艾布·伯克尔赎出成为释奴。除特殊情况以外，释放奴隶自动产生瓦拉关系（依附权），圣训中说“依附权归释放者所有”（إنما الولاء لمن أعتق）。[10]释放人是mawālī的实际主人。

综上所述，mawālī在伊斯兰创教初期的词义使用，深刻地受到了伊斯兰教的影响，单数mawlā常用以指代神，以及神具有的部分特性。复数mawālī指代的亲人、释奴，是穆斯林教胞间的友好力量，构成了社会阶层的重要部分。

三、倭马亚时期mawālī词义的稳定

倭马亚王朝时期（661—750），阿拉伯帝国的疆域空前广阔，大量异族人加入伊斯兰教。mawālī被用来形容波斯人、非洲人、土耳其人和库尔德人这些非阿拉伯裔的帝国属民。《伊斯兰百科全书》中写道，7世纪下半叶，随着阿拉伯人两次大规模的对外扩张，大批非阿拉伯的外族居民沦为奴隶，而释放奴隶的数量亦剧增，以致奴隶和释奴在人数上远远超过作为统治者的阿拉伯人。mawālī的含义因此而再度发生变化，总体上指依附于阿拉伯人、新改奉伊斯兰教的非阿拉伯穆斯林自由民。[11] 365西·内·费希尔、菲利普·希提、罗宾·多克、纳忠等通史作者，将倭马亚时期的非阿拉伯穆斯林统称为mawālī。埃及学者穆罕默德·白迪阿·谢夫甚至将从古至今的非阿拉伯穆斯林皆列入mawālī的讨论范围。[12]他们认为，因为波斯地区是阿拉伯人武力攻克的，阿拉伯人本来可以将所有的波斯人蓄为奴隶，而阿拉伯人赦免了他们，使他们成为自由民，故所有波斯人都被称为“麦瓦利”。[4]这是一些史学家认

为麦瓦利是非阿拉伯穆斯林的理由，也是我们在有关倭马亚历史的著作中频繁看到“麦瓦利”一词的原因。

从个人层面来讲，一个非穆斯林如果牵着另一位穆斯林的手，进行皈依宣誓，那么前者成为后者的麦瓦利。从群体层面来讲，大量新入教的非阿拉伯穆斯林是伊斯兰社会的新成员，是伊斯兰的麦瓦利。按照教义，麦瓦利和阿拉伯穆斯林一样，无须缴纳人丁税。但伊拉克总督哈查只为保障财政收入，发布了著名的“哈查只法令”[7]264，规定麦瓦利和有经人一样，需要缴纳人丁税，这激起了广大新穆斯林尤其是波斯裔穆斯林的激烈反抗。历史上，伊拉克的什叶派、哈瓦利吉派和后来兴起的卡尔马特派的成员，多是麦瓦利出身。麦瓦利的人丁税直到倭马亚王朝哈里发欧麦尔二世（717—720年在位）进行税制改革时才得以豁免，但在欧麦尔二世之后又很快恢复。

虽然穆罕默德号召的是人人平等，穆斯林皆兄弟的理想社会，但自第二任哈里发欧麦尔起，帝国的领导人就开始推崇半岛的阿拉伯化，强调阿拉伯血统的纯洁和高贵。倭马亚王朝就是这样一个纯正的阿拉伯王朝。尽管倭马亚人在政治体制、文学艺术、科学技术方面虚心地向被征服的帝国新成员求教学习，但是，从沙漠带来的血统家谱观念隔离了深入的民族交流，这和各族大融合、平等相处的阿拔斯王朝截然不同。倭马亚王朝的第十二位哈里发叶齐德三世，是非阿拉伯的母亲所生的第一位哈里发。但是，他的母亲至少被认为是最后一位波斯皇帝叶兹德吉尔德的苗裔。[6]301 倭马亚王朝的重要职能部门，均由阿拉伯人，或阿拉伯人与非阿拉伯人共同负责主持。尽管如此，麦瓦利在宗教、学术等活动中十分活跃，任何一个伊斯兰学科的兴起与发展都离不开他们。王朝统治末期，麦瓦利因不满于低下的社会政治地位，纷纷参加推翻倭马亚王朝的起义。[11]365

阿拔斯王朝时期（750—1258），阿拉伯帝国民族融合、文化繁荣，各地涌现出大量担当重任的非阿拉伯国民。穆斯林在文学、艺术、科技各个方面大放异彩。上到哈里发，下至地方管理人员，阿拉伯人和非阿拉伯人同受重用，尤其是波斯裔麦瓦利。麦瓦利和阿拉伯人通婚频繁。此时期的女奴成为集美貌与多项才艺于一身的特殊人群，为阿拔斯王朝时期的文学、文艺作出了重要贡献。虽然教义规定每个穆斯林男性最多娶四个妻子，但他可以同时拥有若干妾室和不限数量的女奴。于是，王权贵族和富人争相蓄养有才华的女奴。据说，哈里发哈伦·拉希德曾斥金十万第纳尔购买了一位色艺兼全的女奴。阿拔斯王朝的三十七任哈里发中，只有三位是由自由人母亲所生，非纯正阿拉伯血统的哈里发不在少数，例如，麦蒙的母亲是一位波斯女奴，穆阿台绥姆的母亲是突厥人。

mawālī一词在不同的时期——伊斯兰教产生前、伊斯兰教创立初期和倭马亚王朝时期，随着社会背景的变化出现了新的词义。但无论是最初的用法还是新词义，都离不开其词源的三个根母的原始含义，词义本体未发生变化。mawālī的身份和社会主体的关系是：外人、附属、合作。而变化又是必然的，社会的进步总是伴随着信息的丰富、更替，语言也正因此保持鲜活。

四、对mawālī汉译的几点看法

关于mawālī的汉译，前文已提到多个版本。《中国伊斯兰百科全书》中，吴云贵将mawālī译为“麦瓦利”。希提著《阿拉伯通史》中，马坚译为“平民（mawāli）”，括号加拉丁注音。纳忠的《阿拉伯通史》将其译为“新穆斯林（马瓦里）”，括号加注音译“马瓦里”。

从翻译方法上看，“释奴”“平民”“新穆斯林”是意译，“麦瓦利”“马瓦里”“麦瓦里”则为音译。纳忠在其著作中表达了对“平民”一译的不认可。他认为，“平民”是极不确切的译法，丝毫不能表达原词的含义。阿拉伯史书中，也有人直接使用“新穆斯林”一词，但没有所谓“平民”的释义。[7] 295 而马坚采取“平民”之译，应是考虑到要和“顺民”达到对仗工整。

同时，不建议将“麦瓦利”mawālī简单解释为“毛拉”的复数。① 毛拉确为mawlā（مولى）的音译，但随着伊斯兰教的传播和发展，汉语中的毛拉被广泛地用以指代伊斯兰教教职人员，又译“满拉”“莫洛”“毛喇”和“蔓拉”。我国宁夏、青海、甘肃等地，在经文学校里的学生被称为“满拉”。[11] 366 毛拉在汉语中已有固定释义，不能涵盖mawlā（مولى）的全部语义。故此处应舍去“毛拉”，采用拉丁字母转译，或者在汉语音译的基础上加译者注。

那么，到底应以何种标准判定以上译名的优劣，又应在行文引用中使用哪个版本呢？阿拉伯人和中国人的文化背景和思维特征差异造成了阿拉伯语和汉语的互译中的难点之一。程镇球指出：“翻译中一个最棘手的问题，是有些词汇和短语由于中外社会背景和文化传统的差异，翻译难以处理恰当。”[13]

① 赵军利在《浅论麦瓦里在阿拉伯—伊斯兰文化中的作用》一文中指出：“麦瓦里是阿文مولى（毛拉）的复数موالى的译音。”

在确保文意传达的情况下，为求信、准、精，直译是使用最多的翻译方式。但在处理某些带有文化色彩的词义时，通过将阿语中的形象转换为汉语中存在的，或能被汉语读者理解的形象，化生僻为熟知，以“接地气”，未尝不是一种很好的尝试。当然，在如何处理割舍外文特征而达到何种程度的汉语输出上，学者间尚有争论。

如鲁迅著名的“硬译”说，在外译汉的过程中，以外语革命汉语，虽晦涩甚至不合汉语文法，但能达到新思想输入、普及白话文的目的。当然，诸如梁实秋等近代翻译学者，对此持否定态度的人不在少数。林纾则是另外一方面的例子。林语堂批评林纾的译文充满自我想象，破坏原文。傅雷认为，加入破坏本国文字的结构和特性，就能传达异国文字的特性而获致原作的精神，那么翻译真是太容易了。[14]他是站在反对硬译，倡导韵味的意译一面的。

翻译是在直译和意译的两端将原文的文意和美感最大化，而应避免绝对的硬译和胡译的一个过程。mawālī一词，不妨在汉语易于接受的词义中选择意译，如“释奴”“保佑者”“继承者”“盟友”；而在具有特定文化社会背景，或难以在汉语中找到准确对照、简短解释的词义时，选择音译，如“麦瓦利”。因为“平民”和“新穆斯林”这两个词，对大多数中国读者来说，很难快速地理解其正确词义。《汉语大辞典》中，“平民”指普通老百姓。不了解阿拉伯历史和伊斯兰教的读者很容易误以为此处的“平民”就是汉语中的“平民”。如果译为“新穆斯林”，且不说我国读者中不知穆斯林真实意义者大有人在，即便知道穆斯林是伊斯兰教教徒，那么新穆斯林又是什么呢？如果是新入教的穆斯林，那么这个“新”是以哪个时间点作为划分？刚入教的那一刻为新穆斯林，过几日后便不新了吗？或者新穆斯林是具有新思想、崇尚革命的穆斯林？恐怕很难界定。因而，在阿语词义本身复杂，汉语中的解释又无法准确对应的情况下，音译不妨是一个好的选择。可以参考的类似词汇有：“哈里发”“哈吉”“伊玛目”“苏丹”等。这些词汇往往意象复杂，具有特定的历史背景和宗教含义，在汉语中似有释义，实则无法完全对应。译者务必谨慎细心。所以，笔者建议用“麦瓦利”来替代“平民”“新穆斯林”等译名，并在首次出现时加注说明，且已有学者这样做。

另外，还需注意译名的一致性。例如，“平民”“顺民”是意译，“麦瓦利”“济玛”是音译。同一篇文章，或同一个作者，如果使用“平民”来翻译mawālī，那么就应用“顺民”来翻译dimmis，前后统一为意译。同样，如果采用音译，也应一致为“麦瓦利”和“济玛”。

译名的统一并不是先入为主，谁先译就是定本，而是需要考虑到其正确性、通用性和接受度。作为后辈，笔者自知不敢对前辈的译本造次评论。仅通过此文，对阿拉伯语词语mawālī的词源、词义发展、汉译做一梳理，向前辈们致以敬意。

参考文献

[1] 赵秋蒂.阿拉伯人的民族认定：对“标准阿拉伯语”（al-Fushah）与“生活阿拉伯语”（al-'Amiyyah）的解析[J].民族学报，2006 (25): 111-143.

[2] 王新刚，赵晓龙.阿拉伯人“民族性”的历史考察[J].世界民族，2007 (3): 62-67.

[3] 王猛. 在怀念与梦想中远去:贝都因人的勃兴、演进与式微[J].新疆社会科学，2006 (1): 96-102.

[4] 爱敏.阿拉伯—伊斯兰文化史：第一册[M]. 纳忠，译.北京：商务印书馆，1999: 96.

[5] 赵军利.浅论麦瓦里在阿拉伯—伊斯兰文化中的作用[J]. 阿拉伯世界，1991 (2): 18.

[6] 希提. 阿拉伯通史：上册[M]. 马坚，译.北京：新世界出版社，2008.

[7] 纳忠. 阿拉伯通史：上卷[M]. 北京：商务印书馆，2005.

[8] 古兰经译注[M]. 银川：宁夏人民出版社，2016: 69.

[9] 李维建. 浅析“释奴问题”[J]. 阿拉伯世界，2000 (3): 67.

[10] 布哈里. 布哈里圣训实录全集：第二卷[M].祁学义，译. 北京：商务印书馆，2018: 815.

[11] 中国伊斯兰百科全书编辑委员会. 中国伊斯兰百科全书[M]. 成都：四川辞书出版社，2007.

[12] محمد بديع شريف: الصراع بين الموالي والعرب، دار الكتاب العربي بمصر،القاهرة ، 1954.

[13] 程镇球. 汉英翻译问题[J]. 中国翻译，1991 (3): 4.

[14] 傅雷. 翻译似临画[M]. 北京：外语教学与研究出版社，2014: 4.

عنوان البحث: دراسة في أصل كلمة الموالي ومعناها وترجمتها الصينية

الباحثة: تشنغ شي تينغ، معيدة بكلية اللغات الأجنبية جامعة شيامن، واهتماماتها الأكاديمية: الحضارة العربية الإسلامية وتاريخها.

ملخص البحث: الموالي هو مصطلح يصف فئة اجتماعية مهمة ظهرت في الإمبراطورية الإسلامية، انخرطت في أنشطتها الدينية وانتفاضاتها الاجتماعية وإصلاحاتها الثقافية، وساهمت مساهمةً كبيرة في الفتوحات الإسلامية ونهضة الإمبراطورية، إلا إنه من الصعب إيجاد تعريف محدد لهذا المصطلح، إذ يتسع ليشمل عدة معاني، مثل: القريب، الشريك، ابن العم، الحلف، المعتق، السيد، والمسلم الأعجمي... إلخ، كما يعد من الاصطلاحات المرنة والمتغيرة بتغير المراحل التاريخية. يتناول هذا البحث أصل كلمة الموالي في اللغة والاصطلاح، ويتتبع تطور معناها عبر التاريخ، ويناقش ترجمتها الصينية.

الكلمات المفتاحية: الموالي، المعتق، العبد، المسلم الجديد

《红高粱》中文化负载词阿译的生态翻译学解读*

◎ 修　蕊**

摘　要：《红高粱家族》阿拉伯语译本为中国文学走进阿拉伯世界作出了卓越贡献，有力地促进了中国文化的"走出去"，并推动了中阿民族文化的相互交流。本文以生态翻译学理论为指导，从语言维、文化维及交际维等视角出发，对《红高粱家族》的第一部分《红高粱》中文化负载词的阿拉伯语翻译进行研究，进而分析译者哈赛宁对翻译生态环境的适应与选择路径。研究发现，译者为了保持源语生态环境和译语生态环境之间的平衡，灵活采用多种翻译手段，在多数情况下，"多维"地适应了特定的翻译生态环境。但由于中阿语言和文化差异巨大，译者在对部分词汇和表达的理解上出现偏差，也造成了译语生态的损伤。造成这一局面的根本原因，显然与阿拉伯文化错综复杂的历史有关。

关键词：《红高粱》；生态翻译学；文化负载词

《红高粱家族》是中国当代著名作家、2012年诺贝尔文学奖获得者莫言的作品，由《红高粱》《高粱酒》《高粱殡》《狗道》《奇死》五部分组成。《红高粱》是《红高粱家族》的第一部分。迄今已被翻译成二十多种文字，在三十多个国家和地区出版。[1]

2013年1月，在莫言获得诺贝尔文学奖三个月后，埃及文化部国家翻译中心即出版发行了由埃及艾因·夏姆斯大学哈赛宁·法赫米·侯赛因（Hassanein Fahmy Hussein）博士翻译的《红高粱家族》阿拉伯语译本。这也是莫言第一部被翻译成阿拉伯语并正式出版的作品。《红高粱家族》阿拉伯语

* 本文系2016年浙江外国语学院校级科研课题"莫言作品阿拉伯语译本的生态翻译学解读——以《红高粱家族》阿译本为例"（2016Y03）阶段性成果。

** 修蕊，浙江外国语学院东方语言文化学院讲师，主要研究方向：阿拉伯语语言文学。

译本不仅帮助广大阿拉伯读者了解莫言的文学，而且让他们了解到中国当代文学的发展现状，为中国文学走进阿拉伯世界作出了卓越贡献，有力地促进了中国文化的“走出去”，并推动了中阿民族文化的相互交流。本文将以生态翻译学理论为指导，从语言维、文化维及交际维等视角出发，对《红高粱家族》的第一部分《红高粱》中文化负载词的阿拉伯语翻译进行研究，进而分析译者哈赛宁对翻译生态环境的适应与选择路径。

生态翻译学（Eco-Translatology）是“运用生态理性、从生态学视角对翻译进行综观的整体性研究”[2] 5，由清华大学胡庚申教授首创。它区别于以往的翻译研究路径，是“生态学”和“翻译学”的结合，提出翻译是“译者适应翻译生态环境而对文本进行移植的选择活动”[3] 350。

生态翻译学的翻译方法为“多维转换”，即在“多维度适应与适应性选择的原则之下，相对地集中于语言维、文化维、交际维的适应性选择转换”[3] 235。翻译即是译者为了平衡存在差异的源语生态系统和译语生态系统而进行的多维度的“选择与适应”。

一、《红高粱》中的文化负载词阿译的“三维”转换机制

文化负载词（cultural-loaded words）是指标志某种文化中特有事物的词、词组和习语。这些词汇反映了特定民族在漫长的历史进程中逐渐积累的、有别于其他民族的、独特的活动方式。[4]

富有民族性的文学作品往往包含大量的文化负载词汇。20世纪80年代，在“寻根”和“先锋”主题笼罩下，莫言以高密东北乡为背景，高扬生命哲学的大旗，谱写出一部生机勃勃的红高粱家族史诗。《红高粱》中有大量反映高密地区人民思维模式、行为方式的文化负载词汇，比如高密方言、民间习语等，也有彰显当时高密当地饮食文化、婚丧习俗等民间文化特色的文化负载词汇，比如抹饼、蟹酱、缠脚、夹袄、蓑衣、花轿、罩头红布等。这些词汇所表达的事物或行为在阿拉伯文化中难觅踪迹，因此，其准确的阿译有助于中国传统民间文化的对外传播，有助于增进阿拉伯地区人民对中国文化的了解。

（一）语言维的适应性选择转换

语言维的适应性选择转换即“译者在翻译过程中对语言形式的适应性选

择转换”[2] 8。中阿两个民族在思维方式上的差异决定了汉语和阿拉伯语在语言表达层面的不同。因此，生态翻译学首先要求译者在通晓语言的基础上，在词汇方面对原文和译文进行必要的选择和转换。

《红高粱》大量使用高密方言刻画出众多栩栩如生、个性迥异的人物角色，体现人物个性特色词汇的准确翻译对于展现人物特点和传达人物情感十分重要。本文选取了一些粗俗话的翻译为例：

畜生[5] 12、兔崽子[5] 58、狗娘养的[5] 70、你娘个蛋[5] 8、操你亲娘[5] 28

译文：

الحيوان [6] 44، أيها الأرنب الجبان [6] 112، هؤلاء الكلاب [6] 130، عليك اللعنة [6] 38، اللعنة على أمك [6] 63

此例中的粗俗话均出自“我爷爷”余占鳌之口。余占鳌土匪出身，文化层次低，狂暴刚烈的性格决定了其话语的粗俗。莫言并未将粗话进行文学化加工，而是非常自然地书写了这些“国骂”，刻画了人物在特定情境中的情绪，彰显了余占鳌粗野爽直的性格。

译者哈赛宁也非常重视粗话的翻译。高密方言属胶东方言区，胶东地区人民常用身边能接触到的低级动物作为骂人的语料，而其也是阿拉伯语粗俗话中常用的意象，比如“驴”（الحمار）、“狗”（الكلب）、“猪”（الخنزير）等。因此，在“畜生”和“兔崽子”的翻译中，译者很好地将源语信息移植到了译语环境中，将其译成الحيوان和أيها الأرنب الجبان，最大限度地保持了源语与译语的“传神”与“达意”的平衡。

而以攻击“母亲”为内容的粗俗话，在阿拉伯语中也有同意象的，比如كس أمك和بدي نيك أمك أو أختك。此类粗俗话虽然在汉语口语及文学作品中出现频率较高，但在阿拉伯语中的情况则不同，有句谚语说道“الجنة تحت أقدام الأمهات”，即“天堂在妈妈的脚下”，在阿拉伯文化中，对“妈妈”“姐姐”“妹妹”等女性是十分尊重的，以此为意象的粗俗话在口语中甚少出现，文学作品中更不会有类似表达。因此，译者在翻译此类词汇时，为了适应译语生态环境的需要，适应性地选择了有“诅咒，咒骂”之意的اللعنة一词进行替代，使译文易于被阿语读者所接受。

语言维的适应性选择转换还包括译者在翻译过程中对原文语言形式的转

换，例如：

东北乡，人万千，阵势列在墨河边。余司令，阵前站，一举手炮声连环，东洋鬼子魂儿散，纷纷落在地平川，女中魁首戴凤莲，花容月貌巧机关，调来铁耙摆连环，挡住鬼子不能前。[5] 10

译文：

لقد عاش أهل دونغ بي الكثيرون هنا على ضفاف نهر موا شوى خه. وكان القائد يو الشجاع يتقدمهم في المعارك الكثيرة التي استطاعوا خلالها أن يبددوا جيش العدو الياباني. وكانت البطلة داى فينغ ليان قد وقفت بالمطرقة الحديدية أمام العدو واعترضت طريقه إلى القرية. [6] 40

此例为山东快板说唱文字，生动形象地表达了高密人民对抗日英雄“奶奶”戴凤莲的敬仰。山东快板用合辙押韵的艺术语言,结合山东当地的方言，以快速的、节奏分明的“韵诵”方式来叙述故事。此例语言方面句式工整，且“散—川—莲—关—环—前”押“an”韵，节奏感极强，朗朗上口。译者的翻译基本保持了源语与译语在语义方面的平衡；但译语并没有保留原文的句式，也没有呈现原文的语言形式和修辞手法，损失了源语的文风及美学价值。

由上述例子可见，译者在粗俗话和快板的翻译中依归于译语生态环境，基本完成了语言信息的转换，但在快板的文风及语言形式上对原文生态的“损伤”明显，造成了源语生态与译语生态的“失衡”。

（二）文化维的适应性选择转换

文化维的适应性选择转换即“译者在翻译过程中关注双语文化内涵的传递与阐释”[2] 8。文化因素在翻译中占有重要的地位。生态翻译学视阈下，译者能否适应目的语的特点，既充分体现源语的文化内涵，又能让译语读者充分理解，成为评判翻译好坏的标准之一。

莫言曾说：“故乡的风景变成了我小说中的风景；在故乡时的一些亲身经历变成了小说中的材料；故乡的传说与故事也变成了小说中的素材。”[7]源于家乡的创作决定了《红高粱》承载浓浓乡土文化的内涵。小说中有大量的词汇反映了当时中国社会的文化特色,《红高粱》的阿译不仅仅是两种语言的转换，更是中阿传统习俗、风土人情之间的交流。例如：

奶奶不到六岁就开始缠脚，日日加紧，一根裹脚布，长一丈余，外曾祖母用它，勒断了奶奶的脚骨，把八个脚趾，折断在脚底，真惨！[5] 36

译文：

كانت جدتي قد بدأت عملية الضغط على قدميها حتى لا تصبح كبيرة الحجم، حيث كانت والدتها تستخدم قطعة قماش لتلف بها قدمي صغيرتها، يبلغ طولها ما يزيد على واحد تشانغ (حوالي ثلاثة أمتار ونصف المتر)، وكانت تحكم ربطها حول قدمي جدتي بطريقة كانت تؤلمها كثيرا! [6] 76

此例中，叙述者“我”回忆了“奶奶”的缠脚过程。缠足是中国旧时特有的一种陋习，对于不了解中国文化的译语读者来说是很难理解这一行为的。因此，译者在进行文化维的转换翻译时，首先将“缠脚”译为“عملية الضغط على قدميها”，意为“给她的脚加压”，然后在翻译时添加了对此行为的解释“حتى لا تصبح كبيرة الحجم”，意为“从而使她的脚不会变得很大”，这在一定意义上对文化维中的信息遗漏进行了补充，让读者了解缠脚的目的，从而理解原文内涵。同样，译者在尺寸度量词“丈”的翻译中，在依归于源语生态的基础上，使用了“解释”的手段，既保留了源语中的中国元素，又“修补”了译语的翻译生态环境，使之在译语翻译生态环境中“生存”。但在裹脚过程描述“勒断了奶奶的脚骨，把八个脚趾，折断在脚底”的翻译上，译者“删繁就简”，译为“外祖母用它勒住奶奶的脚，这过程让她万分痛苦”，虽然损失了原文的部分文化信息，但考虑到译语读者的接受能力，也是未尝不可的。

民国元年，曲阜县孔夫子家的“哭丧户”专程前来学习过哭腔。[5] 40

译文：

في العام الأول بعد تأسيس جمهورية الصين الوطنية، جاءت إلى هنا جماعة من نائحين من عائلة الفيلسوف الحكيم كونفوشيوس من مدينة تشيو فو لدراسة نغمة النواح. [6] 81

“民国元年”是带有浓厚中国特色的纪年方法，对于不熟悉中国文化的读者亦难以理解。因此，译者为了平衡源语生态与译语生态，采取了“解释”的翻译策略，将“民国”解释为“中华民国”，“元年”解释为“第一年”，在保留中国语言文化特色的同时，使读者很好地理解了源语词汇的内涵。同样，在“清明节”（عيد تشيغ مينغ）的翻译中，译者虽然高度依归于源语生态，但进行了“加注说明”，增加了对其文化内涵的阐释，有效地传达了原文的文化信息，使译文能够适应译语的翻译生态环境。

老子就是这地盘上的王，吃了十年扌卞饼！[5] 24

译文：

أنا ملك لهذه المنطقة، وقد تغذيت طيلة عشرة أعوام على خبز تشيا! [6] 57

“扌卞饼”是山东的传统面食，“扌卞”字意为“用两手掐住”，吃饼时要用双手扌卞住往嘴里塞，因此被称为“扌卞饼”。而“吃扌卞饼”除本意“吃饼”之外，在山东方言中另有“做土匪”的意思。因此，本例中“吃十年扌卞饼”的意思为“做土匪十年”，而译者却将其译成“وقد تغذيت طيلة عشرة أعوام على خبز تشيا”，意为“吃了十年扌卞饼”，影响了原文中文化信息的传递，给译语读者造成了一定的理解困难。此处翻译可为传递原文文化内涵选择加“注释”的方法来“修补”译文的翻译生态环境，从而将源语信息移植到译入语中，以向译语读者传达这一当地食物所承载的文化信息和历史渊源。

罗汉大爷就用快刀把螃蟹斩成碎块，放到豆腐磨里研碎，加盐，装缸，制成蟹酱，成年累月的吃。[5] 6

译文：

كان الجد ليو يقوم بتقطيع سرطان البحر إلى قطع صغيرة ويضيف إليها فول الصويا والملح، ويضعها في إناء لإعداد حساء سرطان البحر، ذلك الحساء الذي كانوا يتلذذون جميعا بشرابه. [6] 46

译者对此例中的“蟹酱”及其制法在理解上出现了偏差，将工具“豆腐磨”

理解成“黄豆”，译成فول الصويا，将“蟹酱”译成حساء السرطان，阿拉伯语为“螃蟹汤”之意，显然影响了译语读者对中国传统吃食“蟹酱”的理解，译文“损伤”了原文生态。

由上述例子可见，译者在“传统习俗”“纪年”“节日”等多种文化负载词的翻译中依归于源语生态环境，多使用直译加解释的翻译策略，对文化维中的信息进行补充，在完成语言信息转换的基础上也成功传递了其承载的文化内涵，基本达到了“补充、修复、重建一个译文存活成长的翻译生态环境的目的”[3] 281。但在部分中国饮食的翻译上，译者由于理解偏差，影响了原文文化信息的传递。

（三）交际维的适应性选择转换

交际维的适应性选择转换即“译者在翻译过程中关注双语交际意图的适应性选择转换”[2] 8。在生态翻译学视阈下，译者在翻译时，除了关注语言信息的转换和文化内涵的传递，还要把选择侧重点放在交际层面上，既尽可能地在译语系统中体现出源语系统里的交际意图，又将原文语言和文化内涵的交际意图传递给读者。

《红高粱》中存在大量的民间习语。习语常来自人民的日常生活或神话传说及宗教等，具有浓厚的民族文化特性，也承载了较大的信息量。习语翻译的准确与否，决定了源语系统里作者通过其传达的交际意图是否能在译文中得到充分体现。例如：

奶奶说：“占鳌，不能让任副官走，千军易得，一将难求。”[5] 51

译文：

قالت جدتي: جان آو، يجب أن توقف نائب القائد ولا تدعه يرحل، إنه يتمتع بكفاءة وخبرة يصعب تعويضها. [6] 100

“千军易得，一将难求”是一句前后对仗的复句形式谚语，译者在翻译过程中放弃谚语在源语文化中的句式结构特色，将选择侧重点放在交际的层面上，结合上下文含义，将其译为“إنه يتمتع بكفاءة وخبرة يصعب تعويضها”，意思是

“任副官有才能有经验，很难有人可以替代他”，虽然译文较为平淡，但准确地转换了原文的内容，传达了原文的交际意图，使读者易于理解和接受。

我想，千里姻缘一线牵，一生的情愫，都是天凑地和，是毫无挑剔的真理。[5] 42

译文：

أعتقد أن القدر كان قد شاء ورتب لهذا اللقاء. [6] 85

译者为了方便译语读者对原文的理解，采用了“换例”的方法，将原文中隐含的“命运”对应译成阿拉伯文化具有同等文化色彩的القدر，整句话意为“命运安排了这次相遇”。这种高度“依归”于译语生态系统的翻译处理，既传递了源语系统的文化信息，又缩减了译语读者对原文的陌生感。

后日一起把鬼子汽车打了，然后你们就鸡走鸡道，狗走狗道，井水不犯河水。[5] 25

译文：

من الآن فصاعدا عليكما مواجهة القوات اليابانية معا، وبعد ذلك سنرى شجاعة كل منكما، حتى لا يختلط الحابل بالنابل. [6] 58

此例中，“鸡走鸡道，狗走狗道，井水不犯河水”比喻“各管各的，互不相犯”。译者为了照顾译语读者的阅读习惯，采用“换例”的方法，将其换成阿拉伯语谚语“لا يختلط الحابل بالنابل”，但此句意为“不让思绪混乱，事情繁杂”，显然两者表达的意思并不一样，译者曲解了原文，没有将原文中的交际意图传达到译语系统中，译文生态遭到了“破坏”。此处可“换例”为阿拉伯语中相对应的谚语表达，例如“برأت قائبة من قوب”或“أنتم في واد وأنا في واد”，既缩减了读者对原文的陌生感，又准确地传达了原文的交际信息。抑或适应原文的翻译生态环境，保留中国文化特性，将其译为“وبعد ذلك، لا تختلط مياه الآبار بمياه الأنهار، فلا علاقة بيننا”，其“整合适应选择度”会更高一些。

由上述例子可见，译者在《红高粱》习语的翻译过程中，为了照顾译语读者的阅读习惯，常采用“换例”“解释”等依归于译语生态环境的翻译方法，把选择侧重点放在交际的层面上，而非语言形式的转换，使译文更流畅。但译者在部分习语的理解上出现了偏差，影响了源语交际信息的传递。

二、结语

生态翻译学将多维转换成果作为译评标准之一，认为最佳的翻译应该是“三维转换间整合适应选择度最高的”[3] 241。汉语和阿拉伯语分属不同的语系，存在着千差万别，而《红高粱》是一部中国文化气息非常浓厚的作品，这就给其文化负载词的翻译带来了各种各样的困难，译者需要不断地进行适应选择，既要保留原文的文化内涵，又要便于译语读者的接受和理解。

译者哈赛宁在《红高粱》的文化负载词阿译过程中，为了保持源语生态环境和译语生态环境之间的平衡，灵活采用多种翻译手段，在多数情况下，“多维”地适应了特定的翻译生态环境，但由于中阿语言和文化差异巨大，译者在对部分词汇和表达的理解上出现偏差，也造成了译语生态的损伤。

哈赛宁对《红高粱》的翻译实践表明，在文化负载词的翻译上，要考虑到其独特性，“不仅要考虑语言维，还要考虑交际维，更要考虑文化维的适应转换；同时，还要注意三个维度的有机结合与平衡协调”[3] 304，从而达到“整合适应选择度”最佳的翻译效果。

参考文献

[1] 杨扬.莫言作品解读[M].上海：华东师范大学出版社，2012: 52.

[2] 胡庚申.生态翻译学的研究焦点与理论视角[J].中国翻译，2011 (2).

[3] 胡庚申.生态翻译学建构与诠释[M].北京：商务印书馆，2013.

[4] 廖七一.当代西方翻译理论探索[M].南京：译林出版社，2000: 232.

[5] 莫言.红高粱家族[M].上海：上海文艺出版社，2012.

[6] مو يان: الذرة الرفيعة الحمراء ، حسانين فهمي حسين، القاهرة: المركز القومي للترجمة، 2013.

[7] 谭五昌.见证莫言：莫言获诺奖现在进行时[M].桂林：漓江出版社，2012: 214-215.

عنوان البحث: دراسة في تعريب الكلمات الحاملة للثقافة في رواية ((الذرة الرفيعة الحمراء)) من منظور الترجمة الإيكولوجية

الباحثة: شيو روي، مدرسة قسم اللغة العربية لجامعة الدراسات الأجنبية بجه جيانغ، اهتمامها الأكاديمية: اللغة والأدب العربي.

ملخص البحث: تقدم الترجمة العربية لرواية ((الذرة الرفيعة الحمراء)) مساهمات بارزة في دخول الأدب الصيني إلى العالم العربي، وتعزز بفعالية التبادلات بين الثقافات الصينية والعربية. ستدرس هذه المقالة في تعريب الكلمات الحاملة للثقافة في رواية ((الذرة الرفيعة الحمراء)) من الجهات اللغوية والثقافية والاجتماعية اعتمادا على نظرية الترجمة الإيكولوجية، وذلك من أجل تحليل طريقة تكيف المترجم حسانين فهمي حسين مع البيئة الإيديولوجية للغة المصدر واللغة الهدف. ووجد البحث أن المترجم نجحت في اختيار استراتيجيات الترجمة المناسبة للحفاظ على التوازن الإيكولوجي بين اللغة المصدر واللغة الهدف في معظم الأحيان. ومع ذلك، نظرا للاختلافات الهائلة بين اللغتين والثقافتين الصينية والعربية، فإن المترجم أخطأ في فهم بعض الكلمات والتعبيرات، مما تسبب في الضرر البيئي للغة الهدف.

الكلمات المفتاحية: ((الذرة الرفيعة الحمراء))، الترجمة الإيكولوجية، الكلمات الحاملة للثقافة

传统阿拉伯语语法中的مسند和مسند إليه

◎ 于迪阳*

摘　要： 中世纪阿拉伯语语法学家对مسند与مسند إليه两个词的分析主要分为两种。以西伯威为代表的早期语法学家以名词句结构为基础将两者视为表示句子必要成分的术语，并从语序的角度定义了两者在句中对应的成分。中后期的语法学家则认为，مسند与مسند إليه分别表示在句中承担谓语和主语两种句法功能的成分，两者一起构成完整的句子含义。مسند与مسند إليه所对应的成分在句中相互依靠，缺一不可。两者的词根إسناد以及其他意义相近的词在传统阿拉伯语语法理论中表示主谓关系和指派谓语两种含义。

关键词： مسند；مسند إليه；主谓关系；传统阿拉伯语语法

古典阿拉伯语语法著作中从不缺少对主谓关系的描述。在对起语、述语、动词和主语等概念进行定义，以及对话语、句子、句子主要成分之间的关系进行分析时，语法学家经常使用مسند与مسند إليه两个术语。两者的词根س-ن-د暗示了它们之间相互依靠的关系，但这种依存关系在中世纪不同语法学家的笔下有着不一样的解读。本文尝试分析语法学家对مسند和مسند إليه的使用，阐明它们的意义，并以此对阿拉伯语语法传统中的主谓关系作出解释。

一、早期的语法学家

与许多其他阿拉伯语语法术语一样，مسند与مسند إليه可以在《西伯威书》中找到根源。在第三章中，西伯威（760—796）对这两个概念做了如下描述：

---

* 于迪阳，北京大学外国语学院阿拉伯语系博士研究生，主要研究方向：现代标准阿拉伯语、古典阿拉伯语、传统阿拉伯语语法。

1. هذا باب المسند والمسند إليه. وهما ما لا يغنى واحد منهما عن الآخر، ولا يجد المتكلم منه بدا. [1] 23

本章是关于مسند和مسند إليه的章节。两者缺一不可，说话者也不可避免用到它们。

西伯威认为مسند和مسند إليه是句子不可缺少的两个部分，两者之间缺少任何一个都不能单独存在。紧接上文之后，他用“عبد الله أخوك”（阿卜杜拉是你的兄弟）和“يذهب عبد الله”（阿卜杜拉要走）这两个句子作为例子，但并没有说明مسند和مسند إليه分别对应句中的哪个部分。西伯威此处强调的是两者作为句子必要成分的不可或缺性。这一点在《西伯威书》的后文中再次体现：

2. فقولك: هذا عبد الله منطلقا [...] فهذا اسم مبتدأ يبنى عليه ما بعده وهو عبد الله. ولم يكن ليكون هذا كلاما حتى يبنى عليه أو يبنى على ما قبله. فالمتبدأ مسند والمبني عليه مسند إليه.[2]

比如你说“这是阿卜杜拉，他正离开”……“这”是起语，其后的成分“阿卜杜拉”建立在它之上。只有“阿卜杜拉”建立在“这”之上，或建立在它之前的成分上，这句话才能成为一个句子。而（此处）起语是مسند，述语是مسند إليه。

对于“يبنى على ما قبله”（建立在它之前的成分上）的理解需要从该章的上文中寻找答案。西伯威把这一章命名为“هذا باب ما ينتصب لأنه خبر للمعروف المبني على ما هو قبله من الأسماء المبهمة”（本章是关于一种宾格成分的章节，它是确指成分的述语，该确指成分建立在其前的含糊名词上）。此处的“之前的成分”指的是位于句首的含糊名词。西伯威在该章的其他部分讨论了为何منطلق处于宾格地位，但与本文相关的是，在这一段中，他对起语和述语必要性的描述。在“هذا عبد الله منطلقا”一句中，“阿卜杜拉”作为述语建立在起语“这”之上，两者作为句子的必要成分必须共同出现在句中。

与例1有所不同的是，西伯威此处指出，在该句中，起语是مسند，述语是مسند إليه。事实上，مسند和مسند إليه两个词在《西伯威书》中一共只出现过三次。

而例2是其中唯一的一次西伯威具体地指明两者分别对应句中的什么成分。①如果对于名词句中مسند和مسند إليه分别指起语和述语这一点有明确的表述，那么西伯威对于两者在动词句中所对应成分的表达则相对含蓄：

3. وهو قولك: عبد الله أخوك [...] ومثل ذلك: يذهب عبد الله، فلا بد للفعل من الاسم كما لم يكن للاسم الأول بد من الآخر في الابتداء.[1] 23

比如你说“阿卜杜拉是你的兄弟”……和它类似的如“阿卜杜拉要走”。而动词需要名词，就像在起首结构中第一个名词需要另一个名词一样。

在例3中，后半句的表述可以理解为：在动词句中，动词需要一个名词才能成句，就像在名词句中起语需要述语才能成句。西伯威将动词和起语对应，将动词所需的名词和述语对应。尽管他没有直接使用主语（فاعل）一词，但从他的例句中可以看出，他所说的动词需要的名词就是它的主语。因此，可以推断，在西伯威的理论中，动词和起语代表مسند，而主语和述语代表مسند إليه。

动词和起语，以及主语和述语之间的对应性可以从两个角度进行考量。首先，动词和起语一般是动词句和名词句中的第一个成分，而主语和述语则是句中的第二个成分。两组成分在位置上存在相似性。其次，动词和起语都需要另一个成分以使它们能够构成一句完整的句子，而主语和述语分别承担了这一成分。另外，对于把前两者对应为مسند，把后两者对应为مسند إليه的推论，可以在西伯威的评论者西拉菲（?—978）所述中得到佐证。在对西伯威的مسند和مسند إليه一章进行评注时，西拉菲对这两个术语提出了四种理解方式，其中：

4. الوجه الرابع: وهو أن يكون المسند هو الأول على كل حال، والمسند إليه الثاني على كل حال، فإن كان فعل وفاعل، فالفعل هو المسند والفاعل هو المسند إليه، وإن كان مبتدأ وخبرا فالمبتدأ هو المسند، والخبر هو المسند إليه.[3] 174-173

第四种是：在任何情况下，مسند都是句中的第一个成分，مسند إليه都是句中的第二个成分。如果（句子）是动词和主语，那么动词是مسند，主语是

① مسند 和 مسند إليه 在《西伯威书》中第三次出现是在起首结构（باب الابتداء）一章中，见أبو بشر عمرو بن عثمان سيبويه: ((كتاب سيبويه))، مكتبة الخانجي بالقاهرة، 1988، الجزء الثاني، ص126.

مسند إليه；如果（句子）是起语和述语，那么起语是مسند，述语是مسند إليه。

从西拉菲的分析以及起语和动词、主语和述语在位置上的相似性中可以得出，西伯威对مسند和مسند إليه分别表示名词句和动词句中的何种成分是从语序的角度认定的。مسند是句中的第一个成分，مسند إليه是句中的第二个成分。① 根据这一推断，在类似“قام زيد”和“زيد قام”（宰德站起来了）的表达中，尽管两个句子在语义上几乎没有差别，但قام和زيد分别对应句子的哪一种必要成分却并不相同。

在早期的语法学家中，另一位提到مسند和مسند إليه两个术语的是穆巴里德（826—898）。他对两者的叙述比西伯威更加简单：

5. هذا باب المسند والمسند إليه وهما ما لا يستغني كل واحد من صاحبه، فمن ذلك: قام زيد، والابتداء وخبره، وما دخل عليه نحو كان، وإنَّ وأفعال الشك والعلم والمجازاة.[4]

本章是关于مسند和مسند إليه的章节，两者之间缺一不可，（这样的例子）包括：“宰德站起来了”，起语和述语，附加在起语和述语上的كان（类残缺动词）、إنَّ（类虚词）和心意动词，以及条件句。

穆巴里德在该章中讨论了述语的种类，起语和述语的格位和有定性，以及两者间的语序变化等问题，但对于مسند和مسند إليه两个词并未做具体的分析，只是在章节的开头提到。与西伯威相同的是，穆巴里德也提及了两者间的相互依靠性。对于两者在句子中的具体体现，两人都提到了名词句和动词句的例子。穆巴里德同时还指出，在كان和إنَّ引导的句子中同样有成分对应مسند和مسند إليه，这一点在《西伯威书》中亦有呼应：

6. ومما يكون بمنزلة الابتداء قولك: كان عبد الله منطلقا، وليت زيدا منطلق؛ لأن هذا يحتاج إلى ما بعده كاحتياج المبتدأ إلى ما بعده. [1] 23

和起首结构相似的例子是“阿卜杜拉离开了”，“希望宰德离开”，因为这（些句子的名词）需要后面的成分，就像起语需要其后的成分一样。

---

① 对于述语前置于起语时مسند和مسند إليه的对应情况是否发生变化，西伯威没有给予描述。

كان类残缺动词和إنّ类虚词引导的句子的共同点在于，两者的名词和述语本身可以构成名词句。كان与إنّ的名词是名词句中的起语，它们的述语是名词句中的述语。西伯威和穆巴里德将它们纳入مسند和مسند إليه的范围，极有可能是因为他们认为这两类句子中代表مسند和مسند إليه的成分分别对应名词句中的起语和述语，比如例6中的زيد、عبد الله和منطلق。而如同起语和述语是名词句不可或缺的成分一样，كان与إنّ的名词和述语也是两者组成一句完整的句子所必需的成分。

与西伯威不同的是，穆巴里德认为，由心意动词引导的句子和条件句也能够作为مسند和مسند إليه表示句子必要成分的例子。在有关条件句的几个章节中，笔者并没有找到条件句与这两个术语之间关系的描述。但在讨论心意动词的一章中，穆巴里德说道：

7. فاذا قلت: ظننت زيدا منطلقا فإنما معناه: زيد منطلق في ظني، فكما لا بد للابتداء من خبر كذا لا بد من مفعولها الثاني؛ لأنه خبر الابتداء، وهو الذي تعتمد عليه بالعلم والشك.[5]

比如你说“我认为宰德离开了”，这句话的意思是“宰德离开了，就我认为”。就像起首结构必须有述语一样，心意动词必须有第二宾语，因为它（在“زيد منطلق في ظني”中）就是起首结构的述语，也是你所确信或怀疑的对象。

和对由كان与إنّ引导的句子的分析类似，穆巴里德将心意动词的两个宾语理解为名词句中的起语和述语。在这种类比下，这类动词的第一宾语和第二宾语便成为构成这种句子的必要成分。穆巴里德把这类动词称为“الفعل المتعدى إلى مفعولين وليس لك أن تقتصر على أحدهما دون الآخر”（及双宾的动词，且你不能只说一个宾语而不说另一个）。根据这两个宾语与起语、述语之间的对应关系可以得出，表示مسند的是第一宾语，表示مسند إليه的是第二宾语。

西拉菲在为西伯威مسند和مسند إليه一章作注时列出了名词与述语之间互不可缺少的四种情况，分别为起语和述语、كان类残缺动词的名词和述语、إن类虚词的名词和述语，以及心意动词的两个宾语。并且，他明确表示，这四种情况都属于مسند和مسند إليه的范畴，原因是它们之间的关系在本质上都属于起语和述语。[3] 174-175

可以看到，西伯威、穆巴里德和西拉菲都强调مسند和مسند إليه两个术语表示的是句子的两个必要成分，并且两者之间相互依存。这种依存关系主要体现在句中先出现的成分需要其后的成分共同出现才能构成一个句子。而两者在句中出现的顺序也极有可能是西伯威对مسند和مسند إليه在不同句型中分别对应何种成分进行定义的依据。另外，三位语法学家把إنّ的名词和述语、كان的名词和述语以及心意动词的两个宾语均类比为名词句中的起语和述语，三组成分分别与مسند和مسند إليه对应。从中可以得出，在他们的描述中，مسند和مسند إليه作为表示句子必要成分的术语是建立在名词句的基本结构上的。

二、中后期的语法学家

西伯威和穆巴里德之后的语法学家，大约从公元10世纪起，对于مسند和مسند إليه两个词的理解有了新的视角。在他们的著作中，مسند和مسند إليه仍被视作表示句子两大必要成分的术语，但两者的必要性不是根据名词句（起首结构）得出的，两者具体对应什么成分也不是从语序的角度定义的。下文将列举这些语法著作中具有代表性的描述，借此说明中世纪中后期的语法学家在分析مسند和مسند إليه两个词时体现的不同观点。

上文提到了西拉菲关于مسند和مسند إليه的四种观点中按照语序层面的解读，而西拉菲给出的另一种解释则是：

8. أن يكون المسند معناه الحديث والخبر، والمسند إليه المحدث عنه [...] فالفعل حديث عن الفاعل، والخبر حديث عن الاسم، فالمسند هو الفعل، وهو خبر الاسم، والمسند إليه هو الفاعل، وهو الاسم المخبر عنه. [3] 173

مسند的意思是“谈论、信息”，مسند إليه的意思是“被谈论的东西”……所以动词是关于主语的谈论，述语是关于名词的谈论。مسند是动词和述语，مسند إليه是主语和被谈论的名词。

这种解读显然与语序无关，而是从句法功能角度作出的定义。一个句子由主语和谓语构成，两者组成语法分析的基本单位。主语是被陈述的对象，谓语是对主语的陈述。从西拉菲的表述上看，مسند إليه指的是主语，是句子其余部分讨论的对象；مسند则表示谓语，是关于该对象所讨论的具体内容。[①] 在

① 须注意，此处的主语不是阿拉伯语语法术语中的主语（فاعل）。

古典阿拉伯语中，承担主语功能的是名词句中的起语和动词句中的主语，而名词句中的述语和动词句中的动词则承担谓语的功能。

从句法功能的视角解释مسند和مسند إليه，在其他语法学家的论述中也得到了体现。伊本·希沙姆（1309—1360）在分析名词的三个特征时提出：

9. الثالثة: الإسناد إليه، وهو أن يُسنَد إليه ما يتم به الفائدة، سواء كان المسند فعلا أو اسما أو جملة. [6]

（名词的）第三个特征是：被指派谓语。这指的是使句子拥有完整含义的成分被指派给它，不管被指派的成分是名词、动词还是小句。

伊本·希沙姆随后分别用“قام زيد”（宰德站起来了），“زيد أخوك”（宰德是你的兄弟）和“أنا قمت”（我站起来了）三个句子为例，指出句中承担谓语成分（مسند）的分别是动词قام、名词أخوك与小句قمت，而前两句中的زيد与第三句中的أنا则相当于句子的主语成分（مسند إليه）。① 类似的描述在伊本·希沙姆的另一本著作中也有体现，他明确地将起语和主语归为مسند إليه，将述语归为مسند。[7] 201-202, 301-302

如果مسند和مسند إليه可以从功能的层面进行定义，那么朱尔加尼（1009—1078）便直接借助两者在这一层面的含义解释了起语和述语：

10. أن المبتدأ لم يكن مبتدأ لأنه منطوق به أولا، ولا كان الخبر خبرا لأنه مذكور بعد المبتدأ، بل كان المبتدأ مبتدأ لأنه مسند إليه ومُثبَت له المعنى، والخبر خبرا لأنه مسند ومثبت به المعنى. [8]

起语之所以是起语，不是因为它位于句首，述语之所以是述语，也不是因为它在起语之后。起语成为起语的原因是它起到مسند إليه的作用，被确定为某种含义，而述语成为述语的原因是它起到مسند的作用，（起语的）含义通过它确定。

---

① قمت中包含了另一层主谓关系，其中动词قام作谓语，第一人称主格连接代词تاء作主语，两者构成小句，在句中作أنا的谓语成分。但是，关于由动词和主语构成的述语能否被视作مسند，有语法学家持不同观点。伊本·艾比·拉比厄（1203—1289）就提出，在“زيد ضربته”（宰德我打了他）一句中，ضربته不能被视为مسند。他的理由是ضربته与“زيد هل ضربته؟”（宰德，你打了他吗?）中的“هل ضربته”一样，两者都不需要زيد便可以单独成句。而مسند إليه和مسند两者之间关系的本质是，“أصل المسند والمسند إليه ألا يستغني أحدهما عن الآخر في إفادة المعنى”（مسند和مسند إليه的根本在于，在表达完整的意义时，两者中的任何一方都不可缺少另一方）。拉比厄借此提出短语类（مفرد）述语和小句类（جملة）述语在是否能充当مسند方面是不一样的。见ابن أبي الربيع: ((البسيط في شرح جمل الزجاجي))، دار الغرب الإشلاي، 1986، السفر الأول، ص756.

对朱尔加尼而言，起语和述语此处被他视作两个功能概念。定义两者含义的不是它们在句中的出现顺序，而是它们在句中承担的句法功能。但值得注意的是，朱尔加尼并没有在该著作的前文中对مسند和مسند إليه做具体的分析，而是直接在对起语和述语的分析中使用了这两个术语。从中或许可以推断，至朱尔加尼的时代，مسند和مسند إليه在传统阿拉伯语语法体系中已经拥有了表示句法功能的含义。

另一位语法学家哲拉鲁丁·苏尤提（1445—1505）从主谓关系的角度分析了阿拉伯语话语的构成，他指出：

11. أن الكلام لا يتأتي إلا من اسمين، أو من اسم وفعل، فلا يتأتي من فعلين ولا حرفين، ولا اسم وحرف، ولا فعل وحرف، ولا كلمة واحدة، لأن الإفادة إنما تحصل بالإسناد، وهو لا بد من طرفين: مسند، ومسند إليه. [9]

话语只有通过两个名词，或一个名词和一个动词组成。两个动词、两个虚词、一个名词和一个虚词、一个动词和一个虚词，或者一个单词都不能组成话语。因为（完整的句子）含义只有通过主谓关系才能实现，而它必须包括两个部分：مسند和مسند إليه。

苏尤提接着指出，名词在句中既可以表示مسند，也可以表示مسند إليه。动词只能充当مسند，不能充当مسند إليه。因此，当一个句子由一个名词和一个动词组成时，必然是前者代表مسند إليه，后者代表مسند。虚词既不能作مسند，也不能作مسند إليه。苏尤提的描述不仅说明مسند和مسند إليه代表了句子必不可少的两个成分，同时还把两者与阿拉伯语中的词类联系起来。在无法构成句子的四种词类组合中，他把原因归结为其中缺少表示مسند或مسند إليه的词类。①

语法学家把名词句的起语和动词句的主语归为مسند إليه，并认为两者承担了主语的功能，这一点可以从他们对两者的对比中窥见端倪。宰加吉（892—951）用مضارعة一词表现两者的相似性，他认为，起语和主语相像是因为起语和述语之间的相互依赖性就像主语和动词之间的那样。[10] 巴德尤西（1051—1128）在对宰加吉的这本著作进行评论时则用了يشبه一词，他表示：

① 但是，苏尤提并未说明词类和مسند与مسند إليه之间的因果关系。比如，是因为虚词不能充当مسند或مسند إليه中的任何一个而导致两个虚词无法成句，还是由于它们无法成句从而认为它们不能充当مسند或مسند إليه。

12. رفعت المبتدأ، لأنه في المعنى يشبه الفاعل، لأنك تحدث عنه كما تحدث عن الفاعل [...] فكل واحد منهما محدث عنه مسند إليه غير أن حديث المبتدأ بعده وحديث الفاعل قبله. [11]

起语为主格，是因为它在功能上和主语相近。因为你谈论起语就像谈论主语一样……所以两者都是被谈论的对象和被指派谓语的对象，只是谈论起语的内容在其后，而谈论主语的内容在其前。①

另一位语法学家扎马赫谢里（1074—1143）在讨论起语和述语时指出，两者和主语都有相似之处。起语和主语的相似点在于双方都需要被指派谓语，而述语和主语的相似点则在于两者在语序上都是句中的第二个成分。[12]

关于起语和主语相似性的描写出现在早期的语法著作中。比如，穆巴里德就指出，主语和动词的地位（بمنزلة）相当于起语和述语。[13]既然起语和主语在功能上都需要被指派谓语，那么述语和动词作为必须与前两者共现的成分，便自然地起到了充当谓语的功能。

可以看到，10世纪之后的语法学家在分析مسند和مسند إليه两个词时采取的是与西伯威、穆巴里德不同的视角。مسند和مسند إليه作为表示句子必要成分的术语，其必要性体现在完整的句子含义（فائدة）必须通过主谓关系实现，而主谓关系则必须包含مسند和مسند إليه两部分。两者在句中对应的成分和语序无关，与功能有关。表示مسند إليه的是起语和主语，它们是句子所谈论的对象；表示مسند的则是述语和动词，它们作为谈论的具体内容使句子的语义得以完整。因此，对于从功能角度分析该问题的语法学家而言，قام和زيد在“قام زيد”和“زيد قام”两句中所表示的必要成分是相同的。

值得一提的是，语法学家伊本·阿吉尔（1294—1367）对于مسند有特殊见解。在对主动名词（اسم الفاعل）是否能起支配作用（عمل）进行分析时，他说道：

13. وقوله: أو مسندا، معناه أنه يعمل اذا وقع خبرا، وهذا يشمل خبر المبتدأ، نحو: زيد ضارب عمرا، وخبرَ ناسخه أو مفعولَه، نحو: كان زيد ضاربا عمرا، وإنَّ زيدا ضارب عمرا، وظننت زيدا ضاربا عمرا، وأعلمت زيدا عمرا ضاربا بكرا. [14]

他说“或作为مسند”的意思是动名词如果处于述语地位可以起支配作用，

① 伊本·塞拉吉（?—928）对此有类似的描述，见 ابن السراج: ((الأصول في النحو))، مؤسسة الرسالة، 1996، الجزء الأول، ص58.

这包括起语的述语，如“宰德打了阿穆尔”；كان和إنَّ的述语，或心意动词、及三物动词的宾语，如“宰德打了阿穆尔”，“宰德（确实）打了阿穆尔”，“我认为宰德打了阿穆尔”和“我告诉宰德阿穆尔打了伯克尔”。

伊本·阿吉尔此处希望说明动名词在何种情况下仍能支配格位，由此可以推断，例13中的مسند指的都是ضارب，因为它在这些例句中可以使后面的成分成为宾格。而ضارب在五个例句中分别是名词句的述语、كان的述语、إنَّ的述语、心意动词ظن的第二宾语，以及及三物动词أعلم的第三宾语。可以发现，后四个例句中都存在以第一句“زيد ضارب عمرا”为基础的名词句结构。这一点与西伯威和穆巴里德在例6、例7中提到的例子十分相似。伊本·阿吉尔将ضارب视作表示مسند的句子成分，似乎结合了上文中的两种分析视角。一方面，他以名词句结构为基础，把名词句中的述语以及其他对应名词句结构中述语的成分视为مسند。另一方面，把述语和这些类似述语的成分视作مسند又是他从功能的角度得出的结论。①

三、主谓关系的其他表述

在上文中可以发现，古典阿拉伯语中表示句子主谓关系和句子必要成分的术语，除了从根母د-ن-س派生出的单词，还有以ث-د-ح和ر-ب-خ为根母的相应表达。早在《西伯威书》中，西伯威就已经在有关不及物动词的一章中把不及物动词的主语和被动式动词的代主语称为محدَّث عنه，把这两种动词称为محدَّث به。[1] 34这两个单词在《西伯威书》中并未完全术语化。但后来的语法学家对两者的使用与西伯威却是一致的。他们把句中充当主语的成分称为محدَّث عنه，把充当谓语的成分称为حديث عنه或حديث。② 这一点有别于他们与西伯威在مسند和مسند إليه的使用上体现出的不同。

而在以ر-ب-خ为根母的表达中，安巴里（1119—1181）把起语和主语称作مخبَر عنه，他认为这是两者都处于主格地位的原因。[15]而伊本·叶伊什（1159—1245）则把动词称作خبر。他指出，动词若要成句必须被指派在句中承担主语功能的成分。与安巴里一样，他把这些成分称为مخبر عنه。[16] 73,86另一位语法学家宰加吉在关于词类的一章中提到：

---

① 伊本·阿吉尔没有进一步揭示ضارب充当مسند的原因，他的观点或需做进一步的研究。

② 如例8、例12，以及见ابن يعيش: ((شرح المفصل للزمخشري))، دار الكتب العلمية، 2001، الجزء الأول، ص223.

14. فالخبر اذا هو غير المخبر والمخبر عنه وهما داخلان تحت قسم الاسم؛ والخبر هو الفعل وما اشتق منه أو تضمن معناه وهو الحديث الذي ذكرناه [...] [17]

خبر与名词词类里充当谓语、主语功能的成分不同。它指的是动词及其所派生，或体现其功能的成分，它是我们已经提到的（成分的）谈论内容……

例14中的خبر不是名词句的述语，而是指句子的谓语成分。宰加吉此处从词类的角度出发，强调的是与动词有关的谓语成分，并区分了名词性成分承担谓语功能的情况。根据宰加吉的描述，例14中的خبر指的是“ينطلق محمد”（穆罕默德要离开）中的ينطلق。而“محمد أخوك”（穆罕默德是你的兄弟）中的أخوك在引文中对应的表达则是مخبر。两者在句中都承担谓语的功能，只是在类型上有所不同。前者是动词作谓语，后者则是名词。不过，并不是所有语法学家都把谓语成分根据词类区别开来。法里西（900—987）就把“عبد الله مقبل”（阿卜杜拉来了）和“قام بكر”（伯克尔站起来了）中的مقبل和قام都视作خبر。[18]

至此，下表可以对传统阿拉伯语语法体系中用来表达句子必要成分的术语进行总结：

承担主语功能	承担谓语功能
مسند إليه	مسند
مخبر عنه	خبر
	مخبر به
محدث عنه	حديث
	حديث عنه
	محدث به

除了上述与مسند和مسند إليه一样表达句子必要成分的术语，根母س-ن-د、ح-د-ث与خ-ب-ر构成的动词以及前两者إفعال式的词根也被中世纪语法学家用来描述句子必要成分之间的关系。这样的例子在他们的作品中十分常见，此处仅以伊本·吉尼（941—1002）的表述作为例子：

15. هو كل ما أسندته إلى المبتدأ وحدثته به عنه. [19]

（述语）是任何你指派给起语，或用它谈论起语的成分。

至于إفعال式的词根，在上文中已经提到إسناد一词的用法。在例9中，伊本·希沙姆用إسناد إليه表达把谓语指派给主语的含义，而在例11中，苏尤提则用إسناد表示主谓关系。不过，在一些情况下，إسناد إليه与إسناد都能表示指派谓语的含义，伊本·叶伊什的描述为此提供了例证：

16. ومن خواص الاسم جواز الإسناد إليه، فالإسناد وصف دال على أن المسند إليه اسم، اذ كان ذلك مختصا به، لأن الفعل والحرف لا يكون منهما إسناد، وذلك لأن الفعل خبر، واذا أسندت الخبر إلى مثله لم تفد المخاطَب شيئا [...] ولا يصح أن يسند إلى الحرف أيضا شيء، لأن الحرف لا معنى له في نفسه، فلم يفد الإسناد إليه، ولا إسناده إلى غيره. [20]

名词的特征之一是允许被指派谓语，而إسناد一词用来表示مسند إليه（对应的成分）总是名词，因为这是名词所特有的。动词和虚词不能被指派谓语，因为动词承担谓语的功能，如果你把谓语指派给和它（功能上）类似的成分，你无法让听话者得到完整的信息……虚词同样不能被指派谓语，因为它本身没有（完整的）意义。因此，把谓语指派给它，或把它指派给其他成分都不能（使句子）获得完整的含义。

在“لأن الفعل والحرف لا يكون منهما إسناد”中，إسناد显然不能被理解为主谓关系，只有将其解释为指派谓语才符合上下文的逻辑。

与إسناد在意义上相近的词根还有إخبار，两者都能表示主谓关系。而إخبار عنه和إسناد إليه也同样都能表示指派谓语。[21]伊本·叶伊什在解释何为起语时就指出，“المبتدأ كل اسم ابتدأته للإخبار عنه”（起语是每个你以它开头，为它指派谓语的名词）。[16] 221 不过，对于إسناد和إخبار两个词，也有语法学家认为两者所囊括的句子类型并不相同。朱尔加尼就指出：

17. اعلم أن الإسناد مجراه مجرى الإخبار، فكأنه قال: وأما الفعل فما كان خبرا عن شيء ولم يكن مخبرا عنه، غير أن في الإسناد فائدة ليست في الإخبار، وهي أن من الأفعال ما لا يصح اطلاق الإخبار عليه كفعل الأمر نحو ليضرب زيد، اذ الأمر لا يكون من حيث أن الخبر ما دخله الصدق والكذب، ويصح

أن يطلق عليه الإسناد لأن حقيقة الإسناد إضافة الشيء إلى الشيء وإمالته إليه وجعله متصلا وملاسما. [22]

你应该知道إسناد和إخبار是相似的，比如动词只能充当谓语，不能充当主语。但إسناد包括了إخبار没有的含义。一些动词（表示的结构）不适合用إخبار描述，比如“让宰德打吧”中的命令式动词。因为命令句不像خبر那样可以被辨别真伪。而إسناد却可以用来描述这样的句子，因为它的真正含义是将一物附加和倚靠到另一物上，使它们相互联系和接触。

根据朱尔加尼的观点，例17中的خبر表示的含义相当于陈述句。① 从它与إخبار相同的词根可以推断，إخبار在表示句子的主谓关系时，有时只指那些表达陈述含义的句子。而إسناد则包含了所有的句子类型。伊本·叶伊什同样注意到了两者的区别，他明确指出：

18. الإسناد أعم من الخبر، لأن الإسناد يشمل الخبر، وغيره من الأمر والنهي والاستفهام، فكل خبر مسند، وليس كل مسند خبرا. [16] 72

إسناد比خبر更普遍，因为إسناد包括陈述句，也包括命令句、禁戒句和疑问句。所有خبر都是مسند，但不是所有的مسند都是خبر。②

根母ح-د-ث组成的动词的词根在表达指派谓语的意义时，不像前两者那样以إفعال的形式出现，而是以حديث عنه的形式。这使它容易和表示مسند的حديث عنه混淆。或许正因如此，用该短语表示指派谓语的情况在中世纪的阿拉伯语语法文献中并不多见。此处仅以伊本·希沙姆为例：

19. للاسم ثلاث علامات: [...] وعلامة معنوية، وهي الحديث عنه كـ ((قام زيد))، فزيد: اسم؛ لأنك حدثت عنه بالقيام. [7] 40

名词有三个特征……（第三个是）功能上的特征，即能被指派谓语。比如“宰德站起来了”一句中的宰德就是名词，因为你用“站”这一动作对它进行

---

① 类似的描述见：أبو العباس المبرد: ((كتاب المقتضب))، دار الكتاب المصري، 1994، الجزء الثالث، ص89؛ ابن السراج: ((الأصول في النحو))، مؤسسة الرسالة، 1996، الجزء الأول، ص62.

② إخبار一词在传统阿拉伯语语法理论中还有另一层意思，它指的是把句子的某一成分述位化，或使其成为句子的焦点。关于إخبار该含义的分析，见Goldenberg G., “Subject and Predicate in Arab Grammatical Tradition,” *Zeitschrift der Deutschen Morgenländischen Gesellschaft* 138/1 (1988): 67-69.

了谈论。

例19中的حديث عنه显然不能被解释为مسند，其表示的含义与إسناد إليه相同，即指派谓语。有趣的是，伊本·希沙姆在他的两本著作中都论述了名词的三个特征。在例9中，他在表达名词的这一属性时使用的术语是إسناد إليه，而在此处，他使用的是حديث عنه。这一点可以作为حديث عنه用来表示指派谓语含义的证据。

由此可见，除了مسند和مسند إليه，阿拉伯语中还有其他若干表达句子必要成分的术语。但所有这些术语只是一种称呼，不能说它们就是句子的必要成分。因为名词句的必要成分是起语和述语，动词句的必要成分是动词和主语。而مسند和مسند إليه以及其他类似表达只是对起语、述语、动词和主语的概括性描述。另外，这些术语的词根则被用来表达主谓关系，或用来表示句中承担主语功能的成分可以被指派谓语成分的含义。从语法学家的叙述中可以得出，被指派谓语的特征是名词所特有的，动词在句中本身就充当谓语，因此不具备该性质。

四、小结

在传统阿拉伯语语法体系中，مسند和مسند إليه两个词是表示句子必要成分的术语。这两种必要成分之间存在相互依赖性，任何一方缺少另一方都无法使句子拥有完整的含义。在早期的语法学家中，西伯威从语序的角度对مسند和مسند إليه在句中对应的成分进行了解读。句中先出现的成分，如名词句的起语和动词句的动词，对应مسند；后出现的成分，如名词句的述语和动词句的主语，对应مسند إليه。与西伯威持类似观点的是穆巴里德，双方对مسند和مسند إليه的解读都是根据名词句结构做出的。在由كان和إنّ引导的句子中，表示مسند的是句中对应名词句起语的成分，表示مسند إليه的是句中对应名词句述语的成分。与西伯威和穆巴里德有所不同，中世纪中后期的语法学家对مسند和مسند إليه两个词的理解则是从功能的视角出发的。他们认为，句子的完整含义必须通过主谓关系得以实现。在这种关系中，مسند表示句中承担谓语功能的成分，而مسند إليه则表示句中承担主语功能的成分。前者对应述语和动词，后者对应起语和主语。

与مسند和مسند إليه同样表示句子必要成分术语的还有مخبر به、مخبر عنه、حديث

和محدث عنه等词。它们之间可以互相替换，且经常同时出现。这些词语对应的词根(إليه)إسناد、(عنه)إخبار和حديث عنه在不同的语境下可以表示指派谓语和主谓关系两种含义。إسناد包括陈述句、疑问句、禁戒句等各种句子类型，而إخبار一般只表示陈述句。这类句子在语用上往往包含可辨别真伪的命题。指派谓语是名词独有的特征，动词本身只能充当谓语，在句中不可被指派同样的功能。但名词既可以充当谓语，也可以充当主语。语法学家们从这一点出发，解释了为什么在阿拉伯语中两个名词，或一个动词与一个名词可以构成一个句子，但两个动词不行。

另外，从穆巴里德对由كان类残缺动词、إنَّ类虚词和ظن类心意动词引导的句子的分析，以及伊本·阿吉尔对مسند的解读上看，مسند和مسند إليه两个词在句中对应的成分可以是主格，也可以是宾格。这些成分被视为مسند或مسند إليه的原因是它们在这些句型中对应的是名词句里的必要成分起语和述语。从这一点上有理由推断，مسند和مسند إليه是与古典阿拉伯语中的变因理论（عمل）无关的术语。两者所对应的成分与它们是否是句中格位的支配者（عامل）或被支配者（معمول فيه）没有直接的关系。

还需要指出的是，尽管语法学家从功能的角度定义了مسند和مسند إليه两个词及其类似表达，但它们与现代语言学理论中的主语、谓语、述谓结构等概念并不完全对应。最明显的例子便是，在例7的“ظننت زيدا منطلقا”（我认为宰德离开了）一句中，زيد被视作مسند，منطلق被视作مسند إليه。但从传统语法对于句子成分主谓二分法的分析视角看，该句的主语应是“我”，谓语则是句子的剩余部分。因此，把مسند和مسند إليه单纯地理解或翻译为谓语和主语是不严谨的。尽管两者在作为句子必要成分的性质上与主谓关系较为接近，但它们的真正含义只有放在传统阿拉伯语语法理论的语境下才能得到准确的释义。

参考文献

[1] أبو بشر عمرو بن عثمان سيبويه: كتاب سيبويه، مكتبة الخانجي بالقاهرة، الجزء الأول، 1988.

[2] أبو بشر عمرو بن عثمان سيبويه: كتاب سيبويه، مكتبة الخانجي بالقاهرة، الجزء الثاني، 1988: 78.

[3] أبو سعيد السيرافي: شرح كتاب سيبويه، دار الكتب العلمية، الجزء الأول، 2008.

[4] أبو العباس المبرد: كتاب المقتضب، دار الكتاب المصري، الجزء الرابع، 1994: 126.

[5] أبو العباس المبرد: كتاب المقتضب، دار الكتاب المصري، الجزء الثالث، 1994: 95.

[6] ابن هشام الأنصاري: شرح شذور الذهب في معرفة كلام العرب، دار الطلاع للنشر والتوزيع والتصدير،

2004: 41.

[7] ابن هشام الأنصاري: شرح قطر الندى وبل الصدى، المكتبة العصرية، 1994.

[8] عبد القاهر الجرجاني: دلائل الإعجاز، مكتبة الخانجي بالقاهرة، 1989: 189.

[9] جلال الدين السيوطي: همع الهوامع في شرح جمع الجوامع، مؤسسة الرسالة، الجزء الأول، 1992: 33.

[10] أبو القاسم الزجاجي: كتاب الجمل في النحو، دار الأمل، 1984: 36.

[11] أبو محمد البطليوسي: كتاب الحلل في إصلاح الخلل من كتاب الجمل، دار الطليعة للطباعة والنشر، 1980: 146.

[12] أبو القاسم الزمخشري: المفصل في علم العربية، دار عمار للنشر والتوزيع، 2004: 48.

[13] أبو العباس المبرد: كتاب المقتضب، دار الكتاب المصري، الجزء الأول، 1994: 146.

[14] ابن عقيل: شرح ابن عقيل على ألفية ابن مالك، دار التراث، الجزء الثالث، 1980: 107.

[15] أبو سعيد الأنباري: أسرار العربية، 1957: 69.

[16] ابن يعيش: شرح المفصل للزمخشري، دار الكتب العلمية، الجزء الأول، 2001.

[17] أبو القاسم الزجاجي: الإيضاح في علل النحو، دار النفائس، 1979: 72.

[18] أبو علي الفارسي: الإيضاح العضدي، جامعة الرياض، الجزء الأول، 1969: 6.

[19] ابن جني: اللمع في العربية، دار مجدلاوي، 1988: 29.

[20] شرح المفصل للزمخشري، دار الكتب العلمية، الجزء الأول، 2001: 86.

[21] ابن عقيل: شرح ابن عقيل على ألفية ابن مالك، دار التراث، الجزء الأول، 1980: 21.

[22] عبد القاهر الجرجاني: كتاب المقتصد في شرح الإيضاح، دار الرشيد للنشر، 1982: 76-77.

عنوان البحث: مسند ومسند إليه في قواعد اللغة العربية التراثية

الباحث: يوي دي يانغ، طالب دكتوراه في قسم اللغة العربية في كلية اللغات الأجنابية بجامعة بكين، واهتماماته الأكاديمية: اللغة العربية الفصحى الحديثة، واللغة العربية الفصحى التراثية، وقواعد اللغة العربية التراثية.

ملخص البحث: لنحويين اللغة العربية في العصور الوسطى وجهتا النظر في الكلمتين المسند والمسند إليه. يرى الذين في باكر العصور منهم سيبويه بأن المسند والمسند إليه مصطلحان يعبران عن عنصري الجملة الضروريتين وهم يصلون إلى هذا الرأي على أساس تركيب الجملة الاسمية ويعرفون المكونات المقابلة لهما من منظور ترتيب الكلمة. ويرى النحويون في أواسط وأواخر العصور بأن الكلمتين تعبران عن المكونتين اللتين تعملان كحديث ومحدث عنه في الجملة التي بهما تتم فائدتها. وإن المسند والمسند إليه لا يستغني أحدهما عن الآخر. ولمصدرهما الإسناد وما يشبهه معنا من الألفاظ الأخرى معنيان في قواعد اللغة العربية التراثية. الأول منهما العلاقة بين المسند والمسند إليه، والثاني نسب المسند (إلى المسند إليه).

الكلمات المفتاحية: مسند، مسند إليه، إسناد، قواعد اللغة العربية التراثية

从乌姆鲁勒·盖斯的情诗看阿拉伯语的语义发展

◎ 米吉超*

摘　要：在阿拉伯文学史上，最具特色、语言最纯正的是蒙昧时期的文学。而蒙昧时期最经典、最早收集成册的则是悬诗。不管是命名、数量、传述、收集，还是解释、翻译等方面，悬诗一直备受学者的关注，在诸多诗作中，首屈一指的是被誉为"诗圣"的乌姆鲁勒·盖斯的作品。他的悬诗语言简练、细腻、精准，如要真正了解他在语义词汇上的价值则需要研究原文。本文节选了乌姆鲁勒·盖斯的悬诗中最具特色的情诗，从语义学方面详细分析其含义，阐述古今解释的区别与其之间的联系。

关键词：乌姆鲁勒·盖斯；悬诗；语义

公元六七世纪，处于蒙昧时期的阿拉伯人过着"逐水草而居"的游牧生活。广袤的沙漠，炎热的气候，成群的骆驼、羚羊，及人们朴素的生活，是诗人最基本的吟诗素材。悬诗还原了最纯正的阿拉伯语，我们通过它可以了解到蒙昧时期阿拉伯人的生活习俗、社会状况、人物性格，以及他们之间的交往情况和身处的自然环境等。通过诗人乌姆鲁勒·盖斯的悬诗，我们能了解到古阿拉伯语词汇的严谨、丰富与精确。诗人的前半生过着纸醉金迷的生活，这些都体现在他的情诗中。诗人描述的情人旧址，相思时的哭泣，离别时的痛楚，追忆时的感慨，以及细腻刻画情人容貌等的诗句，比同时代诗人以及前世诗人更胜一筹。乌姆鲁勒·盖斯最突出的特点是用词简练，他的诗句表达简洁易懂，在阿拉伯语语义经历了时代的发展与更新之后，其价值更为突出，尤其对了解古代的阿拉伯历史与文明起到重要作用。

语言是一种社会现象，它在社会的怀抱中成长，也跟随社会一同发展、

---

* 米吉超，博士，广东外语外贸大学南国商学院东方语言文化学院阿拉伯语系讲师，主要研究方向：阿拉伯古代文学评论。

进步与衰落。语义的发展属于语言的发展，所研究的对象是词义，而词义不是停滞不前的，是在不断更新与变化的，这些发展和变化在查阅字典时便可发现。

语义发展的因素包括：

1. 单词本身的原因，单词所在的位置与全文的连贯息息相关，将其放置在不同的位置就会产生不同的词义；

2. 时代的因素，每个时代都有不同于其他时代的特性，这种不同会导致词义的不同，从而产生新的词义，或更替旧词义；

3. 语言本身的规则，词义一般都与被设定的规则有关；

4. 时代的更替，每个时代不同的习惯会导致语义的变化；

5. 方言和其他语言的融入会对语义产生变化。

乌姆鲁勒·盖斯的悬诗共八十首，其中情诗有二十六首，根据内容分以下几类：

1. 停驻于昔日情人旧址前哭泣；（第一首至第四首）

2. 怀念乌姆·胡娃利斯和乌姆·兰巴彼（诗人的两位情人）；（第五首、第六首）

3. 描述离别之痛；（第七首）

4. 叙述朱尔朱里那一日；（第八首至第十首）

5. 与法图麦幽会并示爱；（第十一首至第十三首）

6. 对法图麦的描写。（第十五首至第二十六首）

从语义角度解读乌姆鲁勒·盖斯的经典悬诗，能使我们更仔细地品评诗人当时的情感和蒙昧时期的社会风俗，也能对一些现代阿拉伯语词汇寻根溯源，进一步了解阿拉伯语的演变发展。

一、悬诗中词语语义的具体化

一些阿拉伯语词汇的语义随着时代的发展从之前的广泛性转变为具体化，或是中断了之前的语义，使之局限化，如乌姆鲁勒·盖斯悬诗中那句脍炙人口的诗句：

قِفَا نَبْكِ مِنْ ذِكْرَى حَبِيبٍ وَمَنْزِلِ   بِسِقْطِ اللِّوَى بَيْنَ الدَّخُول فَحَوْمَلِ

停下吧！朋友！让我们哭泣，情人的倩影又浮现在眼底。

回忆把我带进沙丘席织的营地——德胡勒，赫麦利。[1]34

诗人以在情人旧址前的哭泣开始，表达内心对曾经深爱之人的怀念及离别时的悲伤。诗中的مَنْزِل原意为“饮水处、停留地”，蒙昧时期的阿拉伯人过着游牧生活，逐水草而居，所以居住特点主要是有水源且不固定，而随着社会的发展、生活水平的提高，人们慢慢从荒漠走进城镇，从游牧生活慢慢过上稳定居家生活，مَنْزِل也演变成“房子、房屋、家”的意思，成为固定的住所。

当诗人描述被风沙摧残的残垣旧址，提到المقراة、توضح、حومل、الدخول四个曾经熟悉的地方，而当说到被南北风交错的旧址时：

فَتُوضِحَ فَالْمِقْرَاةِ لَمْ يَعْفُ رَسْمُهَا　　لِمَا نَسَجَتْهَا مِنْ جَنُوبٍ وَشَمْأَلِ

吐地赫，米格拉吐，漠漠荒原，疾风肆虐，犹未抹尽那故地的痕迹。[1]34

诗中，نَسَجَ即“南北风的交织”，原意是“一样东西合并在另一样东西上”，词义比较宽泛、笼统，而如今则演变成更为具体的“编织、织造”之意，都具备两物相重叠、合并的意思。

又有诗云：

تجاوَزتُ أَحْراساً إِلَيْها وَمَعْشراً　　علّي حِراصاً لَوْ يسرُّونَ مقتَلي

卫士们狂言要拿我身心血祭，
我却平安地溜过那森严禁地。[1]37

诗人运用了隐喻的修辞手法突显出自己的勇敢，不管卫士们在明处还是在暗处袭击，他都能越过重重包围见到心爱之人，卫士们不敢光明正大地与他为敌。为了见到朝思暮想的情人，明知艰险重重，却要冒生命危险去见面。诗中يسرُّونَ的意思是“隐藏”和“公开”[2]357，即一个词同时有两个相反的意思，说明卫士们不论是秘密偷袭，还是光明正大对抗，诗人都能勇敢应对。而这个词发展到现在，原意中“公开”的意思已经不再使用，更多的是局限于“秘密”的意思。

بناظرةٍ من وَحشٍ وَجْرَةَ مُطفِلِ　　تصُدّ وَتُبْدي عن أسيلٍ وَتتَّقي

羞转的脸颊和浅浅的笑眼上，
闪动着乌吉拉瞪羚舔犊时娇怯的目光和柔情蜜意。[1] 38

تتَّقي原意为“谨慎，避开，防备”，诗中的意思是情人用娇怯的眼神回避我，尽显恋人羞涩之意。而后，随着伊斯兰教的兴起，该词演变成宗教术语，即“敬畏真主，避开罪恶，远离犯罪，虔诚敬主”。该语义更为局限化。

二、悬诗中词语语义的扩展

语义的扩展指由之前单一的意思延伸到意义相近的多意，从之前的具体含义扩展到现在的普通含义。

如诗云：

فَتُوضحَ فَالْمِقْرَاةِ لَمْ يَعْفُ رَسْمُهَا　　لِمَا نَسَجَتْهَا مِنْ جَنُوبٍ وَشَمْأَلِ

吐地赫，米格拉吐，漠漠荒原，疾风肆虐，犹未抹尽那故地的痕迹。[1] 34

رَسْمُ一词原意为“附着在地上的痕迹，或房屋的遗迹”[2] 240，这也是诗中的意思，而现在慢慢延伸出众多含义，如“画、描绘、税、费、标记、命令等”，而这些所延伸出来的词都有“痕迹”的特征，其语义变得更加多彩。

又如诗在描写与众少女共进餐时说：

وَيَوْمَ عَقَرْتُ لِلْعَذَارَى مَطِيَّتِي　　فَيَا عَجَباً مِنْ كُورِهَا الْمُتَحَمَّلِ

我宰杀了乘驼献给纯贞的少女，
女伴们争驮我的行装和鞍具。[1] 35

عقَرَ的原意是“用剑砍断骆驼的一条腿，以便撂倒宰杀”，语义精准而详细，描述出宰杀的前奏，实际则并未宰杀。现在该词直接演变成“宰杀”之意，意义更广泛，但没有原意形象细致了。

诗人描写情人发辫时说：

هَصَرْتُ بِفَوْدَيْ رأْسِهاَ فَتمايَلَتْ   علَّي هضِيمَ الْكَشْحِ رَيَّا الْمَخْلَخَلِ

那垂及腰际的蓬松青丝，恰似串串椰枣，掩枝蔽叶。

鬓边额前，秀发高高绾起。[1]36

诗人描写情人两鬓的发辫，诗中فَوْد原意为“双髻，两鬓”，因为鬓角都在两边，所以现在直接统称为“两边”的意思。此外，该词还有“死亡”的意思，因为当时的国王每过一年都会在自己的皇冠上加一个穗子，随着年龄的增长，皇冠上的穗子会越来越多，直至死亡，由此而演绎出“死亡”的意思。

再如前述诗例所说：

بناظرَةٍ من وَحشِ وَجْرَةَ مُطَفِلِ   تصُدّ وَتُبْدي عن أسيلٍ وَتَتَّقي

羞转的脸颊和浅浅的笑眼上，

闪动着乌吉拉瞪羚舔犊时娇怯的目光和柔情蜜意。[1]38

诗中وَحْشِ的本意为陆地上所有未被驯服的动物，或所有远离人类的动物，具有“孤寂”和“野蛮”之意。一般在阿拉伯古诗中局限于生活在荒野的野牛和羚羊，之后慢慢使用在其他动物身上，所以词义逐渐发展成“野兽”和“孤单”的意思。

نَاظِرَة的意思统称为“眼睛”，而它的原意是眼睛内虹膜中心的黑色小圆孔，用它来观察事物。现在统称为眼睛，主要是它在眼睛里起主要作用。而在诗中，该词的意思为“眼神”，诗人将情人的眼神比喻成羚羊舔犊时娇怯的目光，此时的眼神充满怜惜、娇美，因为一般有了幼崽的羚羊眼睛里少了一些野性，多了些怜爱。还有学者主张它是省略名词的形容词，即عين ناظرة，为نظر的主动式，有“观察、看”的意思，有动词的作用，与前面的“转脸浅笑”相协调，更契合诗意。

三、悬诗中词语语义的引申

语义首先建立在人们对普通事物的理性总结与归纳的基础之上，但随着思维的发展而变得抽象。当人们的思维方式有了改变以后，语义也随之改变。这种情况在许多民族的发展过程中呈现了明确的阶段性。

语义由感觉发展到思维阶段是一个渐进的过程，通常两种情况会同时并存。在此期间使用感觉语义还是用抽象语义都不会引起听者的吃惊与反感，没有哪一个更标准或占上风，只不过一个是表达原意，而另一个是表达比喻义。[3] 56

如前述悬诗有云：

فَتُوضِحَ فَالْمِقْرَاةِ لَمْ يَعْفُ رَسْمُهَا　　لِمَا نَسَجَتْهَا مِنْ جَنُوبٍ وَشَمْأَلِ

吐地赫，米格拉吐，漠漠荒原，疾风肆虐，犹未抹尽那故地的痕迹。[1] 34

诗句的意思是南北风的交织没有抹去曾经的老地方，诗中的用词يَعْفُ原意是“消除、将痕迹抹去”，而后来演绎为“饶恕、原谅、对不起”的意思，都有减少、缩短的含义，诗里是风沙磨削曾经的痕迹，今意是减少罪过，即为原谅。

诗人在描写情人的眼睛时说道：

فَاضَتْ دُمُوعُ الْعَيْنِ مِنِّي صَبَابَةً　　عَلى النَّحْرِ حَتَّى بَلَّ دَمْعِي مِحْمَلِي

我喉头哽塞着激情的泪水，粗厚的剑衣浸透伤心的泪迹。[1] 35

الْعَيْنِ原意为“眼睛”，即身体用于观察的部位。[4]之后延伸为“探查，刺探消息之人”，此消息为不被公开的、秘密的，而刺探消息之人能提前于所有人看到。此外，该词还有“泉眼”之意，它与眼睛的关系是通过比喻义，即泉水如眼睛般明亮、纯洁，它们具备这一共性。该词的意思还有“从克尔白方向飘过来的云”，也是属于比喻义，因为克尔白有泉眼，再一次将泉水比喻成云，因为从泉眼方向飘过来的云一般都会下雨，游牧人称之为“泉雨”。

诗人大胆夸张地描述情人的身材时说道：

مُهَفْهَفَةٌ بَيْضاءُ غيرُ مُفاضَةٍ　　ترائبُها مَصْقولَةٌ كالسَّجَنْجَلِ

纤腰细踝，掀半襟酥胸微掩。
润滑的肌肤，象牙色的鸵鸟卵，在盈盈净水中映现，
又如炫炫明镜，高挂眼前。[1] 37

诗中的السَّجَنْجَلِ为阿拉伯化的古罗马语，为“镜子”的意思，但其原意为“金块、银块”，具晶莹闪耀的特征。中国古人惯用铜镜，同样，古阿拉伯贵族一般用金镜或银镜，后来随着玻璃镜子的发明，而取代了金镜、银镜，通过借喻的修辞手法，借用原意的特征，演绎在更多的词义中。此句诗表达出诗人的情人法图麦的雍容华贵、姿态优雅。ترائبُ戴项链的地方，即前胸，被比喻成炫炫明镜，突显出洁白、润滑、闪亮、无杂质的特点。

وَما ذَرَفَتْ عَيْناكِ إلا لِتضرِبي　　بِسَهْمَيْكِ في أَعْشارِ قلْبٍ مُقتَّلِ

但你悔恨交加的颗颗热泪，
将如无情利剑直透我胸膛。[1] 36

诗中的سَهْمَيْكِ原意为“赌博投掷用的签或箭”，或是“放置在门口，用来捕获狮子的石头，当狮子进来，石头会堵住入口，将其捕获”。[3] 309 该词后来直接演变为“箭、矛、福分（由原意赌博投掷时的签演变而来，赢者为福）”。诗中的意思是情人的双眸，借喻利剑描写眼睛，从而达到心痛的程度，因为不管箭、矛、石头都有伤害对方的意思。而此时，在诗中伤害诗人最深，让诗人最无法抵御、最俘获内心的不是战场上的刀枪棍棒，而是情人满含热泪的眼睛，以此借喻表达出诗人内心强烈的痛苦和对情人浓烈的爱恋。

四、结语

“乌姆鲁勒·盖斯对后世诗人影响很大，其悬诗被认为是阿拉伯诗歌史上经典杰作之一”。[5] 他的情诗在表达、辞藻方面已达到成熟阶段，既沿袭了前人的风格，也创新了自己的独特表达，用大量的修辞方式精细地描写了情人的容貌、形体、仪态等，他的情诗感情真切、细腻。

在语义方面，乌姆鲁勒·盖斯相比前人来说，使用比较简单、明确的词汇，虽然一部分词义随着时间的推移而消失，但当我们再一次研究这些词时，会发现其用词的精准和贴切，既融入了诗人当时的思想感情，也反映出蒙昧时期的社会情况和人文习俗。通过研究乌姆鲁勒·盖斯诗歌中词语的语义，可归纳部分阿拉伯语语义发展的特点：

第一，语义的具体化将阿拉伯语中比较模糊、宽泛的词义局限化和形象化。如单词مَنْزِل，从之前的“饮水处、停留地”演变为现在的“房屋、家”，从这个词的演变可以看出阿拉伯人脑海中对“家”的定义，同时也反映了水源的重要性。随着时代的发展、水源的充足，人们慢慢不再为了水源而居，“家”的定义也逐渐在语义方面发生变化。

第二，语义的扩展使阿拉伯语的词义更宽泛，从原本单一的词义演变成相互关联的多义。这种演变如同阿拉伯人的生活，从古时比较单一的生活发展到现在的多彩生活。而由于一词多义会造成理解句子的困难，需要联系上下文从而确定词的意思，如رَسْمٌ从最初的“附着在地上的痕迹”，发展到“画、描绘、税、费、标记、命令等”多种含义。

第三，语义的引申是人们思维发展的结果，随着社会的发展、思想的丰富，从纯粹发展到抽象。如原意为“眼睛”的الْعَيْنِ，之后延伸成“探查，刺探消息之人”，以及“泉眼”“云”等，多数是原意的比喻义。此外，还有外来语的融入，如从古罗马语سجنجل的出现可知，阿拉伯人在蒙昧时期与周边国家就已经有了文化上的交融。

参考文献

[1] 盖斯，等. 悬诗 [M]. 王复，陆孝修，编译. 北京：五洲传播出版社，2015.

[2] ابن منظور: لسان العرب، بيروت: دار صادر، 2003.

[3] 付志明. 阿拉伯语语义研究 [M]. 北京：北京大学出版社，2008.

[4] محمد مرتضى الحسيني: تاج العروس من جواهر القاموس، دار الفكر، 2008: 199.

[5] 仲跻昆. 阿拉伯古代文学史：上卷 [M]. 北京：昆仑出版社，2015: 104.

عنوان البحث: التطور الدلالي في شعر الغزل من معلقة امرؤ القيس

الباحث: مي تيتشاو، الدكتور، محاضر في قسم اللغة العربية من كلية اللغات والثقافات الشرقية، مدرسة نانقوللأعمال بجامعة قوانغدونغ للدراسات الأجنبية، يبحث في النقد الأدبي القديم عند العرب.

ملخص البحث: في تاريخ الأدب العربي، كان أفلح وأخلص الأدب هو أدب العصر الجاهلي، فأحسن تمثيليا في الجاهلي هو شعر المعلقات، والتي جُمعت هي الأقدام والأمثل إبّان العصر الجاهلي، هي طالما تجذب عيون العلماء في الاهتمام والبحث، مهما في التسمية والعدد والرواية والجمع والشرح والترجمة، ومن بين الأعمال الشعرية الكثيرة معلقة امرؤ القيس "أمير الشعراء"، والتي تتميز لغة معلقته بالإيجاز والروعة والدقة، وبذلك ينبغي البحث في النص الأصلي إذا كنا نريد استيعاب القيمة وراء المفردات والدلالات، وقد وقع الاختيار في هذا البحث على غرض من معلقة امرؤ القيس الفريدة وهو غرض الغزل، ويتناول هذا البحث التحليل الدقيق للمعاني من جانب علم الدلالة، كما يعرض الاختلاف والترابط بين معاني الألفاظ القديمة والحديثة.

الكلمات المفتاحية: امرؤ القيس، المعلقات، علم الدلالة

[文学与文本]

جمالية المأساوي في الرواية العراقية

د. سحر هادي سعيد شبّر*

مخلص البحث: ما أن تقدّم البحث في هذا التوقيت بالتحديد حتّى لم يبق له بد من تحمّل الجمالية دور شفيع للقراءة تطلب إليه إعانتها على استنشاق الأجواء السّردية الموتغة أشد الوتغ. فإدراك الجمالية ليس ترفا ولا هدرا لمبادئ استطيقية يمارسها المتأمل في الرواية العراقية ذات الشهود التراجيدي، ولا غاية في ذاتها بقدر ما هي وسيلة تعويض عما تفتقده ذائقة المتأمل السمعية والبصرية على المسرح العراقي خاصة والمسرح العربي عامة. راحت تلك الذائقة تنشد المقروء من السّرد المأساوي ليكفيها اهتمامها بالمشاهد المسرحي المُضمحِل، فتمثّلت روايات ضليعة من قضايا المصير الإنساني القابس بطغيان الشقاء حتى على تسميات الأبطال ومعاضديهم، بل تتلع المأساة رأسها من نظرة خاطفة إلى العنوانات التي تتوخاها الدراسة. ثم إنّ عزيمة السرد على استيلاد الشخصيات من رحم معاناتها الشاملة استوعبت لغة تمتح من قليب التاريخ الواقعي اليومي للطبقات الاجتماعية، وتثرى من ينبوع السياسي العالمي والفكري، وما أكدر هذا الخليط في جمل تترصد حيرة السؤال عن نفاد السعادة تارة، وانشعاب الجواب على بوابة العناء تارة أخرى. كما ظفرت تلك اللغة بأصوات الذوات وتداعياتها الذهنية بعد أن أرادت الأزمات المحدقة بها تفريغها من محتواها النفسي والأيديولوجي وتشريدها من ملاجئ آمنة لطالما انتحت أبطال الروايات صوبها لتتقي ذوبانها الكلي في بوتقة الصيرورة المحزِنة، وتستعيد صلابة وعيها بحاضرها القبيح.

الكلمات المفتاحية: السّرد، الجماليّة، المأساوِي، الرّواية العراقِيّة

المقدّمة

هذا فصل من فصول النّظر النقدي كان مهملا عندما تبوّأت الدراسات البنيوية مكانة غير خفيضة في السّرد العراقيّ، ومبتوتا إبان اعتناء طروس النّقاد باستنطاق المناحي الدلالية والسياقات الأيدولوجية المنطوية في مضمرات الروايات الواقعية الصدى، والنافذة إلى حياة منشئيها، ومازالت المقتربات القرائية تباعد المسافة بين الفن الروائي والنّقد الجمالي المرتكز على قيم مصفاة من مظاهر الفكر، وتقاسم الصناعة

* مختصّة بالأدب والنقد العربيين الحديثين، محاضرة في جامعة الكوفة، العراق، وخبير اللّغة العربية وآدابها في كلية الدراسات الآسيوية والإفريقية-جامعة شنغهاي للدراسات الدوليّة الصّين.

المحكية على مدارها المضموني والموضوعي دون مقاسمتها على مدارها الذاتي الذي جعل منها ضربا سرديا له مزايا استطيقية. وكلّ ذلك تتكفّل وقوعه نوايا المنشئين أنفسهم حيث يتجافون ألوان الحسن ويستزيدون من رؤى المعنى في آثارهم الأدبية الأمر الذي يمحو أول نسب جمالي يتطلّبه العمل، وهو حس التوازن بين الفكر وإظهاره الفني. كما لا يبرأ الجمهور المتذوّق من مسؤولية استنارة القّص بالجماليات في الوقت الذي وجد الثقافة الفنية المعاصرة تتهاوى إلى اليومي العابر، والصحفي المتسارع، والسياسي المخادع، والاقتصادي المضلّل، والاجتماعي المعجز. حينئذ يجدر ببناة الفن ونقدته مكاثفة جهودهم ليبدعوا أعمالا لا مجال للتزوير الجمالي فيها، ولا جمجمة بفنيّتها.

وليس هذا البحث إلا محاولة رفد الإنسان بطاقة الاستجابة الأنيسة الماتعة لوثاقة الأزمات وجوده واحتباكة الأسقام بعيشه على مرّ عقود متوالية سوّغت لواصف الأدب العراقي الحديث أن ينعته بالمأساوي! ولأنّ الرواية أقدر ضروب السّرد على استيعاب المنطلقات التاريخية والدوافع البشرية لخلق المآسي، وأجلى لمقدرة المنشئ على تحدي الواقع المرّ وخلق حس الانفعال بحلاوة الجمال ضمن الإيلام، للأسباب هذه جنح البحث إلى استيحاء ثلاث لوحات ساهمة بالدفق الجمالي افتراس القبح مصائرنا من عنونتها وشخصياتها ولسانيتها إلى المواضع والفترات التي استكنها سّرد اللوحات. وحسب القرّاء أن يرضوا باستيحاء جاء موجزا متعجلا، وأن يشاركوا في تسديد مقاصده إذا ما اكتنفتها الغفلة وقصر النّظرة.

التمهيد: أسئلة البحث وكشوفاته

1 – الجماليّة مظهر العمل الأدبي ومستتره

بجريان الزمن تتدفق حياة البشر في منحيين، الأوّل يضيق لامتلائه برواسب القهر القدريّة، فينشئ مقولة السعادة. أما الآخر فيتسع ويتعمّق لغزارته حتى يسدّ منفذ الأول، ويستحلّ كلّ تيارات الجريان لينشئ مقولة الشقاء. على هذا النّحو ينصدر وجودنا من منحدر المأساة التي تحتفظ بوجوه الشقاء جميعها. إنّ ديمومة التدفق هذه أحرى ما تستلزمه هو تتابع/ سرد ما يموجُ في ذواتنا من آثار وجودية حزينة باحثة عن نسغ سرور تؤول به طبيعتها الكالحة كما تحاول الوجودية الحزينة أن تسوّغ انحدارها بتأويله لدفقة أمل بانقشاع ما عمّق العزاء، وبترجمته إلى صورة مهدئة لتغوّل القبح في الواقع المعيش. من هنا تكون الجمالية سعيّا إنسانيا وراء انطباعات تحول دون استسلامنا للشقاء الوجودي المحدق بنا، ويعني القيام بها ممارسة الإنسان التفلسّف والتدرّب على إيجاد حق نقد① ما وضع فيه جبرا، فضلا عن اتخاذ تمثيلاتها ترياقا مضادا لمأساويتنا التي تواجهنا في حياة السّرد الوجودي، نقصي بها نفورنا عن آلامنا التي يَخِزُها السارد بإبر من مشاهد وشخصيات ذات أبعاد واقعية تعذيبية، ونطرد نأينا عن مواجهة حتمية مع الذين صاغوا القهر

① مارك جيمنيز، ترجمة: د. شربل داغر، ما الجمالية؟، المنظمة العربية للترجمة، بيروت، لبنان، ط1، 2009، ص 13.

للإنسان خاصة في تلقي الأعمال الأدبية والفنية. ثم إنّ الجمالية تبزغ هنا كإعادة حلم بعيد بحضورها في مخيلة القارئ العربي والعراقي والمؤلِّف أيضا، وإحياء لأثرها في وجود حثيث الخطو إلى مصير مأساوي دائما. تبرر الجمالية في هذا البحث فشلها العامر بالنتائج على الرغم من أعوامها المئتين منذ بومغارتن 1750 وكتابه الجمالية، من منتصف القرن الثامن عشر حتى منتصف القرن العشرين.① وما فشلها إلا جملة أسباب تلاعبت بأغراض الفنون واستزلتها إلى تحولات كبرى وخطيرة، فنازلتها في ميدان السياسي والثقافي بدلا من الميدان الفني، ونافستها في صدارتها الموجات العلمية التكنولوجية والرياضية واللسانية، مما استمرأت الأفراد عزوفها عن ما لا بدّ أن تجده في مرايا الوجود. أزاحت التكنولوجيا بضربات متتالية وقوية اهتمام المجتمعات بالجمالية، بل خلقت لها جماليتها الدينامية والمتطورة المصطنعة. فلم تعد للفرد خبرة الجميل التي هي ((بمثابة الابتهال في طلب نظام للأشياء كليّ ومقدسٍ يوجد في حالة كمون، أينما يمكن التماسه))،② وأصبح إدراكه الفن الذي هو بيت القيم الجمالية ومهبط الوحي الاستطيقي يعتمد على إدراك ما تغيّر، والتفكير بعقلانية متزايدة ومتصلبة بفعل الأيديولوجية النزاعية؛ ومهتزّة من جرّاء الثورات ذات الصلات الاجتماعية والاقتصادية والسياسية والدينية في الماضي الفني المتناغم والمتسامي والموضوع تحت التصعيد الجمالي المثالي.③ والتوفيق بين النظرتين ضرب من تحقق التناغم المفقود في الذات، والذي بغير الجمالية يبدو مستحيلا، إذ نشترط عليها مرافقة انعطافات المرحلة التاريخية التي صيغ فيها الفن وحاضره، إن كنّا ما زلنا نعتقد بأهلية الفن للتعبير عن حساسية مرحلتنا المعيشة وعن تخيّل أذهان الفنانين لها.④ وتبدو هذه النظرة لازبة بالجمالية، وتدعو إلى اقتضاء دورها في تفسير الأعمال الأدبية والفنية، والمساعدة في تبديد مناطق العتمة وإنارة البقع المظلمة فيها، وإيجاد الأواصر الممحوة بين الجمهور والفن المعاصر.⑤ لكن كيف تمارس الجمالية دور التفسير على الأعمال الفنية خاصة الرواية؟ تؤثر الجمالية إجابة على هذا السؤال توافرها على خصائص وموضوعات ذات قيمة أستطيقية تتنبّه إليها العين النقدية، وهي متجلية في جاذبية حسية للعملِ الفني، أو تعقّد شديد في الموضوع الذي يحمل رؤية ذلك العمل، أو معالجة حاذقة لما يدلّ على جزء من المجال الوجودي، يمكن للمحلل الجمالي أن يسجّل قيما متفاوتة في درجات غموض الجمالية ووضوحها. ⑥ فلا مندوحة من استئثار الجمالية بالغموض، فلولا غموضها لكانت الأعمال المنمازة بها باردة، وبمعنى آخر مثيرة للشفقة على تدني تذوقنا الجمالي الذي يعني: المقدرة على الاستمتاع

① المرجع السابق، ص19.

② هانز جورج جادامير، تحرير: روبرت برناسكوني، ترجمة ودراسة وشرح: د. سعيد توفيق، تجلّي الجميل ومقالات أخرى، المجلس الأعلى للثقافة، 1997، ص115.

③ مارك جيمنيز، ما الجمالية؟ ص 335.

④ المرجع السابق، ص 337.

⑤ المرجع السابق، ص 337.

⑥ جيروم ستولينتز، ترجمة: فؤاد زكريا، النقد الفني، دراسة جمالية وفلسفية، المؤسسة العربية للدراسات والنشر، بيروت-لبنان، ط2، 1980، ص406.

بتأمل الغرابة العاصية، وقوة الحكم على الشيء الذي تكتمنه، أو على طريقة تمثيله استحسانا واستهجانا لغير رغبة في الاستحواذ على ذلك الشيء، ومن غير قاعدة يقاس عليها.① ولا بدّ أن تحتفظ الجمالية بغموضها كي تشقّ سبيل تبريرها لكشف الحقيقة التي ورثت عنها الغموض إلى حد جعلها طريقة إعمال الذهن النقدي في النشاط الفني المصطبغ بالعقلاني والفلسفي موادا وأدوات ومشروعا، من جهة، وبغير العقلاني، من جهة أخرى②. على أنّ غرابة الجمالية ليست مانعة لألفة الوضوح من التفشي في مظاهرها، إنّ الولاء في تحليل الجمالية – أنّى كانت – للحقيقة الفنية، والإخلاص للروح الذي حرّر تلك الحقيقة في العمل الأدبي، وما على القارئ الجمالي إلا أن يستجيب للنداء الحرِ للعمل من خلال التأويل.③ بقي أن يقرر البحث أية جمالية يبحث في الرواية العراقية؟

2 – المأساوي ورجعه في الرواية

إنّ من وسم الجماليّة تعددها وامتدادها إلى جماليات، ذلك أنّها قراءة تختلف عند كلّ عمل أدبي، بل عند كلّ جنسٍ أدبي. وقراءتها في هذا المضمار تجتهد في البحث عن معنى عميق لانسجام الشكل السردي مع الشقاء الإنساني. الشقاء الذي يستنبت في المسرحية التراجيدية، ويستحصد موقفا تشاؤميا أو قل: عدميا تتضالع منه نفوس النّظارة، لكنه موقف يستطيع أي ضرب فني أن ينتجه، طالما ينطوي الشقاء على معان خصبة للمأساة يتوخّاها أثر الفن جملة ومرامي منشئيه. فقد نعالج ذاتا تمّت لها صروف البؤس في الحياة بقطعة مسرحية تستقطر شحنات البّرم بقدر قاهر، تجعل الذات مستجيبة لعظم منازلتها صروفها، ما دام المثال قد نهل من نفس كأس شقائها! وهناك معنى أوثق بالذات إذ لا يحجزها شيء عن الاقتداء بالمثال البطولي المتخيّل والتّأسّي به، فكلاهما شريكان في عيش حياة من دون نهاية وغاية مفتقرة إلى أي تعبير سوى ما لرغباتهما وانفعالاتهما وشهواتهما من معنى بعد الموت، معنى إرادة كافحت الوجود المفضي إلى هوة العذاب والبؤس.④ ولا تفتأ حياة بهذا النوع تتجلى في القصيدة أو اللوحة أو الرواية ... إلخ. غير أنّ قوام هذا البحث الرواية التي استدرجت سيمياءَ المسرحية إلى مشاهدها، بل إلى جوهرها. وهذا الاستدراج ليس فنيا فحسب، إنّما ينمّ عن طور طبيعي لمسرحة الأحداث والبشر والحياة. على أنّ الرواية تقتنص زاوية المصائر الشخصانية الحزينة من تلك الحياة المسرحة. وربما عدّ النقّاد هذا الاستدراج تجاوزا على حدود قارّة في التراجيديا الدرامية من بينها: أنّ المأساة شيء يمثّل أو على الأقل يكتب من أجل التمثيل.⑤ لكن كيف نواجه أدبا ذا عزم إبداعي على تخطي القواعد الأجناسية بهذه الرؤية القاسية، سيّما أنّه أدب ما ولد اليوم،

① روز غريب، النقد الجمالي وأثره في النقد العربي، دار الفكر اللبناني، بيروت، ط2، 1983، ص69.

② مارك جيمنيز، ما الجمالية؟ ص 20، 21.

③ هانز جورج جادامير، تجلّي الجميل ومقالات أخرى، ص105.

④ مارك جيمنيز، ما الجمالية؟، ص277.

⑤ كيلفورد ليچ، ترجمة: د. عبد الواحد لؤلؤة، موسوعة المصطلح النقدي: المأساة، منشورات وزارة الثقافة والفنون، الجمهورية العراقية، سلسلة الكتب المترجَمة46، 1978، ص45.

بل كانت جذور تعدّيه ضاربة في زحف الملحمي نحو التراجيدي، وقد انتبه أفلاطون وأرسطو لهذا التعدي المشروع؟[1] ثم إنّ التعدّي هنا ذو طبيعة جزئية متوارية في البنية الكلّيّة للرواية، إذ يصحّ اقتطاع صفة المأساوي أو حاله أو وضعه من المأساة القائمة بذاتها، إذا توافرت ملامح تلك الصفة في السّرد، فجعلت منه حدثا مأساويا قابلا للقراءة، خاصة أنّ البطل الذي تشاد عليه الرؤية في كلا الجنسين لم يعد أسطوريا أو ملكا، هو تلك الشخصية المنزوعة الهالات العظمى العابرة إلى مسرح القراء،[2] ومهما تكن الفروق متعاظمة بن الأجناس الأدبية، فالشخصية بوصفها مثالا فنيا مجسدا للعقل الجمعي للمجتمع الذي ينتمي إليه الأديب ويعبر من خلالها عن رؤيته للعال؛[3] قادرة على خلق التداخل بين المتخالفات الأجناسية الفنية. ونحن إذا رجعنا إلى واقع التلقي المسرحي ننتهي إلى نتيجة مرّة! يشترطها تردي الإنتاج المسرحي العربي والعراقي خاصة، وانحسار مقبوليته انحسارا رشّح الرواية للقيام بأدوار النيابة عنه ــ وعن الشعر الذي أودعَتْهُ الذائقةُ العربية في طي الشحوب، ولا تَفوتنَّ هذه الظاهرة عين المراقبة النقدية التي تنبأت بتجسيد الرواية بصورة عميقة للروح المأساوي أكثر مما فعلته الدراما في القرنين التاسع عشر والعشرين، لذا دعيت بالروايات المأساوية اللانمطية التي زوّدت متذوقي الفن السردي بإحساس صحيح في مواجهة الإنسان للكون.[4]

ومن المبتغى أن يقاوم متذوقو المأساوي في السّرد فوضى المشاعر التي يتسقّطها موضوع السّرد وهم يمارسون فعل قراءتها، ويحولوا تلك الفوضى إلى انطباعات منهجية تستعين بمجسّات جمالية القبح. ولا غرو أن تجيء جمالية القبح أو الشّر في بحث يتعقّب شخصياتٍ متفكّرة في صيرورتها المأساوية، ومصغية لقوافل الأسى التي تنزل بحيواتها. ولعلّ مجيء هذه الجمالية يريد كفّ يد الألم عن أحاسيس المتلقين، وطرد شبح الخوف من نفوسهم المتوجّسة من مواجهة مصير تلك الشخصيات، وتبديد انصرافهم عن حتمية وجوديتهم. إنَّها محاكاة وجودية حالما يتأملونها تثير آلامهم وأكدارهم، ولشدّما اتصل هذا المعنى بالقبح والمأساة.[5] والغريب أنّهم يستمتعون بها وهي سورة من سور الخيال الفني فقط. لقد كان استمتاع المتلقين بما يؤذيهم في الرواية المأساوية صدى متجدد لكارثية الحقيقة وحُلكة وجاحتها، وحضورا نشيطا لأوصاب التأريخ الإيلامي في الفنِ. هكذا يجدّ المتلقون أنفسهم محاصرين كالروائيين بقضية تملؤ الكيان على الرغم من سداها، وتشغل الوجدان على مرّ زمانها، وليس لهم إلا أن يضعوا تساؤلاتهم في نسيج إبداعي يستمد عناصره ممّا ألقتهُ إليهم الحتمية المأساوية.

---

① المرجع السابق، ص43، 44.

② مثل الشخصيات التي يرصدها البحث في الروايات الثلاث: سليمة وحسين، وتوفيق وفتحية وغسّان، وزاهِر حسين وربيع المحمدي وعمران المهندس.

③ علي عباس علوان، الرؤية المأساوية في الرواية العراقية المحاصَرة، مجلة فصول، ع 4، أكتوبر 1997، ص103.

④ كيلفورد ليچ، موسوعة المصطلح النقدي: المأساة، ص45، 103.

⑤ جيروم ستولينتز، النقد الفني، دراسة جمالية وفلسفية، ص415، 418، 419.

3 – استجابة الرواية العراقية لتمثّلات جمالية المأساوي

ليست المأساة واحدة في درجات بربريتها وعمقها ومرجعيتها وأبعادها، وإن تكن قد أخضعت كلّ بني البشرية لسلطان حلولها عليهم، وصدّعت رواسخ السعادة لديهم حتى قهرتهم بامتداد قضائها المحتوم على مرّ الزمن. وهذه الظاهرة – واحديتها الشاملة، وتعدديتها المجزأة – تتيح للمنشئ أن ينفذ إرادته إلى عناصر عمله الأدبي لتستحمل ذلك القضاء الذي يبدو خاصا وذاتيا في العمل، ومنتميا إلى بيئة المنشئ العامة، وتنال سقطات مخلوقاته الفنية – أي أبطاله وشخصيات رواياته – سقطات البشرية جمعاء. والأدب العراقي شأنه شأن كلّ الآداب التي تنمو وتبلغ اكتمالها إذا أمليت عليها متطلبات وجودها التاريخي، وهي متطلبات تنشّط الزحف الوجودي تجاه الشقاء بالضرورة؛ وإذا نفخت فيها من روح الهول الذي تختلف صوره عند الأمم. وليس من شك في أنّ الهول المأساوي الذي انتشر في بلادنا بحكم الحروب المتصلة قد حمل الرواية على التفكير في أسباب العدم، لعلّ المصير المقبل يتحاشاها وينقلب ضدّها، أو قل: إنّ مجايلة المآسي للمجتمع العربي العراقي صرفت أدبه إلى تأمل مقاطعة الخير ومواصلة الشّر. وقد أمل الأديب بانصرافه هذا إصابة حظه المستلب في هذا العالم، كما يستعيد قرناؤه في الوجود حظوظهم بالاستناد على قدراتهم في تأمل قرارات الشّر المحدقة بهم، وماذا يفعلون للتخفيف عن معاناة توغلهم في لُجج الضجر الذي تفرزه الكينونة المعذبة سوى خيار انصرافهم هذا؟ وحسبنا الروايات الثلاث التي تشكّل تاريخا حديثا ومعاصرا راعى ترتيب حلول المأساوي في الذات العراقية رعاية تاريخية. فرواية النخلة والجيران تصغو إلى وعي ظلال الحرب الكونية الثانية. وهي ظلال لو انكشفت للروائي العراقي لتكشّفت عن شخصيات حقيقية تحكي خسرانها وضلالها طوال سنوات رخاء الدمار الكوني. وقد سرت تلك الظلال إلى رواية المسرّات والأوجاع لتغطي زمنا ماضيا يجاري تسقّط المأساة لحيوات شخصيات هذا السّرد بالغا حدّ التفاف حبال البؤس حول رقابها، وزمنا حاضرا يتقاضى وتلك الشخصيات معلنا انتهاءها إلى الخيبة والفقدان، بل زمنا مستمرا تتقصّاه نجمة البتّاوين في جريانه الضالع بصياغة الشعور الجمعي العراقي المنتصب في بوابة ما بعد العام 2003. فحرم البحث، إذن، تصممه ذوات أقامت علاقات مشوّهة مع العالم والتأريخ وتقسّمه مضامين تستطيع الجمالية أن تجتذب غرماء تلك الذوات إليه. وممّا يجلّل الروايات الثلاث بالسواد المأساوي تلك المدينة التي أورثتها العصور الحديثة كآبتها ومرضها وقهرها حتى تراها بيئة صالحة لنشوب السعير المأساوي في مصائر أبطال الروايات، حيث اكتمنت بغداد بشوارعها ومقاهيها الأسفار الذاتية لتوفيق المنحدر من خانقين، وفتحية الهاربة من الكوت، وزاهر حسين وربيع المحمدي وعلي محمد أمين المُستنزَلينَ بسحرها إلى ربوعها، فضلاً عن كونها مهوى أفراد الريف والقرى: مصطفى الدلال، وسليمة الخبَّازة وتماضر ونشمية اتخذت مسرحا تعرض على أهم زاواياه التاريخية وأركانه الطبوغرافية أحداث تتمرآ في جريانها السردي مخالب السلطة وأظافر المال وآسار المجتمع، وهل يُصاغُ الحدث التراجيدي إلا من تعاون هذه الأدوات على استنزاف طاقة الإنسان في مقاومتها؟ وقد يكون من أروع ما صوّره السرد

الروائي – هنا – في مسرح بغداد، أنّ أظفار القدر الكئيب أول ما تنشب في حياة الفرد ثم تبلغ من الانغراس ما يجعلها ممزقة للجسد الجماعي للأمة العراقيةِ، وبكلمة أخرى، ينظر إلى الثراء الجمالي والأدبي الذي خفرته تلك النصوص نظرا مخلصا للسجل الذاتي للفر العراقيّ وسرعان ما يتحولُ إخلاص النظر إلى السفر التاريخي للمجتمع العراقي الذي لا يلبث أن ينعتق من أزقّة بغداد وشوارعها ليحلّق في رحابة المسرح الكبير للوطن. وحسبك الشاب غسان الذي اخترمت حياته وأطفأت جذوة سعادته مع فتحية قذيفة الحرب الإيرانية على الحدود العراقية بعد أن أخذت يد الخيانة أمه بعيدا عنه، وهو لمّا يزل طفلا في بغداد![1] ويكفي أن يستمتع القارئ بالنظر الموازن بين أبطال تماثلت في استحواذ التشاؤم على نفوسها استحواذا تخاله ملازما للشخصية العراقية منذ الأزل، وإلا لم يحتكر التاريخ الأمل بتوهج المباهج في تلك الشخصية ولو على صعيد المخيال الأدبي؟ فحسين عليوي معتاد على التشاؤم والضياع،[2] وسليمة الخبّارة ومصطفى الدلال مطيعان للعقمِ وللسواد في أية بقعة تلفظهما،[3] وتوفيق مثقف بالحزن على الرغم من اعتناقه لمذاهب المسرّة سواء في خانقين أو في حي العامل،[4] وعلي محمد أمين يتشرب بكؤوس النوح بينا يتمنّى طرده في ترديده لأغنية وداعا يا حزن بالبيت أو في شقة النجمة أو على خط النار.[5]

على أنّ هناك سوادا تذريه رياح المأساة في النصوص الثلاثة مصدره الرمزية الجمالية القادرة على إزالة الامتيازات وإمحاء الدكتاتورية، واسترداد الحقوق والحريات للبشر[6] في أطواء الأدب. إنّها الرمزية الواقعية أيضا المهدئة تارة لأبعاد الصّلف التعبيري، والمهيجة تارة أخرى لإحالات السرد الروائي في ذات القارئ. من حق الرمزية الماثلة في صور: النخلة، والنجمة، واللذة والألم الهجس بما يريد المنشئ أن يحطّمه فينا وما سيشيّده، كما أثار نيران الموقد في سليمة لتولد مثيلتها النخلة في بيت ذي غرفات تطلّ على شارع احتقنت فيه رائحة مأساة مجموعة بشرية لن تتوهمَ في نسبتهم إلى بيئة عراقية ذات نخيل أثقلتهُ السياسة المستبدة؛ وأدار المشعل نفسه في شوارع بغداد لتتلظى بقسوة لسعه أناس لاهون بمصائرهم القاهرة في شقّة ناصعة البياض بقلب حي البتّاوين الناصع السواد، ولن يفتر أن يطعم تلك النار نفسا تتعزّى بالخطوب الجارحة عندما تتصيّدها المسرّات، وتتأسّى بالندوب السّارة حينما تتعقّبها الأوجاع. إنّ مشعل المنشئ – هنا – ينير تلك السمة الفارقة في المأساة، سمة واحديتها في الهيمنة على الوجود بأسره، وسمة تنوعها في وحشيتها وغرابتها المنتهكة لكلّ فرد منّا، لذا نتجاوز إلى المباحث التي تجتلي أمداء هذه السمة تجلية جمالية.

---

① فؤاد التكرلي، المسرّات والأوجاع، دار المدى، دمشق-سورية، ط3، 2013، ص77، 100، 445، 446، 450.

② غائب طعمة فرمان، النخلة والجيران، دار المدى، ط2، 2009، ص21، 22، 61، 237، 279.

③ المرجع السابق، ص23، 89.

④ فؤاد التكرلي، المسرّات والأوجاع، دار المدى، ص40، 41، 157، 61.

⑤ شاكر الأنباري، نجمة البتّاوين، دار المدى، ط1، 2010، ص100، 126.

⑥ مارك جيمنيز، ما الجمالية؟، ص184.

المبحث الأوّل: جماليّة المأساوي في عنونة الروايات

ثمّة سؤال لا بدّ أن يلقيه دارس النص الروائي على بحثه، أين موقع عنوان ذلك النّص من الرواية كلّها؟ وما فائدة عمل ضخم من دون رموز تختزله؟ ثم تشكّ في عزم المنشئ وهو يريد مباشرتك بمقاصده بشكل يسير وجلي؟ ويخيل إلى أنّ في العنونة الرئيسة لتلك الروايات شيئا من الاحتفال بالحزن الظافر بأحداث السرد وفاعليه، شيئا مخبئا لغياب موقف سياق كامل مشترك بين المرسلة والقارئ.① وربما كان تحفيز القراءة باتجاه المهيمنة الجمالية على الأثر المكثّف من أجلى صور استحضار ذلك الغياب. إذ تملك طاقة المفارقة بين صياغة العنوان وإحالته على القارئ تأمله واندهاشه بها. وقد لا يتبجّل غياب الموقف الدلالي فقط في أثرِ العنونة، بل يتبجّل الأثر بسبب جعل عناصره حيثية استطيقية، تقوم كلماته بوظيفة جمالية لذاتها وفي ذاتها، وليس كنسق إحالي.② فأثر النّخلة والجيران يعرض قبل إحالته إلى نسق دلالي لوحة تنتصف مركزها نخلة وحيدة فارعة احتواها بيت تجاوره بيوت، وتشرئب إليها أبصار قاطنيها، يهمّ متخيلها أن يعرف سرّ حياتها إذا كانت خضرتها براقة أو باهتة، وخصبها إن مثمرة وإن مجدبة، وإلاّ لم تتطلع أنظار أهم شخصيات الرواية إليها؟ هنا جعلت البنية الجملية الاسمية المبتدئة بملفوظ يستدعي الإخبار الملي عنه، وكذلك ما عطف عليه من ثلة متجاورة في استنزاف المأساة لها؛ جعلت تنبئنا بأنّ النخلةَ ليست موجودا فيزيقيا فحسب، إنما هي موجود تقابِله ذاتٌ أخذت من صفاته الشيء الكثير حتى لتغدو النخلة رمزا صارخا بحياة سليمة الخبازة، بل قل عازفا للنغمة المأسوية الثابتة ثباتا نزعت إليه اسمية المرسلة، ثم حفل بها سّرد الرواية. وما أوردته الرواية: "رأت (سليمة) أمامها نخلتها القميئة تبرك قرب الحائط وسط دائرة سوداء. نخلة مهجورة عاقر مثلها تعيش معها في هذا البيت الكبير خرساء صماء، تتحمل كلّ المياه القذرة التي تُلقى في حوضها، ويمرّ الصيف والشتاء دون أن تحمل طلعا أو تخضرّ لها سعفة."③ و"حتى مرهون أبو قنبوره جان يكول الإنكليز ونخلة سليمه الخبازه جوي للدنيا بيوم واحد. وراح يظلون ليوم القيامه."④ يتصدى مورقا التذاذ القارئ بدفقات الألم النابت في مصير سليمة وما يجاورها ذواتا وأشياء. إنّ محافظة القارئ على تلك اللذة القاسية تؤكد قصد صغو المرسلة العنوانية إلى تحرير عالم سردي لو لم يكن قيد المعالجة الجمالية القادرة على صياغة لب التراجيديا⑤ لانداح في مألوفية اعتادتها باصرته الواقعية. وما زال القارئ يطوف في بيت النخلة والجيران حتى لقي فيما لَقي مسرحا من أناس الرواية تسوّغه صيغة

---

① د. محمد الجزّار، العنوان وسيموطيقا الاتصال، الهيأة المصرية العامة للكتاب، مصر، 1998، ص18.

② جاكبسون، ترجمة: إبراهيم الخطيب، نظرية المنهج الشكلي، نصوص الشكلانيين الروس، مؤسسة الأبحاث العربية، بيروت، لبنان، ط1/ 1982، ص83.

③ غائب طعمة فرمان، النخلة والجيران، ص23.

④ المرجع السابق، ص200.

⑤ جيروم ستولينتز، النقد الفني، دراسة جمالية وفلسفية، ص424.

الجماعة المنشدة إلى شيء سرعان ما يكون هو نفسه، ألا وهو صوت الجماعة. وهم جماعة القارئ التي تعزو له هويتها وتهبه الاكتراث بخطوبها على الرغم من كونها جماعةً فنية متعلّقة بسليمة.

وتكاد المرسلة العنوانية الثانية لدى فؤاد التكرلي لن تتعدى صيغة المرسلة الأولى إلا في موضعين، أحدهما ورود مبتدأ جملة المرسلة (المسرّات والأوجاع) جمعا لملفوظ المسرّة، وآخرهما سوق العارضين الشّعوريين المستدرجين في طبيعة متضادة ضفرت الواو العاطفة بين عنصريها الجدليين لتحقق اتحادهما في الحلول على الإنسان. ولعلّ هذه الطبيعة كانت أفظع ما منيت به الذات الإنسانية، لكن بها تراز مآلات الذات بين نقم تغمّ، ونعم تسّر، فإذا خضعت الذات لإغارة التعاسة على حياتها وسلبها إرادة الفرح من وجودها انتفضت في طلب شديد لما يدفع حيف تلك الغارة عنها، وفي سعي خليق بقطع دابر المحن حتى وإن كان سعي توفيق إلى استقطار السعادة – بطل رواية المسرات والأوجاع ومصانعيه في السرد – يغذي ربيبات عنائه بيديه. على أنّ هذه المرسلة لم تخل من عزم جمالية السَّرد على بثّ رمزية الإظهار والإخفاء[①] في روع المتأمل، أي تبدي عواقب خفض الحياة على توفيق تارة، وتخفي خواتيم رفع حياته إلى عنان الكرب تارة أخرى. وقد طوّفت إحالات الأثر المُقتضبة المتأمل في رحابة متن الرواية العريض طواف المتماهي مع هذا الذي سئل عنه منذ أن طالعه العنوان في صحيفة الغلاف بخطٍ أسود جلي، سئل عن مسببات لعارضي المأساة والملهاة المطلقين إطلاقا تؤكده صيغة التعريف، لو تحاشاه البطل المهزوم لاستوفرت حياته على السعادة فحسب، وهيهات أن تستوفر حياة على هذه الأمنية! لكنه لم يكتف بأجوبة مرجأة إلى حين إقدامه على التأمل التام للرواية بأسرها. أجل، إن يتلق المتأمل جملة المسرات والأوجاع يتلق أسئلة وامضة بجمالية التَّوقع المطلقة عن : من صاغ المسرّة لمن، وما الذي أدّى إليها، كذلك الوجع؟ ثم لم اختيرا دالا المسرّة والوجع دون داليّ الفرح والحزن؟ ولم هما جمعا جمعا مكثّرا معرّفا ومعطوفا أحدهما على الآخر؟ وجواب كلّ تلك الأسئلة أن تلجّ عالم المسرّات والأوجاع فتتقلّب تقلّب شخصياتها على وثير السرور ساعة يضاجع توفيق زوج صديقه "آديل"،[②] وتضطرب اضطراب أفرادها في أسر الأسى عشية اغتماط أم توفيق حق ميراث ولدها الصغير.[③] ونتيجة أخرى يهجسها المتأمل بادية في المرسلة الرئيسة، هي روعة الجمال الدينامية الذي يتنطّقه تعاقب الأثرين الضديين وتزامنهما معا في إغراق الشخصيات بمد الغمّة وبجزر البهجة ولو في برهة واحد.[④]

وأكبر الظّن أنّ الدالين المتضايفين في المرسلة الثالثة "نجمة البتّاوين" أفضيا بمخيلة المتأمل إلى لوحة مثيلة بتلك التي يرسمانها دالا النّخلة والجيران، فيخال نورا مُشعا يخطف أبصار القاطنين في ذلك الحي

① هانز جورج جادامير، تجلّي الجميل ومقالات أخرى، ص116.

② فؤاد التكرلي، المسرّات والأوجاع، ص61، 66، 71.

③ المرجع السابق، ص47، 54، 66.

④ راجع المرجع السابق، تصاعدُ مسرة توفيق وهو ينكثُ وعده لصديقه غسان، ص398، 399.

البغدادي المألوف بحلكته الاجتماعية والبيئية حيث الحي الذي يؤوي البغايا والساعين إليهن من مشبوهين وعمال وأمثالهم، هنالك يبدد نور النجمة ظلامَ المكان المطبق على نازليه، وليكن ذلك التبديد متقطّعا أو بطيئا حتى تسنح الأجواء لبلوغ النور أرواح مريديه، فالنجمة وحيدة واحدة خاصة بأولئك المريدين على امتداد شوارع الحيّ وأزقته. إنّ هذه المرسلة تحاكي الأمل الشاحب في شخصيات سلخ قانون الحرب وناموس الفوضى إرادة اطمئنانها لأمكنة كانت أعز ما تألفه. ولشدّما حسب المتأمل جمالية هذا التخيّل كامنة في استدعاء النقيض لنقيضه، سيّما إذا انفتح نسق إحالة دال البتّاوين بسيمائه المنفرة على نسق دال نجمة بسيمائه الجاذبة، جمالية تستطيع أن تصفّها بالمخلصة لروح العودة إلى جوار الأصل① الأستطيقي، مهما تشوّه ونئيت عنه، فالنجمة مغروسة في قلب الظلام أبدا، تتسقطها ذوات تقاذفتها مدينة لا لون لها سوى لون الدم، ولا رائحة تأرج فيها غير رائحة البارود، حتى أضواء نجومها تغشاها أدخنة الانفجارات، لذا على الإنسان هنا أن يهرع إلى ما يشلّ هذه القوى التراجيدية حيث يتسلى بأفكاره وانطباعاته ونزواته في وكر مباح لظلام بغداد أيضا، وكان هذا الصدى مرغبا مطالع مرسلة نجمة البتّاوين على تعقبّه في الرواية، إذ يقرّ الراوي "عثرت على شقة رائعة، قال علي محمد أمين وهو يسحب كرسيا من الطاولة المجاورة ويضعه في مكان ضيق بين زاهر حسين وأبو حسن، أين؟ سأله أبو حسن، وهو يسكب له قليلا من العرق في الكأس الفائض عن حاجة الجالسين. في حي البتّاوين، وهي مؤلفة من غرفتين. فيها حمام، وتقع في الطابق الثالث."② وكأنّ الراوي يكفّ توقعات مطالعي المرسلة بالإعراب عن ذلك الوكر قائلا: "الشّقة بمواصفاتها التي ذكرها علي محمد أمين ملائمة لهم جميعا، من ناحية السعر والموقع، بدلا من الوقوع تحت رحمة إدارة النادي والمناسبات الدينية التي يغلق فيها، سيكون لديهم مكان يجتمعون فيه، ويحتسون الخمرة، ويناقشون الأحداث بحرية."③ من هنا عمدت المرسلة تعريف متأملها بشيء وتضليله بأشياء حتى يقدم على قراءة العمل كلّه. ونعلم أنّ من غايات بناء العنوانات في العمل الأدبي مفاجأة المتلقين، وإغرائهم باقتناء تلك الأعمال التي تحملُ طاقة إدهاشية تنبعث من دالين أو أقلّ، وتتواشج ولذة قوية تحدثها التخمينات بما سيكون معنى مركزيا وظلا دلاليا قابعا في المتن الروائي. وكذلك لا يبلغ المتلقون الدرجة الكاملة للأستطيقية العنوانية ما لم يدركوا أن المرسلة المقتضبة تتحرك في اتجاهين يعكس أحدهما الآخر، فقد تهمّ بتقديم الجزئي الرمزي النائب عن الكلّي في العمل، أو تعد بدنونا من الجوهر الكلّي الذي نبحث عنه دائما في المتون الأدبية، ويقتضينا لدراسة أي تفصيل قد غاض فيه الجمالي المأساوي، ولا شك أنّ الشخصيات مستند وقائع ذلك الجمالي.

① مارك جيمنيز، ما الجمالية؟، ص358.

② شاكر الأنباري، نجمة البتّاوين، ص51، 52.

③ المرجع السابق، ص53.

المبحث الثاني: جمالية المأساوي في الشّخصيات وتسمياتها

مثل الشخصية في العمل الأدبي كمثل سارق النّار ليس يملك إلا أن يحرس سراة شواظها من الخمود، ويقبس منها الصمود على نئود الظّلمات، إذن، هو مسيّر بها وإن خال نفسه متصرّفا بها فلأجل بثّ الظنون حول مصدرها، لذا ترى أي شخصية روائية قناعا يتخذه المؤلِفُ ليخفي معالم الحقيقة المعاشة في واقعٍ مأزومٍ، ولطالما تتكوّن الشخصية في اعتقاد النّقاد من مجموعة شخصيات حقيقية يصادفها الروائي في الحياة، فتتجذر في نفسه، وتتلع رؤوسها في عمله.[1] ولولا هذا القناع لَما استطاعت القصة والرواية أن ترسم المسافة الجمالية بين المتجلي غير المدرك في الحياة والمتخيّل المقتضي للإدراك الجمالي، وعلى المسافة نفسها ندرك القبيح الذي ننفر منه في ألفتنا الحياتية عندئذ لا يكون القبيح الحياتي الذي تجسِّده الشخصية مضادا للجمال، بل يكون نوعا من أنواعه.[2] ومقدمات هذا الجمال وبلوغه إلى متأمل الروايات الثلاث تنبثق من ناحيتين، تؤدي الأولى التي نستدلّ عليها بأسماء الشخصيات المحرِّكة لأحداث السّرد؛ إلى الأخرى ونستقربها بمواقف عاشتها تلك الكائنات الفنية وانفعلت بها حتى تمّ للمتأمل تعريفها برواية بشر ومواقف مأساويين.

وفي الناحية الأولى فتح التضاد على أسماء الشخصيات ومضامين تكويناتها باب العبوس للمتأمل، فسلك طريق انقلاب دلالة اسم الشخصية على صيرورتها الاجتماعية والسياسية والفكرية والمادية في الروايات الثلاث. هذه هي سليمة الخبّازة التي اجتذبت غائب طعمة فرمان، وهو سارح الفكر في بيوت بغداد إبان الحرب العالمية الأولى، ومشغول الخاطر بمصيرها الذي لم يسلم من ارتحال إلى غير بيتها الذي ولدت فيه، ومن عقم وفقد ووحدة وثوب أسود في بيت زوجها عليوي،[3] كما لم تتنكّر حياة سليمة لدلالة اسمها على معاني الاستسلام للعوز والفقر والأمل الخادع بخلاصها من صباحات عنائها الفانية في الوقوف على موقد لافح روحها بالهم، ووجهها باللهبِ.[4] وليت ابن زوجها حسين منّاها بتصالحه معها، طوال فصول الرواية يسترقّ دنانير بيعها الخبز، ويضمر لها نية طرده إياها من بيت أبيه،[5] وقد فعل. ولا يني المتأمل يتقدّم في مشاركته الشعورية لممالأة معاني اسم حسين على حتمية سقوطه المروّع، ولا شكّ أنّ مشاركة من هذا الضرب تنمّي العاطفة الجمالية لدى المتأمل، وتوطّد صلته بالفنان الروائي وتوثقه بجهده وتطوره العقلي والفني، وتتابع نجاحه بسرور وغبطة خالصة من الأهواءِ،[6] فما أحبّ أن يستحثّ نسق دال حسين

---

[1] برنارد دي فوتو، ترجمة: محمد مصطفى هدّارة، عالم القصة، القاهرة، نيويورك، 1969، ص40.

[2] جيروم ستولينتز، النقد الفني، دراسة جمالية وفلسفية، ص407.

[3] غائب طعمة فرمان، النخلة والجيران، ص24، 25، 164، 118.

[4] المرجع السابق، ص43، 44، 45.

[5] المرجع السابق، ص21، 22، 154، 155، 248، 284.

[6] روز غريب، النقد الجمالي وأثره في النقد العربي، ص41.

خبيئات مآب تلك الشخصية في الرواية؛ للمتأمل! وما أميله إلى نشاط الإحالة التاريخية والتقليدية الرمزية المعلنة في اسم حسين! إنّ النخلة والجيران تعلمنا بانحدار حسين من أصول ريفية شيعية تأتمُ أتباعها للحسين بن علي السبط الشهيد، فتتيّمن الأتباع بتسمية أولادها باسمه، وتقتبس شيئا كثيرا من وسم تلك الشخصية الرمزية، لكن حسين علوي قعدت به أغلال سقطاته النفسية والاجتماعية من زيغ شباب، وطيش عقل، وهوى شريدة، فأكسبته قبح الخلال، ودفعته إلى حياة التسكع والسّرق وطلب الثأر والعقوق، وكم أرادت له سليمة وصاحب أبو البيسكلات أن يقتنص هذا الفتى من اسمه حسن التعلّم في مدرسة الصنايع، وحسن التنشئة على المروءة.① ثم تتصل شخصية مصطفى الدلّال بهذه الإحالة التاريخية الرمزية والأصولية الريفية اتصالا يتجاوز ظن المتأمل إلى الاعتقاد باصطفاء قوة الشّر والازدراء لتلك الشخصية، على عكس الشخصية المباركة التي اصطفتها قوة الخير، فمصطفى مخادع، خوّان، دجّال، سكير، وضيع يغرر بسليمة، إذ يقرأ لها آيات القرآن لتصدقه وتأمن جانبه، فيتزوجها.② وثمّة شخصيات ثانوية في النخلة والجيران أخذت جمالية ألقابها وأسمائها من التماثل بين أدوارها في الأحداث وشقائها في الموضوع السّردي من مثل مرهون السايس خيولا هرمة يملكها الرأسمالي الحاج أحمد آغا بعربةٍ يقودها حمادي العربنج،③ ونشميّة المرأة التي انطوت على ما ينْتن سمعتها لدى أهلها وعارفيها، فما ذكرها الراوي إلا ّفي موضع ابتداء الشّر.④ وقد يلتذّ المتلقي ويسحر بإثبات الراوي لما تألفه ذائقته من نعوت السخرية الكاريكاتورية في التداول اليومي نحو: نعت سليمة بالخنفسانة كناية عن ارتدائها ثيابا سود وانطراحها في البيت الكبير ذي النخلة بعد إعداد الخبز، وتلقيب تماضر بأم خشم المفروش كناية عن عظم أنفها.⑤

وفي رواية المسرّات والأوجاع كانت أسماء الشخصيات بنظر المتطلّع الجمالي مذعنة لإيحاء الأحداث بمدلولات تستلهم ما ينافي الصور الدلالية لتلك الأسماء؛ إيحاء يشوبه الوضوح وترافقه الألفة بما اعتاده ذوق المتطلع الشعبي، والفلكلوري، وتغلّفه النغمة الشعرية، مثل خفة الأصوات وتعددها وعرفيتها في اسم توفيق، وفتحية، وآديل، وكميلة، وآل عبد المولى، وآل قصابي وغيرها. ولعلّ وظيفة هذا الإيحاء تحويل العواطف المتهيجة لاستدرار المآسي في السرد واحدة تلو الأخرى وغالبا ما تتحالف أكثر من واقعة محزنة على نفس البطل، تحويلها إلى اندماج بذات الشخصية، وانفعال بتجربتها فلا يبرح ذاكرة المتطلع اسم مقرون بمشاقاة ألم الجوع والوحدة والفقر والخسران من بعد تبذيره ماله واجتماعه بخلانه، وممارسته نزواته. أجل، استبد توفيق الموظّف في وزارة العدل باعتداده بذاته حين ضرب ذلك الأعرج سليمان

---

① غائب طعمة فرمان، النخلة والجيران، ص40، 59، 61، 62، 66، 67، 291، 292، 293.
② المرجع السابق، ص25، 26، 27، 85، 90، 92، 93، 129، 131، 160.
③ المرجع السابق، ص49.
④ المرجع السابق، ص71، 72، 73، 143، 264، 265، 266.
⑤ المرجع السابق، ص187، 173.

الجاهل مسؤول الأمن بدائرة الوزارة،[1] وفعل استبداده كان "فعلا معينا قد يبدأ سلسلة الأحداث التي تؤدي إلى الكارثة، وإن ما يتبع ذلك يخرج عن سيطرة الإنسانِ"،[2] قلب حياته من سعادة إلى تعاسة حتى بات موفّقا في خيبات متتاليات عليه، خيبته في انضمامه لعائلته، وخيبته في اجتماعه بحبيبته الخائنة لزوجها، وخيبته بالإنجاب من زوجه كميلة، وخيبته بالعملِ مع ابن عمه ِبمعمل الخشب في خانقين، وخيبته بالمقامرة والمنادمة.[3] وقد يمنح مدلول اسم توفيق صورة فقهه لشبقه وغريزته اللذين كلما نازعه العوز والفقر في مرحلة من حياته نازعاه إلى معاشرة غير شرعية.[4] وجرت مدلولات اسم فتحيّة على منوال الضد من انفتاح باب السعادة لها، فيوم أحبَّها غسّان الشاب الطامح والثريّ، فخطبها من أبويها، فحملت بجنين من صلبه اخترمت روحه قذيفة الحرب الإيرانية العراقية، وهي من قبل كانت شابة مرمّلة لعجوز ريفي أورثَها ما لديه من حب وعناية ومال نفدتْ كلّها بنفاد عُمرهِ ومطالبة أبنائه بميراثِ أبيهم منها.[5] لكن غسّان نالَ من مدلول اسمه نصيباً إذ ضفرتْه غدائرُ اليتمِ بسوادها.[6] ولا غرابةَ أن يُنقصَ القدرُ المأساوي في السَّرد من حظِ كميلة في الإنجاب من توفيق المغصوب على زواجهِ منها، وفي حظ حملها من جاسم الرمضاني بعد أن طلّقها الأوّل، اضطربت حياتها أشدّ الاضطراب حين لن يتمّ لها ما تريد من مضاجعة توفيق لها.[7]

وأنت واجد في نجمة البتّاوين نظير ما وجدته في الأثرين الأوليين من إرسال دوال تسمية الشخصيات على مجاز البأس برغم تكفّل معاني السّعة والرّفاه في أصلها اللغوي، أو قل ملأ الضّر السّردي كنانة مدلوليتها السّارة، نحو، اسم زاهر حسين يتطلب إدراك ازدهار النّفي والكمد والغربة في حياته، وامتناع سواها عليه حتى عندما حلّ وأصدقاءه في شقّة النجمة ليلقوا عن كواهلهم سخطهم على جهنم وطنهم.[8] كما ترى حياة ربيع المحمديّ قد نضب نضار السّعد في مفاصلها، سيّما عندما انتهبت كيانه قصص آلاف العراقيين المأساوية التي يعزم إنشاء أرشيف وطني يوثقها ويحميها من ضياع تام لفّ بلده منذ حرب العام 2003 وقبله.[9] وسهى الفتاة العاملة في جريدة السلام لن تخالف مصير عشيقها زاهر من وجه نسيان السّعادة لنصيبها.[10] والمعنى الذي ليس فيه شك هو معنى تحطّم كلّ ما بناه عمران المهندس في حياته من مشاريع سرور غبّ اختطافه من لدن ميلشيات إجرامية.[11]

---

① فؤاد التكرلي، المسرّات والأوجاع، ص44، 45، 184، 185، 192.

② كيلفورد ليچ، موسوعة المصطلح النقدي: المأساة، ص58.

③ فؤاد التكرلي، المسرّات والأوجاع، ص65، 66، 193، 194، 195، 166، 250، 263، 264، 271، 272، 400، 401، 444.

④ المرجع السابق، ص74، 98، 357، 337، 380.

⑤ المرجع السابق، ص80، 97، 103، 305، 306، 307، 308، 372، 378، 379، 387، 444، 445.

⑥ المرجع السابق، ص77، 106، 324، 325.

⑦ المرجع السابق، ص86، 87، 97، 98، 102، 122، 123، 211 ، 252.

⑧ شاكر الأنباري، نجمة البتّاوين، ص14، 24، 32، 33، 65، 125، 132، 143.

⑨ المرجع السابق، ص79، 138، 140، 175، 183.

⑩ المرجع السابق، ص78، 79، 80.

⑪ المرجع السابق، ص5، 31، 162، 174، 205.

ومن المؤكد إفصاح هذا الاستقصاء الدلالي لأسماء الشخصيات عن مواقفها النفسية والاجتماعية والفكرية، فضلا عن تحمّل الشخصيات أعباء الأحداث التي يسوّمها التأويل بألوانٍ من ذاكرة المتلقين الجمالية. فلما تشتدّ على أبطال هذه الروايات مأساوية الخطوب التي تبذرها سقطاتهم الأخلاقية مرة، وخضوعهم لأنظمتهم السياسية مرة أخرى؛ سيذعنون لأصوات نفسية يظنون أنّها البديل المعوِّض عن إبحارهم في خضم الهلاك، بينا هي مضاعفة سردية لقوة الأمواج القاهرة. فبطل المسرّات في كلّ مراحله الحياتية خليع من أيّ ارتباط بعائلته ومجتمعه، وقرين لنفسه ذات الهياج الجنسي خاصة إزاء نساء أصحابه وأقربائه؛ وذات الاهتمام الأدبي بروايات تقوي تنصلّه من المسؤولية عامةً.① وهو يعرف تمام المعرفة أنّ مضاجعته فتحيّة في ساعة خوفها من القصف والمصير المجهول لحبيبها غسّان خطأ فادح سيرميه في غرفة مظلمة لا أنيس له بها سوى كتبه بعد أن طردته تلك المجروحة برغبته المجنونة.② مع أنّ المتطلّع الجمالي إلى هذا الحدث يتقيد بمبدأ مخالفة الواقع والتسليم بشذوذ البطل. وهو مبدأ لا غنى له عنه إن استعرض شريط حيوات أبطال النجمة المهول. أولئك المرزؤون المثقّفون زاهر حسين وربيع الحمدي وعلي محمد أمين وعمران المهندس وأبو حسن ينتجعون شقة النّجمة ليقاسوا أقذاء مصائرهم العدمية بالسّكر والجنس والحديث عن مخلص ينتشل بقايا إنسانيتهم في بلادهم من الخراب الشامل، ما عدا سهى التي تقاسي مصيرها بموعد معاشرة قصير في سيارة زاهر أو مكتب صديقه.③ وهنا يستشرف المتطلّع جمالية إحساسه بالعلاقة المتبادلة بين الشخصية والظرف الذي تعيشه،④ ويستشعر اعتماد الأبطال المأساويين فعالية التعويض بالملهاوي الخادع، ممّا تزيد من روعة تماهيه مع الروح المأساوي للسّرد وتهديه الحكمة واللذة من مجاهرة هؤلاء الأبطال بالرفض والتمرد على قيم وتقاليد وبيئات اختارت تفجيعهم وترويعهم، فهربوا منها إلى بيئة ذاتية ظلالها العناء أيضا، يأنسون بفيئها لهم، فلم يستطع حسين غير جوب الشوارع والمقاهي التي عساها تفضي به إلى اللقاء بحبيبته تماضر، أو الظفر بابن الحولة ليطلب بثأر صاحب منه وليمحو صورة دم أبيه المطلول من ذاكرة صباه.⑤ أمّا سليمة وزوجها مصطفى فيستيقنان عِظمَ منغصّات قدرهما، فهي تستسلم للنوح، وهو يعاقر الخمرة.⑥ بعد ذلك يتكلّف المتأمل تتبّع إدارة السارد لهذه المرويات السقيمة من خلال ما تبديه لسانية توصيفها وتصويرها، وما تخفيه ممّا وراء سياقاتها الغنيةِ بالأفكارِ الجليلةِ.

---

① فؤاد التكرلي، المسرّات والأوجاع، ص41، 44، 46، 98، 157، 309، 347، 351.

② المرجع السابق، ص397، 398، 400، 401.

③ شاكر الأنباري، نجمة البتّاوين، ص150، 156، 157.

④ كيلفورد ليچ، موسوعة المصطلح النقدي: المأساة، ص55.

⑤ غائب طعمة فرمان، النخلة والجيران، ص280، 281، 282، 288، 289، 301.

⑥ المرجع السابق، ص155، 156، 190، 191، 295، 296.

المبحث الثالث: جماليّة المأساوي في لسانيّة الروايات

ترسم الرواية صورة جنسها الأدبي من خلال محاكاة الروائي للتأريخ الفردي والبشري محاكاة لسانية تجيد إظهار غاية العمل ومآله إلى منجز تواصلي، أبطاله وأحداثه ومواقفه رموز لسانية. إذن، السّرد لا يتمثّل التأريخ الوجودي لشخصية ما، ولكنه يتناول المواقف ووجهات النظر عن ذلك التأريخ بطريقة المحاكاة التي تنشر خطابا لسانيا ناشدا وعي الآخر. ومن سوى هذا الآخر يستطيع جمع ما تناثر من أجزاء اللغة المركبّة للحدث الروائي، وتوحيدها بالرجوع إلى رؤاه وذاكرته؛ ويمنحه اكتماله الجمالي والإنساني؟① فكلّ جزء لسانيّ مكتوب من السّرد شكل يحمل معه ندوب عذاب الفرد في أفق الانتصار الجماعي للقوى الشريرة،② وبنيان لفظي يتحرّى القارئ الذي إن يواجه الروايات الثلاث يلف تمجيد السّارد شخصياته على نحو الحوار المباشر المعقود بينهم، وإعلاءه أصواتها الذاتية والنفسية بهيأة المنولوج المحتجب في نفوس الشخصيات، بل يتعدى الأمر إلى هيمنة جمالية ونسقية مرجعية لحوارات تباشر القارئ في انطلاقة السّرد بمعظم فصول النخلة والجيران. وممّا ينكشف أثره الجمالي في واقعية المأساة الاجتماعية والاقتصادية، وعزو هوية الشخصيات وقوميتهم لأرضية الشّقاء ذات النخلة تلقي سليمة وجيرانها ضربات الاحتلال الإنكليزي بنحوٍ حواري ظاهر العاميّة متهكم يعلن افتتاح السرد ويشي بمداراته الإحالية: "قبل أن تغرب الشمس سمِع الجيران صوتها. قالت أسومة العرجة، – القرچ خاتونة المحلّة. وقال حمادي العربنچي في الطولة المجاورة لبيتها، عبخانه... خوب مو عبخانه! وقال حسين وهو على بعد خطوتينِ منها، – أنت يوميه معذبتني... مو دا احلف لچ بالعباس. فقالت وهي تخلع ثوبها الخبز الأسود، – لعد وين راحت الفلوس عيني؟... وين؟ – اش مدريني! هذا بنطلوني وتعالي دوريـه.(...) هيچي؟... يعني بالموت لّما احصل الطحين من التموين، وبعدين أشوف إيدي والگاع؟... اشو يوميه اشتغل مثل المكينه، والناس ماكله افادي، خبز أسود خبز أسود عبالك آني طاحنه الطحين وكل يوم اشوف نص الفلوس طايره؟... حسين مو حرام عليك؟ – طلعي حسچ بين الجوارين. – خايف كلش. – اسكتي. – الدرهم اللي تاخذه كل يوم ما يكفيك... والمرگه والتمن تتغدى بيها وتتعشى متشبعك. – عابت ذيچي المرگه... مرگه المگادي. وعيني اش جابك عليّ؟... أبوك لما مات خلاك وكيل عليّ. – هذا الحوش ملكي. – طيط!... آني إلي بيه حصه... حكي وثمني"،③ ولسانية هذا المقطع فوق صبّ ألوان هول فقر سليمة ورصفائها على القراءة تشفع لتأكيد مسببات هذا الفقر الأخلاقي والمادي من حكومة ناهبة قوت الناس البسطاء، ومن مجتمع رأسمالي انتهازي، ومن تخلف مظلل بالمعتقدات؛ ولتوثيق حضور ذوات كادحة ساذجة وشعبية وغير متعلّمة أوّل من تتلقى شناعة

---

① ميخائيل باختين، ترجمة وتقديم: شكير نصر الدين، جمالية الإبداع اللفظي، دال للنشر والتوزيع، دمشق-سورية، ط1، 2011، ص44.

② مارك جيمنيز، ما الجمالية؟، ص360.

③ المرجع السابق، ص28، 29، 30، 59، 60، 69، 179، 180.

الأقدار في سلّم الطبقات، ولن تجد هذه الذوات لدرء الشناعة سوى التسليم الممض بها والازدراء الساخر منها. ولا ينبغي انسراب الشخصية في موكب وعيها لآلامها من دون البثّ اللساني المنولوجي المباطن لاغتراب الشخصية عن محيطها، والممالئ أهواء البطل ووحدته، وهو يناضل مصيرا فردانيا بائسا، خاصة أولئك الأبطال الذين تنبتهم مآسيهم في مجتمعات مغلقة، ما أشدّ اتشاح رجعهم الذاتي بالمسكوت عنه إما لعيب، وإما لحرام، وإما لخبث مازال المقطع القائل يجتليه بشكل تساؤلي: "لم أكن ناويا أن أكتب أي شيء! أيمكن هذا ... أن نعمل أعمالا دون هدف... سوى التظاهر، ربما؟ غير أني لم أكن متظاهرا، بل مترددا؛ فهذه هي المرة الأولى في حياتي، على ما أذكر، أفكر في الكتابة من هذا النوع؛ أعني أن أكتب عن نفسي وما يدور حولي، من أجل غاية مبهمة قد تكون الفهم العميق للحياة أو تسهيل الوعي. (...) ما هو الفراغ وما هو الامتلاء في الحياةِ؟ يحيرني، دون إثارة هذا السؤال؛ فأنا مثلا، موظف مقتول الوقت منذ السابعة صباحا حتى الثالثة ظهرا؛ وأنا مهموم بأموري المالية بأمور زوجتي التي لا تحمل مني، وبعلاقاتي العرجاء مع أخي وأمي ووالديّ زوجتي، ولي أصدقاء وأنا أبحث بحرقة عن الحب والحنان؛ لكنني أغلب الأحيان أشعر وأنا أضع رأسي على المخدة لأنام أخيرا، بأني إنسان فارغ الحياة وأدور في خلاء مطلق."①

وما دام سرد الروايات يمضي في مجراه المأساوي يلتزم التخييل البادئ بعنصر حقيقي سرعان ما تحوّله المعالجة الفنية رمزا لسانيا يفاجئنا ببعيد غوره الدلالي ويؤثر فينا تحوّله الجمالي، وأي عنصر لقي عزيمة السّارد على إخفاء الآثار السلبية للمأساة كعنصر الدجاج وأرشيف القصص وتقرير الاختطاف وجريدة السلام! يعرض دوران ملفوظ الدجاج في نسق ازدجاري على لسان ربيع المحمدي صورة نهم الإنسان لِقتل شركائه في الوجود، وتملّكه لإرادة عدم الأشياء والضعفاء. بينا تمدُ جملة أرشيف القصص العراقي القراءة بقيمة الاعتراف التاريخي بكثرة الوقائع الدامية في أي بيت عراقي وتدفقها المنظّم واللامنقطع أيام الاحتلال الأمريكي.② وما التقرير الذي يكتبه عمران المهندس عن قصة اختطافه ويودعه لدى صديقه الصحفي زاهر إلا مثالا على تنفيذ السّرد لمشروع أرشفة المحن الفردية③ القادرة على بلورة تاريخ العراق الحديث في الأدب. وينظر القارئ في مسند السلام للجريدة، فيأخذه الدهش لمصاحبة النفوس الخائرة وعي الأمل وإدراك البقاء برغم مواكبتها لقوافل الحرب والموت.④

لكن في أثناء هذه القصص المفجعة كان السّرد اللساني خائلا شيئين، هما: الغنائية والشعرية، وكلاهما يتناهيان إلى القارئ بصور وصفية ماتعة تهزّ عواطفه، وتثير انفعالاته لما تحرّره من نغم مسموع، ونفح مشموم، ومشهد منظور، وطعم مذوق يكتمن على مجردات منفّرة العقل الإنساني واقعيا. وقد تجدّ غير

---

① فؤاد التكرلي، المسرّات والأوجاع، ص106، 112؛ وانظر النخلة والجيران، ص37، 39، 59، 105، 133، 134، 164، 289، 307.

② شاكر الأنباري، نجمة البتّاوين، ص139، 140، 141.

③ المرجع السابق، ص174، 175، 177، 183.

④ المرجع السابق، ص74، 75، 76، 77، 96.

واحدة منها في المسرّات والأوجاع نحو، تبصّر آديل في مصير توفيق المادي والعاطفي والاجتماعي من خلال قراءتها فنجانه، بينا هو يحاول تفسير شغفه بها، إذ يستبق تبصّرها هجوم المأساة على كلّ أنحاء توفيق: "أنت مسروق منذ زمن بعيد ياسيدي، مسروق وغافل عمن سرقك غريب أمر هذه الدنيا، كيف يسرقون من له وجه مثل وجهك ياسيدي؟ تعال، انظر لي هنا، كم هي واضحة هذه الإشارة وذلك السهم المريّش. وأنت أيضا ياسيدي غير محظوظ تماما... كيف يمكن هذا؟"① لم يصدّق الإنسان شيئا نبوئيا مكربا يتربص بمآله فيتقيه بالاستخفاف منه، والاستئثار بما عداه، لكن هذا الشيء انتهز زلات توفيق الجمّة ليجعله مسروقا لفساد عائلته، ولمكر تقاليد مجتمعه، ولخبث أهوائه، ومرض أنظمة دولته، وكان كلما تعاظم هذا الشيء يمسك توفيق طرفا منه فيعلل فداحته ويردّ أسبابها إلى نفسه تارة، وإلى محيطه تارة أخرى، وقد يتهكمُ عليه ويهزأ به حتى عندما أوهمته عائلته يوم استقبلته في بيت أخيه الثرّي عبد الباري رفقةَ الخاطب ابن عمه المحامي ممتاز اللامي. وما أجمل صورة الهُزء بتبجيل موهوم للإنسان المُعدمِ الثروة والحظ في قوله: "استُقبِلْنا بمهابة مضحكة من لدن العائلة كلّها، وعوملت كبطل جلب فريسة دسمة لأهله الجياع! وقبل أن يعرفوا بالضبط أوضاع السيد ممتاز ومدى جدية مقاصده، نال رضاهم وإعجابهم بمظهره العبد المولاتي الواضح، فاستبشرتُ خيرا. تصورت، بعد ذلك أن مهمتي ستطول، إلا أني كنت مخطئا، فما أن تمّ استلام ابن العم المحروس من قبل العائلة حتى جرى لفظي كالنواة"،② تروق المتطلّع الجمالي في سرد موحش ممتد صورتا تشبيه توفيق – الذي أتى بالمحامي الشاب والطامح ممتاز زوجا لنجية ابنة أخيه الجشع – ببطل تنتظر الجياع خاصته صيده، إذ سرعان ما يزول ازدهاؤهم وفخارهم به فيلفظونه كشيء ضئيل عند نفاد الفريسة الدسمة. فتجدد الصورتان نشاطه الحسي المتأمّل فارق المشبّه به المعظم/ البطل القانص، والمشبّه به المحتقر/ النواة، خاصة إذا فتر النشاط التأملي بسبب تكاثر الأحداث، كما تصبغ هاتان الصورتان الإحساس بمقاساة الشخصية إن عزّ على السّرد المباشر فعل ذلك.

ولمّا تقصّت النخلة والجيران الأزمات الواقعية قصدت إلى تصوير لساني لا يني عتق المتأمل من مقارعة عنت البأس الذي جسّد الشخصية في منظرِ مسخ نتن أو وسم كاريكاتوري مضحك تلائمه وبيئة أعْتدت لوقوع الخطب المضني، وأفضل ما يدلّ على ذلك تعبير الراوي التشبيهي الجاري في مدارٍ حواري بين سليمة وزوجها مصطفى الآسيين " – سليمه، عشرين سنة وأني نِزل مثل أم البزازين يوميه بمكان... تريدين تصيرين هيچي؟ – ميخالف... هل الدِمبله أريد اگصها."③ فالمُشبّه الإنسان المعدم المأوى القار في وطنه كالمشبّه به الحيوان/ القطّة الذي ينزح إلى أي مكان يجدّ فيه ما يبلغ جوع صغاره، وما يؤوي جلدهم

---

① فؤاد التكرلي، المسرّات والأوجاع، ص53، 54.

② المرجع السابق، ص130، وينظر أمثال هذه الصورة التشبيهية، 382، وهناك صور سردية تعتمد المفارقة في تظهيرها الجمالي، 333، 379.

③ 249، وظ: التعبير القائل: براغيها مفكوكه، وببضه بليه كشور61، ومثل سلبوح سيان، صدگ خنفسانه...، 187، ويروح هتلر بوله بشط، 100.

الطري ويؤمّنهم من مطاردة القوي القانص، لكن الإنسان يرضخ لحتمية مصير التنقل ويواجهه بشجاعة الآيس محتسبا أنّه أقل هوانا من العيش المُهدّد بنذز المأساة، فترى سليمة تدْمل دماميل/الدمبله المشبّه به طرد حسين إياها من بيت أبيه/ المشبّه بالموافقة على حسين ذلك البيت الذي احتوى مساءات برمها إعدادها العجين للخبز، وصباحات التهابها بنار الموقد. كما يهتدي المتأمل إلى قصدية السّرد اللسانية من وراء السياق التاريخي المنطوي على استحضار الرأسين القائمين على تدفق المأساة الكونية في عالم الشخصيات" – اش دعوه مخششين راسكم بالعليجه؟ فنفى أبو فتوحي ذلك قائلا: – كل عليجه ماكو... بس الأخ يشبه هتلر. قال مصطفى: – وأنت تشبه موسوليني!"① وجمالية هذا التشكيل اللساني والبلاغي موازاة السّرد لروح العصر واستشفاف آثارها على البيئة المنسية والعلو بأناسها المقصيين إلى المشاركة في إيقاف التهام تلك الروح لسعادتهم. وبعد هذا الوصف الخاطف للسانية السّرود الثلاثة تنبسط حقيقة اكتشاف الجمالية حينما تتحرك أوصال الجمل والعبارات تجاه المرْجعية الدلالية للمنشئ والعالم. وقد تكون هذه الجمالية مستحيلة الإحكام الفني للحقيقة مالم تخلق في نفس المتأمل أحاسيس متفوقة بأزمة البطل داخل انغلاق دائرته الزمنية والموضِعية عليه. وهي دائرة تصطفّ أقطابها بوساطة الصّياغة اللسانية أيضا.

المبحث الرابع: جماليّة المأساوي في الزمان والمكان في الروايات

إنّ ما يسمّى بواقعية السّرد لم ينتج عن استيعاب العمل قضايا متواشجة بحياة منشئه ومتعلقة بمحيطه الاجتماعي بقدر ما تتمكن الحركة الدائبة لأحوال الشخصية وتقلّبها المفرط في النسيج التاريخي والمحتوى الفيزيقي الحيّزي؛ من توليد إحالات ضامنة للواقعية. وقد استغلت اللغة السردية هذه النقطة لِيستقلَ أيّ كائن تضمره بوجود تاريخي ذي أبعاد تتحدانا بأسئلة ثلاثة: متى كان؟ وأين كان؟ ومن كان؟ ونفوز برهان التحدي مجيبينَ: أنّها الشخصية التي تقاذفتها آلام الحرب العالمية الثانية والحرب الإيرانية العراقية والحرب الأمريكية العراقية في بغداد وخانقين والكوت والرمادي. ومن شأن هذه الآلام وسواها السيلان في زمن ظاهر شموليّ وزمن باطن ذاتيّ؛ والحلولُ في مواضِعَ لها شِيات عامة وَشِيات خاصة، إذن، ما عاد الزمن والموضع تابعين لتلك الآلام، بل يضحى الزمن حياة الوعي② بالألم، والموضع مسرحا حسيا شعوريا لعرض الوعي به.③ وآيةُ ذلك انهمام السّارد بتصدير المأساة عن طريق إدراك الذات للحظة وقوعها في قبضةِ العناء ثم تتكاثر اللحظة إلى أيام قاطعة الزمن السّردي كلّه حتى تصدَّها الذات بالانسحاب عن بيئتها الصاخبةِ المُعادية إلى بيئة وادعة حميمية أليفة، تتخذها الذاتُ ملاذا لها من غلظة الأيام في الأولى. وليس من ريب في وجدان ذوات ثلاث الروايات تهرب إمّا من المهود التي ولدت فيها والغرفات التي عالجَتْ

① المرجع السابق، ص99، وانظر: ص98، 100، 256، 257، 131، 132.

② د. بدري عثمان، بناء الشخصية الرئيسية في روايات نجيب محفوظ، دار الحداثة، بيروت-لبنان، ط1، 1986، ص155.

③ المرجع السابق، ص95.

بين جدرانها جروحَ الفقر والعدمان ووحدة الليل وفراغ الصبحِ إلى البستان الكبير ذي الفاكهة كما هربت تماضر من بيت أبيها إلى الشارع حيث التقاها حسين على باب السينما، ثم ما لبثت في حجرة استأجرها لها بكَمْبِ الأرْمَن وببيت الخالة نشمية إلا أياماً معدودات، فولّت وجهها صوب مأوى السعادة حيث الرجل الثري والمرح.[①] لكن البستان لم يكن إلا غرارا لفتحية يوم ترمّلتْ من زوجها العجوز الثري لَفَظَها طماحها إلى غرفة المسرات بسوق الأفراح في حي العامل حيث تجاور غرفة توفيق عندما انتقض ميثاقه بعائلته، وحيث تعاشر غسّان قبل أوان استشهاده. وقد أتاح هذا التحلحل المكاني للشخصيتين الأنثويتين أن يقطعا مسافة زمنية واصلة بين زمن الهيمنة الذكورية على المجتمعات الشعبوية، وزمن التمرد على تلك الهيمنة، فالمرأة تحت أوزار التقاليد والأعراف والحرمان الذي تبرره الحرب تتحول إلى قوةٍ مدمّرة ولو بالخفاءِ. بَيْنا ضاقت آديل المرأة المتعلّمة والرافضِة أنساق مجتمعها بمدينة رعت حبّها غير المشروع لتوفيق، فأقلعت إلى أرضٍ قصية تُبْرؤها من لواعج هذه العاطفة الجياشة.[②] وإمّا أن تجد الذوات السردية تفزعنّ من الحجرات التي التمست فيها لذّات حسية وفكرية وغربة محببة إلى المقاهي التي تدحر تلك الوحدة، وتسدّ خواء الشخصية الروحي والمادي خاصة عند اشتداد آلام الهلاك في حاضِرِها، وربما كان هذا الفزع من أمكنة لطالما ظنّها المتأمل حميمة في تصويرها السردي يمثّل نوعا من رفض الشخصية تناهي اللذّات فيها، أو بالعكسِ تشفق الشخصية منها، لأنّها المكان الذي اكتنز البلوى، ألا ترى حسين بعد افتقاده تماضر هارعا من بيت النخلة وحجرة مظلمة في بيت نشمية إلى الشوارع تارة، ومبعثرا ساعات شقائه في المقهى، ونازلا بعد بيعه بيت النخلة في غرف الغرباء المرتحلين الموبوءة تارة أخرى.[③] ومثله حمادي العربنجي ومصطفى الدلال ينتحيان الميخانة ليرجئا شعورهما اليقظ بالزمن العصيب ويبلّغا فواقَهما القاسي بسويعات سكر ما تنفك تسلّمهما إلى غيض الأحداث.[④] ويجهد توفيق في الحصول على النقود لينفقها في مقهى يشرب الشاي على طاولِة منه ويجالس نفسه، وتجاليّهُ روّادها بقصصها الأليمة ويراقب الزمن الذي تقطعه المارّة، بينا تتقطع أوصال نفسه بمدى مُراجعاته التأملية لمصادر أوجاعه يعيش معها خارج وعيه الظاهر، وقد تنسيه ذكرياته الأنيسة مرارة حاضره واشمئزازه من تجرّده من كلّ شيء سوى شعوره بتيار فيضانها أثناء مكثه في مقهى حمزة ومقهى حسن عجمي،[⑤] حينما يرتاد توفيق المقاهي لن تبرحه رغبته في النفاذ إلى نفسه ، كما لن تصدّه فجيعته عن الصغو لفجيعتي غسّان وجاسم الرمضاني اللذين كانا مرآة صافية لأوجاعه،[⑥] علّهم يجدّون في المجالسة متعة سرقتها الأقدار منهم، وجمالية يستنبطها المُتطلّع في

---

① غائب طعمة فرمان، النخلة والجيران، ص67، 68، 143، 144، 145، 226، 229، 230، 231، 234، 235.

② فؤاد التكرلي، المسرّات والأوجاع، ص73، 74، 75، 76.

③ غائب طعمة فرمان، النخلة والجيران، ص272، 273، 274، 286، 287، 288.

④ المرجع السابق، ص92، 93، 94، 135، 136.

⑤ فؤاد التكرلي، المسرّات والأوجاع، ص254، 255، 259، 414، 433، 435، 444.

⑥ المرجع السابق، ص278، 279، 280، 320، 321، 322، 323، 324، 325، 406، 407، 408، 417، 418، 426، 427، 428، 429، 437، 438.

الحرية التي يمنحها انتحاء المقهى لحركة العين الممتدة إلى فضاء المأساة الخارجي، وتنوع جلسائها وتماثل أجناسها، وانطلاقة النفس باللهو والحديث غير الخاضعينِ لحاجزي الأسرة والوظيفة① فيها، كلّ ذلك يجعل الشخصيات المقهورة تنبعث في زمن نفسي واجتماعي فريد بعد أن أماتها زمن السياسة وطغيان الرأسمالية بمدن تنوء بثقل اشتراطات التحضّر.

والشّارع ليس مختلفا عن النّحو المكاني الآنف، تراه يعرض روح المدينة وجوّها البيئي ويشهد تحولات التاريخ المادي للفرد والمجتمع، ويحرر الذات من قبضات الظروف على نحو ما استطاع شارع الرشيد وساحة التحرير أن يبثّاه في روع توفيق وروع القارئ أيضا من عبق ثقافي يزحف من نقطة زمنية بيضاء ليتوقف عند حجرات مظلمة في الذات،② أو يدخل الحاضر الرّثّ لهذا الشارع وسواه المشدود لقيد العام 2003 زاهر وربيع المحمدي وعلي محمد أمين في دورة البؤس، فيحسّون بضرورة النجاة من قيد هذا الشارع على الرغم من نصاعة تاريخه التي أحالتها أرزاء ذلك العام قتاما كثيفا اضطر أولئك لسلوك الطريق المؤدية إلى نجمة البتّاوين حيث غرفتان مظلمتان وشرفة تطلّ على شارع مظلم قد تنبع ضوء ينير بغداد ضائقة بعصف الانفجارات وسير الدبابات وجثث المخطوفين وأنباء المخطوفين.③ وعندما تزعزع أوجاع الشَّظف والوحدة توفيق يتراجع إلى تداعيات سارّة كانت عبارة عن لقاء مباغت بحبيبته آديل في مكتبة بساحة التحرير، وهنا تنشع نفس أغرقها واقعها بيم القهر بمسرّتي البحث عن أنيس من الكتب ووجدان الحبيبة في وجوه المُرتادين.④ ولا مراء أنّ موضعا كالمكتبة تخفض فيه أصوات الجموع المقهورة لترتفع أصوات الوعي والتخيّل/ أصوات الروائيين وأبطالهم التي أثارت توفيق، يعزز هوية الشخصية الروائية ويبيّن دوافعها ويزكّي كيانها ويحفّز القارئ لاستكناه تناصات الرواية الأدبية والمعرفِية. كما تكونُ المكتبة مقاما يمكن توفيق من لجْم فاه الأحداث الثورية في عقود القرن العشريني للعراق، وهي العقود التي سرت عليها الخطى الزمنية لعالم مسرّاته وأوجاعه. وإنّ جمالية انهمام الشخصية بالفن وكتبه تلامس حقيقة الكائن فيما هو مخفي منه وإرادة اتقائه الشرور التي يكبّده إياها الواقع بالوهم والعزاء⑤ وكادت الجريدة وشارع المتنبي بمكتباته يزيحا غشاوة المنفى بنظر زاهر وأضرابه لولا نوال شظايا السيّارة المفخخة من أبي حسن بائع الكتب، ومن باب جريدة السلام، لم تحمه ضلوع ذلك الشارع وذكريات أنسهِ في شّقة النجمة من الجلّاد الفوضوي المعاصر الذي أرغمه على سلوك سُبل النفي مرة أخرى، بل حملّته تلك المواضع إلى الانغماس في التاريخ والمجتمع المعاصرين ومواجهة مصير يتخطّاه إلى مصير الجماعة التي ينبغي أن

① ياسين النصير، الرواية والمكان، دار الشؤون الثقافية العامة، بغداد، الموسوعة الصغيرة 195، 1986، ص43.
② فؤاد التكرلي، المسرّات والأوجاع، ص256، 257، 263، 264.
③ شاكر الأنباري، نجمة البتّاوين، ص86، 87، 88، 89، 90، 91، 92، 93، 103، 112، 113، 114، 115، 116، 117.
④ فؤاد التكرلي، المسرّات والأوجاع، ص264، 265.
⑤ مارك جيمنيز، ما الجمالية؟، ص299.

تغيّر مجراه التراجيدي.[①] ولعلّ المكان ذي الطبيعة الاهتزازية أقدرُ على رجّ الذاكرة الفردية من الأمكنة الراسخة، فالسيّارة بجوبها الدروب ومضيها في الزمن الفيزيقي تنشّط انثيالات شتّى مخزونة للانفلات خاصة عند فتور حصانة الوعي الظاهِر لِدى الراكِب/ توفيق الذي ينفصل عن الزمن الطبيعي الملتاث بوقوع المأساوي.[②] على حين يعجزُ الوعي الظاهِر لدى زاهِر من منعِ تداعيات مكوثه المأساوية في بغداد أثناء عبور السيارة التي تقلّهُ وعائلته الطريق البرية المنتهية عند الحدود العراقية السورية،[③] كأنما يبتدأ السّرد في النجمة من الزمن الذاكروي الذي اخترق زمنية السّير نحو منفى زاهر.

وواضحٌ جداً أنَّ سرد الأعمال الثلاثة المأساوي قد خلق مسرحه الخاص بما يشكل أبعاد الشخصيات على المناويل النفسية والاجتماعية والفكرية في نظرِ المتأمِل، وآثر زمنا اقتضى الشخصية لأن تكون أميل إلى وعي الأحداث التاريخية ونقدها بعنف وتهكم منها إلى إثباتها كوقائع قارّة. ألا ترى الشخصيات قد وقفت نفوسها على حراسة أمكنة مغلقة سرية، وشهود أزمنة قصيرة ذاتية، فتأثُرُها باضطراب العائلة منحها ألفة بأجواء الغرباء، واستنكارها التفكك الأخلاقي والاجتماعي جعلها تنزلق في علاقات مُستهجنة شاذة، ومناوئتها العدم والفقر أَجراها في مجرى الاستسلام والخذلان. كلُّ ذلك كان وسيلة الشخصية المأساوية للدفاع عن إرادتها الحياة والعيش في عالم أليف متضائل لا يذوّب قواها كما أذابها العالم الكبير بخطوبه وجهاته.

---

① فؤاد التكرلي، المسرّات والأوجاع، ص349.

② فؤاد التكرلي، المسرّات والأوجاع، ص234، 424.

③ شاكر الأنباري، نجمة البتّاوين، ص203، 204، 205، 206، إلى آخر الرواية.

沙漠中的海洋

——试析《古兰经》中的反常文学现象

◎ 马小东*

摘　要：《古兰经》不仅是一部记载教义教法的宗教典籍，也是阿拉伯文学史上一座难以逾越的高峰。《古兰经》开阿拉伯文学散文之先河，对后世文学影响深远。伊斯兰教前的阿拉伯文学以诗歌为主，诗歌中的意象往往与沙漠环境息息相关，是沙漠环境的产物。而紧随诗歌之后的《古兰经》对海洋等阿拉伯人并不熟悉，且以前诗歌中基本未出现过的意象的描写细致准确、丰富精彩，真是匪夷所思。

关键词：《古兰经》文学；阿拉伯文学；阿拉伯散文

一、《古兰经》及其文学地位

《古兰经》是伊斯兰教的根本经典，是伊斯兰教义信仰的源泉，是指导穆斯林精神生活、物质生活的一部宗教法典。《古兰经》不仅仅是一部只记录教义教法的宗教典籍，也是一部精妙绝伦的文学作品，是阿拉伯文学史上第一部成文的最有影响的散文著作[1] 18，对阿拉伯语言、阿拉伯文学、伊斯兰文学以及对阿拉伯伊斯兰文化的发展，都产生了深远的影响，发挥了巨大的推动作用。

《古兰经》是伊斯兰教先知穆罕默德在公元610年至公元632年传教期间陆续向世人传达的启示。启示的第一段经文有五节："你应当奉你的创造主的名义而宣读；他曾用血块创造人；你应当宣读，你的主是尊严的；他曾教人写字；他曾教人知道自己所不知道的东西。"（96：1–5）① 。最后一段经文是："今天，我已为你们成全你们的宗教，我已完成我所赐你们的恩典，我已选

* 马小东，上海外国语大学阿拉伯语专业2018级硕士研究生，主要研究方向：阿拉伯文化。

① 即《古兰经》第96章，第1节至第5节，下同。

择伊斯兰教做你们的宗教”（5：3）。最初，启示是通过口耳相传的方式牢记于人们心中，有很多先知身边的人能够背诵全部《古兰经》经文，也有一部分经文被记录在羊皮、驼羊的肩胛骨、石板、椰枣树枝等上。先知去世后，随着战事的增多，很多能够背记全部《古兰经》的人不断阵亡，所以接替先知的第一任哈里发开始组织人们搜集、整理，并按照一定的顺序编排《古兰经》，整理出的初稿一直保存到第三任哈里发奥斯曼时期。奥斯曼在位期间，他命人重新整理编排《古兰经》，这一时期所整理的版本成为后世流通的唯一版本，史称“奥斯曼定本”。

从内容的编排顺序上来讲，《古兰经》并非按一定的时间顺序或者某种文学文本的逻辑形式编排，而是机械地大致按照各章的长短进行排列。一般是篇幅长的章节在前，短的在后，所以对于不熟悉经文的初读者而言，读《古兰经》似乎是一头雾水，无逻辑可言，不像一篇完整的文章或一部完整的、有头有尾的、有前后顺序的著作。

《古兰经》所包含的内容非常广泛。启示的内容是为了解决先知穆罕默德在传教过程中所遇到的问题，其内容涉及信仰、功修、伦理、道德、婚姻、家庭、教法、故事、政治、军事、天文、地理、历史、科学、哲学、文学等诸多领域。[2]

《古兰经》不仅是一部宗教法典，它在阿拉伯文学史上也占有非常重要的地位。在《古兰经》之前，阿拉伯人的主要文学形式是诗歌，《古兰经》的出现为阿拉伯人带来了一种崭新的文学形式——一种类似散文的文体，所以这是一部承前启后的文学作品。《古兰经》是阿拉伯语历史上第一部完整的以文字记录的散文经典著作。[3]100《古兰经》不仅为伊斯兰教作出了卓越的贡献，也奠定了阿拉伯语统一、规范发展的基础。《古兰经》翻译者、研究者马坚论述：“《古兰经》是阿拉伯语文的典范……有了《古兰经》以后，阿拉伯人才有文学，阿拉伯语文才成为一种有力量的语文。随着阿拉伯民族的发展，《古兰经》传播到亚洲、非洲、欧洲三大洲，对许多民族的文学史产生了很大的影响。”[4]10歌德这样评价《古兰经》：《古兰经》是百读不厌的，每读一次，起初总觉得它更新鲜了，不久它就引人入胜，使人惊心动魄了，终于使人肃然起敬。其问题因内容与宗旨不同而不同，有严正的、有堂皇的、有威严的——总而言之，其庄严性是不容否认的……这部经典，将永远具有一种最伟大的力量。[4]11

二、伊斯兰教前阿拉伯文学中的常见意象

阿拉伯历史上，通常将伊斯兰教产生之前的150—200年称为“蒙昧时期”（又称“贾希利叶时期”），这是一个宗教的概念，即宗教上的野蛮时期，是《古兰经》对伊斯兰教产生前阿拉伯半岛上信仰状况的描述（3：154），形容这是一个没有天命，没有获得灵感的限制，没有天启经典的信奉多神、崇拜日月的时代。[5] 56但在文化、文学方面，这一时期的阿拉伯半岛并非蒙昧无知，单就文学而言，阿拉伯人已有了高度发达的格律完整、内容丰富的“诗歌”。流传至今的悬诗代表了那一时期诗歌的巅峰，就像中国的唐诗一样，成为后世在诗歌方面无法企及的文学高度。

文学作品的产生离不开作者所处的自然、社会环境。通常来讲，想象力再丰富的诗人，也很难绘声绘色地描写他不熟悉、没见过的东西。古代阿拉伯诗歌也是如此，它是阿拉伯半岛严酷环境的产物，是阿拉伯人处于部落社会生活的写照。真实、朴实是蒙昧时期诗歌的首要特点。[1] 67诗歌主题大多描写部落战争，诗人无不夸张地宣扬本部落的丰功伟绩、英勇善战、高尚的血统门第，又极尽所能地挖掘对方部落的缺点、不光彩之事，加以讽刺、挖苦和贬损。

诗歌中展现出的自然环境生动地反映了当时阿拉伯人恶劣的生存环境。半岛上除沿海地区和少量绿洲外，绝大部分地区被沙漠覆盖，没有一条常年流动的河流，有的只是在雨季冲出的沟壑。半岛上的树木植被非常稀少，阿拉伯人平常能接触到的植物更是屈指可数，椰枣是他们赖以生存的最主要的特产。因此，这一时期，诗歌体现的环境往往是植被稀少、满目荒凉，诗歌中的意象大多是沙漠中的常见之物。在悬诗中经常出现的有：“沙丘、沙堆、沙漠中的指路石、驼、驼轿、驼鞍、高大的马、快马、马鞍、羊、羚羊、纯白羚羊、狮、狼、野驴、鸵鸟、椰枣、丁香、橡胶树、动物粪便、烤肉、夜谈。”[3] 137诗歌中的比喻也大多是以这些常见之物为喻体，如形容美女漂亮，要么像满月，要么像大眼睛、长睫毛的羚羊，形容女子眼睛大则将其比喻为“野牛的眼睛”。囿于生活环境，在沙漠中只能见到这些，似乎它们就是当时阿拉伯诗人想象的全部，重复的比喻有时候甚至会让读者感到有些单调。

乌姆鲁勒·盖斯被称为“诗坛宗匠”。他经常在沙漠中流浪，对沙漠中的事物有着深刻的洞察、生动的描写，爱情和自然环境是其悬诗的两大主题。

在他最著名的一首爱情诗中，他将自然环境的描写和对爱人的情感及自己赶路流浪时起伏变化的心情结合起来，借助描写自然环境，表达他对爱人的热恋。其中，对沙漠环境的精彩描写可以说代表了那个时代文学中的“沙漠形象”。比如，他诗中的荒原一望无际：

漠漠荒原，疾风肆虐，
犹未抹尽那故地的痕迹。
但见昔日平坦的场地里，
白羚的粪迹像满地的胡椒粒。[6] 34

干涸的河谷纵横交错：

我穿越无数条干河和河谷，但处处都像驴肚皮似的光秃。[6] 39

沙漠中的动物奔放矫健：

我的马儿纵情奔驰，像顽童手中
捏着线头的旋石，飞转急速。
它有鸵鸟的筋骨，羚羊的肋腹，
捷步小跑时如奔窜的胡狼，
飞蹄纵跃时似腾空的神狐。[6] 40

可以看出，诗歌中出现的意象都是沙漠中常见的，和阿拉伯人的生活息息相关。在这一时期的诗歌中，几乎见不到“大海、青山、绿水”这样的意象。

人们对某种事物越熟悉，对该事物的认知会越完整，在语言文学上，对该事物的描述会越细致。例如，由于骆驼对生活在沙漠中的阿拉伯人极为重要，所以阿拉伯人对骆驼的描述极为详尽。据法国东方学者勒南统计，阿拉伯语中对骆驼及其相关的指称多达5644个。[3] 139 反之，人们对不熟悉、不常用物体的描述往往较为简单笼统。

所以，伊斯兰教之前，阿拉伯人的文化是沙漠文化、游牧文化。当时，半岛上的阿拉伯人绝大部分为游牧民，有少部分定居民，游牧民以放牧为主、逐水草而居，定居民主要从事商贸活动。这样的自然环境、社会结构及生活方式决定了当时阿拉伯语的词汇分布，词汇的分布自然也会反映到当时最主要的文学作品——诗歌中。反之，诗歌语言中的词汇能够反映阿拉伯人的生存环境、生活方式等。

但与人们的这一认知相反的是，在继古代诗歌之后出现的《古兰经》中，对自然环境的描写大大超出了沙漠中常见意象的范围，不再局限于骆驼、骏马、沙子、羚羊等，出现了很多生活在沙漠深处的阿拉伯人很少见到，甚至从未见过的意象，比如“大海”这一意象。大海对于阿拉伯人来说是陌生的，甚至一直到第二任哈里发欧麦尔（公元634—644年执政）的时代，他还命令在西边的远征军不要出海作战。他在给部下的信中说道：“不要让水把我和你隔开来，不要在我不能骑着骆驼到达的任何地方安营扎寨。”[5] 99可见，在阿拉伯人的脑海里，海洋是陌生的、可怕的，远没有沙漠那么熟悉，海上的船舶也远没有骆驼那般亲切。

三、《古兰经》中对海洋的描写

在阿拉伯半岛上，能经常接触到海的人主要是居于半岛南部、东南部（今也门、阿曼等地）靠海的居民，这里自古以来航海业较为发达，居民以捕鱼、远洋贸易为生。至于伊斯兰教的发源地、先知穆罕默德的出生及成长地——位于半岛希贾兹的麦加，则是一片干旱的不毛之地，麦加地区的旱季有时会长到三年多的时间。阿拉伯半岛是世界上最干燥、最炎热的地方之一。半岛东西两面都临海，但是这两片海（红海和波斯湾）都很狭窄，海水散发的水蒸气不足以影响阿拉伯半岛常年无雨的大陆性气候。南面的印度洋固然能将雨水送到这个地方来，但按时吹拂这个地方的热风，不能给内部地区带来多少雨量。[5] 8

所以，很难想象，这种自然环境下成长起来的阿拉伯诗人或者阿拉伯先知能够将海洋描写得惟妙惟肖，并将其用来作各种生动贴切的比喻。《古兰经》不仅描写了海洋及其澎湃（16：14，10：22、23，24：40），而且描写得非常鲜明，非常逼真。[5] 62

据历史记载，穆罕默德的一生中几乎没有亲身接触海洋并在海洋上乘船航行的机会。他小时候在沙漠中以牧羊为生，大约12岁时，他随伯父一同去叙利亚经商，那是他第一次出远门。之后，他受雇于当地富孀、后来成为他妻子的赫蒂彻，经常去沙姆地区，但并没有历史记载与海洋有关，唯一可能的就是穆罕默德听过有关海洋和航海的描述。

《古兰经》中对海洋的描述细致、生动，海洋出现的次数远多于阿拉伯人所熟悉的沙漠、骆驼等。比如，描写海洋的深处是重重的黑暗："他为你们创造诸星，以便你们在陆地和海洋的重重黑暗里借诸星而遵循正道。我为有知识的民众确已解释一切迹象了。"（6：97）再如："或如重重黑暗，笼罩着汪洋大海，波涛澎湃，上有黑云，黑暗重重叠叠，观者伸出手来时，几乎不见五指。真主没有给谁光明，谁就绝无光明。"（24：40）这两节经文生动地描写了海底的黑暗和波涛汹涌。

经文还阐释了人类对海洋的开发利用，海洋对人类的益处。"他制服海洋，以便你们渔取其中的鲜肉，做你们的食品；或采取其中的珠宝，做你们的装饰。你看船舶在其中破浪而行，以便你们寻求他的恩惠，以便你们感谢。"（16：14）尽管穆罕默德出生于沙漠，但他却知道航海的益处。"天地的创造，昼夜的轮流，利人航海的船舶，真主从云中降下雨水，借它而使已死的大地复生，并在大地上散布各种动物，与风向的改变，天地间受制的云，对于能了解的人看来，此中确有许多迹象。"（2：164）也许在这里描述骆驼对阿拉伯人的益处对于穆罕默德来说更为顺手，因为"骆驼是贝都因人忠实的朋友，是他的心腹，是他的养父和养母。驼乳可以解渴，驼肉可以充饥，驼皮可以做衣服，驼毛可以织帐篷，驼粪可以做燃料，驼尿可以当生发油，还可以做药。"[5]11 骆驼对于阿拉伯人来说实在太重要、太熟悉。

经文还描述了一种海洋现象，如果两海的密度不同，那么两海不会相互融合。"他就是任两海之间自由交流的，这是很甜的淡水，那是很苦的咸水；他在两海之间设置屏障和堤防。"（20：53）

穆罕默德描写海上波涛汹涌的场景如身临其境。"真主使你们在陆上和海上旅行。当你们坐在船中，乘顺风而航行，并因风而欣喜的时候，暴风向船袭来，波涛从各处滚来，船里的人猜想自己已被包围，他们虔诚地祈祷真主，'如果你使我们脱离这次灾难，我们必定感谢你。'"（10：22）这段对即将要遭遇海难的人们的心理描写非常到位，面对灾难，他们虔诚祈祷。

《古兰经》也常以大海作比喻。"假若用大地上所有的树来制成笔，用海水作墨汁，再加上七海的墨汁，终不能写尽真主的言语。真主确是万能的，确是

至睿的。”（31：27）“他的迹象之一，是在海中像山岳一般的船舶。”（42：32）

在描写世界末日天崩地裂时，也有海洋翻腾的情形。“当太阳黯黜的时候；当星宿零落的时候；当山峦崩溃的时候；当孕驼被抛弃的时候；当野兽被集合的时候；当海洋澎湃的时候。”（81：1–6）

《古兰经》不仅对海洋的描写超乎当时人们的认知和想象，对其他自然现象的描写也不同于当时的诗歌文学。比如，对植物两性的描写细致入微：“他展开大地，并在大地上安置许多山岳和河流，他把每种果实造成两性的，他以黑夜覆盖白昼。”（13：3）对太阳、月亮等天体的描述形象生动：“太阳疾行，至一定所，那是万能的、全知的主所预定的；月亮，我为它预定星宿，直到它再变成像干枯的椰枣枝一样；太阳不得追及月亮，黑夜也不得超越白昼，各在一个轨道上浮游着。”（36：38–40）

四、结语

伊斯兰教产生后，虽然社会结构、宗教信仰、人们的思想生活等都发生了重大变化，但是阿拉伯人的生存环境并未发生显著变化。因此，按正常逻辑，《古兰经》中的意象应该仍以沙漠中阿拉伯人熟悉的事物为主。但《古兰经》中却出现了远超出蒙昧时期诗人们所能见到、所能想到的精彩文学描写，这不能不说是反常的。

阿拉伯人是诗歌的民族、语言的民族，优美的语言往往能够震撼心灵，俘获人心。伊斯兰教中广为流传的第二任哈里发皈依的故事很能说明语言对阿拉伯人的影响。脾气火爆的欧麦尔起初坚决反对先知和他的新宗教，直到有一天，他正好听到他的妹夫吟诵《古兰经》经文，并深受感动，自此之后对伊斯兰教的态度大为转变。诗歌及诗人在阿拉伯人中享有崇高的地位也能说明这一点。《古兰经》追求为宣教对象带来震撼的效果，其语言也至少要达到，甚至超越蒙昧时期的诗歌水平，从而达到以语言感动心灵的效果。意象的新奇与传统诗歌的反差是使《古兰经》在阿拉伯人中取得成功，在历史上独树一帜的因素之一。

本文只以《古兰经》中的海洋为例，描述了《古兰经》中不同以往的文学现象。实际上，此类“反常的意象”在经文中还有很多，如天体的运行、胎儿的发育及山体的形成等。也正因此，《古兰经》不仅以其清新独特的文风突破了蒙昧时期的诗歌文学形式，也以其反常的文学意象，摆脱了沙漠产物的约束。尤其当《古兰经》成为后辈文学家效仿的对象时，它深深影响了后辈文学家的视野范围和想象边界。

参考文献

[1] 仲跻昆.阿拉伯文学通史：上[M].南京：译林出版社，2010.

[2] 马雁兵.浅谈《古兰经》的音韵美[J].中国穆斯林，2011(02): 12-14.

[3] 国少华.阿拉伯—伊斯兰文化研究：文化语言学视角[M].北京：时事出版社，2009.

[4] 古兰经[M].马坚，译.4版.北京：中国社会科学出版社，2013.

[5] 希提.阿拉伯通史：上：第10版[M].马坚，译.北京：新世界出版社，2015.

[6] 盖斯，等.悬诗[M].王复，陆孝修，编译.北京：五洲传播出版社，2015.

عنوان البحث: البحر في الصحراء: ظاهرة أدبية شاذة في القرآن الكريم

الباحث: ما شياو دونغ، طالب لجامعة شانغهاي للدراسات الدولية، بالصين.

ملخص البحث: القرآن الكريم لا يعتبر كتابا دينيا يحمل فيه العقائد والتعليم الدينية فحسب، بل يعد أيضا قمة مستحيل الوصول إليها في تاريخ الأدب العربي. كان رائداً في النثر الأدبي العربي وله تأثير عميق على الأدب العربي للعصور اللاحقة. في عصر الجاهلية الأدب العربي يتمثل رئيسيا في الشعر، فالأشياء الموجودة في هذه الأشعار غالبا ما ترتبط وثيقا بالبيئة الصحراوية على شبه الجزيرة العبية وهي نتاج البيئة الصحراوية والحياة القبائلية. ولكن الصور الأدبية التي ظهرت في القرآن الكريم، على سبيل المثال البحر، تكون غير مألوفة بالنسبة للعرب، بل الوصف لهذه الأشياء يكون صحيحا دقيقا ورائعا فهذا أمر يبدو غير معقول.

الكلمات المفتاحية: الأدب العربي، الأدب القرآني، النثر العربي

沙特青年的碌碌郁郁

——解读《K. 在囧途》

◎ 王安琪*

摘　要：沙特青年作家阿齐兹·穆罕默德的首部长篇小说《K. 在囧途》入围2018年"国际阿拉伯小说奖"短名单。小说以沙特患癌青年K. 的日记形式展开，以癌症患者无所顾忌的视角真实而细腻地刻画了主人公的精神状态及其所处的家庭与社会环境。可以说，主人公K. 的窘境正是当下沙特青年碌碌郁郁现状的缩影。

关键词：沙特；青年；窘境

阿齐兹·穆罕默德，沙特青年作家，1987年生于沙特霍巴尔市。2013年8月，他在多哈《文化》杂志发表题为《山竹花开》的短篇小说。2017年，他的第一部长篇小说《K. 在囧途》出版，并入围2018年国际阿拉伯小说奖（又称"阿拉伯布克奖"）短名单，他也成为该奖迄今为止最年轻的入围作家。《K. 在囧途》以身患绝症的沙特青年K. 的日记形式展开，从患癌前到确诊再到长达7个月的治疗，40周的日记记录下肉体与灵魂的双重折磨，细腻而真实地刻画出主人公的性格及情感走向，深刻反映了主人公所处的家庭关系与社会关系。

《K. 在囧途》的出版在阿拉伯文学界可谓"一石激起千层浪"，《阿拉伯新闻报》曾发表评论："这部引人入胜的小说以日记的形式写成，主人公用嘲讽的笔调记录下自己与生活的日常斗争，选用了一些简单的句子结构和简明的词汇，叙述流畅，写作风格简洁。K. 是一个孤独的人，他很少主动尝试去终结这种孤独——这使他的故事有趣且感人。"[1]埃及著名现当代作家穆罕默

* 王安琪，上海外国语大学阿拉伯语语言文学专业2018级硕士研究生，主要研究方向：阿拉伯文学。

德·阿卜杜勒纳比称："在作者的第一部小说中，他设法在社会观察与自我观察之间、甜蜜和痛苦之间、悲伤和讽刺之间、经验的深度和叙述的流畅度之间建立起一种独特的平衡。这是一部触动灵魂的小说。"[2]另有诸多评论认为，阿齐兹·穆罕默德深受奥匈帝国作家弗兰兹·卡夫卡影响，因为小说主人公K. 与卡夫卡的中篇小说《变形记》的主人公颇像。但阿齐兹·穆罕默德却认为，"喜欢一个作家，不代表在写作中一定受其影响"，比起卡夫卡及其作品，他的创作灵感更多地源自美国作家杰夫·金尼的《小屁孩日记》系列小说，其中狡黠机灵却总是弄巧成拙、处境尴尬的"小屁孩"与小说主人公K. 有诸多相似之处。[3]

尽管如此，小说主人公K. 与《变形记》主人公格里高尔·萨姆沙、《城堡》主人公K. 及卡夫卡本人的共同属性仍不容忽视。在弗兰兹·卡夫卡的长篇小说《城堡》中，"城堡"具有多重象征意义，但无论其象征的是体制、社会，抑或是教规，小说本身都可视作一则关于现代人生存危机的写照：将世界缩小为个人欲望。法国当代作家丹尼尔·罗普斯说："卡夫卡深深根植于人类生活的悲剧之中，他那无比清晰的作品，足以描摹出人类彻底破碎的形象。较之于仅仅停滞在心理意义的普鲁斯特，或总是试图用神话术语和语言魔力进行创作的乔伊斯，卡夫卡的探索无疑又前进了一步。正因为极度的痛苦吞噬了他，这是一种形而上的痛苦，卡夫卡才成为与虚无抗争的现代人的最忠实的、悲剧性的见证者。"[4]77倘若卡夫卡的困境反映了现代人的困境，那么我们或许可以说，K. 的困境亦是当下沙特青年精神困境的真实写照。读罢全书，展现在读者眼前的是一个灵与肉双重残缺的人，如果说身体残缺无法避免，但着眼K. 所处的环境与困境，精神残缺似乎也在情理之中。本文从主体意识、家庭关系、社会关系三个角度入手，探析小说主人公K. 的情感与心理，以窥沙特青年的精神现状。

一、主体意识——鲜明更晦暗

K. 的主体意识是既鲜明又晦暗的，鲜明只在微处可见，晦暗才是真正的主旋律。他生来内向，而后愈发孤僻自闭，厌恶社交，享受独处。长大后，他成为一家石化公司的普通职员，荒疏懒散，每天总是最后一个进公司，上班时间开小差，自备零食，趁同事与老板不备时读书或写东西。患癌后，他拒绝所有人的帮助，唯一的消遣不过是"玩手机和笔记本电脑，在一个又一个拍照、聊天、游戏软件之间辗转”……种种迹象似乎都在言明，K. 是一个将个人主义发挥到极致的“宅男”，但实则不然。每一次个人主义的鲜明展示都以间接妥协告终，看似尖锐的主体意识背后是对一切存在的怀疑与无依。

（一）抗争与妥协

初读小说，伫立在读者眼前的似乎是一个孤僻自闭却又恣意妄为、目空一切、贪图享受的游手好闲之徒。但仔细品读则会发现，K. 的主体意识始终在抗争与妥协之间徘徊，最终走向妥协：对自己妥协，对家庭责任妥协，对社会潜规则妥协。

“自我意识产生后，我总有这样一种感觉，即自己的心理年龄大于实际年龄，拥有同龄人没有的成熟。我一度认为自己胸怀大志，将来定成大器，能改变世界，真是无稽之谈。那时候我甚至希望自己快点长大，好去实现宏图大志。然而渐渐地，我不再认为自己能干出任何对周围的人、事、物有所影响的事，反倒把功夫都花在了独处上，也不允许环境影响我一丝一毫。”[5] 55 在高中毕业后选大学专业、大学毕业后选工作时，K. 的个人意志均隐于幕后，取而代之的是来自家庭的责任与压力。“我大学时期选的专业并非深思熟虑的结果。高中毕业之后，我的父亲去世了，这要求我必须作出‘钱’途有保障的选择。据说，这是个在求职市场上很抢手的专业。除了能在求职市场炙手可热，还夫复何求呢？人总得设法谋生，当下青年人惨遭失业，而家里又需要这份薪水，你的境遇莫非好过卡夫卡？这些理由足以使我为自己挑一个未来可以从事白领工作的专业了。”[5] 15 K. 深受化疗折磨时，不愿参加哥哥的订婚宴，以住院为由躲过一次，家人却坚持等他出院后再办一次。宴席上，K. 明知自己根本吃不下任何东西，却仍屈服于礼节，也为了帮哥哥保全面子而逼自己大口吞咽，最终险些在卫生间丧命。那时，他才自嘲似的想：“实话说，我一直都不怎么遵循社交礼数，别人想邀请我去家中做客时，我总有办法打消人家的这种念头。但这一次我真是冲破底线了。此时此刻，人们会说些什么呢？他们邀请你到家里盛情款待你，你不仅没有答谢他们的慷慨招待，还死在了人家家里，这难道不是违背了一切成规体统？”[5] 212

K. 将挣扎与折磨留给自己，展现给外界的总是“通情达理”的一面，甚至他患癌之后的举止失仪、孟浪从事在周围人眼中不过是一时的迷失：“面对这一切，我随时都可以让步，屈服于他们所谓的理智，这是因为我一向是个极为知礼且乖顺的人，总是希望自己为人所接受也尽量避免给任何人造成繁难，即使我臣服于一时的诱惑反抗了他们，也会很快察觉这是在以身犯险，之后会令自己悔不当初。”[5] 242 他将人群拒之门外，甚至“锻炼自己独来独往的能力，为了让它最大化还筑起一道冷漠的围墙将他人隔绝在外”[5] 250，压抑如层层幔帐在心中堆叠。当内心抑郁无法排解时，写作癖应时而生。正如捷克小说家米兰·昆德拉在《笑忘录》中所言：“普遍疏离生成了写作癖，而普遍化的写作癖又反过来强化并加重了疏离。”[6]

K. 原本以为癌症是自己压抑无聊生活的出口，甚至因此喜上心头，以为此后能以癌症为借口对抗公司、母亲、七姑八婆，对抗自己看不顺眼的一切人、事、物，但他渐渐发觉，自己所戴的社会枷锁无论如何都不可能打破，癌症不是挣脱社会藩篱的武器，只是另一个需要抗击的敌人。离职时，他不能公然鄙视自己厌恶至极的公司，并意识到“似乎从这样的地方出去得按规矩来，而且不失去一部分的自我休想离开”。K. 本以为自己患癌后终于可以心安理得享受独处，却发现“生病之后想摆脱与人来往是一件难于登天的事”，因为“访客和母亲、哥哥串通一气，络绎不绝”。刚刚显露头角的主体意识与个人主义顷刻间化为乌有。

（二）当事者与局外人

K. 对自己的心理刻画，对人、事、物的描写精雕细琢，但几乎所有心理描写、动作描写、人物描写乃至环境描写均以“似乎”“仿佛”“好像”等推测性词语开始。如“我起身在走廊里溜达，仿佛想把我的座位留给真正需要它的人”，“母亲说烟和写作我都应该戒掉，好像在她看来二者是一回事”，“大概是女性的本性使然，她们的夸张不叫夸张”，“在这个厅里，你身边空无一人，它的设计仿佛就是为了昭示：人是这里最荒诞不经的存在”。这些描写均是主人公的自身体悟和主观认知，冠以推测性词语之后就成为主人公对自我感受的猜测、推断与揣摩，跳脱现实语境，以局外人的视角打量自身行为、情感与心理，成为自我的旁观者。推测性词语的运用无疑旨在表达不确定性，小说中大约使用了558次这类词语，充分体现出主人公对自我与外界的不确定，乃至对人生价值、客观存在的犹疑，充斥着一种“人生天地间，忽如远行客”的空漠疏离之感。另外，作者借癌症患者之口畅言社会弊病，频繁使用推测性词语或许也是他避免社会问责的一种手段。

除此之外，K. 描摹周身人、事、物的语调中均混杂着浓郁的嘲讽与刺骨的淡漠。可以说，作者以“冷峻得近乎冷漠的态度、以极其平淡的语调使平庸变得可怕，又使可怕变得平庸；让真实虚化变得怪诞，又让怪诞实化变得真实。这种强烈的反差对比造成了讽刺，也造成了如梦如幻的境界，压抑人的梦魇气氛”。[7]文学取材于现实，主人公孤独、凄惶、疾病加身的生活无疑具有极强的悲剧性，但读者不可被小说厚重的悲剧色彩冲昏理智，臆断小说所取材于的社会现实蒙着同样的悲剧面纱；亦不可对其视而不见，故事的悲剧性往往是生活悲剧性的延伸。那么，主人公的悲剧性从何而来呢？或许可以在其所处的家庭与社会环境中窥见答案。

二、家庭关系——温情与隔膜

K. 的家庭完整却又支离，如果说儿时家庭曾给他温暖与关爱，长大后家庭带给他的伤痛则远占上风。在患癌之前，他的妹妹已经嫁人，哥哥也即将结婚，母亲在哥哥蜜月回来后就会搬去与他们同住，现在住的这幢房子则会依据合同移交至新的屋主手中，至于K.，全家人都在无声催促他赶紧找新的落脚处。家庭给他带来的伤痛与温暖不相上下，温情与隔膜同时存在。

（一）源自母亲和爷爷的温情

与《变形记》的主人公格里高尔·萨姆沙不同，K. 身患绝症后没有自暴自弃在绝望与愤懑中孤独死去，而是决定去日本的白血病治疗中心寻求生的希望，他的精神力量正是来自母亲和爷爷的温情。

K. 天生寡言加之心思敏感，对家中的一切安排都不置一词，让他看起来像一个游离在外的家庭成员，与家人的关系若即若离，看似毫无温情可言。但细读小说便不难发现，K. 对家人的感情正隐藏于无言之中。K. 患癌后，与爷爷、母亲的关系均经历了一个逐渐改变至复归的过程。K. 的父亲则因过世太早只存在于他少年时期的记忆中，而记忆的主观性太强，真实与否无从考证，故在此不多谈。

K. 笔下的爷爷是一个顽固暴虐、脾气古怪的老头，不肯与时俱进，一直独居在老街，经常大发无名火，对儿孙不屑一顾。在K. 的设想中，爷爷知道自己的孙子得癌症后只会觉得这个孙子死不足惜，甚至以为爷爷会说：“像你这么大年纪的人得癌症，你都不害臊吗？”[5]134

但隐于爷爷暴躁表象背后的只是一个孤独无助的老人。K. 住院化疗时，爷爷在电话中长久啜泣；K. 回家休养后，爷爷来看他时又突然恸哭，浑身战栗，曾经暴躁古怪的老头顷刻间卸下了所有防御。祖孙的最后一次见面是爷爷生病后K. 去家里看望他，这是二人相处最和谐也最悲怆的时刻："爷爷没有抬头看我，也没有哭，我们俩自始至终都没讲过话，只是一直保持着那个状态，两个人低着头，安静地、庄严地比肩而坐，如同两个松弛下垂的睾丸。任谁看到这一幕都会觉得我们是在比赛，看谁的表情更冷峻可怖。可实际上，我们却在谱写着某种精神共鸣，只须这样坐着便足以达成共识，无须言语，不要暗示，也用不着轻拍抚触，两个行将就木的人以他俩特有的方式互相抚慰。我们坐在一起，各自均已逼近死亡的边缘。"[5] 231-232 如此，祖孙关系由剑拔弩张回归和缓温馨。从字里行间不难看出，K. 对爷爷虽出言不逊但仍心怀敬畏，以致他后来在爷爷的墓前久久徘徊。爷爷此前的冷峻与刻薄之所以能带给他伤痛与愤怒，均是由爱而生。

从幼年到青年，K. 与母亲的关系历经"和谐融洽—针锋相对—回归平静"的过程。孩提时期，K. 与母亲的关系比哥哥和妹妹更亲近，他总爱默默伴在母亲左右，对她做每件事娴熟的技巧惊叹不已，母亲了解儿子内敛的性格，喜在心头却不表露，以免让儿子觉得难为情，母子间默契而亲密。长大成人之后，K. 日渐寡言，与书为友，不愿社交，与母亲心中的期许全然不符，二人经常因为一点儿小事争执不休，但母子间的情感纽带始终未断。K. 患癌后，母亲痛哭晕倒、逼迫医生、大发牢骚等一系列过激反应的背后是对儿子深切的爱。K. 受癌症折磨病骨支离时，母亲颤抖着向安拉祈祷："如果不让儿子早日康复，那么就仁慈一些将他带走。"这大概是一位母亲最无奈、最无助、最无望的祈愿。K. 对母亲的刻意忽视也只是他在用自己的方式安抚母亲，平息她的过激情绪。在K. 化疗后期，母亲终于体力不支病倒，K. 出院后看望母亲时，母子间的一段对话将二人几个月以来的分歧与隔膜彻底消解。

"你感觉怎么样?"

"不要紧。"她回答道，同时费力地坐起来，然后又加了一句，"我不想抱怨。"

我笑了。

"你呢?"

“不要紧，我不想抱怨。”

她笑了。这场病驯服了母亲的某种内在，为她添了些许温柔。

“你知道的，你一直都可以向我抱怨，我是你妈妈。”

“我知道。”

这种场合我讲话总是很简练，好像每多讲一个词都暗藏着落入媚俗陷阱的危险。[5] 264

（二）源自兄妹与表亲的隔膜

小说中，K. 曾坦言：“我生来内向，而后用尽全部的自卫天性来抵抗外界，年复一年，只为让自己更加与世隔绝。我锻炼自己独来独往的能力，为了让它最大化还筑起一道冷漠的围墙将他人隔绝在外，似乎要以此保护这种能力不受任何外界因素影响。”[5] 250既然并非全是天性，那么为何刻意为之呢？环境之于人的影响不容忽视，K. 的厌世与自闭在一定程度上可以说是拜僵化的兄妹关系、冷漠的表亲关系所赐。兄妹之间和表亲之间毫无温情可言，冷漠算计、疏离隔阂取而代之，利害关系与金钱关系成为无可争辩的主旋律，但这只是一种表象，隐于其后的是资本主义社会和现代都市生活中亲情纽带的弱化。K. 患癌之后，哥哥与妹妹唯一在乎的仅仅是近在眼前的婚礼是否会受影响，表亲则对此不闻不问，只对K. 最终获得爷爷遗产的1/3愤愤不平。

妹妹嫁入富人家，也为哥哥介绍了富家千金，与哥哥婚礼相关的一切事必躬亲。后期，K. 癌症恶化，康复无望，他决心放弃。此时，为确保婚礼不受可能出现的葬礼影响，妹妹想尽办法劝K. 继续治疗，劝说无果后则祈祷K. 可以尽早死去，好将他们从K. 施加的苦难中解脱出来。

起先，哥哥出于道义和身为一家之主的责任感对K. 佯装关切，但随着自己婚期的临近，K. 的病情却接二连三地恶化，他终于失去耐心。在一次接K. 出院时，他隐忍的愤恨彻底释放，开始以一家之主的姿态与弟弟抗衡，仿佛此时此刻才终于认清，原来弟弟“根本不值得他一丝一毫的牺牲”。后来，他们以兄弟间无言的方式定下了秘密协议：彼此互不干涉。而当K. 癌细胞清除完毕终于出院时，哥哥态度的好转也仅因爷爷在遗嘱中将1/3的遗产留作K. 治疗之用，这笔不小的数额大幅减轻了家里的经济压力。

表亲之间更是早已互相断了往来，爷爷将部分遗产留给K. 之后，尽管伯父们已经得到了剩余的几百万，但留给K. 的部分也不是一笔可以让他们熟视无睹的数额。甚至有人说，K. 故意患同奶奶一样的病，以此骗取爷爷的同情。由此，在资本主义社会中，金钱肆意摆布人的情感与意志这一事实愈发明晰可见。

三、社会关系——压抑与冷漠

“愤世嫉俗”可以说是整本小说的主旋律，作者以尖锐的笔触描绘了当下青年所处的社会关系，工作压抑与人情淡漠充斥社会生活的方方面面。身处如此环境，主人公的抑郁情绪也呼之欲出。

（一）工作压抑

压抑的根源在于异化，资本主义社会与现代都市中，劳动分工高度细化，私有制和劳动分工导致异化劳动。在这样的语境下，K. 的日记深刻而细腻地表现了资本主义社会对人的异化。马克思主义哲学认为，劳动应该是符合人本性的自由自觉的活动，但在资本主义私有制中却变成了非人性的、使工人成为奴隶的异化劳动。工人在自己的劳动中不是肯定自己，而是否定自己，不是感到幸福，而是感到不幸，不是自由地发挥自己的体力和智力，而是使自己的肉体受折磨、精神遭摧残。[8]

K. 所从事的职业并非个人意志使然，上文已经提过，他之所以选择在石化公司工作，是受家中经济状况所迫，如此，“自由劳动”变成了“强制劳动”。小说中，K. 对自己工作的厌恶之情随处可见，谈及公司均使用嘲讽语气，戏称上司为“鸡下巴”，认为办公楼只要打开窗户，随时可能会有员工跳楼自杀。公司的压抑主要体现在环境和体制两方面。

办公楼位于楼群之间，“往办公楼走的这漫长几分钟里，我抬起头再三打量它，这是一幢很显眼的建筑，从哪个方向都能走过来，但入口却隐于其中，得找寻一番才能进来，甚至越接近这栋楼越觉得永远都无法进去”。[5] 9 这种找不到入口的隐隐的绝望和迷茫，正是对人类生存状况的一种折射，正如德国哲学家叔本华所言：“我们万不能由外部去抵达万物的真性，无论我们探索得怎样多，我们所能及的无他，只有印象和名词罢了，我们好比一个人绕着城堡走来走去，总找不到一个入口。”[9] 43 一次病毒入侵事件后，公司为监视员工的一举一动在办公室里安放摄像头，全然不顾员工的个人隐私。“隐私？那是什么？不要高估你自己的私人生活。监控越严密越能确保安全，不要成为最薄弱的环节，外敌正是利用这样的环节才伤及我们……敌人可能会从任何地方溜进来，比你那不值一提的个人隐私重要的事情可多着呢。”[5] 164

K. 所在的石化公司制度严苛，对员工的剥削变本加厉，以“员工不应让自己对空闲习以为常，而应时刻准备好以应不时之需”为指导理念。领导以“部门在非常时期需要人手”为借口随心所欲推迟假期，但似乎每一天都是“非常时期”，接连不断地给职员下发一个又一个任务，似乎担心“片刻的休闲会将人腐化”。在这种体制下，员工成为公司劳动链条上固定的一环，个人的兴趣专长、审美能力、创造能力受到极大抑制，人向机械化发展，人性也渐渐被抹杀。公司让员工加班，却无须提供物质补偿，而是员工出于对公司利益的维护不得已而为之；领导将员工称为“无名战士”，尽管这对一家石化公司的工作范畴而言显得有些奇怪，但这个词还是以某种形式在职员中竖起了它的精神核心。员工对公司制度的机械遵守就是其劳动异化的最佳例证：“另外三个职员循规蹈矩甚至到了令人生畏的地步，他们可真是名副其实的‘无名战士’，没有一天8点以后上班，17点以前下班。我从没见过他们吃东西，自然也没见过他们上厕所，他们待在这里完全就是为工作奉献，为此，身体得主动屈从，与军事化的工作步调保持一致。”[5] 19-20 K. 确诊癌症后欲向公司辞职，经理在这种情况下仍不愿永久失去一名员工的服务，只允许他请三个月病假，根据化疗结果再决定他是否可以回来上班。公司的制度清晰却又令人迷惑，“在公司金字塔式的管理体制中，无论如何，你永远都不可能知道决定的发出者是谁”。[5] 23 正如《城堡》中的“城堡”一样，是一个“迷宫式的机关”，人们既逃不出来，也进不去，并且永远也不知道其中的秘密。[4] 76 上层的决策和标准，下级永远无法探知，只有无止境的服从和妥协，从而对员工形成了一种无形却有力的逼迫。

（二）人情冷漠

分工、规模和货币经济相互作用形成了大都市区别于传统乡村文明的社会关系和精神生活状态：疏离、孤独、冷漠和充满理性计算。[10] 82 人与人之间缺乏沟通和理解，最终导致人情冷漠与群体孤独，酿成无法挽回的悲哀。小说中描绘的同事关系、医患关系乃至空姐与乘客之间的关系，都仅仅是毫无人情味的利益往来。

冷漠在公司员工之间恣意蔓延，只有你争我夺，人文关怀早已在严苛体制的重压下缺失，人好比是机器上的一个零件，一旦发生故障立刻被换掉。坐在K. 邻桌的一位老人在退休一周以后去世，但他的退休并未造成职位空缺，甚至在他退休以前补位人选就已确定，他的离世也未给部门留下感伤，补位职员刚就职便大展身手，为升官发财不择手段。又如，一次讲座中，众人均将与会人员视作假想敌，连座位分布都精心设计，人与人之间的交往不再以感情而是以理性计算为基础。“大家似乎都知道，在这个会议厅里有他们的敌手，有朝一日会在自己的晋升之路上摆自己一道。而这次会议，正是一个他们与在未来可助自己达成目标的人拉关系的好机会。”[5]47

无独有偶，医患关系同样难逃“冷漠”二字。患癌之后，医生可谓是K. 生存希望之所在，但他对医生的态度却令人大跌眼镜，他口出狂言，与医生争执不休，甚至在医生背后竖起中指。正所谓“世界上没有无缘无故的恨”，K. 对医生的态度也是事出有因。身为患者的K. 在医院感受到的不是救死扶伤的大爱，更不是医者仁心的美德，而是医生对患者的漠然。“只要他们知道自己在做什么，那么具体在干什么事情其实并不重要，这是我到最后才悟出的道理。”[5]174 医生眼中有病无人，弃患者感受于不顾，甚至在为K. 制订治疗方案时只考虑“病情”怎样，K. 本人并无发言权。如此，身体折磨之余又平添了无助和绝望，医生的冷漠彻底将K. 丢入孤立无援之境。“医生渐行渐远时，我的目光还是追随着他，盼着他能回头。”[5]247

人与人之间不再有基本的谅解与宽容，只有职责所在；规则变成了衡量一切的准绳，规则之内，难容情理。乘坐飞机时，K. 从卫生间出来发现空姐推着餐车向自己迎面走来，被告知只能在一旁等食物分发完毕才能回座位，但其实空姐只要稍微挪一下，过道的空间足够一人通过。之后，K. 内急难忍，迫于无奈想借用头等舱卫生间，却被空姐无情制止，要求他“想用这个卫生间就去订头等舱的座位”，直到K. 大喊自己患癌之后，空姐才迫于道德压力让他进去。

四、叛逆青年K. 为何惹人爱？

小说主人公K. 是一个避世而叛逆的青年，这样一个本该成为反面典型的形象竟引起许多读者的情感共鸣，乃至赢得喜爱，原因何在？作者对敏感生硬的政治、宗教等话题避而不谈，笔墨着重于对主人公的内心刻画，《K. 在囧途》甚至可以视作一部“伤痛回忆录”。正因如此，小说才更加直抵人心，引人赞叹，这也是这部小说最大的亮点。有读者认为，选择一个濒临死亡的角色作为主人公无疑是在“玩火”，但是阿齐兹·穆罕默德选择“玩火”，并以平缓的叙述方式将主人公的世界在纸上徐徐铺开。由于这样的写作方式容易让读者感到乏味，大多数作家不愿采用，但阿齐兹却巧妙避免了这一点，使读者甘愿跟着小说主人公的节奏起伏。有读者将小说形容为“寻找自我之旅”，认为主人公不设具体姓名为小说增加了美感，更易引起共情，因为读者可以不时在书中看到自己的影子。因此，尽管这趟旅程悲观、压抑，却仍引人入胜。阿齐兹曾坦言，自己的创作初衷并非是在社会中“一石激起千层浪”，但小说一经出版，的确收获了意料之外的反响。笔者认为，其社会价值或许可以归结于以下两点。

（一）改善家庭关系

科技社会极大地挑战了传统生活方式，互联网技术的发展与普及在一定程度上衍生出亲子隔膜乃至代际冲突。当互联网作为家庭成员的重要信息来源时，对技术的掌握程度就决定了其信息获取的不均衡性。对于家中长辈来说，这无疑是一种“去权”，对年青的一代则是“赋权”。[11] 29权力分配发生变化，加之沉迷网络，缺乏现实沟通，隔膜与冲突在所难免。

主人公K. 对自我心理的细腻描摹，亦是当代沙特青年的内心独白。他对自己生活的坦诚讲述，在一定程度上也可视为沙特青年的生活写照。因此，对于年长读者而言，这无疑是一个在互联网时代了解儿女内心世界的窗口，甚至有做母亲的读者告诉阿齐兹·穆罕默德，读了他的《K. 在囧途》后，自己理解了儿子的所思所为，母子关系大幅改善。

（二）言明青年社会观

绝症患者的所言所思纵使有悖伦常也是可以被原谅的，小说主人公K. 以癌症为挡箭牌，言人之不敢言，为人之不敢为，吐露了许多沙特青年的心声，同时也大胆揭露了当今社会的病态一面。在主人公K. 的成长过程中，其人生观由自命不凡、志存高远到在妥协中苟安的这一转变，从侧面反映出青年看清拜金主义的甚嚣尘上、人们唯利是图的现实后，心中的愤懑与对社会现实的失望。自我封闭、抵触社交亦可视为一种无声的反抗。

作家本人坦言：“我认为，小说表达了沙特青年一代感到自己与社会传统格格不入，并被社会潮流裹挟向前。这不单单是沙特青年一代的感受，上一代人也有同感。K. 的情况也不仅局限于沙特社会，放之整个阿拉伯世界皆准，我认为这正是小说在阿拉伯国家畅销的原因。”①

五、沙特青年之窘

我们不会把小说完全当作生活，因为这里有太多沉重的噩梦；我们也不会把小说完全当作小说，因为这里有太多沉重的真实。[12]在小说中，读者感受到的是绝望的平静和平静的绝望，现实与噩梦在对抗中消解。主人公K. 所处的窘境并非由癌症铸成，癌症只是一个“触发器”，同时也为他创造了一个输出端口，让他能够以一个无妄之灾受害者的身份释放自我，宣泄积压已久的对生活的不满情绪。生性内向，无人理解，被迫就业，工作不顺，家庭不和，身患绝症……如此种种，使K. 成为灵与肉双重残缺的愤世嫉俗者，加之身处疏离的社会关系、冷漠的家庭关系与压抑的工作环境中，K. 的悲观厌世情绪与日俱增。抑郁、无聊、愤懑，K. 的窘境正是当下沙特青年精神困境的缩影。作者以癌症为盾，大胆书写沙特青年一代对社会的失望与沮丧之情，同时婉转表达了他们的期许与追求。造成沙特青年陷于窘境的原因，追本溯源，除个人天性外，主要可归因于就业与工作不顺、娱乐活动欠缺、人际交往淡漠。

（一）就业困难与工作压抑

处于社会转型时期的沙特，总人口和青年人口均不断上升，人口呈年轻化态势。据统计，2004年至2010年，30岁以下人口占沙特总人口的61%，15岁以下人口占总人口的37.2%。[13]大量求职者涌入就业市场，无疑使沙特青年面临巨大的就业压力。雪上加霜的是，民众失业率居高不下，其中，青年失业问题不容小觑。小说中，“当下青年惨遭失业”正是迫使主人公违心就业的主要原因之一。2013年，沙特民众的失业率达到11.7%，20—24岁年轻人的失业率达到28%，25—29岁年轻人的失业率高达10%。[14]

20世纪70年代，沙特石油经济欣欣向荣，政府努力构建社会福利体系，支持国民到国有企业、政府部门就职。但企业没有衡量员工表现的硬性标准，

① 本段文字来源于笔者对作家的一次线上访谈。

员工只须同上司搞好关系即可高枕无忧。[15] 110 在这种不完善的工作环境中，工作氛围压抑紧张，小说中对此也有一番细致描述："在很大一部分员工看来，这些细节中有的会被用作负责人选拔的秘密考核标准，没有人知道这些秘密标准具体包括什么，上面在意什么，不在意什么。"[5] 21 身处如此的工作环境中，漫长的几年，甚至几十年，职员都处于飘忽不定的境遇中，困在差强人意的职位里，最终却发现自己"未能跳脱抽身，反而耗尽了梦想，终虚所望"。

（二）娱乐贫乏

沙特是一个相对保守的国家，官方教派为一向以严苛著称的瓦哈比派，社会氛围相对而言比较严肃。民众娱乐设施不足，休闲活动单调，这无疑导致青年的消极情绪难以宣泄。而缺乏疏导协调机制使青年极易走上歧途，精神萎靡，颓唐消沉；公共娱乐设施的匮乏使青年一代愈发依赖现代通信。互联网的普及使社会空间虚拟化，意味着社会互动中空间限制解除，它在增加了社会生活的便捷性的同时，也把人限制在电脑面前，限制在固定的处所之中。[10] 83 2012年，时任推特CEO迪克·科斯特罗指出："沙特是中东地区推特使用率增长最快的地方，增长率达到3000%。"[15] 112 小说主人公K. 患癌之后，常态便是"玩手机和笔记本电脑，在一个又一个拍照、聊天、游戏软件之间辗转"。

（三）人情冷漠

当代沙特青年所处的是一个物质极其丰富，而人情却淡薄如纸的社会。天下熙攘，利来利往，现代资本主义社会中，金钱与利益成为人际关系的主导因素，真情与人性反倒无人问津。

在沙特青年的日常生活中，宗教的影响逐渐淡化，宗教维系情感的作用随之大幅弱化。主人公K. 所处的家庭及社会环境中，宗教信仰的氛围便是极为淡薄的，他甚至坦言："在我看来，信教者也好，不信教者也罢，都是缺乏精神力量的，他们不会站在时代立场谈论宗教，我一直认为现在的人们是安拉的职工而非信徒，表面上假装工作，背后却对安拉说三道四。"[5] 178 在这样的语境下，小说以癌症患者无所顾忌的视角大讲真话，毫不留情地揭露如今的沙特公司对员工的压榨、对个人隐私和利益的无视，在体制中摸爬滚打的职员只顾适应环境，逐渐丧失自我意识，一步一步沦为工作机器。同时，小说以当事人的切身感触，细致入微地描绘医患关系，患者一旦进了医院，个人体验与情感便被弃之不顾，而医生、护士对病患的冷漠态度显露无遗。此外，亲情纽带弱化、如盘中散沙的家庭现状和唯利是图的家庭关系，对沙特青年来说无疑是雪上加霜。

六、结语

小说借癌症患者之口，讲述人在经济与科技高度发展的现代社会中，只顾适应环境却逐渐丧失自我，在异化环境中受不可抗之外力压迫与操纵，无力主宰自身命运，人与人之间缺乏沟通理解，真情在物质的驱使下渐渐沦丧，当代青年生出荒谬空漠之感，最终陷于孤独无望的困境中。小说结尾，K. 决定只身一人远赴日本白血病治疗中心寻求生的希望，然而苦痛的过去永远无法成诗，历经癌症折磨、饱尝人情冷漠之后，他已然是一种“物哀”[①] 心境。尽管如此，这仍可以视作是主体意识回归的第一步，也是作者发出的真情呼唤。或许K. 的窘境不仅仅是沙特青年困境的缩影，亦是当代人燕幕自安的真实写照，的确发人深省。

参考文献

[1] What We Are Reading Today: The Critical Case of K[EB/OL].https://www.arabnews.com/node/1353796/lifestyle.

[2] Muhammad Abdelnabi: Arab Authors’ Favorites 2018: The List[EB/OL].https://arablit.org/2018/12/20/arab-authors-favorites-2018-the-list/.

[3] بلال رمضان: عزيز محمد يكشف عن مفاجآت حول "الحالة الحرجة للمدعو ك" وعلاقته بـ "كافكا"، .https://www.youm7.com/story/2018/4/22

[4] 曾艳兵. 没有谜底的谜语：卡夫卡《城堡》解读[J]. 名作欣赏，2005(15).

[5] 穆罕默德.K.在囧途（阿文）[M]. 黎巴嫩：坦维尔出版社，2017.

[6] 昆德拉. 笑忘录[M]. 王东亮，译. 上海：上海译文出版社，2011: 141.

[7] 谢占杰，侯宝英. 永无出路的“迷宫”：论卡夫卡小说的世界模式[J]. 许昌师专学报，1998，17(4): 55.

① 日本江户时代国学大家本居宣长（もとおりのりなが）提出的文学理念，也是他本人的世界观，作者在小说中将其解释为“顿悟万物终将消逝后产生的情感”。

[8] 刘敬东.理性、自由与实践批判[M].北京：北京师范大学出版社，2015: 293.

[9] 曾艳兵.西方现代派文学研究[M].天津：天津人民出版社，1993: 43.

[10] 蒋平.也谈我国的“宅男宅女”现象：一个空间社会学的分析视角[J].中国青年研究，2009 (8).

[11] 郭浪栈.互联网技术与家庭关系变革[J].青年记者，2016 (11): 29.

[12] 曾艳兵，赵山奎.对抗与消解：卡夫卡《城堡》解读[J].国外文学，2000 (3): 88.

[13] ALMALKI M,FITZGERALD G, CLARK M. Health Care System in Saudi Arabia：An Overview [J]. EMHJ, 2011,17(10):793.

[14] WYNBRANDT J. A Brief History of Saudi Arabia [M]. NewYork: Infobase Publishing, 2014:284.

[15] 李国强.愤懑与希冀：社会转型时期沙特王国青年研究[J].中国青年研究，2018 (12).

عنوان البحث: الحيرة والاكتئاب لدى الشباب السعوديين: القراءة لـ ((الحالة الحرجة للمدعو "ك."))

الباحث: وانغ آنتشي، طالبة الماجستير لجامعة شانغهاي للدراسات الدولية، بالصين. اهتماماتها الأكاديمية، الأدب العربي.

ملخص البحث: دخلت الرواية الأولى للكاتب السعودي عزيز محمد ((الحالة الحرجة للمدعو "ك.")) في القائمة القصيرة للجائزة العالمية للرواية العربية لعام ٢٠٠٨. تتّخذ هذه الرواية اليوميات كشكلها الرئيسي. كما كان صاحب هذه اليوميات، الشاب المسمّى "ك." يُصاب بالسرطان، فيصوّر بكلّ أمانة ومن منظور مريض السرطان الجريء حالَه العقلية وبيئته العائلية والاجتماعية، على نحو دقيق وحقيقي. لذا لا نبالغ في القول إنّ الحالة الحرجة لبطل الرواية المدعو "ك." هي المرآة المصغّرة تنعكس فيها حالاتُ الشباب السعوديين الذين يقعون في حيرة واكتئاب حاليا.

الكلمات المفتاحية: السعودية، الشباب، الحالة الحرجة

浅析穆太奈比诗歌备受欢迎的原因

◎ 王　宇*

摘　要： 穆太奈比是阿拔斯王朝时期的著名诗人，也是阿拉伯民族最伟大的诗人之一，其名声响彻阿拉伯世界，其诗作广为流传，深刻影响了阿拉伯文坛。穆太奈比的诗歌题旨丰富，尤以赞颂诗、矜夸诗闻名，其诗作以别具一格的风格备受好评。本文试从穆太奈比诗歌的文本出发，分析诗歌的诗性美感，并结合当时的社会文化环境，探究其诗歌备受欢迎的审美艺术原因和社会文化原因。

关键词： 穆太奈比；阿拔斯王朝诗歌；诗性美感；社会文化

阿拔斯王朝（750—1258年）是一个名家辈出、诗文发展的黄金时代。穆太奈比是阿拉伯家喻户晓的阿拔斯王朝大诗人，被誉为“桂冠诗人”。穆太奈比受到历代阿拉伯人的赞美，其诗歌也广为流传，如“穆太奈比像在天空翱翔，其他诗人则在地上行走”[1] 281，“如果他的诗能够像七首悬诗一样挂在克尔白的墙上，那么将力压贾希利叶时期各诗雄”[2] 8。穆太奈比的诗歌之所以受到阿拉伯人的推崇，不仅因为恰当的遣词、绝妙的修辞、动听的韵律构成了别具一格的诗性美感，还因为其诗作符合阿拉伯人的主流价值观和当时的社会文化潮流。

一、穆太奈比及其诗歌

（一）穆太奈比简介

穆太奈比（المتنبي，915—965/伊历303—354），本名艾卜·塔伊

* 王宇，上海外国语大学阿拉伯语语言文学专业2018级硕士研究生，主要研究方向：阿拉伯文学、阿汉翻译。

布·本·侯赛因（أبو الطيب بن حسين），生于库法城，祖籍也门。他自幼聪颖好学、博闻强识，曾入什叶派私塾求学，后又同贝都因人生活两年，练就了一口纯正的阿拉伯语，掌握了作诗的技巧，并精通古代阿拉伯人的部落史和战争史，因而奠定了良好的文学功底。他曾试图用自己的诗才谋求功名，但未能如愿，便在霍姆斯地区自称先知，鼓动当地游牧民抗税起义，结果被捕入狱，因而得名“穆太奈比”（阿拉伯语中“假先知”的音译）。获释后，他便四处游历，辗转于诸小王国，被后人称为“游历诗人”。

穆太奈比一生曾为40多位君王歌功颂德。948年，穆太奈比得到了阿勒颇哈姆丹王朝创始人赛弗·道莱（سيف الدولة）的赏识。他追随其9年，并为其创作80余首赞颂诗。后因小人妒忌，进谏谗言，致使二人君臣关系破裂。957年，他愤然离开阿勒颇，随后去往埃及，为伊赫什德王朝实际掌权者宫廷太监卡夫尔（كافور）写颂诗，然而他未能获得一官半职，便写诗讽刺攻击卡夫尔，最后逃离埃及。965年，他又应邀前往设拉子，为布韦希王朝君主阿杜德·道莱（عضد الدولة）唱赞歌，后因思念故乡决定离开。965年9月，他在返乡途中遭一伙强盗伏击不幸身亡。

（二）穆太奈比的诗歌

穆太奈比的诗作题旨多样，包括赞颂（المدح）、爱情（الغزل）、悼亡（الرثاء）、描写（الوصف）、讽刺（الهجاء）、矜夸（الفخر）等。“穆太奈比有诗集传世，共收诗3000余首，其中80余首是献与赛弗·道莱的颂诗，被认为是其诗歌的精华。”[3] 396

穆太奈比的诗作可以分为四个阶段：

1. 青年时期（948年之前）。这一时期，他的作品主要以矜夸诗为主，试图通过吟诗来达到其政治目的。诗作充满着年少轻狂、自负自大、勇敢反叛的精神，以及对理想落空、时运不济的抱怨。

2. 阿勒颇时期（948—957年）。这一时期，穆太奈比追随赛弗·道莱，也是他一生最富足、诗作最盛的时期。其诗作一方面表现了他的自信，另一方面也流露出面对嫉妒者的担忧。

3. 埃及时期（957—961年）。这一时期，穆太奈比离开了赛弗·道莱，诗中反映了其内心的痛苦，但对未来抱有期望。他来到埃及，对卡夫尔进行赞颂，当他发现卡夫尔的虚伪后便写诗讽刺、抨击他。这一时期，穆太奈比的讽刺诗创作达到了高潮。

4. 伊拉克与波斯时期（961—965年）。在伊拉克时，他的诗作主要表达对赛弗·道莱的思念；在波斯时，他重新燃起对未来的希望，但很快又破灭。这一时期的诗歌中融入了描写自然的佳句。

黎巴嫩著名学者汉纳·法胡里认为，穆太奈比的诗歌备受欢迎是因为它适合于每个需求者，迎合了读者的期待视野："守旧者们喜欢它，因为他们从中嗅到贝都因气息，看到对传统风格的维护，诗行的独立性和诗体的凝练浑厚；革新者们喜欢它，因为他们在其中看到摧毁旧传统的勇气，在诗歌意境和内容方面的革新，其艺术中的生气和力量，以及内容和诗歌段落的协调；异端者们由于其中的过火言辞而喜欢它；语言学家们因诗人表现出的语言知识和对语言奥秘的揭示而关注它……"[1] 280

本文将从穆太奈比诗歌的文本出发，通过分析诗歌的诗性美感，并结合当时的社会文化环境，探究其诗歌备受欢迎的审美艺术原因和社会文化原因。

二、审美艺术原因

穆太奈比的诗歌之所以得以广泛流传，最主要的原因是诗歌本身具有较强的可读性和独特的诗性美感，而其诗歌的诗性美感主要体现在富于理性思考、具有音韵美和善用修辞。

（一）富于理性思考

穆太奈比的诗歌中不乏哲理和名言警句，被后人所传唱。正如英国学者汉密尔顿·阿·基布在其著作中所说："没有一个诗人能像他那样贡献出那么多的诗歌警句来充实阿拉伯文学宝库。"[4]例如：

عش عزيزا أو مت وأنت كريم * بين طعن القنا وخفق البنود
فرؤوس الرماح أذهب للغيظ * وأشفى لغل صدر الحقود
لا كما قد حييت غير حميد * وإذا مت مت غير فقير
فاطلب العز في لظى ودع الذل * ولو كان في جنان الخلود[5] 12

要活得尊严，死得光荣，在战旗下，在枪丛中！
让熠熠闪光的枪尖解除一切仇恨和愤怒。

活，不能碌碌无为苟活在世；死，不能窝窝囊囊不为人知。
纵然在地狱也要追求荣誉，即使在天堂也不能忍辱负屈！[3] 401

再如：

إذا لم يكن من الموت بد * فمن العجز أن تموت جبانا[5] 484

如果一死必不可免，胆怯是无能的表现。[3] 401

穆太奈比常常在诗歌中提及生与死等意向。在上面的例句中，他对生与死发出了理性的思考，告诫人们要活得尊严、死得光荣，要努力实现自己的远大目标，鄙夷胆怯和无能的行为。这些广为流传的诗句为后人起到了警示作用。

穆太奈比不是一个哲学家，因为他没有系统地对世界本源、生活、道德等进行全面阐述，但是他的诗句中往往充满着理性思考。“穆太奈比的哲理来源，首先是他本身，他的实践、灵感，而不是对哲学的研究，或对形而上学和时空的深思，即使有时他也从希腊哲学和文化中有所借鉴。由于诗人秉性倾向于力量、自负和追求，他的哲理也崇尚力量，为远大目标牺牲眼前利益，鄙夷丑恶行为。”[1] 275 穆太奈比诗歌中的哲理大部分都具有崇高的人道价值，达到了不朽的诗歌水平。

（二）具有音韵美

诗歌体作为文学语体中要求最高、具有独特外部形式的一种分支语体，除了要表达诗人的情感，还要运用一定的声律和节奏来描述事物。也就是说，“诗歌要寻求音韵和节奏的和谐，让人在朗诵时顺口流畅，欣赏时悦耳动听，感受到抑扬顿挫、跌宕起伏的韵律美和流畅回环的音乐美”。[6] 210 阿拉伯著名批评家古岱麦·本·加法尔（قدامة بن جعفر）曾说：“诗是富有格律并且押韵的表达一定意义的语言。”[7]

阿拉伯古代的诗歌是韵律诗，古体诗歌分为16种韵律，诗人作诗需要遵循严格和复杂的格律形式。穆太奈比的每首诗作都严格遵循这16种韵律，并采用固定的韵脚，一韵到底，富含节奏，使诗歌韵味无穷。如：

على قدر أهل العزم تأتي العزائم * وتأتي على قدر الكرام المكارم
وتعظم في عين الصغير صغارها * وتصغر في عين العظيم العظائم[5] 583

何等的雄心产生何等的坚强刚毅，何等的美德产生何等的丰功伟绩。
竖子把区区小事看得十分了不起，伟人则天大的困难也不放在眼里。[3] 401

这首诗采用了“长律”，即“太维勒律”（البحر الطويل），下表用“/”表示动符，“0”表示静符，则以上诗句可以写成：

وَتَأْتِي عَلَى قَدْرِ الْكِرَامِ الْمَكَارِمُ	عَلَى قَدْرِ أَهْلِ الْعَزْمِ تَأْتِي الْعَزَائِمُ
0//0// 0/0// 0/0/0// 0/0//	0//0// 0/0// 0/0/0// 0/0//
فعولن مفاعيلن فعولن مفاعلن	فعولن مفاعيلن فعولن مفاعلن
وَتَصْغُرُ فِي عَيْنِ الْعَظِيمِ الْعَظَائِمُ	وَتَعْظُمُ فِي عَيْنِ الصَّغِيرِ صِغَارُهَا
0//0// /0// 0/0/0// /0//	0//0// /0// 0/0/0// /0//
فعول مفاعيلن فعول مفاعلن	فعول مفاعيلن فعول مفاعلن

由此可以看出，虽然长律的基本形式为：فعولن مفاعيلن，但是穆太奈比不拘泥于规律，而是将其适当变换为：فعول مفاعيلن，即删除第5个静符字母（القبض），使诗歌音韵富有变化。

此诗每行都以发音合口的阿拉伯语字母“米姆”（الميم）为韵脚，一韵到底，富含节奏，而浊辅音“米姆”用作阿拉伯诗歌的韵脚会使音调铿锵洪亮、低沉浑厚。同根词的使用也使诗歌产生了和谐的乐感，如“العزم-العزائم”“الكرام-المكارم”“تعظم-العظيم-العظائم”“تصغر-الصغير-الصغار”使诗歌极具节奏感，增加了诗歌的音乐性。

再如：

سيعلم الجمع ممن ضم مجلسنا * بأنني خير من تسعى به قدم
أنا الذي نظر الأعمى إلى أدبي *وأسمعت كلماتي من به صمم
الخيل والليل والبيداء تعرفني *والسيف والرمح والقرطاس والقلم[5] 233

在座的所有人都会知悉，虽被中伤我确无与伦比。
瞎子都会阅读我的诗章，聋子都能听到我诗韵铿锵。

战马、黑夜、荒漠与我相知，更有那宝剑、长枪、墨笔和纸张。[3] 397

这首诗采用了“简律”，即“白希特律”（البحر البسيط），下表依然用“/”表示动符，“0”表示静符，则以上诗句可以写成：

بِأَنَّنِي خَيْرُ مَنْ تَسْعَى بِهِ قَدَمُ	سَيَعْلَمُ الْجَمْعُ مِمَّنْ ضَمَّ مَجْلِسُنَا
0/// 0//0/0/ 0//0/ 0//0//	0/// 0//0/0/ 0//0/ 0//0//
متفعلن فاعلن مستفعلن فعلن	متفعلن فاعلن مستفعلن فعلن
وَأَسْمَعَتْ كَلِمَاتِي مَنْ بِهِ صَمَمُ	أَنَا الذِّي نَظَرَ الْأَعْمَى إِلَى أَدَبِي
0/// 0//0/0/ 0/// 0//0//	0/// 0//0/0/ 0/// 0//0//
متفعلن فعلن مستفعلن فعلن	متفعلن فعلن مستفعلن فعلن
وَالسَّيْفُ وَالرُّمْحُ وَالْقُرْطَاسُ وَالْقَلَمُ	الْخَيْلُ وَاللَّيْلُ والْبَيْدَاءُ تَعْرِفُنِي
0/// 0//0/0/ 0//0/ 0//0/0/	0/// 0//0/0/ 0//0/ 0//0/0/
مستفعلن فاعلن مستفعلن فعلن	مستفعلن فاعلن مستفعلن فعلن

简律的基本形式为：مستفعلن فاعلن，但穆太奈比适当变换为：متفعلن فعلن，即删除第2个静符字母（الخبن），使诗句具有节奏变化，朗朗上口。由此可见，穆太奈比的诗歌在遵循传统格律和韵律的基础上富有变换，体现了极高的诗性美感。

（三）善用修辞

穆太奈比的诗歌除了注重格律和押韵，还富含大量修辞手法，使其诗歌具有较高的艺术价值和文学价值。穆太奈比擅于使用修辞，达到了出神入化的程度，成为后人效仿的对象。

1. 排比

أنا ابن اللقاء أنا ابن السخاء * أنا ابن الضراب أنا ابن الطعان
أنا ابن الفيافي أنا ابن القوافي * أنا ابن السروج أنا ابن الرعان [5] 33

吾乃骁勇之人，慷慨之辈；吾乃强悍之人，刚毅之辈；
吾乃游历之人，吟诗之辈；吾乃高贵之人，荣耀之辈。

穆太奈比在诗文中运用了排比句式，两个诗行中连续使用8个أنا ابن，不但增强了诗歌语言的气势，还凸显了诗歌矜夸的主旨，才华尽显，锋芒毕露。排比具有整齐匀称、音律铿锵、节奏抑扬起伏的特点，用于表意可使语势贯通，给人以气势磅礴之感，用于抒情可将情感抒发得淋漓尽致，引起共鸣。

2. 比喻

比喻是文学，特别是诗歌中最常见的一种修辞手法，旨在用形象的语言阐述思想、刻画形象、表达情感。穆太奈比诗歌中的比喻非常精彩，别具特色。如：

وإذا اهتز للندى كان بحرا * وإذا اهتز للوغي كان نصلا

وإذا الأرض أظلمت كان شمسا * وإذا الأرض أمحلت كان وبلا [5] 804

假如他融入夜露，他便是一片汪洋；假如他投身沙场，他就是锐利的锋芒。

假如大地混沌黑暗，他便是一轮骄阳；假如大地贫瘠干旱，他就是滂沱的暴雨。[6] 314

此诗是穆太奈比写给赛弗·道莱的赞颂诗，诗歌的每一句都是比喻句。喻体汪洋和骄阳让读者感受到被赞颂者的器宇轩昂，而喻体锋芒和暴雨则让读者感受到被赞颂者的勇猛无畏。同样，这两句诗运用排比句式，展现了穆太奈比高超的诗歌创作水平。

3. 对偶

对偶也是穆太奈比经常使用的一种修辞手法。对偶形式整齐、语言凝练，上下呼应、对比鲜明，自然流畅、韵律和谐，具有十分强烈的表现力和感染力。如：

فحب الجبان النفس أورده البقا * وحب الشجاع النفس أورده الحربا [5] 723

懦夫不战求自保，勇士征战卫平安。[2] 73

穆太奈比通过对比懦夫与勇士在面对战争时的不同做法，表达了他对勇敢者的赞赏和对懦弱者的鄙视。又如，上文所提到的例句“وتعظم في عين الصغير صغارها * وتصغر في عين العظيم العظائم”，译文为“竖子把区区小事看得十分了不起，伟人则天大的困难也不放在眼里”，结构相同，表意相反，形成了对偶句式，使诗句具有强烈的感染力。

综上所述，穆太奈比的诗歌得以广泛流传的审美艺术原因是诗歌具有较高的可读性和独特的诗性美感，这主要体现在穆太奈比的诗歌充满哲理，具有音韵美，富含排比、比喻、对偶等修辞手法，从而使诗歌达到了超高的审美艺术水平。

三、社会文化原因

穆太奈比的诗歌得以广泛流传，除了有其审美艺术原因，还有社会文化原因，那就是他的诗歌符合当时的社会文化需求，同时也契合阿拉伯人的民族认同、文化认同心理，从而赢得了读者的喜爱与好评。

（一）当时的社会文化需求

穆太奈比生于阿拔斯王朝第三时期（945—1258年）。该时期，哈里发政权名存实亡，形同虚设，各族王公割据争霸，纷纷建立起小王朝。由于各个小王国的国王都有较高的文化素养和文学修养，他们便争相吸引人才，为其歌功颂德，并致力于使自己统治的地区成为文化中心。这一时期的颂诗也就成为诗人的晋升阶、敲门砖。

如前所述，穆太奈比写得最多、最好的是颂诗，他一生曾为40多位君王歌功颂德，其中献给赛弗·道莱的80多首颂诗被认为是其诗歌的精华。而穆太奈比与赛弗·道莱相处的9年，也是其名声大振、诗歌广为流传的时期。可以说，穆太奈比的诗歌符合诸小王国政客的社会文化需求。[5] 883

（二）阿拉伯人的民族认同、文化认同心理

穆太奈比年轻时曾与贝都因人一起生活，他身上也具有了纯粹的阿拉伯特性，推崇阿拉伯民族主义。在穆太奈比生活的时代，阿拉伯帝国大部分领土实际上由波斯人及土耳其人控制，加之与东罗马帝国抗衡，阿拉伯帝国逐渐走向衰落。这一时期，舒欧比亚运动① 进行得如火如荼，穆太奈比则以捍卫阿拉伯民族的荣誉为己任，创作了大量诗歌。如：

① 舒欧比亚主义（الشعوبية）产生于倭马亚王朝，发展于阿拔斯王朝初期。舒欧比亚运动认为，非阿拉伯人比阿拉伯人优越，并且贬低、反对阿拉伯人。

رفعت بك العرب العماد وصيرت * قمم الملوك مواقد النيران
أنساب فخرهم إليك وإنما * أنساب أصلهم إلى عدنان [5] 814

阿人籍君高宅柱，王侯头上灶火燃。
吾族荣光皆源君，先祖犹追阿德南。[2] 66

穆太奈比在歌颂赛弗·道莱的诗歌中流露出阿拉伯民族优于其他民族的想法，认为阿拉伯人的荣光源于赛弗·道莱，而他的祖先是阿德南人（可追溯到先知伊斯玛仪的后裔），字里行间无不体现他对阿拉伯民族的自豪之情。

又如：

وإنما الناس بالملوك وما * تفلح عرب ملوكها عجم
لا أدب عندهم ولا حسب *ولا عهود لهم ولا ذمم
لكل أرض وطئتها أمم *ترعى بعبد كأنها غنم [5] 39

庶民皆凭王者昌，异族为王安能旺。
无礼无教身卑微，不信不义非忠良。
天下列国吾所至，奴为牧者民羔羊。[2] 66

穆太奈比在诗歌中贬低异族统治者，号召阿拉伯人要团结起来反对异族统治，并恢复阿拉伯王位的纯洁性。"他的诗歌洋溢着对祖国、民族的怀念，是他始终没有离弃阿拉伯思想的见证，这一思想也是他诗歌中最动人也最富魅力的部分。"[1] 279 因此，穆太奈比被称为"阿拉伯民族诗人"，被视为"最能代表阿拉伯人的丰碑，代表了阿拉伯人对掌权者的蔑视和对敌人的呐喊"。[2] 6

再如：

ضممت جناحيهم على القلب ضمة *تموت الخوافي تحتها والقوادم
تدوس بك الخيل الوكور على الذرى *وقد كثرت حول الوكور المطاعم [5] 883

你好似雄鹰，向敌人扑去，他们望风披靡，不堪一击。
你策马上山将敌人踏在脚底，使他们血流成河，尸横遍地。[3] 399

这首诗是穆太奈比为赛弗·道莱在“哈岱斯红堡之战”中击败东罗马帝国军队而作。赛弗·道莱的胜利赢得了穆太奈比的崇敬，赛弗·道莱也被看成是阿拉伯人的希望，诗句体现了穆太奈比的民族主义思想。可以说，穆太奈比的诗歌彰显了阿拉伯人的民族认同、文化认同心理。

四、结语

阿拉伯大诗人穆太奈比能在诗雄辈出的阿拔斯王朝脱颖而出，其诗歌广为流传、备受好评，主要得益于两方面的原因。

从审美艺术原因来说，穆太奈比的诗歌中充满不朽的人生哲理和崇高的人道价值，这些广为流传的诗句为后人起到了警示作用。同时，穆太奈比注重诗歌的音律和谐，诗句朗朗上口，具有音乐性和节奏感，体现了极高的诗性美感。此外，他的诗歌还富含排比、比喻、对偶等修辞艺术手法，成为语言学家探究阿拉伯语语言之美的范本。

从社会文化原因来说，穆太奈比善于为君主歌功颂德，并将写颂诗作为谋生手段，符合当时为统治者服务的社会文化需求。而穆太奈比诗歌中体现的阿拉伯民族主义也契合阿拉伯人的民族认同、文化认同心理，向世人展示了本民族的思想力量，为后世提供了诗歌创作的方向和范式。

参考文献

[1] 法胡里.阿拉伯文学史[M].郅溥浩，译.银川：宁夏人民出版社，2008.

[2] 庞浩.穆太奈比诗歌中的阿拉伯文化原型内容研究[D].北京：北京外国语大学，2014.

[3] 阿拉伯古代诗选[M].仲跻昆，译.北京：人民文学出版社，2001.

[4] 基布.阿拉伯文学简史[M].陆孝修，姚俊德，译.北京：人民文学出版社，1980: 96.

[5] 穆太奈比.穆太奈比诗集（阿文）[M].贝鲁特：贝鲁特印刷局，1973.

[6] 王有勇.阿拉伯语言风格学[M].上海：上海外语教育出版社，2000.

[7] 陈杰. 阿拉伯古代诗歌批评发展历程及重要批评问题[D].上海：上海外国语大学，2005: 47.

عنوان البحث: التحليل في أسباب انتشار شعر المتنبي

الباحث: وانغ يو، طالب الماجستير في تخصص اللغة العربية وآدابها بجامعة شانغهاي للدراسات الدولية، والاهتمامات الأكاديمية هي الأدب العربي والترجمة.

ملخص البحث: يعتبر المتنبي شاعراً مشهوراً في العصر العباسي وأحد أعظم الشعراء للأمة العربية، ولقد سُمعت سمعته في جميع أنحاء العالم العربي، وكان شعره منتشراً على نطاق واسع وأثر تأثيراً عميقاً في العالم الأدبي العربي. ويتميز شعر المتنبي بتنوع المواضيع، ويشتهر الشاعر بالمدح والفخر، وأسلوب شعره فريد. فلماذا انتشر شعر المتنبي انتشاراً واسعاً ونال شهرة كبيرة؟ سيحاول هذا البحث في ذلك.

ينقسم هذا البحث إلى ثلاثة فصول: يتحدث الفصل الأول عن حياة المتنبي ومراحل قصائده، ويتناول الفصل الثاني التحليل في جمال قصائد المتنبي من حيث العروض والقافية والبلاغة والأسلوب اللغوي، ويركز الفصل الثالث في تحليل أسباب الانتشار الاجتماعية أي شعر المتنبي كان يستجيب لاحتياجات الساسة في ذلك الوقت، كما كان يتوافق مع الهوية الوطنية العربية والهوية الثقافية العربية، الأمر الذي يجعل شعر المتنبي منتشراً في جميع أنحاء العالم العربي ويجعل الشاعر من أحد أكبر الشعراء العرب.

الكلمات المفتاحية: المتنبي، العصر العباسي، الثقافة الاجتماعية، التذوق الجمالي

论优素福·拉哈《保罗》中的超现实主义色彩

◎ 丁玉西*

摘　要:《保罗》是埃及作家优素福·拉哈的主要作品之一，是反映埃及“1·25”革命的杰出作品，凝聚了作者本人对革命现实的思考。作者以别具一格、突破传统的写作手法赋予小说丰富的审美意蕴。在超现实主义写作原则指导下的实践创作与暴力、犯罪、性主题的结合，让小说在众多描写革命的作品中脱颖而出。本文试图从超现实主义写作手法入手，结合小说部分文本分析，简要分析这部作品中的超现实主义写作元素是如何体现的，以此探究小说独特的审美价值。

关键词：超现实主义；潜意识；时空移置；反叛性

埃及小说家优素福·拉哈（يوسف رخا）生于1976年，在2009年“贝鲁特39”竞赛中名列最杰出的39位39岁以下作家之列。拉哈共出版了三部小说，第一部是2011年出版的《花押》((الطغرى))，著名作家安东·沙玛斯（أنطون شماس）将其描述为“令人惊叹的成就……它实现了自19世纪中叶以来现代阿拉伯小说家的一个梦想”。2014年，拉哈于2013年出版的小说《鳄鱼》与《花押》一起被译成英文，引起了英美文学界和学术界的关注。他的第三部小说便是入选2017年国际阿拉伯小说奖（又称“阿拉伯布克奖”）长名单的《保罗》。

《保罗》是拉哈最主要的代表作之一，这部小说同他的前一部小说《鳄鱼》有着紧密的联系。作者最初想写两部或三部曲，从不同的角度记录埃及的“阿拉伯之春”革命。《鳄鱼》一书的关键词是“诗歌”与“浪漫”,《保罗》则着眼于“照片”与“革命”的暴力表达。拉哈在这部小说中讲述包括自2011年以来穆罕默德·穆尔西当选前的那段时间，活跃在“埃及革命运动”

* 丁玉西，上海外国语大学阿拉伯语专业2019级硕士研究生，主要研究方向：阿拉伯文学。

行列中的积极分子的自白。在那段时期，秘密冲突肆虐，激情的口号裹挟着令人紧张的氛围，时刻刺激着人民的神经。在书中，进行自白的革命激进主义者——《保罗》一书的主人公，并不只是他的表面身份——来自开罗市中心的知识分子中的一个纯粹的摄影师或私人图书馆馆长那么简单，“保罗”还为国家安全调查局工作，他将自己视作埃及革命无形的最高领袖，甚至将自己比作“先知”。《保罗》一书是拉哈对当前流行的简化叙事小说的驳斥、抵抗和质疑，它以求变的大胆态度、深刻的笔触揭露埃及革命背后血淋淋的现实。小说中，拉哈对于超现实主义写作手法的运用成为塑造小说独特审美意蕴的一个重要元素。在超现实主义写作原则指导下的实践创作与暴力、犯罪主题相结合，让小说在众多描写革命的作品中脱颖而出。

那么，《保罗》中的超现实主义写作手法是怎样具体运用的？笔者将从潜意识引导的梦境与幻觉、时空移置，以及对理性、逻辑、传统的三重反叛这三个部分进行阐述。

一、潜意识引导的梦境与幻觉

超现实主义是继达达主义①之后在法国历史上出现的具有强大影响力的又一文学艺术流派。超现实主义致力于探索人类经验的先验层面，探索“我们熟知的世界外貌下掩盖的深层奥秘，这种奥秘的层面包括人的本能和被日常生活压抑着的欲求的领域，它强调内心世界的展现，而这种体现可以借助梦幻为手段”[1]，力求突破合乎逻辑与真实的现实观，尝试将现实观念与本能、潜意识与梦的经验相糅合，以展现一种绝对的或超然的真实情景。

超现实主义作家的创作基于弗洛伊德精神分析法中的潜意识理论和梦的解析，他们的创造灵感建立在潜意识之上，潜意识和梦是人们探求事物本质的通道。《保罗》是一部关于革命的小说，但它的行文方式却背离了惯例。作者以不断循环的叙述形式，在篇章中来回穿梭，并以不同的方式重新讲述相同的事件，导致许多条目和话语是重复的，并不遵循连贯的顺序。整部小说以博客的体裁组织行文，共包含59篇博文。这些博文以倒序的顺序，从第59章作为小说头篇进行展开，被分为四个类别：梦、事件、电影和会晤，但这些类别之间的区别通常很模糊。有些“会晤”和“电影”类别读起来好像是

① 20世纪初期出现的现代派文艺流派，也叫早期超现实主义。达达主义是一种无政府主义的艺术运动，它试图通过废除传统的文化和美学形式发现真正的现实。

在做梦，甚至更像是噩梦，而有些梦实际上是根据保罗对真实事件的看法而作出的解释。

现实与梦境不断交错，许多情节的展开根本不是遵照时间顺序，而是随着主人公意识的流动、思想的跳跃不断变换发展，内心的情感在与理性逻辑的博弈中占据了上风。在第47章中，拉哈以“阁下，请您想象一下”这句小说众多章节的常用开头行文，将时间线一下拉回40多年前，继而对他的梦魇进行描写。

请您想象一下，我正坐在事件发生之前40年的法国拉丁街区的一间公寓里。当时我在巴黎，时值隆冬，天幕深沉。天幕或许真的因为乌云的缘故而显得深沉，或许是因为我的心境而觉得它深沉。我沉浸悲伤已经有一段时间了。每当我在这间公寓里，梦魇便会找上我，发着磷光的鬼影用长长的光做的藤杖分散开我所在的地方。光，光，这种光就像激光一样，却比激光更粗更强烈，让你睁不开眼，尽管我除了鬼影看不到别的什么。藤杖长约一米，周身通电。一旦它打在你身上，它便会被分成两半，同时它又会重新通电，但疼痛感将一直在你头上被通电的地方停留。这种痛感真实可感，有形状一般，它在我的肉中鼓动。它的确是在鼓动，继而颤抖，仿佛它一旦停止，便不会悬置于空气中了。它就像有翼的动物或是巨大的鸟一般，严格意义上来说，它不是黑色的，但它的颜色确实很深。具体可感的疼痛引发的声音像是一个普通人类可以发出的狗吠狼嚎或凄厉呼喊。[2] 41-42

在对“我”脑内梦魇进行描写之后，保罗瞬息之间又从巴黎的公寓里移动到了公寓所在贫穷街区周围的街道上，他就那样慢慢走着，“风或雨都不能让他停下”。在行进的过程中，他的思绪翻涌，又将时间线拉回到40多年前他口中的“未来”，以及2001年他的朋友纳伊夫死亡的时刻，继而拉回到2001年之后的10年，也就是他现在所生活的时间段。他甚至为自己“将要在40年后的开罗结束的生命”而哭泣起来，随即在相同的一章的最后，又提到了他与女子穆恩相遇的场景。

在看起来颠三倒四的描写与叙述中，短短的一章情节反复更迭，保罗所生活的“现实”，与他脑内的梦境反复交错，完整的故事脉络、人物形象的典型刻画仿佛都随着保罗情绪的暗流涌动而隐没在了整部小说的描写之中。这种叙述手法正具备超现实主义文艺运动代表人物——法国作家安德烈·布勒东所创造的“自动写作”手法的鲜明特点，如：意向与意向的连缀超出常规，记录“思想的真正运作”，对思想过程进行真实摹写[3]，等等。

二、时空移置

小说《保罗》中充斥着一些不切实际的描写，有时是时间与空间的变形。不同的场景在作家笔下交替变换或是反复出现。当作家描写保罗在咖啡馆里看到法丽达向他走来时，整个街道扭曲变形成了蛇的模样：

当时，我正坐在凡伊那咖啡馆的空荡一角里，她向我走来了。但是艾因宫街道看起来就像是一条蛇，而凡伊那咖啡馆就像是它的头，我坐在蛇头上，法丽达正从远处的蛇尾处向我走来。在我的后面是一片空白，仿佛那里是外太空一样。蛇张开嘴，我、她和其他人所知晓的尘世结束了……法丽达闲庭信步般地走在街道中央，周围的建筑物是蛇的肠子，正在她的周围舞动着，她看到那些建筑在她的前前后后或折叠起来，或分散开来，就像一条巨型眼镜蛇。当时她虽然离我很远，她的身量在我看来很小，但她的脸却像是跟我面对面坐在一起或是我躺在她身上时那样清晰……当高潮来临的那一刻，她的脸红透，变成玫瑰花一般的颜色，她不说一句话，但同时，她向我走来，我正坐在凡伊那咖啡馆里，整个世界在艾因宫街道上折叠扭曲，仿佛世界末日在蛇体上发生了。[2] 36-37

在这段文字中，法丽达在扭曲变形的艾因宫街道上向“我”走来的场景前后出现了两次，空间与时间的变幻都与真实世界中所发生着的大相径庭，显然是在自动写作手法的指导下对时空关系进行了移置。

在保罗生命中出现的一位重要友人——梅特里亚南卡的描述中，时空移置也得到体现。保罗称这位友人为米特尔（这个名字与马赛部落的传说有关，相传，他是最快杀死狮子并最早获得荣耀的人），他在保罗的叙述中反复出现。保罗反复回忆起他们于1999年初见时的场景，以及他们在2011年的再次相遇，这次相遇对保罗本人关于革命的态度转变起到了极大影响。米特尔的身份也引起了读者的好奇。小说第34章以“米特尔”命名，让人以为这一章能够解开米特尔的身份以及他同保罗的关系发展脉络，但这一章只是再一次描绘了保罗与米特尔初见的情景，并掺杂了一些其他情节。对“米特尔”这一人物的交代同小说中许多其他人物一样，没有连贯的几个章节用来加以介绍，这些人物散落在整部作品中，唯有通过阅读整部作品，读者才能从人物前前后后的出现中捕捉他们的完整性。这样的叙事手法，突破了常规意义上人物在时间轴和空间世界中的排列顺序，对情节顺序展开进行了时空移置。

时空移置的策略否认了客观现实世界的某些逻辑，体现出小说鲜明的超现实主义色彩，正如德国哲学家、社会学家西奥多·阿多诺在《回顾超现实主义》一文中所说，超现实主义的建构方式“悬置了习惯的逻辑和经验性证据的游戏规则”。由此可见，时空移置手法也体现了下一部分将要论述的超现实主义对逻辑的反叛精神。

三、对理性、逻辑、传统的三重反叛

布勒东将超现实主义定义为“一种纯粹的心理无意识”，并认为超现实主义“不受任何理性的制约”。在小说中，保罗便时常处于这种“不受理性制约”的状态下，有时他会将自己看作不同的客体，比如匪夷所思的一头狮子：

> 我开始寻找一面镜子，因为我怀疑自己有一张狮子的脸，而不是人的脸……在确定我是一头狮子的那一刻，我知道了一件事情：那条蛇，我置身于它头顶的那条蛇，将会向我吐唾沫，把我送去外太空，因为我是一头狮子，而它不喜欢在它的头上有除人类以外的生物存在……法丽达在我怀里沉沉睡着，安静地呼吸，她不知道我已经变成了一头狮子。我的头有她的头五个那么大，我张开嘴想说点什么，结果她的头整个消失在了我的嘴里。[2] 37-38

这样的描写达到了超现实主义所要求的“追求‘神奇’和‘奇特’的艺术效果”，通过将“创作寓于各种不同的令人预料不到的形象比喻”[4]中，体现出主人公在潜意识的驱动下，进入非理性的心理状态所产生的思想表达。《保罗》中处于梦境之下的种种描写，似是受到主人公“我”潜意识的驱动，冲破了理性、逻辑性和传统写作的限制，印证了超现实主义的批判精神，以一种奇特的方式将小说对于犯罪、暴力主题的表达结合在一起，构建起小说整体的超现实主义色彩的反叛基调。

小说的超现实主义反叛精神还体现在它突破传统标准的叙事方式层面。

文学理论家勒内·韦勒克认为，叙述方法的主要问题在于作者和他的作品之间的关系。在戏剧中，作者是不出面的，他藏在戏剧的背后。但是，史诗作者却像一个职业的故事讲述者般讲述一个故事，在史诗中还包含了作者自己的评论，并且在叙述过程中（同对话相区别而言）贯彻了他自己的风格。小说家可以用类似的方法来讲述一个故事，而无须自称他曾经目睹或亲身经历他所叙述的事情。他可以用第三人称写作，做一个“全知全能的作家”。这无疑是传统的和“自然的”叙述模式。作者出现在他作品的旁边，就像一个讲演者随着幻灯片或纪录片进行讲解一样。然而，研究者不能认为小说的客观方法只局限于写对话和报告人物的行为，小说的长处其实在于它能描写心理生活，小说的本质在于“全知全能的作家”有意地从小说中消失，而又让一个受到控制的“视角”出现。[5]

在《保罗》中，“保罗”就是那个受到控制的“视角”。拉哈将保罗置于抗议活动的中间，并让他表达对革命及其不同参与者的看法。保罗有时以批评他人所发生的一切的形象出现，而有时他本人也受到批评，就好像他代表作家本身所批评的所有事物。保罗是作者自身所批评对象的隐喻，但同时他也作为一个有血有肉的人描述了他个人看到的东西，并从他自己的观点进行批评，而不总是表达作者的观点。这样的叙事方式，打破了小说的传统叙事格局，将读者从“全知全能的作家”所设定好的固有艺术整体中解放出来，增强了阅读的主观能动性。

叙事学一般将叙事作品分为“故事”和“话语”两个层次。“故事”指叙事文的内容，即时间与存在，按照实际时间和因果关系排列的事件；而“话语”指叙事作品的形式规律，可以是对素材进行的艺术加工。[6]一方面，拉哈在《保罗》中没有按照连贯的时间轨迹组织情节、指引小说的发展方向，而是以颠倒的话语在不同的事件中来回穿梭，或许第2章的事件出现后，读者又能在第30章再次读到它，突破了叙事的“故事”层次。另一方面，保罗作为小说的主人公，同时兼具叙述者的身份，掌握了对小说的发展进行叙述加工的话语权。保罗进入小说世界后，便开始时断时续地零散叙述自2011年革命运动以来有关埃及社会的一系列事件和事实，这种断断续续的叙事风格，类似于新颖的拼图游戏，引起读者兴味，让读者渴望主动去探究字里行间隐藏的时间脉络。

自从保罗第一次加入“坎大哈星期五”（جمعة قندهار）战线以来，他便成为起义者队伍中的一员，并深受革命的影响，而同时他还与埃及警方和调查员合作，向他们提供参与革命的某些人员的信息。当读者发现保罗本人拥有双重身份时，会感到非常惊讶。叙述者保罗将其性格中的所有矛盾都展现给读者，他让读者一会儿恨他，一会儿却又同情他。第一叙事人称的运用，在故事主人公保罗与读者之间搭建起一架桥梁，将人物的内心世界充分展现给读者。作者通过这种非传统意义的叙事风格，打破了读者可能在前后文中得出的所有推测和预想结果，从而使《保罗》一书中的叙事成为与情节平行的艺术作品。

四、结语

2011年开始的阿拉伯剧变虽然已经远去，湮灭在历史的长河之中，但反映革命浪潮的作品却不断涌现，让人们继续回顾和反思革命带给阿拉伯社会和民众的影响。随着当下阿拉伯世界形势的不断变化，研究“阿拉伯之春”爆发后，文学作品对革命的种种刻画成为不容忽视的主题。

埃及作家优素福·拉哈的小说《保罗》并不是一部严格意义上彻底的超现实主义小说，但其中融入了许多带有超现实主义色彩的元素，使整部小说成为在超现实主义写作原则指导下的独特实践。当超现实主义所推崇的无意识创作中的非理性因素与小说暴力、犯罪、反思革命的主题完美结合时，恰能营造出小说压抑、迷失、黑暗的叙事基调，在不知不觉间，悄悄地将读者拉到主人公保罗充满了暴力、仇恨、冷漠、动荡和躁狂的自相矛盾的世界里。

除了小说对于超现实主义艺术手法同独具匠心的多重叙事方法结合的完美运用，小说反思革命的主题、阿拉伯方言与标准语相结合的语言风格，以及博客式体裁的谋篇布局等写作手法，也一同构筑了《保罗》别具一格的小说审美意蕴，值得研究者进一步探究。

参考文献

[1] 余青. 论邦巴尔《最后的雾》中的超现实主义审美意象[J]. 安徽文学：下半月，2015 (08): 55-57.

[2] 拉哈·保罗（阿文）[M]. 开罗：启智出版社，2016.

[3] 郑炜翔. 论布勒东的《娜嘉》：自动写作、时间性与图像[J]. 法国研究，2018 (03): 61-69.

[4] 付馨慧.论超现实主义文学的“梦”与“幻”[J].科技视界，2012 (30): 98.

[5] 韦勒克，沃伦.文学理论[M].刘象愚，邢培明，陈圣生，等译.杭州：浙江人民出版社，2017: 218-219.

[6] 申丹，王亚丽.西方叙事学：经典与后经典[M].北京：北京大学出版社，2010: 1.

عنوان البحث: دراسة عن السريالية في ((باولو)) ليوسف رخا

الباحثة: دينغ يوشي، طالبة الماجستير في تخصص اللغة العربية وآدابها بجامعة شانغهاي للدراسات الدولية، والاهتمامات الأكاديمية هي الأدب العربي .

ملخص البحث: رواية ((باولو)) هي من الأعمال الرئيسية للكاتب المصري يوسف رخا، وهي عمل رائع يعكس حركة "1.25" الثورية في مصر، التي تجسد تفكير المؤلف لواقع الثورة. يعطي المؤلف الرواية دلالة جمالية غنية من خلال أسلوب الكتابة الفريد الذي يخرق التقاليد. رواية ((باولو)) ليست رواية سريالية تامة بالمعنى الدقيق للكلمة، ولكنها تضم العديد من العناصر السريالية، مما يجعل الرواية ممارسة فريدة من نوعها تسترشد بمبادئ الكتابة السريالية. إنّ الربط بين الكتابة العملية تحت مبادئ السريالية ومواضيع العنف، والجريمة، والجنسية يجعل الرواية تبرز من العديد من الأعمال التي تصور الثورات. تحاول هذه المقالة أن تبدأ من زاوية طريقة الكتابة السريالية، إلى جانب بعض تحاليل النص للرواية، وتحلل بإيجاز كيف تنعكس عناصر الكتابة السريالية في هذا العمل، من أجل استكشاف المعنى الجمالي الفريد للرواية. بالإضافة إلى الاستخدام لمزيج من الأساليب الفنية السريالية وطرق السرد المتعددة الأصلية في الرواية، إنّ موضوع الرواية أي "التفكير في ثورة"، وأسلوب اللغة في الجمع بين اللعامية والفصحي، وتصميم الرواية على غرار مدونون، وغيرها من الأساليب تشكل معًا الدلالة الجمالية الفريدة للرواية، والتي تستحق دراستنا.

الكلمات المفتاحية: السريالية، الوجدان، انقلاب الزمان والمكان، التمرد

[文化与社会]

阿尔及利亚外交政策评析

◎ 黄　慧*

摘　要：阿尔及利亚的外交政策在不同的历史发展阶段具有不同的特点，但也具有一贯的基本特征，即坚持独立自主、捍卫主权和领土完整以及积极的不结盟政策。随着国际、国内形势的变化，阿尔及利亚曾经历两次外交孤立期。但无论国内外形势如何变化，阿尔及利亚在外交领域始终保持理性，能够顺应时代的发展变化而作出相应的政策调整，这使得阿尔及利亚始终保持着在非洲、阿拉伯世界以及地中海地区的战略地位。在未来的非洲、中东政治格局中，阿尔及利亚或将扮演更重要的角色。

关键词：阿尔及利亚；外交政策；独立自主；不结盟

自独立以来，阿尔及利亚外交政策的总体特征是坚持独立自主、捍卫主权和领土完整以及积极的不结盟政策。这些特征与阿尔及利亚遭受法国130多年的殖民统治，其在非洲、阿拉伯世界和地中海地区重要的战略地位，以及二战以来国际格局的演变有着密切关系。阿尔及利亚自独立以来的外交政策可分为4个历史时期：1962年至1965年为反殖亲苏时期；1965年至1978年为积极的不结盟时期；1978年至1999年为缓和收缩期；1999年以来为地区及国际地位恢复期。纵观阿尔及利亚自独立以来的外交政策，阿尔及利亚在地区和国际事务上一直保持着理性，成功地游刃于大国和地区国家之间。尽管曾因内部动荡遭遇两次外交孤立，但阿尔及利亚仍通过采取顺应时势的外交政策，长期保持着在非洲、阿拉伯世界及地中海地区的重要地位。

---

* 黄慧，博士，对外经济贸易大学阿拉伯语系副教授，主要研究方向：中东问题、阿拉伯伊斯兰文化。

一、以维护国家独立为核心确立外交方向

1962年3月18日，阿尔及利亚与法国签署《埃维昂协议》，阿尔及利亚摆脱了殖民地身份，走上了独立自主的发展道路。1962年至1965年，阿尔及利亚处于本·贝拉执政时期。这段时期，阿尔及利亚的外交政策框架初具雏形，呈现出反殖民主义、谋求苏联支持和主张阿拉伯民族主义的特点。

（一）反对殖民主义

自1830年法国入侵阿尔及利亚以来，阿尔及利亚人民历经了130多年的法国殖民统治。1919年，阿尔及利亚民族主义兴起。此后，阿尔及利亚人民通过近半个世纪的斗争才获得独立。特别是在1954年至1962年的8年武装斗争中，阿尔及利亚人民浴血奋战，付出了巨大代价。在这样的历史背景下，独立后，阿尔及利亚外交政策的第一要务便是反对殖民主义，以捍卫阿尔及利亚民族解放运动的成果。通过高举反对殖民主义的大旗，独立后的阿尔及利亚开始成为第三世界中的重要国家。

本·贝拉致力于将阿尔及利亚打造成“全球解放战士”的基地。1962年，曼德拉来到阿尔及利亚接受游击队训练。1963年，古巴革命领袖埃内斯托·格瓦拉造访阿尔及利亚。此外，科西嘉、巴斯克、乌拉圭、智利等国家和地区的有关人员，以及纳米比亚西南非洲人民组织等均曾应邀前往阿尔及利亚学习战斗技巧。[1]一些学者认为，本·贝拉外交政策的核心原则是“第三世界团结”，即实现非洲、中东、亚洲和拉美国家间的合作，以削弱发达国家对其政治和经济的影响力。[2]

值得注意的是，本·贝拉在倡导反殖民主义的过程中高度重视非洲独立和团结。1962年，本·贝拉在联合国大会上发表演讲，强调阿尔及利亚在非洲的政治和外交原则是肃清殖民主义势力。[3]基于这一原则，独立后的阿尔及利亚向非洲其他国家的解放运动提供了军事和经济支持，例如支持安哥拉和莫桑比克反对葡萄牙殖民统治的斗争。阿尔及利亚甚至一度关闭了葡萄牙驻阿尔及尔的领事馆。南非、津巴布韦等国的解放组织均与阿尔及利亚建立了联系。1963年非洲统一组织成立时，本·贝拉推动了非洲解放委员会（African Liberation Committee）的组建，以实现非洲国家在反殖斗争中的合作。阿尔及利亚随后向非洲解放委员会捐赠了1亿法郎。

（二）谋求苏联支持

阿尔及利亚独立之时，美苏争霸正愈演愈烈，东西方两大阵营处于对峙状态。刚刚摆脱法国殖民统治的阿尔及利亚一方面需要巩固革命成果，另一方面亟须重振经济。在这样的条件下，阿尔及利亚选择了亲苏立场。事实上，美国与阿尔及利亚的接触早于苏联，但这种接触并没有使独立后的阿尔及利亚倒向美国。1962年10月15日，美国总统肯尼迪在白宫会见了本·贝拉。两天后，本·贝拉飞往古巴，会见卡斯特罗，向他通报了与美国总统会面的内容。他还向古巴伸出援手，表示愿意支持古巴革命。阿尔及利亚甚至为拉美的革命者提供了假身份，允许他们在阿尔及利亚受训。[4] 14本·贝拉用行动表明了其反西方、反殖民主义的立场。

阿尔及利亚独立后，苏联采取了观望的态度，没有立刻表示对本·贝拉政权的支持。一方面，苏联对本·贝拉的政治倾向没有把握；另一方面，苏联顾虑其与法国之间的关系。[5] 157 1962年古巴导弹危机爆发时，阿尔及利亚曾向美国承诺，不会向苏联开放机场，以免苏联向古巴提供补给。[4] 144这种表态可能造成了苏联的迟疑。此外，本·贝拉在国内的地位也尚未稳固。1962年至1963年，本·贝拉与原阿尔及利亚临时政府总理本·赫达之间发生了激烈的权力斗争。此后，本·贝拉又忙于排除阿尔及利亚领导层中可能对其构成威胁的政治对手。1963年9月，本·贝拉出任总统、总理和总司令三职。[6] 47随着本·贝拉地位的巩固，苏联打破了沉默，开始对阿尔及利亚进行援助。1963年，苏联宣布向阿尔及利亚提供价值9000万卢布的贷款。阿尔及利亚发展与苏联关系的一个重要动机在于改善阿尔及利亚国家人民军的落后装备。最初，阿尔及利亚向包括法国和美国在内的西方国家谋求支持，但遭到了拒绝。之后，阿尔及利亚转向了苏联。同年9月底，时任人民军总司令的胡阿里·布迈丁前往莫斯科讨论购买军火以及安排苏联顾问训练阿尔及利亚军队的事宜。1964年，本·贝拉访问莫斯科，受到了热烈的欢迎。这次访问标志着苏联对阿尔及利亚以及本·贝拉个人的支持。通过这次访问，本·贝拉获得了1.15亿卢布的贷款，以及苏联对阿尔及利亚石化、纺织等多个领域的技术支持。[5] 160此外，民族解放阵线党也与苏联建立了联系。

在阿尔及利亚与苏联建立密切联系的同时，美国正逐渐将阿尔及利亚划为冷战中的“危险一方”。本·贝拉访问莫斯科后，美国的这一倾向进一步明

朗。1965年6月，美国决定暂停对阿尔及利亚的援助，直到阿尔及利亚政府对美国展示友好姿态。[5] 157

（三）主张阿拉伯民族主义

在阿拉伯世界，阿尔及利亚是阿拉伯民族主义的积极主张者。阿尔及利亚民族解放运动期间，本·贝拉曾前往埃及。他在那里接受了阿拉伯民族主义的思想，并获得了纳赛尔对阿尔及利亚革命的支持。20世纪50年代至60年代，阿拉伯民族主义盛极一时，取得了很多胜利。1956年的中东战争以纳赛尔的胜利告终，这大大增强了阿拉伯民族主义的感召力。对于当时正处于民族解放战争关键时期的阿尔及利亚而言，阿拉伯民族主义的胜利具有极大的吸引力。阿尔及利亚民族解放运动走的正是阿拉伯民族主义的道路。

独立后，阿尔及利亚以"阿拉伯—伊斯兰"为核心建设民族认同。阿尔及利亚的第一部宪法《阿尔及尔宪章》对阿尔及利亚作如下定义："阿尔及利亚是一个阿拉伯—伊斯兰国家。这个定义排除了任何按照人种标准的提法，并驳斥了对阿拉伯影响的任何低估。把阿拉伯世界分成单独的地理上或经济上的单位，并没有能够使由历史、伊斯兰文化和共同语言形成的各种统一因素降居次要地位。……阿尔及利亚民族的阿拉伯—伊斯兰的实质构成了抵抗殖民主义消灭阿尔及利亚民族的牢固堡垒。"[7]本着阿拉伯世界团结一致的精神，本·贝拉政府在巴以问题上采取了坚定的反犹太主义立场。对于相对亲法的突尼斯和摩洛哥两个邻国，阿尔及利亚的态度较为冷淡。

二、以不结盟运动为杠杆谋求第三世界的领导地位

布迈丁上台后，阿尔及利亚外交的基本诉求没有改变。摆脱法国控制、巩固民族解放斗争的成果在很大程度上仍是阿尔及利亚外交的重要使命。此外，通过政变上台的布迈丁还亟须通过提升阿尔及利亚在国际舞台上的地位巩固其国内政权。这一时期，阿尔及利亚外交政策的亮点是积极的不结盟政策。其外交政策的着力点在于借助苏联力量发展军事及经济实力，摆脱法国的政治、经济影响；高举阿拉伯民族主义旗帜，提升其在阿拉伯世界的地位。阿尔及利亚在布迈丁时代崛起，成为第三世界国家的重要代表，在不结盟运动中发挥了主导作用。布迈丁时期，阿尔及利亚外交政策更为积极主动。有西方学者认为，布迈丁的外交政策充满阳刚之气，向阿尔及利亚民众传递了

阿尔及利亚无须再奉迎西方、阿尔及利亚已崛起为世界舞台的新兴力量的信号。[8]

布迈丁上台之初，阿尔及利亚的外交曾陷入短期困境，这也是阿尔及利亚首次遭遇外交孤立。独立后，阿尔及利亚原定于1965年主办第二届亚非会议。第二届亚非会议选择在阿尔及利亚召开是本·贝拉外交的重要胜利，代表了阿尔及利亚在亚非国家中的地位。但在1965年，本·贝拉政权被推翻，布迈丁取而代之。政变直接导致第二届亚非会议搁浅。第三世界以及社会主义阵营国家大多对政变持否定态度。苏联对新政权保持了观望态度。非洲方面，几内亚总统塞古·杜尔表示，几内亚与阿尔及利亚的命运休戚相关，对政变感同身受；加纳总统克瓦米·恩克鲁玛因过于震惊，直到政变发生4天后才向公众公布消息。[5] 230 埃及与阿尔及利亚的关系骤然紧张。拉美方面，与阿尔及利亚关系密切的古巴险些与阿尔及利亚断交。

虽然遭到不少盟友的质疑，布迈丁仍作出延续阿尔及利亚革命传统的姿态，保持了对全球其他地区革命运动的支持。布迈丁曾对本·贝拉四处介入解放斗争的做法嗤之以鼻。[9] 117 尽管如此，布迈丁政府仍对反殖民政权的解放运动组织敞开大门，允许它们在阿尔及尔设立代表处。[10]

（一）借助苏联力量发展军事及经济实力，摆脱法国的政治、经济影响

布迈丁没有如一些西方国家所预料的那样倒向西方阵营。面对外交困境，布迈丁首先着力于获得苏联的承认和支持。1965年12月，布迈丁收到来自苏联的访问邀请。虽然他没有获得本·贝拉曾经受到的礼遇，但此次出访仍然实现了主要目标，“保证了苏联经济军事援助的持续”[10] 233。根据西方外交官的估计，截至1966年底，共有大约3000名苏联医生、教师、农学家、工程师和军事顾问在阿尔及利亚工作。[10] 234 苏联的军事援助逐渐成为阿尔及利亚国家人民军的主要外援。但阿尔及利亚与苏联之间并非一种依附关系，阿尔及利亚首要的国家利益是维持独立自主。相较本·贝拉时期，在布迈丁时期，阿苏关系的感情色彩被淡化，两国之间的合作更趋于理性，是双方战略需求的结果，而非主要受到意识形态的驱动。

由于得到了苏联的有力支持，阿尔及利亚获得了摆脱法国影响的杠杆。阿尔及利亚独立以来，阿法关系一直是个敏感的话题。尽管阿尔及利亚获得了政治上的独立，但法国在经济、文化以及军事上对阿尔及利亚仍保持着强

大的影响力。1971年2月，阿尔及利亚收回了法国控制的石油产业。这一事件预示着阿尔及利亚与法国的关系即将发生改变。1975年，时任法国总统吉斯卡尔·德斯坦访问阿尔及利亚。这是阿尔及利亚独立后，法国总统首次访问阿尔及利亚。访问期间，布迈丁表示阿法关系已翻开新的篇章，“阿尔及利亚可以不再带着痛苦或有所保留地与法国对话”[9]118。此后，阿尔及利亚与法国交往的方式发生了历史性的改变，阿尔及利亚不再是法国的前殖民地附庸，而成为与之平等的交往对象。

（二）高举阿拉伯民族主义旗帜，提升其在阿拉伯世界的地位

布迈丁时期的外交政策与本·贝拉时期相比的一个显著变化是，从重视非洲和阿拉伯世界转向更偏重阿拉伯世界。非洲革命领袖对布迈丁的疏远构成了阿尔及利亚更偏重阿拉伯世界的外部原因。布迈丁通过政变上台时，非洲的革命领袖大多对其持否定态度。非洲革命领袖认为，布迈丁将领导一个保守的军政府，这令布迈丁感到不满。另外，将本·贝拉的倒台与1966年加纳总统恩克鲁玛的倒台相提并论更令布迈丁愤慨。他甚至曾经指控本·贝拉压制阿尔及利亚的阿拉伯属性以换取自己作为泛非主义领袖的地位。[5]241布迈丁的成长经历以及当时阿尔及利亚的国家认同建设目标，构成了阿尔及利亚更偏重阿拉伯世界的内部因素。布迈丁于1925年出生在阿尔及利亚东部的盖勒马省的一个贫寒农民家庭，他从14岁开始学习阿拉伯语，曾在突尼斯的宰图纳大清真寺求学，1951年进入埃及爱资哈尔大学学习。作为坚定的阿拉伯民族主义者，布迈丁在其统治时期强力推进了阿尔及利亚的阿拉伯化进程，以完成阿拉伯—伊斯兰国家认同的建设。内政上的这种需求也促进了阿尔及利亚与阿拉伯世界的亲近。

自1967年开始，布迈丁成为纳赛尔之后阿拉伯民族主义的领袖人物。1967年5月，阿尔及利亚在阿尔及尔召开了阿拉伯社会主义者研讨会，与会者探讨了阿拉伯世界的社会主义运动，以及反对封建主义、殖民主义、新殖民主义和帝国主义的斗争经验。阿尔及利亚在这次泛阿拉伯主义大会上初露锋芒，展示了其扛起阿拉伯民族主义旗帜的雄心。1967年6月，第三次中东战争爆发。布迈丁号召阿尔及利亚人民投身反对犹太复国主义者的战斗，以“保卫社会主义革命，反对帝国主义侵略”[5]247。战争期间，阿尔及利亚向埃及派出了50多架飞机，以及小规模的步兵及炮兵参与战斗。[10]1973年第四次

中东战争期间，阿尔及利亚派出了空军作战部队增援在苏伊士运河的埃及军队，并向叙利亚派出了两支医疗队。尽管阿尔及利亚对上述两次中东战争的直接参与有限，但其积极姿态仍为布迈丁崛起为阿拉伯民族主义的代言人创造了机会，也为他赢得了国内民众的支持。布迈丁将阿尔及利亚与巴勒斯坦人民的事业联系起来，采取了强硬的反以色列态度，并与美国断绝了外交关系。1971年，布迈丁大刀阔斧的石油国有化进程推动了中东地区其他国家的石油国有化。1973年，不结盟运动第四次首脑会议在阿尔及尔举行。这是布迈丁时期阿尔及利亚外交的一个高峰，并使他成为发展中国家的领袖。[9] 118 第四次中东战争结束后，布迈丁运用其不结盟运动领袖的地位为巴勒斯坦谋求国际支持，说服多个不结盟国家与以色列断交。布迈丁在提升巴勒斯坦在联合国的地位方面发挥了关键作用，促成了1974年阿拉法特在联合国大会上发表演讲。

布迈丁在阿拉伯世界积极作为的同时，对两个邻国突尼斯和摩洛哥采取了比本·贝拉时期更强硬的态度。针对与突尼斯的边境纠纷，布迈丁拒绝妥协。政变发生48小时内，布迈丁政府便陈兵两国争议领土。但最终，两国仍通过外交途径解决了边境纠纷。阿尔及利亚与摩洛哥的关系则持续紧张。本·贝拉时期，两国就因边境纠纷发生过局部冲突。到了布迈丁时期，阿尔及利亚和摩洛哥在西撒问题上产生了分歧。摩洛哥主张对西撒领土的主权；阿尔及利亚方面不支持这种主张，表示西撒地区未来的归属是阿尔及利亚的关键利益。争议的实质原因在于，摩洛哥一旦获得西撒地区，其领土将延伸到阿尔及利亚在撒哈拉的领土。阿尔及利亚因而采取了支持谋求西撒独立的政治军事组织波利萨里奥阵线的立场。突尼斯和摩洛哥均转向美国寻求支持，这进一步加剧了阿尔及利亚与它们之间的紧张关系。阿尔及利亚在西撒问题上的态度对其在阿拉伯世界的威望造成了负面影响。

三、国内政局不稳引发外交收缩

1978年，布迈丁逝世。沙德利继任阿尔及利亚总统。沙德利时期，全球战略格局发生了重大转折，阿尔及利亚也经历了经济和政治改革的阵痛。进入20世纪80年代后，美苏之间的优势对比发生了变化，美国由守转攻，苏联逐渐陷入困境。1989年东欧剧变，1991年苏联解体，社会主义阵营不复存在。

在阿尔及利亚国内，布迈丁时期所推行的工业化和农业社会主义改造没有使阿尔及利亚建成独立自主的经济体系，反而造成了经济发展的结构性失衡和经济缺乏活力的状况。沙德利上台时，已经察觉到经济发展中的问题，并试图推行改革。然而改革尚未成功之时，国际石油价格的暴跌使其经济彻底陷入了泥潭。纵观整个沙德利时期，经济和社会危机一直困扰着阿尔及利亚政府。20世纪80年代末，民族解放阵线的统治已摇摇欲坠。1983年，国际石油价格暴跌，导致阿尔及利亚的石油天然气收入从1981年的142亿美元锐减至1986年的73亿美元。[11] 27 到了1988年，阿尔及利亚的经济增长率跌至–3.6%。[12] 由于陷入财政危机，政府取消了对粮食和基本生活用品的补贴，粮食价格随即飙升，住房问题越来越严峻，官方公布的失业率上升至30%。[11] 33

沙德利时期的社会危机则主要体现在宗教激进主义势力的崛起和柏柏尔主义运动的发展。1980年，阿尔及利亚爆发了“柏柏尔之春”。这场运动不仅仅是柏柏尔少数族群要求文化和语言权利的运动。作为“独立以来最严重的一次挑战阿尔及利亚政权的群众运动”[13]，它给阿尔及利亚的命运带来了长远的影响，唤起了阿尔及利亚人对民主、人权和文化多元化的要求。阿尔及利亚占统治地位的意识形态遭到挑战，多元化的话题被正式引入政治生活。此后，柏柏尔政治力量成为阿尔及利亚的一支反对派力量。1988年，阿尔及利亚爆发了更大规模的暴乱，此次暴乱是阿尔及利亚独立以来各种社会矛盾的总爆发。在这场运动中，蓄势待发的宗教激进主义成为阿尔及利亚实力最强的政治反对派。此后，阿尔及利亚开始进行“公开化”（Glasnost）改革，尝试对独立以来的政治经济体制进行调整。鉴于这样的国际和国内形势，在沙德利时期，阿尔及利亚外交的对抗性日益下降，意识形态色彩逐渐淡化，向务实低调的方向发展。

（一）保持第三世界话语，放弃全球性外交

沙德利刚刚上台时，作出了延续阿尔及利亚外交传统的姿态。出任总统后，他首先访问了多个阿拉伯国家，之后又访问了马里、刚果等11个非洲国家。1980年两伊战争爆发后，阿尔及利亚尝试进行调解。此举是对布迈丁于1975年调停两伊之间的边界纠纷，并促成双方签订《阿尔及尔协议》的一种延续。但调停行动因时任阿尔及利亚外交部长穆罕默德·萨迪格·本·叶海亚（Muḥammad al-Ṣadīq bn Yaḥya）于1982年5月意外死于空难戛然而止。[14] 上述两项行动彰显了沙德利继承阿尔及利亚独立以来的地缘政治遗产的决心。

随着时间的推移，阿尔及利亚实际上放弃了全球性外交。1979年之后，阿尔及利亚仍允许若干个解放运动组织保留在阿尔及利亚的办事处，但支持的力度有所下降。与此同时，阿尔及利亚开始对恐怖分子和民族解放斗士进行明确的区分。随着冷战的结束，不结盟运动所勾勒的两个超级大国之间的政治空间发生了调整，不结盟运动失去了平衡的杠杆。沙德利无法再像布迈丁那样通过不结盟运动使阿尔及利亚成为世界外交舞台上的棋手，阿尔及利亚的第三世界领袖地位也逐渐衰落。

在阿拉伯世界，阿尔及利亚的外交重点转移到周边国家，但仍保持了对巴勒斯坦事业的支持。巴勒斯坦的伊斯兰圣战组织（吉哈德）、巴勒斯坦解放阵线以及阿布·尼达尔组织均与阿尔及利亚有联系。阿尔及利亚持续支持巴勒斯坦解放组织，虽然其无力帮助巴勒斯坦解放组织抵御1982年以色列入侵黎巴嫩，但沙德利还是接纳了1000—2000名从贝鲁特撤出的游击队员。[10]

（二）缓和与西方国家关系，实现与大国关系多样化

沙德利上台后的重要外交举措之一是在1979年至1981年调停了美国驻伊朗大使馆人质危机。通过这一举措，沙德利向美国发出了友好的信号，同时显示了阿尔及利亚在中东地区的协调能力。尽管如此，阿美关系仍遇到了一些障碍，其中包括里根政府加紧对摩洛哥的军事援助，以及阿尔及利亚与埃尔帕索天然气公司的谈判失败，导致阿尔及利亚承担了25亿美元的基础设施建设费用。[15] 20世纪80年代中期，阿美关系获得了突破。1983年，时任美国副总统乔治·布什访问阿尔及利亚，他对阿尔及利亚的不结盟外交政策表示理解。1985年，沙德利访问美国，阿美关系进入了新的阶段，两国在贸易、投资、文化和教育等领域的合作逐渐增多。

1981年，法国左翼阵营的弗朗索瓦·密特朗当选总统，阿尔及利亚和法国的关系开始缓解。当年11月，密特朗访问阿尔及利亚。这次访问成为两国关系的新起点，阿尔及利亚成为密特朗谋求“新型南北关系”的样板。[6]121 两年后，沙德利回访法国。随着时间的推移，阿尔及利亚与法国的关系越来越务实，双方共同关心的问题从宏观的政治概念转向移民管理、经济合作等方面。20世纪80年代，法国大约有82万阿尔及利亚移民，还有16万在法国出生的二代移民。[14]这些移民的身份问题是两国磋商的重点。此外，两国还进行了油气方面的合作，并于1982年2月签署了天然气合作协议。

苏联解体后，阿尔及利亚失去了一个关键的政治、经济和军事盟友。然而事实上，在苏联解体之前，阿尔及利亚已开始谋求军事援助的多样化，多个北约国家开始向阿尔及利亚提供军事援助。20世纪80年代中期，阿尔及利亚还获得了从美国购买武器的资格。

（三）改善与马格里布国家的关系

沙德利时期,阿尔及利亚重视与周边国家的外交关系，致力于促成马格里布的团结，呼吁实现地区经济、政治合作。阿尔及利亚首先致力于改善与摩洛哥的关系。20世纪80年代以来，阿尔及利亚对待摩洛哥的态度有所软化，双方进行了一些高层接触。1981年，时任阿尔及利亚外交部长塔利布·易卜拉希米（Taleb Ibrahimi）建议和平解决西撒问题。1983年，哈桑国王和沙德利会面，阿尔及利亚向摩洛哥提供了一些经济刺激条件。但遗憾的是，双方的和解没有取得实质性进展。1984年，两国关系再度恶化。随着阿尔及利亚与突尼斯、毛里塔尼亚等国家关系的发展，摩洛哥亮出了竞争态势，积极推进与利比亚的关系。阿尔及利亚因此加大了对西撒的支持力度，推动阿拉伯撒哈拉民主共和国加入了非洲统一组织。到了20世纪80年代末，阿尔及利亚的政治经济局势恶化，对西撒问题的影响力有所下降，阿尔及利亚和摩洛哥的关系得到了改善。此外，沙德利还积极发展与利比亚的关系，试图将利比亚拉入1983年阿尔及利亚与突尼斯和毛里塔尼亚签署的友好协议。[9] 96

总体而言，沙德利时期，阿尔及利亚外交政策的对抗性明显下降，适应性显著上升。阿尔及利亚与西方国家及周边国家的关系也有所改善，这与这段时期的国际格局以及阿尔及利亚国内政治经济局势的变化有着密切关系。1988年的暴乱事件结束后，阿尔及利亚开始“公开化”改革，推进民主化进程。1990年至1991年，阿尔及利亚举行了地方选举和议会选举，伊斯兰拯救阵线在大选中胜出，军方采取行动中断了选举。1992年，军方宣布解散议会，建立最高安全委员会，阿尔及利亚的民主化尝试以灾难性的结局收场。军方以非常方式终结伊斯兰拯救阵线的胜利后，阿尔及利亚陷入了内战。

内战时期，阿尔及利亚外交呈收缩态势，国内冲突和经济局势的恶化使阿尔及利亚无力顾及国际事务。阿尔及利亚由此陷入独立后的第二次外交孤立。这段时期，阿尔及利亚的外交重点是防止孤立和外部势力对国内冲突的干涉。军方谋求国际社会对其于1992年取消选举结果、阻止伊斯兰拯救阵线上台的默许，以及对随后采取针对伊斯兰武装组织的军事行动的谅解。其外交政策的方向是说服西方和阿拉伯世界，唯有军事手段方能解决阿尔及利亚的内乱。[16]

四、通过平衡地区和国际力量维护独立自主局面

1999年，布特弗利卡当选阿尔及利亚总统，阿尔及利亚外交进入了复苏期。上台伊始，布特弗利卡频频在国际舞台亮相。上台后的1年左右时间里，他一共进行了32次出访。[17] 164 布特弗利卡时期，阿尔及利亚旨在全面恢复阿尔及利亚在地区和国际舞台上的地位，其外交政策的重点有4个方面：首先是积极参与非洲事务，加强与北非阿拉伯国家的关系；其次是与美国结成反恐盟友；再次是加强与欧洲的合作；最后是延续与中国在历史上的友好关系，升级双边关系。布特弗利卡上台后的外交攻势，提高了阿尔及利亚在地区和国际舞台上的声望。

（一）积极参与非洲事务，加强与北非阿拉伯国家的关系

非洲成为布特弗利卡时期阿尔及利亚外交攻势的跳板。[18] 1999年7月，阿尔及利亚主办了非洲统一组织第35届首脑会议。在这次会议上，布特弗利卡当选执行主席。在他任职期间，阿尔及利亚调停了埃塞俄比亚和厄立特里亚之间的冲突，促成了两国在2000年6月停火，以及于2000年12月签署全面和平协议。此外，布特弗利卡还与南非总统姆贝基、尼日利亚总统奥巴桑乔一道积极推进非洲经济外交。他们就像三驾马车，在非洲和国际场合推广“非洲复兴”概念。[19]这种构想最终推动了非洲发展新合作伙伴计划。

除此之外，布特弗利卡还致力于加强与北非阿拉伯国家之间的关系。2000年，布特弗利卡以及阿尔及利亚高级官员对周边国家进行了一系列访问。1月，阿尔及利亚外交部长访问埃及；2月，埃及外长回访阿尔及利亚；4月，布特弗利卡出席在开罗举行的非洲—欧洲首脑会议。当年3月至4月，突尼斯外交部长、国防部长先后访问阿尔及利亚，双方探讨了在反恐领域的军事合作；在非洲—欧洲首脑会议期间，布特弗利卡与突尼斯总统本·阿里进行了会谈；6月，布特弗利卡访问突尼斯。阿尔及利亚与利比亚的关系也明显改善。10月，布特弗利卡访问利比亚，双方签署了合作协议。布特弗利卡还呼吁联合国解除对利比亚的制裁。2000年2月17日，在阿拉伯马格里布联盟成

立11周年纪念日，布特弗利卡向摩洛哥国王穆罕默德六世发出友好信号，表示阿尔及利亚已“做好准备”，“下定决心”巩固与摩洛哥之间的“兄弟关系”和合作。[17] 166但是，由于在西撒问题上的分歧，阿尔及利亚与摩洛哥的关系没有取得更大的进展。

（二）与美国结成反恐盟友

作为经验丰富的外交家，布特弗利卡上台以来在对美外交方面取得了很大成功。2001年6月，布特弗利卡对美国进行了国事访问，双方达成在石油、天然气领域加强合作的意向，两国关系解冻。“9·11”事件发生后，阿美关系迅速进入蜜月期，阿尔及利亚成为美国的反恐盟友。11月，布特弗利卡二度访美，与美国总统布什就反恐问题进行磋商。2002年，美国解除了对阿尔及利亚长达10年的武器禁运。2003年，美国入侵伊拉克，鉴于其他阿拉伯国家的态度和宗教激进主义的压力，布特弗利卡难以公开支持美国。但是，他仍然成功地让美国相信，宗教激进主义势力试图将阿尔及利亚作为训练营，以对抗入侵伊拉克的美军，并凭此维持了与美国之间的盟友关系。[11] 88-89

2010年底，西亚北非多个国家发生了政局动荡。美国对布特弗利卡政府表达了支持。美国驻阿尔及利亚大使亨利·S. 恩舍（Henry S. Ensher）在2011年8月接受阿尔及利亚通讯社（APS）采访时表示，“阿尔及利亚的政治改革符合阿尔及利亚人民的心愿和期望”，强调无论任何政治体制，美国更希望实现“稳定、和平的变革”。[20] 8月10日，布特弗利卡会见恩舍，恩舍重申了美国和阿尔及利亚之间的传统友好合作关系，以及阿尔及利亚在解决伊朗人质危机和反恐方面作出的贡献。[21]恩舍的表态在一定程度上证明了布特弗利卡上台以来成功地经营了阿尔及利亚与美国的双边关系。

（三）加强与欧洲的合作

布特弗利卡打破阿尔及利亚外交孤立的一项重要举措是推动阿法关系进入新阶段。布特弗利卡上台时，阿法两国关系仍存在矛盾，情感因素仍对两国关系有着深刻的影响，法国殖民阿尔及利亚的历史仍遭诟病。此外，自20世纪60年代以来，法国庇护了大批柏柏尔人组织和柏柏尔激进分子。1995年建立的阿马齐格人世界大会、2001年建立的卡比利亚自治运动都将总部设在法国，2010年建立的卡比利亚临时政府也设在法国。由此可见，处理好阿法关系对于阿尔及利亚政局稳定有着特殊意义。

2000年6月，布特弗利卡对法国进行了国事访问。访问期间，布特弗利卡与法国总统希拉克在爱丽舍宫举行了会谈，并在国民议会发表演讲。他还前往凡尔登，悼念一战期间为法国而战的阿尔及利亚穆斯林。布特弗利卡强调阿尔及利亚需要与法国实现和解，阿法关系应当进入新时代。[22]布特弗利卡充分利用了两国因历史和地理的联系以及移民而形成的相互交织的关系，为双边关系的发展注入了新的动力。[19]

布特弗利卡还高度重视改善与欧盟的关系。欧盟是阿尔及利亚最重要的贸易伙伴，阿尔及利亚则为欧盟提供了油气资源。布特弗利卡对欧盟外交的主要目标是缓解阿尔及利亚的债务，提升阿尔及利亚对欧盟的贸易水平，以及吸引欧洲投资。2002年，阿尔及利亚与欧盟签署了联合协议，并于2008年完成了该协议的路线图。根据该协议，阿尔及利亚与欧盟将建立自由贸易区，一些工业产品的关税将被免除，农产品贸易也将放开。[17] 168 2012年，欧盟外交和安全政策高级代表凯瑟琳·艾什顿在访问阿尔及利亚时，将阿尔及利亚称为欧盟的“战略伙伴”。[23]

（四）延续与中国在历史上的友好关系，升级双边关系

中国与阿尔及利亚有着传统的友好关系。在阿尔及利亚民族解放运动时期，中国给阿尔及利亚提供了道义上和军事上的支持。阿尔及利亚独立后，中国一如既往地支持阿尔及利亚，在国内经济相对困难的情况下，中国仍向阿尔及利亚提供了大量援助。1971年，阿尔及利亚作为提案国之一，帮助中华人民共和国恢复了在联合国的合法权利。无论国际风云如何变化，中国在处理与阿尔及利亚的关系时始终秉持不干涉内政的原则，中阿之间一直保持着融洽的关系。

布特弗利卡上台后，中阿关系不断升级。1999年10月，中国国家主席江泽民与阿尔及利亚总统布特弗利卡在阿尔及尔举行会谈，提出了构筑面向新世纪的中阿关系的命题。2000年10月，布特弗利卡出席在北京举行的中非合作论坛第一届部长级会议，并对中国进行国事访问。中国表示愿意与阿尔及利亚一道，建立两国间的战略合作关系。2004年2月，中国国家主席胡锦涛访问阿尔及利亚。在这次访问期间，两国决定建立战略合作关系。中国与阿尔及利亚于1958年建交，中国国家主席习近平和阿尔及利亚总统布特弗利卡

共同决定，在中阿建交55周年和建立战略合作关系10周年之际，将双边关系提升至全面战略伙伴关系水平。2014年2月24日，中阿同时发表《中阿关于建立全面战略伙伴关系的联合公报》，正式宣布建立中阿全面战略伙伴关系。这是中国同阿拉伯国家建立的第一个全面战略伙伴关系。中国外交部表示："中阿关系的发展一定会带动中国同广大阿拉伯国家和非洲国家的友好合作关系不断迈上新台阶。"[24]

"一带一路"倡议提出以来，阿尔及利亚给予了积极回应。阿方的产业结构调整正处于关键时期，"一带一路"倡议与阿方的经济社会改革进程相契合。中国是阿尔及利亚最大的进口来源国，阿尔及利亚是中国在海外最大的工程承包市场之一。总体而言，双方的经贸合作形势较好。从1983年中建公司承包200套住房建设项目开始，中国在阿尔及利亚承接了大量重要的工程建设项目。2004年，中建公司中标阿尔及尔胡阿里·布迈丁国际机场改扩建工程。2006年，中信—中铁建联合体中标阿尔及利亚东西高速公路中西标段，这是中国公司在国际工程承包市场获得的单项合同额最大的项目，也是中国企业实施"走出去"战略的典范。2011年，中建公司中标阿尔及尔大清真寺项目，该清真寺现已落成，是非洲最大的清真寺，也是仅次于沙特两圣寺的世界第三大清真寺，其宣礼塔高度为世界宣礼塔之最。

除了工程承包，中阿在能源领域的合作也有较大的空间。阿尔及利亚在能源领域的传统合作伙伴主要是英国石油公司、康菲石油公司、壳牌石油公司等西方石油公司。目前，中石油、中石化等公司已经在阿尔及利亚开发了一些项目。在未来的合作中，中国公司可能面临来自享有既得利益的西方公司的阻力。此外，阿尔及利亚目前正在重点发展农业和旅游业，以实现经济结构的多元化，这将给中资企业在阿投资带来新的机遇。

五、结语

阿尔及利亚自独立以来的外交政策可分为4个阶段。其中，1962年至1965年以及1965年至1978年这两个时期的外交政策总体方向是一致的，体现出反对殖民主义、亲苏联及社会主义国家、重视非洲及阿拉伯世界以及积极的不结盟特点。这两个时期也是阿尔及利亚独立以来外交政策总体方向的确立期。这两个时期，阿尔及利亚外交政策的不同点主要体现在两个方面：一是与苏联的关系，前一个时期的情感色彩相对浓郁，后一个时期更体现国家利益的考量；二是与非洲及阿拉伯世界的关系，前一个时期两者并重，后一个时期更重视阿拉伯世界。这种差异与布迈丁在1965年通过政变上台有着直接的联系。这场政变也导致了阿尔及利亚独立以后首次遭遇外交孤立。由于上述两方面的差异，阿尔及利亚的积极不结盟政策在后一个时期体现得最为明显。

1978年至1999年，国际格局和阿尔及利亚内政都发生了重大变化，阿尔及利亚的外交政策也随之发生了调整，意识形态色彩逐渐淡化，趋向缓和。其中，1992年至1999年，阿尔及利亚陷入内战，外交陷入第二次孤立。1999年以来，曾长期担任阿尔及利亚外交部长的布特弗利卡上台执政后，积极恢复阿尔及利亚在地区和国际舞台上的地位，阿尔及利亚与西方国家、非洲以及中国的关系都获得了充分的发展。

阿尔及利亚独立以来，在外交领域始终保持着理性，能够顺应时代的变化而作出相应的政策调整，这使得阿尔及利亚始终保持着在非洲、阿拉伯世界以及地中海地区的战略地位。中国与阿尔及利亚有着传统的友好关系，当前两国已建立全面战略伙伴关系。进一步深化中国与阿尔及利亚的关系，拓展、深化双方的合作领域，对于中国的非洲战略、中东战略将产生重要的影响。

参考文献

[1] SMITH A D, BELLA A B. Anti-French Activist Who Became the First President of Free Algeria [EB/OL]. http://www.independent.co.uk/news/obituaries/ahmed-ben-bella-antifrench-activist-who-became-the-first-president-of-free-algeria-7654701.html.

[2] VAN DIJK R, GRAY W G, SAVRANSKAYA S, et al. Encyclopedia of the Cold War [M]. London & New York : Routledge, 2008: 75.

[3] SHERWOOD M, ADI H. Pan-African History: Political Figures from Africa and the Diaspora Since 1787[M]. London & New York : Routledge, 2003: 9.

[4] WATERS R A, Jr. Historical Dictionary of United States-Africa Relations [M]. New York: Scarecrow Press, 2009.

[5] OTTAWAY D, OTTAWAY M. Algeria: The Politics of a Socialist Revolution[M]. Los Angeles: University of California Press, 1970.

[6] STONE M. The Agony of Algeria[M]. New York：Columbia University Press,

1997.

[7] 阿尔及利亚民族解放阵线党第一次代表大会文件集：1964年4月16日至21日[M].北京：世界知识出版社，1965: 60-61.

[8] EVANGELISTA M.Gender, Nationalism, and War: Conflict on the Movie Screen [M]. Cambridge：Cambridge University Press, 2011: 68.

[9] REICH B. Political Leaders of the Contemporary Middle East and North Africa: A Biographical Dictionary[M]. New York :Greenwood Press, 1990.

[10] METZ H C. Algeria: A Country Study [DB/OL]. Washington: GPO for the Library of Congress, 1994, http://countrystudies.us/algeria/156.htm.

[11] LE SUEUR J D. Algeria since 1989: Between Terror and Democracy[M]. Halifax: Fernwood Publishing Ltd, 2010.

[12] VOLPI F. Islam and Democracy: The Failure of Dialogue in Algeria[M]. London: Pluto Press, 2003: 38.

[13] ROBERTS H. The Unforeseen Development of the Kabyle Question in Contemporary Algeria[J]. Government and Opposition, 1982, 17(3): 312.

[14] STORA B. Algeria, 1830-2000: A Short History[M]. New York:Cornell University Press, 2001: 188.

[15] FREEDMAN R O. Moscow and the Middle East: Soviet Policy Since the Invasion of Afghanistan[M]. Cambridge:Cambridge University Press, 1991:101.

[16] BOUKHARS A. Algerian Foreign Policy in the Context of the Arab Spring[EB/OL]. http://carnegieendowment.org/2013/01/14/algerian-foreign-policy-in-context-of-arab-spring/f1xf#.

[17] MADDY-WEITZMAN B. Middle East Contemporary Survey [J].the Moshe Dayan Center for Middle Eastern and African Studies, 2000, XXIV.

[18] WELZ M. Integrating Africa: Decolonization’s Legacies, Sovereignty and the African Union[M]. London & New York: Routledge, 2012: 73.

[19] AGHROUT A, BOUGHERIRA M R. Algeria in Transition: Reforms and Development Prospects [M]. New York :Routledge Curzon, 2004: 190.

[20] The Political Reforms Being Implemented in Algeria Meet the Expectations and Aspirations of the Algerian People, Says U.S. Ambassador to Algeria[EB/OL].http://www.algeria-us.org/algeria-us-relations-overview-mainmenu-227/998-les-reformes-politiques-engagees-en-algerie-repondent-aux-attentes-du-peuple-algerien-ambassadeur-des-etats-unis.

html.

[21] President Bouteflika Meets with New U.S. Ambassador Henry S. Ensher[EB/OL]. http://www.algeria-us.org/algeria-us-relations-overview-mainmenu-227/987-president-bouteflika-meets-with-new-us-ambassador-henry-s-ensher.html.

[22] EVANS M, PHILLIPS J. Algeria: Anger of the Dispossessed[M]. New Heaven and London: Yale University Press, 2007: 259.

[23] The Report: Algeria [DB/OL]. Oxford Business Group, 2012: 38.

[24] 中国与阿尔及利亚宣布建立全面战略伙伴关系 [EB/OL]. http://news.china.com.cn/world/2014-02/24/content_31581295.htm.

عنوان البحث: تحليل السياسات الخارجية للجزائر

الباحثة: هوانغ هوي، أستاذة مشاركة بجامعة الاقتصاد والتجارة الدولية، واهتماماتها الأكاديمية: دراسات شرق أوسطية.

ملخص البحث: تتصف السياسات الخارجية للجزائر بالخصائص المختلفة في مراحل تطورها المختلفة، وفي الوقت نفسه، تشترك في مبادئ متواصلة مثل التمسك بالاستقلال وصيانة السيادة وسلامة أراضي الدولة وسياسة عدم الانحياز الإيجابي. مع تغيرات الوضع الدولي والمحلي، شهدت دبلوماسية الجزائر فترتي العزل في التاريخ. على الرغم من ذلك، ظلت السياسات الخاريجية للجزائر تتمسك بالعقلية وتتكيف مع مستجدات تطور العصر مهما كان الوضع الخاريجي والداخلي، الأمر الذي مكّن الجزائر من المحافظة على مكانتها الاستراتيجية في إفريقيا والعالم العربي ومنطقة البحر الأبيض المتوسط. ومن الأرجح أن تلعب الجزائر أهم دور في الترتيب السياسي في إفريقيا والشرق الأوسط في المستقبل.

الكلمات المفتاحية: الجزائر، السياسات الخارجية، استقلال، عدم الانحياز

科学史中的“正名”问题

——“阿拉伯科学”，抑或“伊斯兰科学”？[*]

◎ 周 放[**]

摘 要：众所周知，“阿拉伯科学”是指阿拉伯民族的科学。但这样的说法存在漏洞，因为在“阿拉伯科学”的形成过程中，许多非阿拉伯民族的人曾作出很大的贡献。阿拉伯科学的鼎盛时期是在伊斯兰产生之后的阿拉伯帝国时代，故又可称之为“伊斯兰科学”。不过这样称呼仍存在问题，因为在伊斯兰科学的形成过程中，非伊斯兰教徒，尤其是基督徒的贡献是很大的。

造成这种局面的根本原因，显然与阿拉伯文化错综复杂的历史有关。国外有不少学者似乎倾向于“阿拉伯科学”这一名称，但我们必须明确的是，这一名称是一个历史概念，不能任意套用于现代的事实。

关键词：阿拉伯科学；伊斯兰科学；科学史；正名

《论语·子路》中记载了孔子的一句名言：“名不正，则言不顺。”我们熟悉的成语“名正言顺”即出于此。不过，孔子通过这句话是想强调“正名”的重要性。何谓“正名”？孔子原意是要辩证政治等级或人伦关系上的名分，以使君、臣、父、子各自不越位行事。而实质上，抽象地说，孔子在这里已触及一个重要的逻辑问题：名实的关系问题。所谓“名”是指“名词”或“名称”，亦即概念。概念（名）应与事实相符合。但孔子那个时代，已出现“君不君，臣不臣”的局面，名不副实，名实脱节了。所以，孔子认为，为政必须首先“正名”。同样，形式逻辑开宗明义讲的也是“概念”。名不正，则概

* 本文系国家社会科学基金项目（青年项目）“中世纪阿拉伯科学史研究——世界科学史视域下的重新审视”（16CSS007）阶段性成果；上海外国语大学东方语学院“阿拉伯科学史工作坊”2017年2月沙龙发言稿。

** 周放，博士，上海外国语大学东方语学院副教授，主要研究方向：阿拉伯伊斯兰文化、阿拉伯科学史、阿拉伯古代文学。

念不明确，说话就不顺理，道理也就讲不通。在科学史的研究中，我们也遇到了名实脱节的现象。确切地说，是名实不完全一致的现象。本文所探讨的主题在名与实上有相符之处，如伊斯兰教确实是阿拉伯人的宗教。古代的阿拉伯文化就是伊斯兰文化，此言不虚，不少参考书也是按照此思路编纂相关词条的。例如，哲学词典就将“阿拉伯哲学”与“伊斯兰哲学”当作两个可相互“参见”的词条。[1]而科学史词典也同样把“阿拉伯科学”与“伊斯兰科学”的词条按照上例处理。[2]然而，关于后两者——“阿拉伯科学”与“伊斯兰科学”是否具有同一性，笔者以为是大可商榷的。这就是本文写作的缘起。

一、从研究历史看两个名称

从科学史研究的角度看，我们所感兴趣的这段历史时期的科学首先被称作“阿拉伯科学”。科学史的研究历史很悠久，在西方可追溯至公元前5世纪的古希腊；就东方而言，也可追溯至公元11世纪，当时托莱多人赛义德·安达卢西（Said Al-Andalusi，1029—1070）著有一部科学史著作。这本书原名为《民族志》（Tabaqāt al-Umam），希提将它英译为*Classification of Nations*（各民族分类）[3]；笔者更倾向于使用另一种英译*Book of the Categories of Nations*，英译者将此书意译为《中世纪世界的科学》（*Science in the Medieval World*）。这样的译名当然比原书更贴近“科学史”的性质，但也产生了问题：在11世纪的阿拉伯文本中可能出现“科学”这一名词吗？即便在欧洲，也是17世纪以后才由法国人首先用science来充当“科学”这一“百科之学”的总称；而英国人则是在19世纪中叶以后才开始使用这一名称的。显然，在11世纪的阿文文本中不可能出现指向science的Ulūm或'ilm，而将当时的著作直接翻译成“科学”，也显得失去了历史感。安达卢西在《民族志》一书中专门开辟一章（第12章）讨论阿拉伯人的学术贡献，英译者将此章标题译作“东方阿拉伯人的科学”（Science in the Arab Orient）。[4]值得注意的是，该标题中的“阿拉伯人的科学”（Science in the Arab）这一措辞，虽不能完全等同于“阿拉伯科学”（Arabic Science），但相距也不远矣——“阿拉伯科学”这一名词概念已是呼之欲出了。

安达卢西的《民族志》问世后，曾受到阿拉伯世界学者的关注。1907年，耶稣会神父路易斯·谢胡（Louis Cheikho）在大马士革购得安达卢西的一份手稿，并携带至贝鲁特。经过一番努力，神父搜集到全部手稿，于1912年以*Kitâb Tabaqâtal-Umam*为书名出版，从而揭开了对这部手稿进行现代研究的序幕。1935年，雷吉斯·布拉谢尔（Régis Blachère）又将该书译成法文出版，为西方人所知。3年之后，亦即1938年，意大利科学史学家阿尔多·米耶利（Aldo Mieli，1879—1950）在荷兰莱顿出版了他的法文专著，书名为《阿拉伯科学及其在科学世界革命中的作用》（La Science Arabe et Son Rôle dans L'Evolution Scientifique Mondiale）。这是西方第一部以“阿拉伯科学”命名的著作。准确地说，这也是西方出版的第一部阿拉伯科学通史，虽然此前不乏类似著作出版，但都是有关阿拉伯科学的“分科史”，并不能冠以“阿拉伯科学”这一名称。

关于米耶利的这部法文著作，笔者有如下看法：首先，这本似乎过时的旧书在当代的价值被低估了。素以重视翻译外文书而著称的日本，连乔治·萨顿（George Sarton，1884—1956）的全3卷共5册的巨著《科学史导论》也早早译成日语出版，却遗漏了米耶利这部经典著作。难道是米耶利“名气不够”？可米耶利是国际科学史学会的首任主席，是当时与萨顿齐名的科学史大家。真实情况不得而知。那么，这本旧书于今而言是否就毫无新意了呢？答案是否定的。虽然这本书出版时人们关注的热点如今早已变为“冷门”，可也正因为如此，这本书的内容更容易吸引我们的眼球。例如，该书第3章第4节“伊斯兰世界中最早的阿拉伯语翻译者”，笔者虽关注阿拉伯百年翻译运动多年，但至今仍说不准谁才是“最早的阿拉伯语翻译者”。又如，该书第8章“阿拉伯—西班牙科学的黄金时代”，估计即便是今日研究科学史的专家对此也会有陌生感吧。其次，米耶利这部书的价值不仅在于可以补充我们的知识盲点，而且还有不可替代的历史价值。它本身就是历史学家首次采用“阿拉伯科学”这一名称的证据。照常理猜测，当时的历史学家也可以采用另一名称“伊斯兰科学”。而且米耶利在书中也曾用“伊斯兰世界”这样的说法。这便值得引发我们的思考：他为何不把“阿拉伯科学”称作“伊斯兰科学”呢？他是否受到安达卢西《民族志》的影响呢？从时间上来说，这样的可能性是存在的。《民族志》的法文译本出版于1935年，而本书出版于1938年，两者的出版时间仅相隔3年，虽说后者有可能受前者影响，但毕竟缺乏更直接的证据，不敢妄下定论，只能以此做些推断：也许尽管当初开疆拓土的阿拉伯先人有向全世界传播伊斯兰教的强烈意识，但这种宗教意识还是暂时让位于民族意识。民族意识强于宗教意识——11世纪问世的《民族志》一书可以充当证据。另外，也可从阿拉伯帝国开创者对待异教徒的态度中看出这一点：他们不强迫被征服者皈依伊斯兰教，只要缴纳人丁税即可免于处罚。他们视被征服者为阿拉伯帝国的臣民，即都是“阿拉伯人”。所以，后世的历史学家也称这个庞大的帝国为“阿拉伯帝国”而非“伊斯兰帝国”。

至于后来又出现的“伊斯兰科学”（Islamic Science）这一名称，又是怎么回事呢？可以肯定的是，这个名称的出现要晚于“阿拉伯科学”。随着历史的更迭，曾经横跨亚非欧三大洲的阿拉伯帝国早已不复存在，而穆斯林却已遍布全世界。因此，把“阿拉伯科学”改称为“伊斯兰科学”，至少会令现代的穆民们感到亲切。这一名称变得广为人知，多少与赛义德·侯赛因·纳塞尔（Seyyed Hossein Nasr）的两部著作有关：其一是《伊斯兰中的科学与文化》（*Science and Civilization in Islam*，1968），其二是《伊斯兰科学——一种图解研究》（*Islamic Science: An Illustrated Study*，1976）。《伊斯兰中的科学与文化》被国内不少学者称引过。可见，纳塞尔的影响不小，无须多言。

二、概念的约定俗成与选择

针对同一个事实，出现两种不同的名称；或者，选择其中的某一概念来指称这个特定的事实，这些似乎都是约定俗成的。“名称概念及其指称都是约定俗成的”，这在其他领域都不应成为问题，但偏偏在科学史研究这个特定的领域，却不能不说是一个例外。

首先，阿拉伯语是小语种。尽管目前世界上使用阿语的国家和人数不少，且阿语是联合国的工作语言之一，但与英语相比，懂这门外语的人相对还是少数。所谓“阿拉伯科学”，有一种定义指出，它不是人种意义上的，而是从阿拉伯语曾经作为通用的科学语言这一意义上来说的。其次，作为小语种的阿拉伯语，至今缺乏一定的规范，例如，对人名或地名的音译就不像英语那样有规范可供遵循。英语的人名或地名译名手册版本不止一种，但阿语至今没有一本类似的手册出版。因此，阿拉伯科学的名称不能统一，“一实二名”，就不足为奇了。

笔者曾留意近20年英美出版的研究阿拉伯科学的著作，除了旅居西方的穆斯林作者，不少非穆斯林作者也开始采用“伊斯兰科学”这样的名称。例如，霍华德·特纳（Howard R. Turner）1995年出版的《中世纪伊斯兰中的科学——插图导论》（*Science in Medieval Islam: An Illustrated Introduction*, 1995），在书中，他申明自己是从“一种西方人的非穆斯林观点出发来写作的”[5]，却采用了“伊斯兰科学”这一概念。

当然，一位西方的非穆斯林作者愿意用“伊斯兰科学”这一名称，很难说其背后有什么宗教动机，这本身也说明在科学史研究领域，如何称呼阿拉伯科学，很难有明确的标准。

其实，两种称谓都存在一定的问题。首先，“阿拉伯科学”这一名词从产生之初就是从人种意义上来考量的。当然，安达卢西写作《民族志》时，阿拉伯帝国已濒临土崩瓦解，但他可能仍沿袭旧习把帝国境内的非阿拉伯民族的居民也都认作“阿拉伯人”。当时，他若是以这样的观点来看待问题，并没有错。可奇怪的是，他似乎有“先见之明”，并没有将著名的“阿拉伯科学家”伊本·西那（Ibn-Sīnā，980—1037）的贡献归入“阿拉伯科学”，反而略而不谈。他这样的处理方式，令我们无法窥知其真意。伊本·西那是与他同时代的人，他不可能不知道这位原籍波斯的科学家。若他真认为伊本·西那不应是“阿拉伯人”，那么为何他在关于波斯的章节中也不提他呢？由此似乎可以推断：伊本·西那的名气至少在他生前未必超过他身后。后人的眼光往往不同于前人。可以说，“阿拉伯科学”这一名称还是有可能误导人们从人种意义上理解“阿拉伯科学”。若真这样理解，就大错特错了。实际上，人种意义上的阿拉伯人的科学家或哲学家是相当少的，最有名气的恐怕仅铿迪（Al-Kindī, 801—873）一人而已，此外几乎都是波斯人、土耳其人、犹太人等。特别是呼罗珊地区的波斯人，在公元8世纪完成“阿拔斯革命”，从而在阿拔斯王朝建立了“阿拉伯科学的黄金时代”。可是，历史的逻辑往往又出人预料的诡异：这些“阿拉伯科学黄金时代”的奠基者在民族性上恰恰都是反阿拉伯主义的。因而，对“阿拉伯科学”一名绝不能从人种意义上去理解。

为了避免上述误导，那么改用“伊斯兰科学”这一名称是否会好些？这又可能误导后人从单纯的宗教意义上去理解阿拉伯科学。当然，必须承认，在阿拉伯科学的形成过程中，伊斯兰教发挥了重要的作用。在穆罕默德创立伊斯兰教之前，阿拉伯确实没有科学。不可否认，阿拉伯科学创造力的爆发得益于伊斯兰教的传播。但同时必须清醒地认识到，“伊斯兰科学”并不因此而等同于“伊斯兰教徒的科学”，因为创立阿拉伯科学的人未必都是伊斯兰教徒，甚至在翻译运动中唱主角也大多不是穆斯林。众所周知，在公元7世纪伊斯兰教传播之前，中东大部分民众是信仰基督教的，他们大多信奉该教的聂斯托利派（主要是在伊拉克南部的希拉城以及北部叙利亚的埃德萨和安提俄克）和一性派（传播于整个叙利亚、安纳托利亚和埃及）。在伊斯兰教创立之前，中东地区曾发现过马兹达克教和袄教，甚至佛教。结果，在阿拉伯科学的黄金时期内，许多重要人物都不是穆斯林。巴格达最伟大的翻译家侯奈因·伊本·伊斯哈格（Ḥunayn ibn Isḥāq，809—873）就是一个从未皈依过伊斯兰教的聂斯托利派的基督徒。9世纪，巴格达的其他基督徒科学家包括天文学家叶哈雅·伊本·艾比·曼苏尔（Yaḥyā ibn Abī Mansūr，?—831）、医生贾比尔·伊本·伯赫贴舒（Jabril ibn Bukhtīshū'，?—828）和伊本·马赛维（Ibn Massāwayh，?—857）。同样，许多犹太人哲学家和科学家，例如翻译家赛海勒·泰伯里（Sahl Al-Ṭabarī，786—845）、医生伊斯哈格·伊本·阿姆朗（Isḥāq ibn Amrān）和天文学家马沙拉（Mashā'allah），都对巴格达的理性文化作出过有价值的贡献。我们也不能忘记8世纪与11世纪之间安达卢西亚的犹太学者，或者更往后的，例如伟大的中世纪犹太哲学家和医生美莫奈迪斯（Maimonides，1135—1204）作出的贡献。后者出生于科尔多瓦，而他大半生是在埃及度过的。

不过近20年，西方学者似乎不约而同地作出抉择：他们都倾向于选择“阿拉伯科学”这一旧称。以下3部具有代表性的著作值得一提。

第一部是旅居法国的埃及科学家鲁世德·拉希德（Roshdī Rāshed，1936—　）于1996年首先用英文主编出版的一套3卷本《阿拉伯科学史百科全书》（*Encyclopedia of the History of Arabic Science*，1996）；该书又在次年出版了法文译本（书名改为《阿拉伯科学史》，即*Histoire des sciences arabes*，1997）和阿文译本（仍沿用英文书名，即موسوعة تاريخ العلوم العربية، 1997）。

第二部是美国学者乔纳森·莱昂斯（Jonathan Lyons）的《智慧宫——阿拉伯人如何改变了西方文明》（*The House of Wisdom: How the Arabs Transformed Western Civilization*，2007）。他在正文前的“致读者”中，简单地说明了他选用“阿拉伯科学”一词而不用“伊斯兰科学”的理由：首先，强调当时“阿拉伯语是做学问的一种全球性语言”；其次，他认为“伊斯兰科学”已有确定的含义，“一般是指严格的宗教学科（法学、《古兰经》诠注学、穆罕默德言行录，或者先知穆罕默德的名言警句集等）”。[6]

第三部是英籍伊拉克裔学者吉姆·哈利利（Jim Al-Khalili）于2011年所

著的同名书《智慧宫》(2010年曾用书名*Pathfinders*，即《探路者》)。原书名还有一个副标题——阿拉伯科学如何拯救古代知识并带来文艺复兴(*How Arabic Science Saved Ancient Knowledge and Gave Us the Renaissance*)，不仅点明了他采用"阿拉伯科学"这一词语的立场，而且也阐明了他对阿拉伯科学历史作用的评价。哈利利在书的正文前对"阿拉伯科学"这一术语作了诠释，"我所谓的'阿拉伯科学'是指政治上受阿拔斯王朝统治的人们所进行的科学。他们的官方语言是阿拉伯语，或者他们觉得有义务用阿拉伯语这一中世纪世界的科学通用语来撰写自己的科学文本"。[7] XXV 这段表述堪称"阿拉伯科学"的经典定义。不过，问题的关键不在于此，而是在于他阐明了其虽有伊斯兰文化背景却不采用"伊斯兰科学"这一术语的3个理由。理由一："并非所有重大的科学进步都是由穆斯林来实现的"。理由二："伊斯兰科学"在概念外延上显然比"阿拉伯科学"要广得多，包括非阿拉伯人的伊斯兰国家，例如巴基斯坦、印度尼西亚和马来西亚，而这显然超出他的《智慧宫》一书的主题范围。理由三：当代穆斯林有不少人倾向于反科学，因而"伊斯兰科学"这样的名词有可能被利用来反对科学。"正像不存在'犹太科学'或'基督教科学'那样，也不可能存在'伊斯兰科学'"。[7] XXVIII 当然，哈利利也对自己选用"阿拉伯科学"这个名称有所疑虑，担心它可能不再会流行于阿拉伯科学黄金时代各个伟大学者的故乡，例如在当今的伊朗、乌兹别克斯坦或土库曼斯坦。但是，他依然认为，"'阿拉伯'而非'伊斯兰'科学多少更纯正些，问题也会少一些"。[7] XXIX 平心而论，这样的认识是客观的，也是比较合理的。

三、只是一个历史概念而已

对于"阿拉伯科学"这个旧称的问题，它的焦点是如何理解这个概念中的"阿拉伯"一词。如前所述，在这里不能简单地把"阿拉伯"理解为"阿拉伯民族"。因而，同样也不能简单地把"阿拉伯"理解成"阿拉伯帝国这片土地"。所以，"阿拉伯科学"不是"阿拉伯民族的科学"，也不仅仅指称"阿拉伯半岛或今日之阿拉伯的科学"。

既然如此，又何以称之为"阿拉伯科学"呢？原来，这里所谓的"阿拉伯"是指在特定的历史条件下传播科学的语言工具是"阿拉伯语"。不过，用其传播的语言来命名一种科学，确实显得异乎寻常。萨顿曾高度评价阿语的历史作用："阿拉伯语被称为科学的国际语言，以前，从来没有另一种语言(除希腊语外）能和它匹敌；以后也绝不会出现。它不是一个民族、一个国家、一种信仰的语言，而是许多民族、许多国家、许多信仰的语言。”[8]这是在特定历史条件下形成的历史现象。具体来说，在中世纪的阿拉伯帝国时代，其鼎盛时期是阿拔斯王朝，帝国领土横跨亚非欧三大洲，帝国臣民包括阿拉伯人和非阿拉伯裔的“新阿拉伯人”，他们在政治上都受帝国王朝的统治，官方语言是阿拉伯语。在学术上，这些臣民也认为有义务用阿拉伯语来撰写自己的科学文本。于是，阿拉伯语就成为当时的科学通用语。同时，也是阿拉伯语将多民族的臣民合为一个共同体。正是基于这样的认识，我们往往将历史上伟大的波斯科学家，例如比鲁尼（Al-Bīrūnī，973—1048）和伊本·西那等人视为阿拉伯科学家。

因此，我们完全可以这样来定义“阿拉伯科学”：它是指中世纪阿拉伯语成为通用语时代的地区所发展的科学。它只是一个历史性概念。当代的阿拉伯地区或国家的科学，不属于这个概念的外延范围。当代非阿拉伯人的伊斯兰国家的科学更不应属于这个范围。

笔者认为，随意将“阿拉伯科学”这个历史概念现代化，无疑是一种“望文生义”，至少也是不够严谨的。

以上论证可以说都是建立在外国学者的言论基础上的，此外也借此介绍了国外的研究情况。而在笔者看来，之所以采用“阿拉伯科学”这一名称，除了以上理由，还有两方面的原因。

首先，虽说在伊斯兰教广泛传播之前阿拉伯人没有科学，但是难道连科学的“萌芽”也没有吗？即便按照惯例，没有一本阿拉伯的科学史书谈论“原始科学”，即使我们承认“自然科学”对阿拉伯人来说是一种“外来学问”，难道在蒙昧时期的阿拉伯人就没有接触过外来文化吗？当时阿拉伯人生活的地区真的如此自我封闭吗？

其次，“伊斯兰科学”这一名称之所以不足取，主要原因不在于人们所赋予它的宗教含义，而是在于它人为地划定了阿拉伯科学起源的上限：不能超越伊斯兰教诞生之日。然而，笔者发现，有一些现代阿拉伯人或穆斯林撰写的历史著作，似乎正在突破这一界限。这将是另一个话题了。

参考文献

[1] 弗卢.新哲学词典[Z].上海：上海译文出版社，1992: 29.

[2] 拜纳姆，布朗，波特. 科学史词典[Z]. 宋子良，等译. 武汉：湖北科技出版社，1988: 38.

[3] HITTI P K. History of the Arabs[M]. London: Macmillan & Co. Ltd, 1964: 566.

[4] AL-ANDALUSI S. Science in the Medieval World[M]. Austin: Univ. of Texas Press, 1991: 46.

[5] TURNER H R. Science in Medieval Islam: An Illustrated Introduction[M]. Austin: Univ. of Texas Press 1995.

[6] 莱昂斯. 智慧宫：阿拉伯人如何改变了西方文明[M]. 刘榜离，李洁，杨宏，译. 北京：新星出版社，2013: 2.

[7] AL-KHALILI J. The House of Wisdom: How Arabic Science Saved Ancient Knowledge and Gave Us the Renaissance[M]. New York: The Penguin Press, 2011.

[8] 萨顿. 科学的历史研究[M]. 陈恒六，刘兵，仲维光，编译. 上海：上海交通大学出版社，2007: 146.

عنوان البحث: التصحيح الاسمي من منظور تاريخ العلوم: العلوم العربية أم العلوم الإسلامية؟

الباحثة: تشو فانغ، أستاذة مشاركة، نائبة رئيسة قسم اللغة العربية لكيلة اللغات الشرقية بجامعة شانغهاي للدراسات الدولية، واهتماماتها الأكاديمية: الحضارة العربية الإسلامية، تاريخ العلوم العربية.

ملخص البحث: ماذا يقصد مصطلح "العلوم العربية"؟ لا شك أنه يشير إلى العلوم عند العرب. ولكن هذه التسمية لها ثغرة أيضا، لأن كثيرا من الذين ساهموا وقدّموا إنجازات عظيمة خلال تطور العلوم العربية، هم ليسوا عرب الأصل. ثم كان هناك مصطلح آخر هو "العلوم الإسلامية"، استنادًا إلى حقيقة أن ازدهار العلوم العربية جاء بعد نشأة الإسلام، لكن هذا المصطلح ليس بريئة من الشوائب، السبب أن العلماء غير المسلمين، وخاصة العلماء المسيحيين، قد قدموا مساهمات كبيرة في تطوير العلوم الإسلامية.

قد يكمن أصل هذه المفارقة في التاريخ المعقد للحضارة العربية نفسها. وفي الوقت الراهن، عدد ليس قليلا من العلماء الأجانب يفضلون استخدام "العلوم العربية" في الكتابة الأكاديمية، ولكن يجب أن نوضح أن هذا المصطلح يقتصر على المفهوم التاريخي فقط، ولا يمكن تطبيقه بشكل تعسفي على حوادث حديثة.

الكلمات المفتاحية: العلوم العربية، العلوم الإسلامية، تاريخ العلوم، التصحيح الإسمي

“一带一路”背景下中国和埃及的反恐合作*

◎ 张雪峰**

摘　要： 中国和埃及都是恐怖主义的受害者。2011年1月埃及发生动荡后，埃及安全形势恶化，恐怖事件频发。而以“东伊运”为首的恐怖组织，与国内外的恐怖势力相互勾结，在中国新疆地区长期从事分裂活动，实施恐怖主义犯罪，严重威胁我国的社会公共安全。2013年，在中国发出“一带一路”倡议以来，中国和埃及双边关系不断提升，经贸往来日益增加，而在安全建设领域，特别是反恐方面，双方也有着共同的诉求，相互间的反恐合作有着广泛的合作前景。两国都应立足于本国的国情，深化在反恐领域的各层次合作，为两国的社会发展和国际社会的稳定作出贡献。

关键词： 反恐合作；埃及；中国；“一带一路”

一、埃及和中国面临的反恐局面

自2010年“阿拉伯之春”爆发以来，特别是在2013年埃及军方推翻来自穆斯林兄弟会（简称“穆兄会”）的首任民选总统穆尔西之后，埃及国内不断发生各类袭击事件。埃及军方曾表示，埃及安全部队自2015年以来共在西奈半岛打死超过500名恐怖分子。埃及《金字塔报》曾公布了一组统计数据，在2016年的反恐行动中，警察、军人和平民死伤数据如下：

死亡154人：其中包括军官35人，其他为士兵和政府公务员及平民。

受伤2323人：其中包括军官452人，其他为士兵和政府公务员及平民。[1]

---

* 本文系2017年上海外国语大学校级项目“中国和‘一带一路’沿线阿拉伯国家的反恐合作研究”阶段性成果。

** 张雪峰，博士，上海外国语大学讲师，主要研究方向：阿拉伯国情。

2017年11月24日，埃及西奈半岛阿里什市一清真寺发生恐怖袭击，共造成305人死亡，128人受伤。这是自美国“9·11”事件以来死亡人数最多、最严重的一次恐袭事件，不仅表现出埃及在反恐中付出的沉重代价，也凸显了埃及严峻的反恐形势。

正如埃及总统塞西所说，埃及这几年确实是在“独自进行一场艰苦的反恐战争”。这场反恐战争的表现形式是“游击战”，袭击大多集中在与以色列和加沙地区接壤的西奈半岛地区，袭击的发起者多为穆兄会下属武装组织，袭击主要针对军队和警察的哨所和巡逻队。

埃及的国内恐怖主义活动主要受到极端组织“伊斯兰国”外溢的影响。随着伊拉克和叙利亚两个战场展开的打击“伊斯兰国”的军事行动持续取得进展，“伊斯兰国”已失去在伊拉克和叙利亚65%的地盘，大量“伊斯兰国”武装分子已经或计划逃窜至他国。埃及对这些“伊斯兰国”残部别具吸引力，因为西奈半岛上已经有一支宣称效忠“伊斯兰国”的极端组织“西奈省”。“西奈省”的前身为极端组织“耶路撒冷支持者”，主要在埃及西奈半岛活动，与“基地”组织有千丝万缕的联系，被埃及和美国等国列为恐怖组织。在“伊斯兰国”于2014年起势后，“耶路撒冷支持者”摇身一变，改名为“西奈省”，宣誓效忠“伊斯兰国”，意图将西奈半岛最终变为“伊斯兰国”的一个“省”。“西奈省”多次在西奈半岛和埃及其他地方制造恐袭，如2015年10月底发生的俄罗斯客机遭袭案，2016年底以来多起埃及科普特基督徒遭袭案，以及2017年9月埃及安全巡逻队遭袭案。这些事件不仅体现出“伊斯兰国”活动的新动向，也再次显示进一步加强国际反恐合作的必要性和重要性。正如埃及总统塞西在“11·24”埃及清真寺袭击事件发生后在电视讲话中所说的那样：“我们所面对的恐怖主义是有组织的，目的是破坏地区现有的一切。对清真寺进行恐怖袭击只会让我们更加团结和坚定地面对恐怖主义，武装部队和警察将会为罹难者复仇，全力回应这一罪行。我们正代表世界进行反恐战争。”[2]

长期以来，中国及其周边地区一直面临着恐怖主义威胁，“基地”“伊斯兰国”等国际恐怖势力不断向中国渗透，并与本土一些恐怖组织相互勾结，导致中国及周边地区暴恐活动增加。从恐怖威胁整体发展态势看，“东突”恐怖势力在一定程度上已经成为国际恐怖势力的一个组成部分。以“东伊运”为代表的“东突”恐怖势力，已有部分成员加入极端组织“伊斯兰国”，另外一些成员与中国周边的国际恐怖势力勾连程度也很深。随着恐怖主义形势不断发展变化，加入“伊斯兰国”的“东突”势力很可能返回或者偷渡、渗透到中国，加紧在中国国内进行恐怖活动，恐怖袭击的范围也显现从新疆、云南等边疆省份扩展至内地重要城市的苗头。这不仅令中国国内的安全形势更加严峻，也严重威胁地区和周边安全。鉴于这种情况，中国一直将加强国际反恐怖合作作为中国反恐斗争的一个重要内容。最先取得成果的是与周边国家的反恐合作。例如，2001年6月，在上海合作组织的成立大会上，中国、俄罗斯等6国共同签署了《打击恐怖主义、分裂主义和极端主义上海公约》；2002年6月，中国又与俄罗斯等5国签署《上海合作组织成员国关于地区反恐怖机构的协定》，打击的目标是地区面临的恐怖主义、分裂主义和极端主义三股势力。[3]367另外，在国内应对、防范和打击恐怖主义方面，中国国家主席习近平于2015年12月27日签署主席令，公布《中华人民共和国反恐怖主义法》。该法的出台不仅是完善国家法制建设的要求，同时也体现出依法防范和打击恐怖主义的现实需求。

二、“一带一路”背景下中埃两国在反恐合作上的立场和新局面

2013年，中国政府在统筹国内和国际两个大局的基础上，正式提出了“丝绸之路经济带”和“21世纪海上丝绸之路”合作倡议（简称“一带一路”）。该倡议在启动初期，奉行的是“经济先行”的原则，大力推动中国与“一带一路”沿线国家的经贸合作、产能合作、交通互联互通、亚投行和丝路基金筹建等。在中国和沿线国家的共同努力下，几年来，该倡议取得了显著成果，得到了大多数国家的响应和支持。但在经济合作的过程中也应看到，经济的发展离不开稳定的安全环境，部分国家和地区面临的安全问题给国家间的经济合作带来了现实威胁，这不仅给中国和沿线国家加强安全建设提出了迫切要求，也为双方推动安全合作提供了新的契机。在世界各国都饱受恐怖主义威胁的今天，反恐合作无疑是安全建设中的重要内容。对位于“一带一路”重要节点和交通要冲的埃及而言，中埃之间的反恐合作一直都是两国探讨的重要话题。

2014年11月，中共中央政治局委员、中央政法委书记孟建柱作为习近平主席的特使访问埃及，讨论两国在安全领域，特别是反恐方面的合作。[4]同年12月，习近平主席与埃及总统塞西在北京举行会谈，中埃关系提升为全面

战略伙伴关系。在会谈中，习近平主席表示，中方愿推进两军交流，深化执法安全领域合作，共同打击恐怖主义和跨国犯罪。塞西则表示，埃方愿意同中方加强在重大国际和地区问题上协调配合，共同应对恐怖主义等挑战。[5] 2016年1月，习近平主席出访埃及，在《金字塔报》上发表署名文章，其中谈到："当今世界正在发生深刻复杂变化，全球性挑战不断增多，世界经济复苏步履维艰，局部动荡此起彼伏，恐怖主义威胁明显上升，构建以合作共赢为核心的新型国际关系比任何时候都更加迫切。"[6]访问期间，中埃发表关于加强两国全面战略伙伴关系的五年实施纲要，其中在军事和安全领域的合作中特别提到："双方强烈谴责发生在对方境内的恐怖袭击和恐怖活动，支持对方采取的反恐措施。双方同意加强双、多边交流与合作，共同打击恐怖主义和极端主义，追缉并惩处在两国的恐怖主义团伙和组织成员，切断恐怖主义团伙与组织的资金来源。在涉恐情报信息交流、调查取证、缉捕及遣返犯罪嫌疑人等领域相互给予最大限度的合作。"[7] 2016年1月，中国发布《中国对阿拉伯国家政策文件》，这是中国政府制定的首份对阿拉伯国家的政策文件。其中，在文件的第五部分"和平与安全领域"，专门谈到了反恐合作："坚决反对和谴责一切形式的恐怖主义，反对将恐怖主义同特定的民族、宗教挂钩，反对双重标准。支持阿拉伯国家的反恐努力，支持阿拉伯国家加强反恐能力建设。中方认为反恐需综合施策、标本兼治，有关反恐行动应遵守《联合国宪章》的宗旨和原则及国际法准则，尊重各国主权、独立和领土完整。中方愿同阿拉伯国家加强反恐交流合作，建立长效安全合作机制，加强政策对话和情报信息交流，开展技术合作和人员培训，共同应对国际和地区恐怖主义威胁。"[8]埃及是阿拉伯世界的"领头羊"，中埃在反恐领域的合作无疑更具榜样和示范意义。

三、中埃反恐合作前景展望

阿拉伯国家所在的西亚和北非地区，作为地缘政治的枢纽和民族宗教纷争热点的交汇处，一直以来都是恐怖活动较为活跃的地区。2010年以前，埃及在穆巴拉克政权的统治下，社会相对稳定，恐怖活动大多集中在西亚伊拉克地区。而随着2010年底爆发的中东剧变，穆巴拉克政权倒台，埃及社会局势动荡。同时，极端组织"伊斯兰国"不断向埃及西奈半岛渗透，使埃及社会的恐怖袭击事件日益增多。特别是自2013年7月埃及军方解除穆尔西的总统职务后，极端分子以西奈半岛为主要基地，频繁发动暴力袭击，埃及首都开罗等核心地区有时也受到波及。面对日益严峻的恐怖主义威胁，现任埃及总统塞西于2015年8月签署了新反恐法，用以打击埃及境内越来越多的极端主义分子。这项新法包括成立特别法庭，对执法使用武力的军警人员提供更多保护。另外，还包括对创立或领导恐怖团体之人在定罪后实施死刑。[9] 2017年4月，塞西宣布成立国家最高反恐委员会，以加快埃及国内反恐的机制化建设，建立预警机制，增强应急处置能力，与国际社会加强反恐合作与情报交流。这些举措表明，埃及为了应对严峻的恐怖活动采取了一系列措施，同时也有与其他国家加强反恐合作的迫切要求。

作为两个重要的文明古国，中埃两国的友好关系可以追溯到几千年以前，自古以来，丝绸之路就是中埃之间友谊的桥梁。在"一带一路"倡议的背景下，两国可以在传统友谊的基础上，进一步加强两国政府和民间的交流，夯实两国战略互信的社会民意基础。大力倡导共同安全、综合安全、合作安全和可持续安全的"合作型的安全观"，在民众中大力培植反恐共识，消除极端主义的生存土壤。

同时，在"一带一路"倡议的背景下，中埃两国应更紧密地将经济合作和反恐安全合作相结合。一方面，通过参与"一带一路"合作建设，推动经济发展，促进就业，逐步消除由于各地区经济发展不平衡所引发的文明和文化的对立，阻止贫民向恐怖分子的转化。对于政府而言，经济发展带动财政收入的增加，进而可以在反恐方面有更多投入，更好地维护社会的稳定，提升安全保障能力。另一方面，中埃两国也可以加强军事方面的交流和合作，如推动两国军队开展联合军事演习和反恐合作演练等，如此既可以增进两国战略互信，也可以提升双方军队在安全保障方面的能力。同时，中埃两国也应以《中国对阿拉伯国家政策文件》为指导，建立长效安全合作机制，特别是在情报信息交流、开展技术合作和人员培训等方面加强合作，提高获取情报的能力。此外，两国还可以借鉴中俄、中美反恐的合作经验，进一步深化中埃之间的合作内容和新途径，在打造命运共同体、利益共同体、责任共同体的理念基础上结成中国倡导下的伙伴安全体系，推动双方合作向更高水平发展。

值得注意的是，中国和埃及还应该加强网络安全合作。网络恐怖主义是恐怖主义向信息技术领域扩张的产物，当前已成为国际社会面临的一大公害。

借助网络，恐怖分子不仅将信息技术用作武器来进行破坏或扰乱，而且还利用信息技术在网络上传播极端暴力思想，并且通过网络来实现管理、指挥和联络。由于网络的无国界性，当今，恐怖主义无论从其形成根源、人员、资金、武器、信息流动，还是从其活动方式、作用和影响而言，跨国界的国际化特征正日益凸显。[10]网络恐怖主义是近年来恐怖主义的一种新形式，中埃两国在防范和应对上都面临经验和实战能力不足的问题，双方应加强交流和合作，取长补短，不断加强应对网络恐怖主义的能力。

网络反恐离不开国际协作，但由于中埃两国法律体系、政治制度、利益关系等因素的影响，双方的合作还处于初级阶段，主要集中在战略探讨、政策研究和人员交流层面。而在战术层面，特别是线索发现、调查、情报合作等方面的务实合作还不够紧密。网络反恐领域利益共同体尚未建立。[11]

四、结语

在政治、经济和社会全球化进程日益深化的背景下，面对现代恐怖主义的挑战，世界上没有一个国家可以独善其身。因此，世界各国都应在本地区和全世界范围内开展广泛的合作，并作出实际贡献。但是，由于各国政治制度、文化背景、国家利益等的不同，各国政府和学者在恐怖主义概念的界定上存在较大分歧，这在一定程度上助长了恐怖主义活动的蔓延，也极大削弱了各国在反恐问题上开展有效合作的力量。

一直以来，中国秉承的反恐理念是以“互信、互利、平等、协作”为核心的新安全观。其主要特点是在反恐过程中强调标本兼治，既要打击一切形式的恐怖主义活动，又要重视消除恐怖主义滋生的土壤；同时提倡尊重文化、民族和文明多样性，主张不同文明之间的对话、交流和取长补短，绝不把恐怖主义和特定的国家、民族和宗教信仰相联系；反对在反恐中实行双重标准。[3] 383中国的反恐理念与欧美等西方国家动辄以武力打击、以利益划线的反恐观形成了鲜明对比，越来越多地得到世界各国的赞赏和认同，这也为中国开展国际反恐合作提供了理念指引。

当前，中国正处于全面建成小康社会的决胜阶段，在这一时期，整个社会的安全稳定至关重要。同时，随着“一带一路”倡议的提出，沿线国家的安全形势对该倡议的顺利推进提出了严峻挑战。埃及作为贯通东西、连接亚非的重要国家，作为“一带一路”倡议的中东支点，扮演着至关重要的建设性角色。恐怖活动的肆虐不仅严重威胁埃及的经济发展和社会稳定，也极大地干扰了中埃间的经贸合作。因此，中埃在反恐议题上有着共同的诉求和广阔的合作前景。两国都应立足于本国的国情，以新安全观为指导，加强和深化双方在人员培训、情报共享、网络反恐等领域的各层次合作，为两国的社会发展和国际社会的稳定作出贡献。

参考文献

[1] 一组统计数据告诉你　埃及反恐代价沉重[EB/OL]. http://mil.eastday.com/a/170111130624047.html.

[2] "9 · 11"后最惨恐袭事件　埃及血腥恐袭令世界反思[EB/OL]. http://military.china.com/important/11132797/20171127/31723049.html.

[3] 张金平. 国际恐怖主义与反恐策略[M]. 北京：人民出版社，2012.

[4] 埃及总统塞西、总理马赫莱卜会见孟建柱[EB/OL]. http://gb.cri.cn/42071/2014/11/24/6071s4776658.htm.

[5] 习近平同埃及总统塞西会谈[EB/OL]. http://military.people.com.cn/n/2014/1224/c172467-26263486.html.

[6] 习近平. 让中阿友谊如尼罗河水奔涌向前[EB/OL]. http://news.xinhuanet.com/world/2016-01/19/c_1117828196.htm.

[7] 中华人民共和国和阿拉伯埃及共和国关于加强两国全面战略伙伴关系的五年实施纲要[EB/OL]. http://politics.people.com.cn/n1/2016/0121/c1001-28074920.html.

[8] 中国对阿拉伯国家政策文件[EB/OL]. http://news.xinhuanet.com/2016-01/13/c_1117766388.htm.

[9] 埃及开始实施新反恐法　严厉打击极端主义分子[EB/OL]. http://www.chinanews.com/gj/2015/08-17/7472150.shtml.

[10] 朱威烈，等. 中东反恐怖主义研究[M]. 北京：时事出版社，2010: 450.

[11] 盘冠员，章德彪. 网络反恐大策略：如何应对网络恐怖主义[M]. 北京：时事出版社，2016: 274.

عنوان البحث: التعاون الصيني المصري ضد الإرهاب في إطار مبادرة "الحزام والطريق"

الباحث: تشانغ شيويه فنغ، محاضر بجامعة شانغهاي للدراسات الدولية، واهتماماته الأكاديمية: دراسات إقليمية للدول العربية.

ملخص البحث: إن الصين ومصر كليهم ضحية من ضحايا الإرهاب في السنوات الأخيرة.عانت مصر من تدهور الوضع الأمني وكثرة الحوادث الإرهابية منذ الاضطرابات يناير 2011 بينما عانت الصين من تهديدات حركة التنظيم الإرهابي التي ترأسها الحركة التركمانية الشرقية الإسلامية في منطقة شينجيانغ منذ الفترة الطويلة. قد طرحت الصين مبادرة "الحزام والطريق"منذ عام 2013 فشهدت الصين ومصر التبادلات التجارية المتزايدة بينما واجهتهما الدعوة المشتركة في مجال الأمن وخاصة في مجال مكافحة الإرهاب، لذا هناك آفاق التعاون الواسعة بين الجانبين ضد الإرهاب.ينبغي لهما أن تعمقا التعاون ضد الإرهاب على جميع المستويات وفقا للظروف الوطنية مما حقق المساهمات على التنمية الاجتماعية واستقرار المجتمع الدولي.

الكلمات المفتاحية: التعاون ضد الإرهاب، مصر، الصين، "الحزام والطريق"

阿联酋主权财富基金发展现状简析

◎ 刘　磊*

摘　要： 国家主权财富基金作为国际金融市场上举足轻重的金融工具，已经越来越受到各方的关注。阿联酋主权财富基金的资产规模位列中东地区之首，有条件开展长期性和战略性的投资和金融合作。阿联酋是“21世纪海上丝绸之路”上一个重要的沿线国家，推动阿联酋主权基金同亚投行、丝路基金等资金实体开展投融资合作，是实现“一带一路”资金融通的一个重要举措。

关键词： 阿联酋；主权财富基金；“一带一路”

一、引言

主权财富基金相比其他类型的基金而言，更强调的是其主权属性，即该基金由政府所拥有并直接控制。主权财富基金的兴起主要源于两方面的原因：一是石油出口国由于油价上涨获得了大量的收入；二是一些国家长期贸易顺差积累了大量的外汇储备。建立主权基金可将这些收入和外汇盈余用作投资，获取更多收益。由于主权财富基金在资本的保值增值和促进经济发展等方面具有举足轻重的作用，因此正日益受到世界各国的重视。

* 刘磊，上海外国语大学东方语学院教师，研究方向：阿拉伯区域国别研究。

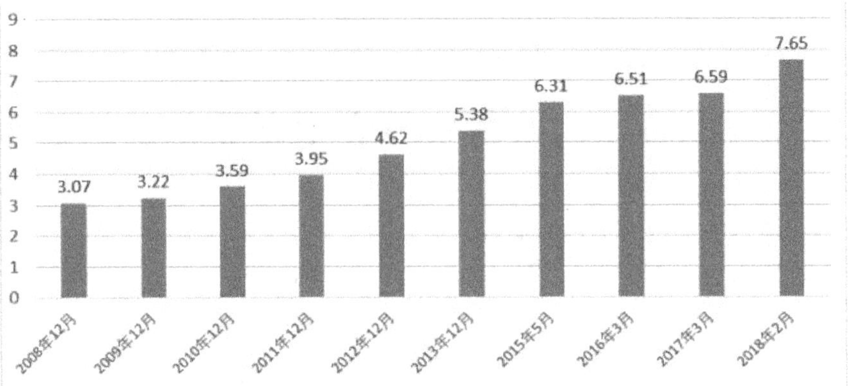

图1　全球主权财富基金总体规模变化（2008.12—2018.2）

（单位：万亿美元　数据来源：Preqin）

从图1可以看出，近10年来，各国主权财富基金总量始终维持增长态势。2010年以后，主权财富基金的总量增速明显加快，一方面体现了现有主权财富基金投资收益的不断增加，从而提高了注资规模；另一方面说明越来越多的国家为了本国经济发展，纷纷设立自己的主权财富基金。截至2018年2月，全球主权财富基金的资产总规模已达到7.65万亿美元。海湾地区是主权财富基金分布最为密集的区域，也是主权财富基金的发源地。世界上第一个主权财富基金就是科威特在1953年创立的科威特投资局，用以专门负责管理石油出口所得的外汇盈余。迄今为止，海湾阿拉伯国家合作委员会（简称“海合会”）各个成员国都建立了自己的主权财富基金。根据美国主权财富基金研究所（SWF Institute）的数据统计，海合会国家拥有主权财富基金总额约占全球主权财富基金总额的40%。

在海合会国家中，最具代表性的就是拥有主权财富基金数量最多的阿联酋。阿联酋的主权财富基金大多集中在阿布扎比和迪拜两个酋长国。阿布扎比拥有的主权财富基金是：阿布扎比投资局（ADIA）、阿布扎比投资委员会（ADIC）、穆巴达拉投资公司（Mubadala Investment Company）；迪拜拥有的主权财富基金是：迪拜投资公司（ICD）、迪拜国际资本（DIC）、迪拜世界（DW）；哈伊马角拥有的主权财富基金是：哈伊马角投资局（RAK）。此外，还有一个由阿联酋7个酋长国共同拥有的主权财富基金——阿联酋投资局（EIA）。根据美国主权财富基金研究所网站发布的报告，截至2018年6月，阿布扎比投资局在全球主权财富基金中排名第3位，在阿拉伯国家中排首位，总资产8280亿美元；迪拜投资公司排名第13位，总资产2095亿美元；穆巴达拉投资公司全球排名第15位，总资产1250亿美元；阿布扎比投资委员会排名第16位，总资产1230亿美元；阿联酋投资局排名第28位，总资产340亿美元。（见表1）[1]

表1　阿联酋主权财富基金排名情况

排名	所属酋长国	基金名称	总资产（亿美元）	成立时间（年）	基金来源	透明度指数
3	阿布扎比	阿布扎比投资局（ADIA）	8280	1976	石油	6
13	迪拜	迪拜投资公司（ICD）	2095	2006	非大宗商品	5
15	阿布扎比	穆巴达拉投资公司（Mubadala）	1250	2002	石油	10
16	阿布扎比	阿布扎比投资委员会（ADIC）	1230	2007	石油	无
28	所有酋长国	阿联酋投资局（EIA）	340	2007	石油	3

二、主要的阿联酋主权财富基金

（一）阿布扎比投资局（Abu Dhabi Investment Authority，ADIA）

阿布扎比投资局（以下简称“ADIA”）是阿布扎比酋长国主权财富基金，成立于1976年3月。依据《重组阿布扎比投资局的法案》，阿布扎比投资局取代了阿布扎比财政部下的金融投资委员会，成为由阿布扎比政府全资拥有并监管的独立法人组织。[2] 22 ADIA的资金来源主要是阿布扎比的石油收益，有严谨的投资策略，目的是在既定的风险参数范围内产生长期稳定的回报。该基金投资各类资产，包括股票、债券、固定收益、房地产、私募股权和基础设施，管理的投资组合跨行业、跨地区。

ADIA管理着跨多个资产类别的多元化全球投资组合。ADIA的投资部门负责在资产分配过程中依据设定的参数来建立和管理投资组合。这些投资部门在多个地区进行投资，对投资方案的制订和推荐具有决定权。截至2018年，ADIA资产的55%由外部基金经理管理，比2016年的60%有所下降，其活动受到ADIA内部团队的仔细监督。截至2017年12月31日，ADIA 20年和30年年化收益率分别为6.5%和7.0%，比2016年的6.2%和6.0%都有所提高。在2017年ADIA的年鉴中提到，包括中国和印度在内的新兴市场仍然是其未来的合作重点。这与新兴市场持续扩大其在全球经济中的份额，以及其对世界的治理和参与度不断提高密切相关。ADIA也特别关注了中国金融监管改革为双边合作带来的影响。[3]

（二）穆巴达拉投资公司（Mubadala Investment Company）

穆巴达拉投资公司的前身是穆巴达拉发展公司（Mubadala Development Company），成立于2002年10月，是由阿布扎比酋长国全资所有的投资开发公司，也是阿联酋政府的主要投资部门之一。穆巴达拉的阿拉伯语为مبادلة，意为“交换”，体现了该公司的使命，即通过投资外国企业，来换取它们的先进技术和新知识。该公司主要的投资领域涉及石油、天然气、航空科技、能源工业、教育、基础设施及服务、房产开发等，在促进阿联酋经济多元化、减轻阿经济对石油的依赖和增加非石油收入等方面发挥了重要作用。同时，依靠在油气领域的传统专长，该公司积极投资一些能源项目，并通过对医疗、房地产及国防服务的投资，提升阿联酋的经济增长潜力。[4]

2017年1月，国际石油投资公司（International Petroleum Investment Company，IPIC）并入穆巴达拉发展公司，二者合并成为新的穆巴达拉投资公司。国际石油投资公司成立于1984年，旨在利用阿布扎比的天然气石油财富以促进酋长国的发展。两大公司仅用了7个月的时间就顺利合并，就此拉开了以能源为核心的发展战略大幕。合并后，穆巴达拉投资公司制订了全新的投资布局来促进战略性产业快速发展。

（三）阿布扎比投资委员会（Abu Dhabi Investment Council，ADIC）

阿布扎比投资委员会于2007年从ADIA中分离，负责管理原ADIA的本地业务和区域业务，主要在阿联酋国内和中东北非地区进行投资。该主权财富基金投资于各类资产，包括权益类资产、固定收益资产、私募股本、房地产、基础设施和对冲基金。[5]106 建立该基金的部分原因是助力实现经济多元化，并使当地企业获得国际影响力。该基金的投资项目包括阿布扎比国家银行和阿布扎比商业银行的股份，以及阿布扎比航空公司和阿布扎比投资公司等。

据阿联酋《海湾商业》2018年3月21日报道，阿联酋总统兼阿布扎比酋长哈利法·本·扎耶德·阿勒纳哈扬发布法令，阿布扎比投资委员会将并入穆巴达拉投资公司。根据主权财富基金研究所发布的数据显示，穆巴达拉投资公司和阿布扎比投资委员会分别是阿布扎比的第二大和第三大主权财富基金。完成重组后，新组建的主权财富基金将以近2500亿美元的资产规模排名全球主权财富基金的第11位。[6]两大基金的合并被认为是提高国家竞争力的一项重大举措。

（四）迪拜投资公司（Investment Corporation of Dubai，ICD）

与阿布扎比不同，迪拜并没有丰富的石油资源，这迫使其不得不将业务扩展到其他领域，以增强其经济实力，比如金融服务、房地产、旅游和贸易等。迪拜投资公司成立于2006年，是迪拜政府的主要投资机构，职责是监督政府的投资组合，通过实施公司治理的最佳实践增加价值，并采纳全球投资战略。[7]迪拜投资公司既投资本地企业，也投资海外企业，其投资组合高度分散化，涉足金融业、交通业、公共事业、能源业、工业、房地产业、娱乐业、零售业等，比较著名的投资包括阿联酋航空公司、迪拜航空公司、本国房地产开发商Emaar和阿联酋NBD银行等。据《阿拉伯商业周刊》报道，迪拜投资公司2017年上半年实现收入约254亿美元，净利润约28亿美元。该公司的声明指出，2017年上半年的收入较上一年同期增长13.1%，增长最快的行业是油气和运输服务。[8]

（五）迪拜国际资本（Dubai International Capital，DIC）

迪拜国际资本成立于2004年，隶属于迪拜控股集团，主要从事上市股权和私募股权的投资，以及开发新兴市场、对全球资产配置进行重组。迪拜国际资本为股东进行资本增值、多元化投资和战略投资，其任务是在各行各业建立国际化的多元化业务资产组合。自成立以来，迪拜国际资本已经部署了超过60亿美元的股权，这是通过欧洲杠杆收购、中东成长资本投资以及全球公共股票和基金的战略投资完成的。[9]在私募股权投资领域，迪拜国际资本主要在成熟市场进行二级股权收购，并在欧洲、北美收购了各类企业。在环球股权投资方面，迪拜国际资本对全球大型企业进行结构性的股权投资，其方式是直接投资，或是通过其旗下的拥有20亿美元的全球战略股权基金进行投资。迪拜国际资本具有较高透明度，虽然没有公布财务报表等具体数据，但是在其网站上公布了详细的投资目标、投资策略以及投资组合。

（六）迪拜世界（Dubai World，DW）

迪拜世界成立于2006年，主要从事运输、物流、海事、城市发展、投资与金融服务等领域的投资，投资组合包含一些世界领先的行业公司。迪拜世界管理着遍布六大洲的78个海洋和内陆码头，核心业务是集装箱处理，其处理量占全球集装箱处理量的近6%，超过3/4的收入来源于此。迪拜世界投资全球市场，特别是北美、欧洲和南亚市场。2017年，得益于美国、日本以及中国经济强劲的增长，迪拜世界的贸易交易量大幅提升。其投资组合不仅受益于改善的贸易环境，而且还从新的航运联盟中获得收益，并实现了领先的市场增长。2017年，迪拜世界在投资组合中处理了7010万标准集装箱。凭借其努力开发的各种渠道和日益扩张的市场占有率，2020年其总装机容量需增至1亿标准集装箱以上才能满足市场需求。

（七）哈伊马角投资局（RAK Investment Authority，RIA）

哈伊马角酋长国位于阿联酋的东北角，是中东地区重要的转口港、自由贸易区。在哈伊马角注册公司有很多税收优惠政策：100%的所得税豁免，100%的公司税豁免，无资本收益税，无增值税，无代扣所得税。值得一提的是，2017年4月，哈伊马角政府宣布建立哈伊马角经济区（RAKEZ），该经济区占地约3300万平方米，入驻企业超过13000家，已成为海湾国家最大的经济区之一。哈伊马角投资局于2005年4月成立，其职责是提出投资政策建议并负责落实，评估投资项目的经济效益，发展哈伊马角酋长国的工业区并宣传在工业区的投资机会，推介和发展旅游区并鼓励在旅游区投资，参与在各经济领域，特别是旅游和工业领域投资项目的设立和管理。哈伊马角投资局还负责审查各种工程立项申请，吸引投资，鼓励投资工业项目，负责为在哈伊马角设立投资项目的公司注册和办理执照，协调各企业、机构实施经济活动涉及联邦及地方法律法规的方方面面。[10]

（八）阿联酋投资局（Emirates Investment Authority，EIA）

阿联酋投资局成立于2007年，是阿联酋联邦政府唯一的主权财富基金。

阿联酋投资局负责建立和发展联邦投资组织，从而管理联邦政府分配的主权资金和资产，并对分配的资金进行战略性投资，通过创建多元化的资产组合实现长期的经济收益。阿联酋投资局的设立有利于7个酋长国之间更加紧密的合作，最终目标是在7个高度自治的酋长国之间形成统一的投资战略，从而成为中东最有实力的投资主体之一。作为国家唯一的联邦级主权财富基金，阿联酋投资局的使命和职责是独一无二的，主要职责之一便是充当联邦经济加速发展的催化剂，助力一些重要的工业和商业资产。阿联酋投资局在管理重要的战略性联邦资产方面的作用和经验，使之能够在更广泛的经济和产业政策领域为联邦政府提供建议。阿联酋投资局还能够协助和开发在公司治理、战略发展、国际扩张和运营等领域受托的其他联邦资产。它非常注重人才的培养，通过其著名的“投资领导力计划”（ILP）可实现各层次的人才培养计划。[11]

三、阿联酋主权财富基金现状分析

（一）阿联酋主权财富基金的投资策略

在投资策略方面，由于受到伊斯兰金融传统的影响，阿联酋主权财富基金过去一般采取较为保守的态度。伊斯兰教教义提倡通过合法公平交易获取利润，不支持高风险交易，禁止投机行为。因此，早期的阿联酋主权财富基金对于投资基本持保守和谨慎的态度，在资产投资上也多侧重于实际资产。例如，ADIA出于风险规避的目的，倾向于风险相对较低的投资组合，包括固定收益债券、传统股票市场或基建市场等。随着全球经济的发展和国际金融环境的变化，ADIA开始涉猎其他类型的资产。

阿联酋大多数的主权财富基金海外投资用于收购房地产、入股知名企业和购买高质量的金融产品。入股国外大型企业不仅可以分享红利，还能进一步提高自身的生产和管理技术水平，积累不同行业的管理经验，有利于本国经济多元化，改变单一的资源经济。阿布扎比的主权财富基金积极参与收购了一些技术企业的股份，如购买奥地利石油天然气公司，收购挪威的北欧化工，以满足国内化工企业博禄公司的技术需要。穆巴达拉投资公司还购买了法拉利5%的股份，在阿布扎比建立了法拉利主题公园，以振兴旅游业。[2] 25 除了投资目的多样化，各主权财富基金在投资区域的选择上也呈多样化发展。

特别是在2008年全球金融危机之后，阿联酋等海湾国家不仅在政治上“向东看”，金融资本投向也开始“向东”倾斜。ADIA在金融危机中损失高达1830亿美元，资产规模急速下滑。2009年后，为规避市场风险，包括ADIA在内的阿联酋主要主权财富基金都逐渐加大了在中国、印度等亚洲新兴市场的投资比重，同时适当收缩海外投资比例，将部分资金撤回本国市场。

（二）阿联酋主权财富基金的管理模式

透明度低是大多数阿联酋主权财富基金具有的特征。各主权财富基金官网上发布的多是一些简要的基本资料，很少向外界透露其资产规模、资产负债表、投资收益率和投资组合等信息。这是由主权财富基金运作的二重性特点决定的——既要按照市场经济规律和市场竞争原则运转，追求商业利益最大化，又要体现国家的意志和利益取向。[12]阿联酋各个主权财富基金的透明度指数差异较大，透明度指标较高的有穆巴达拉投资公司、迪拜国际资本，其余则透明度不高。2008年的全球金融危机成为提高阿联酋主权财富基金透明度的催化剂。2009年，阿布扎比投资局发布了其运营30多年来的第一份报告，主权财富基金的透明度得到了显著提高。

从管理形式上来看，阿联酋的主权财富基金都是由比较规范的现代公司管理机构来治理，但从根本上来讲，仍主要由阿布扎比和迪拜两大酋长国的统治家族全权把控。以阿联酋最大的主权财富基金ADIA为例，其最高权力机构是董事会，董事会一般不涉及基金的投资和经营决定，而任命常务董事负责处理。常务董事任命经理并赋予其相当大的财政及行政职权，如对理事会审议和分析的投资项目作出批准与否的决策。董事会下设投资委员会为常务董事提供有关投资提案的建议，内部审计委员会监督不同部门的运营并向常务董事报告，还有战略部门、评估和后续管理部门和法务部门等负责为常务董事的工作提供支持。ADIA董事会的大多数成员来自该酋长国的统治家族阿勒纳哈扬家族，因此，其相对于政府的独立性其实并不强。[5] 121虽然很多主权财富基金依靠专门的资产管理机构来管理资产，从而获得专业化的管理，但近年来，一些主权财富基金开始直接对外投资，以节约投资佣金、拓展投资途径。为了进一步削减成本，阿联酋主权财富基金也逐渐调整运行模式，尝试通过扩大内部招聘规模来减少雇用外部经理人的巨额费用。

（三）阿联酋主权财富基金的影响

阿联酋主要有两种类型的主权财富基金。一类以追求财富的保值增值为目标，力求长期、稳定的现金流和投资回报，实现跨期平滑国家财富，即使在未来石油资源枯竭之后，国家也有充足的财富以保证长久的繁荣。ADIA即属于此种类型。另一类主权财富基金是以实现经济多元化为主要目标的战略性主权财富基金。这类主权财富基金试图通过多元化的资产组合来降低国家财富过度依赖某种单一资产的局面。战略型主权财富基金的投资带有明显的国家战略目的，如收购特定行业有影响的企业、取得有影响企业的部分股权。[13]阿联酋政府意识到仅靠投资海外满足财富保值增值是不够的，因此有意识地让部分主权财富基金专注于国内，投资于本国大力发展的产业，力求实现本国经济多元化。阿布扎比投资委员会主要投资于金融行业，持有本国多家银行及保险公司的大量股权；穆巴达拉投资公司主要投资于航空航天、金融服务、物流、通讯、医疗保健等行业，重视引进新技术；哈伊马角投资局专注于实现哈伊马角酋长国的经济多元化策略。就对外影响而言，由于主权财富基金倾向于稳定且长期的投资，不会频繁出卖所持股票等，故不会对国际金融资产造成较大的影响。大多数阿联酋主权财富基金也属于长期机构投资者，不会出现投机行为，对国际资产价格影响有限。

参考文献

[1] SWFI.Top 89 Largest Sovereign Wealth Fund Rankings by Total Assets [EB/OL]. https://www.swfinstitute.org/sovereign-wealth-fund-rankings/.

[2] 张瑾.海合会国家主权财富基金的发展及其影响[J].阿拉伯世界研究，2010 (1).

[3] ADIA Annual Report 2017 [DB/OL]. http://www.adia.ae/En/pr/2017/ui/downloads/ADIA_Annual_report_2017.pdf.

[4] 2017 Annual Review [EB/OL]. https://www.mubadala.com.

[5] 杨力.中东地区主权财富基金研究报告[M].上海：上海人民出版社，2015.

[6] ANDERSON R.Abu Dhabi to Combine Sovereign Funds Creating $250bn Behemoth [EB/OL]. https://gulfbusiness.com/abu-dhabi-combine-sovereign-funds-creating-250bn-behemoth/.

[7] ICD Consolidated FS June 2017 [EB/OL]. https://www.icd.gov.ae.

[8] Arabian Business [EB/OL]. https://www.arabianbusiness.com.

[9] DIC [EB/OL]. http://www.dubaiic.com.

[10] 哈伊马角酋长国成立投资局[EB/OL]. http://ae.mofcom.gov.cn/article/jmxw/200504/20050400079305.shtml.

[11] EIA [EB/OL]. http://www.eia.gov.ae.

[12] 宋玉华，李锋.主权财富基金的新型“国家资本主义”性质探析[J].世界经济研究，2009 (4): 52.

[13] 邓瑞平，詹才锋.论主权财富基金的运行、功能及其规则体系[J].暨南学报（哲学社会科学版），2008 (5): 48.

عنوان البحث: موجز عن حالة صناديق الثروة السيادية في الإمارات

الباحثة: ليو لي، محاضرة بجامعة شانغهاي للدراسات الدولية، واهتماماتها الأكاديمية: دراسات إقليمية للدول العربية.

ملخص البحث: قد تلقت صناديق الثروة السيادية باعتبارها أداة مالية محورية في السوق المالية الدولية اهتمامًا متزايدًا من جميع الأطراف. وتحتل صناديق الثروة السيادية في دولة الإمارات العربية المتحدة المرتبة الأولى في الشرق الأوسط مما يتيح شروطا للاستثمار الاستراتيجي والتعاون المالي الطويل الأجل. وتعتبر الإمارات العربية المتحدة دولة مهمة على طول "طريق الحرير البحري للقرن الحادي والعشرين"، فإن تشجيع الاستثمار والتمويل بين صناديق الثروة السيادية للإمارات والبنك الآسيوي للاستثمار في البنية التحتية وصندوق طريق الحرير مبادرة مهمة لتحقيق التعاون المالي "للحزام والطريق".

الكلمات المفتاحية: الإمارات، صناديق الثروة السيادية، "الحزام والطريق"

从伊斯兰到乌贾马

——简析斯瓦希里戏剧《时间之墙》中的时代变革

◎ 马　骏*

摘　要：俄国思想家别林斯基曾说："哪里有生活，哪里就有诗，从而也有诗的内容。"由此可见，文学作品作为对人类现实生活的一种感性投射，其与现实世界的关系从来都是你中有我、我中有你。人类社会的不断发展推动着文学的发展，而多种多样的文学又包含着对现实世界的真实记录，或是在想象力的世界中的不断发散。可以说，要想清晰地了解某个社会，了解其某段时期的种种变化，就绕不开对目标社会群体的文学文本的阅读与分析。从另一个角度来看，阅读文学文本，也是深入目标群体内心世界，窥探其意识形态变化与社会发展的办法之一。本文以坦桑尼亚著名文学家易卜拉欣·侯赛因（Ebrahim Hussien）的戏剧代表作《时间之墙》（*Wakati Ukuta*）作为切入点，揭开隐藏在作者笔下的时代变化激流与民族融合趋势。

关键词：斯瓦希里文学；伊斯兰；坦桑尼亚；文化影响

一、易卜拉欣·侯赛因其人与《时间之墙》内容简述

在当代斯瓦希里文学史中，易卜拉欣·侯赛因（Ebrahim Hussien）（1943—　）是所有斯瓦希里文学研究者都无法绕开的代表性人物。侯赛因出生于坦桑尼亚达累斯萨拉姆（Dar es Salaam），在一个传统的穆斯林知识分子家庭中长大。他早年曾在达累斯萨拉姆的经堂学校学习，而后进入达累斯萨拉姆大学系统学习斯瓦希里语文学，并于20世纪70年代初赴德国进修戏剧。[1] 47在此期间，侯赛因系统学习了著名戏剧文学大师贝尔托·布莱希特（Bertolt Brecht）的戏剧理论，并将"史诗戏剧"这一概念引入斯瓦希里喜剧

* 马骏，上海外国语大学斯瓦希里语专业及东非研究中心主任，主要研究方向：斯瓦希里语文学、东非社会文化。

文学创作中，他创作的《金吉克蒂勒》（*Kinjeketile*）吸收了布莱希特的间离理论，是斯瓦希里文学史上难得的史诗剧。作为一名斯瓦希里剧作家，侯赛因也被人们称作“斯瓦希里语戏剧领域最杰出的人”[2]。侯赛因的戏剧文学作品一经面世便引起文坛轰动，并迅速在坦桑尼亚和肯尼亚两国成为斯瓦希里戏剧文学的标杆。自1981年至今，他的戏剧文学作品已被再版六次之多，这在整个斯瓦希里文学界实属罕见。

《时间之墙》（*Wakati Ukuta*）是侯赛因早期的戏剧作品，首次发表于1967年，并于1971年由肯尼亚的东非出版社出版成书。该剧以一个坦桑尼亚穆斯林家庭两代人之间的观念冲突为主旋律，探讨了在面对时代变化时，父母与子女该如何面对彼此观念上的分歧这一主题。《时间之墙》共有五幕，从篇幅上看不能算短，但其语言生动简练，贴近生活，情节设置紧凑，剧情冲突明确，历来被视为斯瓦希里戏剧文学发展历史过程中的代表作之一，受到广大民众喜爱。

剧中主要剧情冲突体现在两方面。其一为女主角塔图与母亲的冲突。第一幕中，塔图身着超短裙，与心上人塞易晚上出门看电影，代表了受西方文化影响的坦桑尼亚新生代的思想正在改变。而塔图的母亲作为受传统教育的穆斯林家庭妇女，对女儿的做法毫不理解并横加干涉，加剧了二者间的冲突，并在第一幕末尾迫使塔图离家出走，与塞易私奔，将故事情节推向第一个高潮。其二为塔图在私奔后与塞易的相处中，逐渐发现彼此的生活方式并不相像，从而引发种种矛盾。塔图对自己离家出走的选择产生迷茫，故事情节在塞易试图偷情，但被塔图与好朋友克里斯蒂娜撞破后推向第二个高潮。最终，故事在塔图对未来的无所适从中落下帷幕，耐人寻味。

二、小人物身上的时代变迁

《时间之墙》于1967年发表时，刚摆脱英国的殖民统治、独立不久的坦桑尼亚还只是一个新生的国家，独立带来的喜悦与对未来发展道路的担忧在人们心中交织。同年，坦桑尼亚国父朱利叶斯·尼雷尔（Julies K. Nyerere）宣布在全国范围内推行乌贾马社会主义（Ujamaa）。新的国家，新的社会制度，坦桑尼亚在短短的三年时间里发生了许多变化，虽然脱离了英国殖民者的统治，但殖民者留下的西式风俗作为强势文化，依然在年轻人中流行。《时间之墙》中的女主角塔图和其母的穿着代表了西方强势的流行文化与坦桑尼亚斯瓦希里人传统、保守的文化所形成的强烈对比。塔图的超短裙与母亲的长筒围裙，在视觉上给予观众强烈对比，营造出了格格不入的断裂感。二者关于穿着的争论在第一幕开场便趋于白热化，母亲这一角色的长篇大论与塔图三言两语的回应，在文本视觉与听觉上也形成对比，隐喻二者间不可调和的观念矛盾。

在关于超短裙的争论停息后，塔图向母亲请求外出看电影，将第一幕的情节冲突推向第二个小高潮。母亲在听完塔图的请求后大发雷霆，首先表明其态度：天色已晚，一个女孩子大晚上和男生出去看电影，在母亲看来属于伤风败俗；另外，塔图已经出去看过许多次电影，家里没有那么多钱供她挥霍享乐。值得一提的是，“缺钱”这一矛盾是推动该剧情节发展的一条暗线，物质生活的不满足使剧中人物频发冲突，从中可以窥见当时的坦桑尼亚社会风气之浮躁。要更深刻地理解坦桑尼亚社会，研究者就需要以文本为契机，跟随作者的笔触深入1967年的坦桑尼亚。

在第四幕里，塔图与塞易私奔结婚的三个月后，他们的婚姻便产生了危机。塞易作为一家之主，吃喝用度毫无计划，在发薪之后首先想到的是去参加舞会，而不是贴补家用，此时，他们已经欠下了一笔不小的外债。针对塞易的这种行为，塔图与塞易发生了激烈的争吵，也为之后的婚变埋下伏笔。

事实上，塞易的行为可以说是东非男性在婚姻关系中的缩影。在当时的坦桑尼亚，婚姻关系的成立通常有两种形式：一是双方父母包办并由相应宗教领袖主持的传统婚姻；二是在当地行政官主持下成立的自由恋爱婚姻。[①] 剧中，塔图虽然与塞易私自确立了恋爱关系，但是塔图的母亲另有打算，认为自己的女婿该由自己挑选，女儿无权选择。为了反抗母亲，也为了自己的爱情，塔图选择与心上人私奔，在当地行政长官的见证下，没有经过深思熟虑便匆忙成婚，为之后的冲突留下隐患。作者在该剧里特意指出，父母和子女对婚姻关系的不同理解，正是横亘在两代人中间不可跨越的时间之墙。

作者提到的婚姻观念的不同，实际上也是当时坦桑尼亚制度变化的一个微观体现。传统婚姻关系的确立形式在坦桑尼亚独立后不得不随时代而变化，接受移风易俗。英国在殖民时期，对坦桑尼亚实行间接统治，并没有直接插手当地人民的日常生活，或要求当地人按照某种特定的范式来更改自己习以

① 根据1971年颁布的坦桑尼亚婚姻法，政府承认的婚姻制度有一夫一妻制和一夫多妻制。

为常的生活方式。[3]因此，在殖民统治时期，坦桑尼亚人在大多数情况下依然采取包办婚姻的方式成婚。1964年组成联合共和国后，坦桑尼亚百废俱兴，尼雷尔总统提出要根除殖民主义流毒，构建乌贾马社会主义，为坦桑尼亚全境人民带来先进的现代化文明。[4]婚姻法的提出正是推动整个社会习俗变革的一大举措，自由恋爱婚姻受到政府保护，这也标志着坦桑尼亚妇女的人权状况在独立后得到了相应改善，对撒哈拉以南非洲来说是一大进步。当然，这种改变也在全社会范围内引起了激烈讨论。剧中，塔图和母亲、塔图和塞易围绕着婚姻的一系列冲突变化，正是作者在洞察了当时社会热点之后，对社会现实的直观反映。坦桑尼亚在1971年婚姻法的a条中这样规定："Ni lazima muungano uwe wa hiari."。(婚姻双方必须完全自愿。)从中可以看出，在当时的社会背景下，扫除包办婚姻流毒、推广自由恋爱、解放人性是尼雷尔政府对坦桑尼亚人民思想上的解放。这种政策上的巨大转变给坦桑尼亚人民的生活带来的变化是一体两面的，一夜之间移风易俗，势必会导致许多新的问题。而易卜拉欣·侯赛因在剧中的精巧构思，也在很大程度上探讨了这一政策的利弊，具有深刻的批判性意味，这种"不一样的声音"在当时的坦桑尼亚更显得难能可贵。

除了对新政策的理性思考,《时间之墙》的文本也通过其中一幕剧，展现了坦桑尼亚沿海人这一小社群的社交活动与传统文化面对西方文化的弱势地位。

在第三幕中，女主角塔图与塞易私奔的消息在当地社区传开，各家的家庭妇女纷纷放下手中的活计，前往塔图家打探消息。剧中共有四个家庭的代表轮番登场，踏进家门后，塔图的母亲用来招待街坊的是soda water(苏打水、汽水)。这是一个有意思的小细节。塔图一家在剧中的设定是生活在沿海地区的人，也就是传统意义上的斯瓦希里人。① 她在招待客人的时候并没有选择阿拉伯茶或其他传统饮食，而是汽水饮料，这一细节放在整个文本环境中，可以使读者直观地感受到"时代的变化"。

事实上，汽水正式进入坦桑尼亚是在1952年圣诞节前夜②，可口可乐公司

① 笔者与坦桑尼亚达累斯萨拉姆大学斯瓦希里语研究院的Mulokozi教授对剧本进行分析后认定，塔图一家是典型的沿海斯瓦希里人。

② 根据可口可乐公司官方资料显示，汽水投放坦桑尼亚市场始于1952年(坦噶尼喀大陆独立前)。参见：http://www.cocacolasabco.com/territories/8。

在这个东非国家建立了自己的第一条生产线，一瓶可乐的价格往往比一瓶水的价格还低。此后，这种味道甜蜜且低价的饮料便迅速在全国流行开来。笔者在坦桑尼亚也亲身感受到当地人对汽水的热爱，无论是街头巷尾还是政府办公室，都能见到当地人手中五颜六色的玻璃瓶，汽水在坦桑尼亚已经成了一种文化符号。而坦桑尼亚最大的汽水供应商正是美国可口可乐公司，汽水这一符号作为西方文明的文化具现，在文本中巧妙地展现出该剧的中心思想："Wakati ni ukuta, ukipigana nao utaumia mwenyewe."。（斯瓦希里语谚语：时间是一堵墙，你若与之抗衡，受伤的只会是自己。）塔图的母亲作为传统伦理道德观的坚定捍卫者，在第一幕中便猛烈抨击了超短裙、电影、广播等一系列西方现代文明产物，但她自己也在不知不觉中接受了最具代表性的西方文化符号——汽水，并且在日常生活中摈弃了传统饮料阿拉伯茶。这种改变是潜移默化、不以自身意志为转移的，甚至她本人也没有注意到。

结合当时的时代背景来看，坦桑尼亚在独立前很长一段时间里，先后受到德国、英国等西方国家的殖民，无论当地人怎样抗拒，西方文明作为强势文明，其带来的影响依然渗入当地人生活的方方面面。坦桑尼亚独立后，伴随着尼雷尔政府的号召，全国开始风风火火的乌贾马社会主义运动，意味着传统文化、传统社会关系理念的生存空间进一步受到挤压，在此背景下，任何对抗社会变化的坚持都是徒劳。这也是作者想借该剧向大众传递的一个重要理念：在时代变革的当口，没有人能够抗拒这股潮流。[1]尽管当时坦桑尼亚已经独立，但殖民者留下的教堂、学校，甚至行政体系被完整保留下来，他们的思想理论体系仍然对坦桑尼亚人有相当深刻的影响。尼雷尔总统的乌贾马社会主义在提出之时也受到不少质疑。《时间之墙》这部作品的横空出世，引起了斯瓦希里文学界的广泛关注，包括达累斯萨拉姆大学文学评论杂志《闪光》（*Mulika*）在内的各大媒体也就该剧进行分析与讨论，一定程度上起到了劝导普罗大众，为改革减少阻力的作用。

三、从剧中人物关系看坦桑尼亚民族、宗教融合

在众多对《时间之墙》一剧的文本分析中，男女主人公所代表的民族往往被文学评论家们忽略，但民族身份所带来的冲突恰恰是后人研究该剧时一个新的角度。要更进一步了解作者在该剧中对民族与宗教关系的暗示与讨论，就必须先对剧中出现的两个民族及其背后的宗教关系有一定的了解。

《时间之墙》中，女主角塔图（Tatu）、母亲阿夏（Asha）、父亲朱马（Juma）的名字是坦桑尼亚社会中典型的沿海人的名字。而男主角塞易（Swai）的名字则是生活在北部乞力马扎罗地区的查嘎族（Kabila la Kichagga）常见的名字。[5-6]女主角的闺蜜克里斯蒂娜（Kristina）在剧中作为信使，为塔图向其父母传达其已结婚的消息，并试图与塔图父母讲道理，让他们接受这一现实。她的名字是典型的基督徒的名字。从剧中人物的名字和他们承担的剧情任务可以看出，易卜拉欣·侯赛因隐藏在文本背后的对当时坦桑尼亚民族和宗教融合状况的思考。

该剧在第一幕中对塔图母亲的外貌与行为描写是这样的："...Mavazi yake kanzu na mtandio... Mama Tatu anaonekana akisuka ukili..."。（……她身穿长袍，戴着盖头……塔图妈妈看上去正在编草席……）在该剧开篇对出场人物的介绍中，作者也对塔图父亲的外貌有具体描述："Mavazi yake ni kanzu, kofia, koti na suruali. Hana elimu lakini ana busara. Mtu wa pwani."。（他身穿长袍、长裤与外套，同时还戴着帽子。他虽然没有受过教育，但有自己的智慧。他是沿海人。）在对文本中的民族关系活动进行分析之前，需要简单了解一下沿海斯瓦希里人的历史。斯瓦希里人通常指生活在坦桑尼亚和肯尼亚沿海地区的居民。但并不是所有生活在沿海的人都是斯瓦希里人，比如生活在肯尼亚沿海的米集坎达人（Wamijikenda）就不属于斯瓦希里人。从狭义上看，斯瓦希里人特指生活在东非沿海，并且信仰伊斯兰教哈纳菲派（Madhhab ya Hanafi）的人，他们通常为当地非裔与阿拉伯人的后代。一部分语言学家从语言学角度分析后认为，斯瓦希里人的原意为"并不在此地生活的人"[7]。总之，无论是从文化上还是起源上，斯瓦希里人都与坦桑尼亚内陆人有着很大的不同。

回到《时间之墙》的文本中，如前文所说，男主角塞易的名字有典型的查嘎族色彩。在塔图与其父母之间居中调节的克里斯蒂娜有典型的基督徒名字，要了解两者间的关系，首先要了解乞力马扎罗地区的查嘎族。

查嘎族是坦桑尼亚第三大民族，根据2003年坦桑尼亚人口普查显示，坦桑尼亚境内约有超过200万查嘎人，他们生活在北部乞力马扎罗山区，是班图人与当地原住民基库希人（Kikushi）混居后形成的新民族。[8]查嘎族在坦桑尼亚的社会活动主要涉及贸易、农业及政府公共事务管理等领域。在殖民时期，德国与英国殖民者在北部乞力马扎罗省和莫希省兴办了大量的教会学校，因此，查嘎人也是坦桑尼亚普遍受教育程度较高的民族。根据乞力马扎罗省教育局数据显示，该省共有超过320所中学、950所小学，其基础教育普及率居坦桑尼亚全国第一。1891年，德国殖民者到达乞力马扎罗地区后，与当地查嘎族族长Mangi（查嘎语，专指担任族长的人）达成合作，优先让他们的子女接受殖民地新式教育，并借此推广教会学校，宣传基督教。时至今日，查嘎人信仰基督教已经成为一种自然而然的社会主流现象。

在对男女主角双方所代表的社会群体有一个初步认识后，易卜拉欣·侯赛因设置这些冲突的意图便更加明确。男主角塞易作为来自内陆的查嘎人，与沿海人塔图的爱情从一开始就受到塔图母亲的反对，以下是第一幕中的一个小片段，描述男主角塞易与塔图母亲第一次见面的情景：

Swai: Hodi Hodi.
Mama: Nani?
Swai: (kutokanje) Mimi Swai. Jee Tatu yupo?
Mama: Hayupo!

译：

塞易：有人吗，有人吗？
塔图母亲：谁呀？
塞易：（声音从外面传来）我是塞易，塔图在吗？
塔图母亲：她不在！

Swai: (Anaingia) Hodi tena. Shikamoo Ma.
Mama: Marahaba. Tatu hawezi kwenda sinema. Ana kazi.
Swai: Lakini, aliniambia...
Mama: Ah! Wewe usifuate alichokuambia. Mie nakuambia haendi. Kwa heri. (Anafungulia mlango)

译：

塞易：（他走进屋）有人吗？您好，妈妈。

塔图母亲：你好。塔图不能去电影院。她有事情。

塞易：但是，她告诉我……

塔图母亲：嗬！你别听她跟你说的。我告诉你她不去。再见。（她起身要去关门）

无论是一开始男主角敲门，还是之后不请自进，塔图母亲始终言辞严厉，甚至可以说抱有敌意。同时，男主角第一次请求进屋是站在门外，而第二次已经自己走进门内，他并不在乎身为户主的塔图母亲的感受，正如塔图母亲不在乎他的感受一样。而他要做的，是把塔图一家的唯一后代从这个家庭里剥离出来，与自己组成新的家庭。这种自由恋爱不容塔图的原生家庭反抗，与塔图一家作为沿海斯瓦希里人的传统婚恋价值观相违背。也许在人们第一次看到该段时，会感到整个故事叙述急转直下，甚至有些突兀。但如果把剧中人物与各自代表的社会群体在1967年坦桑尼亚社会中的地位变化结合起来，就会发现这种情节安排似乎又是意料之中。

坦桑尼亚独立之前，德国与英国殖民政府为了方便管理，采取的是间接统治的方式。沿海人因为受伊斯兰教影响很深，并且常年从事远洋商贸活动，客观上受教育程度高于内陆居民。因此，殖民政府官员中很大一部分当地官员都是沿海人。然而，随着殖民者在内陆大力推行殖民地教育，宣传基督教，殖民地官员逐步由基督徒担任，沿海穆斯林在过去几个世纪一直保持的社会优势地位受到挑战。坦桑尼亚独立之后，尼雷尔政府宣布将首都从沿海城市达累斯萨拉姆内迁至北部城市多多马（Dodoma），而尼雷尔本人也是一位虔诚的基督徒。一系列改变，使沿海地区的穆斯林开始担心自己的族群在今后的社会事务中被进一步边缘化。这种担忧在该剧文本中的具现化，便是作为沿海传统穆斯林家庭的塔图一家在面对自己女儿的婚姻大事时毫无话语权，只能眼睁睁看着女儿和别人私订终身，只得借《时间之墙》的中心思想来聊以自慰。

另外，作者在第四幕中，为读者详细刻画了塔图婚后生活的一个片段。与爱人私奔的塔图在结婚后并没有迎来想象中的甜蜜生活，生活的压力和丈夫的不负责任让她陷入忧愁。他们在生活中“男主外、女主内”[①] 的分工便是典型的查嘎人风格。不同民族、不同原生家庭带来的观念上的矛盾在日常相处中慢慢体现出来。男主塞易爱好享乐，赚了钱之后只管提前消费，甚至婚后出轨；女主塔图则精打细算，省吃俭用填补家庭债务，并在忍无可忍之时与塞易爆发冲突。种种情节安排，都显示出作者对社会变化的忧虑，对内陆民族与沿海民族、基督徒与穆斯林相处状态的思考。

坦桑尼亚独立后，联合政府的成立促进了各民族、各宗教信徒间自愿和非自愿的交流与融合，国父尼雷尔统一了坦桑尼亚的语言，并宣布斯瓦希里语为坦桑尼亚国语。语言政策的统一在一定程度上消除了各地区、各民族间的意识形态差异，东非本土贸易语言斯瓦希里语的地位得到史无前例的提高，让坦桑尼亚人具有归属感，交流和融合成为大势所趋。此外，由于坦桑尼亚共有158个民族，没有主体民族，是一个多民族共存的新兴共和国，因此，尼雷尔政府在施政过程中往往刻意淡化民族概念，代之以坦桑尼亚人的概念。种种政策都表明，在多民族国家坦桑尼亚，民族融合是新时代的主旋律。

易卜拉欣·侯赛因虽然担忧，但并没有抗拒这种改变。在第二幕中，塔图的闺蜜克里斯蒂娜与塔图父亲朱马的对话传达了作者对坦桑尼亚民族融合、宗教交流的理性思考。

塔图与男友私奔后，父母十分担心，整日茶饭不思。这时，克里斯蒂娜为他们带来了塔图已经与塞易结婚的消息，并就此事展开激烈讨论。一开始，克里斯蒂娜认为是塔图的父母将塔图赶出家门，并为自己的朋友打抱不平。在听完塔图父亲的解释后，她明白塔图并没有说出全部真相。随着双方对话的深入，克里斯蒂娜的情绪从对塔图父母的不满转为吃惊，再转为难过与惭愧，最后变为对塔图父母的理解。

在他们的对话中，克里斯蒂娜这个角色身上共有两重身份：首先，她是塔图的闺蜜，代表的是和塔图同时代的年轻人；其次，她是一名基督徒，价值观念和传统的穆斯林家庭也不尽相同。但在双方沟通之后，他们达成了观念上的一致与和解。塔图父亲在言辞中透露出的，只是自己作为一名父亲对离家出走的女儿的担心与挂念，对不打招呼就把女儿接走的年轻人的不解与

---

① 达累斯萨拉姆大学Mulokozi教授曾提到这一模式：“Ingawa wanaume wa Kichagga hupendelea kufanya kazi mbali na kwao, wake zao hukaa nyumbani na hufuga ng'ombe na kazi za shambani...”。（查噶男性通常都会在离家很远的地方工作，他们的妻子会待在家中放牛或耕作。）

无奈。他这样说道："...Haya mambo kweli yalikuwepo zamani lakini yanakufa... Huyu Swai angekuja, angemposa sisi tungemuoza. Lakini hivi alivyofanya kenda katutukanisha sisi wote..."。(……旧时代的习俗已经不适用了……如果这个塞易能坦荡地来求婚，那我们一定会答应的。可是他这么不打招呼，是对我们的羞辱……）在剧中作为旧时代与穆斯林符号的塔图一家已经明白，时代变化是不可抗拒的，他们也愿意接纳这种变化。而作为年轻人与基督徒符号的克里斯蒂娜在聆听塔图父亲的解释后也表达了自己的歉意和理解。此时，两个时代、两种文化符号达成了观念上的一致与和解。易卜拉欣·侯赛因在第二幕中的这种情节设置，表面上看只是对两代人之间关系的探讨，实际上也在提醒穆斯林与基督徒这两个群体、新生代和老一辈这两个时代符号，沟通与交流才是达成一致和解的最好途径。

1964年，坦噶尼喀与桑给巴尔组成了坦桑尼亚联合共和国。坦噶尼喀大陆与桑给巴尔岛各有一个总统，各自有独立的政府机构，这在当代世界政治体系中实属罕见。桑给巴尔岛是斯瓦希里文化的发源地之一，也是伊斯兰文明在东非的重要支点。而坦噶尼喀大陆由于受德国、英国殖民者的统治时间较长，殖民者在北部乞力马扎罗和莫希地区费心经营，民众多信仰基督教。[①]新生的坦桑尼亚虽然在政治体制框架的探索道路上迈出了新的一步，第一次让沿海人和大陆人，穆斯林和基督徒共同站在同一阵线，建设这个新的国家。但是，在文化和意识形态差异的影响下，应该怎样保证联合政府求同存异、最大限度地发挥作用，是所有坦桑尼亚人都关心的问题。易卜拉欣·侯赛因在文本中给出了自己的观点：唯有沟通才是消除误会、促进理解的手段。克里斯蒂娜一开始完全站在自身所代表的社群符号的立场上，抱着对塔图一家的误会踏进家门，在真诚的沟通之后理解了塔图父母，并为自己朋友的做法而伤心。作者借这一幕中的"冲突—沟通—和解"的结构顺序，委婉地向读者传达了自己的政治理念和对不同文化符号相处的理解。对处在历史十字路口的坦桑尼亚来说，作者所传达的这种理念对整个社会来说都是一种难能可贵的黏合剂。联合政府的设立，加强了各民族、各宗教之间的联系，客观上既是一种机遇，也是一种挑战，双方采取沟通的姿态方能达成共识。这种超越时间限制的对人类共有情感的理解，对宏观社会和微观家庭的思考，是《时

① 相关资料参见美国国务院统计报告：https://www.state.gov/j/drl/rls/irf/2007/90124.htm。

间之墙》问世50多年仍经久不衰的原因之一。

四、斯瓦希里戏剧文学与当代生活

斯瓦希里戏剧文学作为一种文学范式，在坦桑尼亚拥有比小说、诗歌等文学范式更明显的传播优势。首先是语言优势，斯瓦希里戏剧文学往往采用简单质朴的斯瓦希里语，甚至是市井俚语，因此，读者并不需要具有太高的受教育水平也能看懂，受众广泛。其次，坦桑尼亚本身便有悠久的戏剧表演历史，早在殖民者到来之前，坦桑尼亚人的传统戏剧表演艺术形式Jando和Unyago① 便十分流行。德国殖民者带来西方戏剧之后，这种更能表现日常生活的文学艺术形式掀起了一股戏剧热，催生了一批优秀的剧作家。他们的戏剧文学作品对人们更好地理解坦桑尼亚人的日常生活和当代社会变化有着很高的参考价值。此外，由于戏剧文学既可以阅读，又可以表演，受众面较其他文学形式更为广泛，其社会影响力也更强。可以说，戏剧文学既来源于生活，又反作用于生活。因此，在对某一社会群体进行研究时，戏剧文学往往能为研究者提供一个新的视角。

除以上优势外，一部优秀的戏剧往往在洞察当代社会矛盾的本质之后对大众加以呈现，作者对这种矛盾的认识和理解也为人们提供了局内人的视野和观点。斯瓦希里戏剧文学作为斯瓦希里文学中最重要的文学范式之一，其题材和深度都是研究者在理解、研究当代东非社会现状时不可忽视的宝贵素材。目前，国内相关研究仍处于起步阶段，希望本文能起到抛砖引玉的作用，吸引更多专家学者投入到斯瓦希里戏剧文学及相关学科领域的研究当中。

参考文献

[1] WAFULA R W. Uhakiki wa Tamthiliya:Historia na Maendeleo Yake[M].Nairobi: Jomo Kenyatta Foundation, 1999.

[2] RICARD A. Ebrahim Hussein:Swahili Theatre and Individualism[M].Dar es Salaam: Mkuki na Nyota Publishers, 2000.

[3] TAYLOR J C. The Political Development of Tanganyika[M].London: Oxford

① Jando与Unyago为坦桑尼亚传统成人礼，其中Jando在男孩成年时举行，Unyago在女孩成年时举行。

University Press, 1963.

[4] CHA MAPINDUZI C. Azimio la Arusha na siasa ya TANU juu ya ujamaa na kujitegemea[M].Dar es Salaam: Idara ya Habari, 1967.

[5] YAKAN M A. Almanac of African Peoples & Nations[M].Piscataway: Transaction Publishers, 1999.

[6] EHRET C. The Civilizations of Africa[M].Charlottesville: University of Virginia Press, 2002.

[7] MAZRUI A M, SHARIF I N. The Swahili: Idiom and Identity of an African People[M].Trenton: Africa World Press, 1994.

[8] WA KISWAHILI M. Historia ya Wachagga[R].Dar es Salaam: Mwalimu wa Kiswahili, 2019.

عنوان البحث: من السلام إلى الأوجاما الاشتراكية: تحليل مسرحية ((جدار الزمن)) للكاتب التنزاني إبراهيم حسين

الباحث: ما جيون، رئيس قسم اللغة السواحيلية لكيلة اللغات الشرقية ومركز دراسات إفريقيا الشرقية بجامعة شانغهاي للدراسات الدولية، واهتماماته الأكاديمية: الأدب السواحيلي، مجتمعات إفريقيا الشرقية وثقافاتها.

ملخص البحث: قال الناقد الأدبيّ الروسيّ بولنسكي ذات مرة: "حيثما توجد الحياة يوجد الشّعر، وبالنتيجة هذا هو محتوى القصيدة"، انطلاقاً من هذا المفهوم، يكون العمل الأدبي تصوّراً إدراكيّاً للواقع، تتأثر علاقته بالعالم الحقيقي أيّما تأثّر، ويتجاذب أحدهما الآخر. إذ يحفّز التطوّر البشري للمجتمعِ تطوّر الأدب، كما تعدّ مجموعة من النصوصِ الأدبيّة سجلاً حافلاً بقضايا العالم الواقعي، ومتضمّناً تبلورها التام في الخيال، إذن، يمكننا القول، إنّه إذا أردنا فهم تغيرات المجتمع في ظلّ فترة زمنيّة ما، فلا بدّ من قراءة النصوصِ الأدبيّة للفئة الاجتماعيّة المُستهدفة؛ قراءة تحليليّة، كونها إحدى الطّرق المُشرعة لاختراق العالم الداخلي لذلك المجتمع المتغيّر إيديولوجياً، والمتطوّر فكرياً، وقد طُبقت هذه القراءة على مسرحيّة ((جدار الزّمن))، وهي خير مثال للكشف عن الأوقات العصيبة والاتجاهات الوطنيّة المخفيّة في قلم المؤلّف.

الكلمات المفتاحية: الأدب السواحيلي، الإسلام، تنزانيا، التأثير الثقافي

试析第一代北非穆斯林移民的殖民同化模式*

◎ 廖　静　虞荟楠**

摘　要：第一代北非穆斯林移民指二战结束前，从北非马格里布殖民地移民到宗主国即法国的阿拉伯人。第一代移民主要由季节性劳工移民和两次世界大战期间的雇佣军移民构成。法国对第一代移民实行了强制性的殖民同化政策，但因政策本身的局限性和第一代移民的组织化特点以失败告终。本文通过多语种文献资料回溯、访谈典型案例和参与观察等定性研究，回顾了法国对第一代北非穆斯林移民在政治、经济和文化上的殖民同化政策，分析了移民对该同化政策的接受度，总结了法国政府同化政策的失败原因。

关键词：法国；穆斯林；移民；同化

二战结束前，从北非马格里布[①] 殖民地移民到宗主国即法国的阿拉伯人，通常被称为第一代北非穆斯林移民。法国对这代移民实施了强制性的殖民同化政策，希望这批身体健硕的北非阿拉伯人摈弃原有的一些文化符号，全盘接受法国的语言文化和价值体系。但是，由于这一政策与生俱来的局限性和第一代北非移民组织化的移民特点，第一代北非穆斯林移民普遍选择对法国政府采取不合作的抵制态度，并导致法国对第一代移民的同化模式以失败而告终。

---

*　本文受上海市社科项目“北非穆斯林移民融入法国社会的问题研究”（项目号：2018EGJ005）资助。

**　廖静，博士，复旦大学外国语言与文学学院阿拉伯语教师，主要研究方向：阿拉伯语语言学、阿拉伯文化；虞荟楠，复旦大学国际关系与公共事务学院国际政治系2018级本科生。

①　马格里布（al-Maġrib al-‘Arabī）一词原指非洲西北部阿特拉斯山脉至地中海海岸之间的地区，有时也包括穆斯林统治下的西班牙部分地区，今发展成摩洛哥、阿尔及利亚和突尼斯三国的代称。

一、第一代北非穆斯林移民法国的背景

第一代北非穆斯林移民法国的历史始于1852年法兰西第二帝国建立，在19世纪末20世纪初达到高潮，终止于1945年第二次世界大战结束。第一代移民主要是季节性劳工移民和两次世界大战期间的雇佣军移民，他们是被动的、有组织的、集体性的穆斯林移民。一方面，在法国国内，因工业革命的迅速发展，国内企业对季节性劳工移民的需求不断增大，且法国经历的两次世界大战也使其迫切需要大规模引进外来人口充当雇佣军。第一次世界大战爆发后，在突如其来的战争和持续的工业化改革要求下，法国本土对劳动工人的需求更甚。在两次世界大战期间，法国损失惨重，大批基础设施受损，大量军人和平民在战争中丧生。因此，法国亟须大量引入外国劳工支持法国的战时经济。另一方面，在北非地区，包括摩洛哥、阿尔及利亚、突尼斯、利比亚和埃及在内的一些国家仍处在欧美殖民霸权之下。突尼斯在1881年成为法国保护领地，阿尔及利亚在1905年全境沦为法国殖民地，摩洛哥随后于1912年沦为法国的保护国。法国殖民者通过不平等交换、高额赋税和关税等制度来掠夺和剥削北非当地土著，获得可靠和丰厚的利润。北非殖民地的农民生活艰难、食不果腹，也希望通过对外移民改变生活状态，谋求生路。

由此，在移入国法国和移出国北非各国的双边需求下，北非马格里布地区大批居民移民法国与法国对该地区殖民的历史阶段基本吻合。那时，第一批有组织的大规模赴法移民是法国一战期间在北非殖民地招募的雇佣军。仅以阿尔及利亚为例，一战前后，约有24万年龄在20—40岁的阿尔及利亚成年男性代替法国人奔赴前线，因此而移民的人口占同时期阿尔及利亚成年男性人口的1/3。文献资料记载，当时的法国政府为成功实施其在殖民地的征兵活动，刻意宣传，提出了很多诱人的招募条件。[1]与此同时，北非地区大批强壮能干、老实忠厚且已婚配的青壮年男性农民，在法国殖民者和当地工头的挑选和组织下，集体于农耕季节赴法国务农，待丰收季节回国。

最初，移民的目的是让那些在家乡无足够耕地可种且不能养家糊口的农民到另一个可以耕作的地方劳动，以此为其和家人换取丰足的生活所需。这种迁移是暂时性的劳动力移民，移民者通常背负着家人，乃至家族的委任和期待远赴他乡。这一迁徙是带着特定目的的、在有限时间内完成的有限任务。与此同时，这一迁徙还是北非社会经历了传统社会解体和经济变革后的新社

会分工的结果：一部分善于处理家庭内部事务的劳动者留下来，专注种田和打理家庭事务；另一部分善于对外交往、处理家庭以外事务的劳动者被原生社会和家族外派辛苦赚钱。通常情况下，最初被外派的人都比较优秀，有一定阅历，不是单身，他们在农忙季节被派到法国务工，法国社会亦成为这些人的“试金石”，检验他们出国后是否还能和原生家族保持良好的关系，是否还能维持农民的本色和尊荣。这是由于在北非“重农”的传统价值观里，农业是一切社会活动的基础，农民是一个高尚的职业，享有社会资源优先分配权。

笔者在法国访学期间，曾于2016年10月底在法国普罗旺斯地区的艾克斯市皮卡索（PICASSO）阿拉伯社区拉菲克（RAFIQ）咖啡馆采访过一名阿尔及利亚裔法国人萨玛赫，萨玛赫的父亲艾哈迈德曾于1922—1934年在法国工作12年。据萨玛赫回忆，父亲曾这样对他说起当年的事情：

> 那时的我们都是被仔细挑选过的，只有那些被社会和家族信任的人才会被派到法国。太年轻或不善交际的人都不会被选中，被外派需要村里有威望的老人担保和推荐。法国是一个更大、更长久的别处市场，很重要，需要我们谨慎对待。因此，包工头不会选派一个有“前科”的青年去，也不会派一个不被信任的人去，只会派那些能干、诚实、守信，而且肯定能把在法赚的钱带回村子的人去。

通常情况，移民在秋末冬初耕作结束后被派往法国，然后在丰收季节回国。其间，他们也可能因结婚或其他各类家族事由提前或推迟回国。当时的第一代北非穆斯林移民都希望能尽快完成工作回国，母国家族和法国雇主也不希望移民长期待在法国。根据第一代移民个人和家庭的价值观，他们认为：如果移民不回母国，要么是因为他们缺乏自制力，迷失了自己；要么是因为他们背离了农民价值观，喜欢上了城市；要么是因为他们太过贪婪[①]，对金钱的欲望永远得不到满足。如果某人逾期不归，则会遭到周围人的唾骂，指责他缺乏自控力，忘记了农民的道德，爱上了城市的纸醉金迷和自己的移民身份。而他的家人也会遭到亲友和邻居的嫌弃，认为他们不能力促亲人迷途知

① 贪婪是阿拉伯人最憎恶的品质之一。

返，或是对亲人太过贪婪，以致在法务农的亲人有家不敢回。

此后，年复一年，一批又一批的农民相继被派往法国，外出务工逐渐成了北非乡村不可避免的周期性活动。然而，在严格意义上，第一代移出法国的北非移民个体之间并没有太大差异，他们都是经过挑选的最好的农民，都肩负着母国亲友和家族赋予的重大使命。

二、法国对第一代北非穆斯林移民的殖民同化政策

针对这代移民，法国采取了强制性的殖民同化政策，即以法国文化取代移民原有的马格里布殖民地文化，具体表现在政治、经济和文化三个方面。

（一）政治同化

政治上的同化概念可以追溯到法国的哲学文化传统，根据孔多塞侯爵①的信条，“好的法律是对所有人都好的法律，就好像一个好的有逻辑的提案在哪都是好的”[2]。法国人认为，法国文明是最完善、最高尚的文明，任何未开化的野蛮人都迫切地渴望学习和模仿。1830年，法国在北非殖民地阿尔及利亚引入同化政策，瓦解了当地部落习俗，并未引起强烈反抗，随后即在整个北非地区实行。殖民时期，同化也是法国殖民政策中最重要的政策之一。1895年，法国法学教授阿瑟·吉罗（Arthur Girault）在自己的著作《殖民和殖民地立法原则》（*Principes de Colonisation Et de Législation Coloniale*）中对同化概念作出了系统性阐释，并影响至今，学界普遍认为他的观点较为中立、客观。阿瑟认为，殖民地是宗主国的海外领土。因此，殖民地立法的目的是让这些海外领土逐渐和其他领土一样，服从同一套法律法规，从而成为法国真正的海外省。殖民的结果和同化的可视化标志是殖民地践行和宗主国一样的法律法规。具体的措施包括，同一套法律无差别地运用于所有领土；除非有特殊情况发生，宗主国的新法律也将自动适用于所有殖民地。宗主国的行政管理流程和下属分支机构也将被分毫不差地复制到殖民地。临时性的藩政院应该被取缔，代之以宗主国的内政部、司法部、教育部等。殖民地不设军事机构，殖民地居民和本土居民一样服兵役。同样，殖民地居民也和本土居民一样赋税，享受同等关税。也就是说，法国政府对本土居民和殖民地居民

① 孔多塞侯爵（Marquis de Condorcet，1743—1794），18世纪法国启蒙运动时期最杰出的代表之一，同时也是一位数学家和哲学家。

施行相似的财政管理，赋予同等的公民权利。同时，阿瑟还指出，虽然同化殖民地人民很重要，但并不是唯一可行的途径。用阿瑟自己的话说："我们希望用我们的理念和习俗教诲他们，还有人狂热地想要把他们变成法国人：让他们受教育，给他们选举权，让他们像欧洲人那样穿衣服，用我们的法律代替他们的习俗。总而言之，我们追求同化那些殖民地居民。但如果殖民地有人让我们失望了，或是有人不服从我们的文明，那么为了避免这些人在我们统一化的同化进程中发出不和谐的声音，就让这些人滚蛋，或是干脆从此消失。"[3]由此不难看出，初期同化的理论基础或许确实是基于"人人平等"的"人权"理念，或许源于法兰西共和国的民主传统。但是，"人权"概念本身就很模糊，难以界定，且人与人之间绝对的平等和公平无论在理论和实践上都难以实现。而且，法国在对殖民地大肆宣扬同化概念的同时，忽略了宗主国和殖民地两者间的天然本质性矛盾，即帝国的本质与民主相背离，宗主国的帝国扩张需要殖民地人民无条件提供无私帮助。因此，理论上的理想同化根本不可能实现。

同化是法国整个帝国时代殖民政策中最主要的持续性特征，突出体现了法国精英的意志。此后，虽然法属殖民地在20世纪初相继掀起追求民族自决、国家独立的热潮，但在20世纪30年代，同化政策仍旧是法国帝国词汇中的一个褒义词，只是它的用途似乎不再是敦促那些无知愚昧的野蛮人学习法国文明，而是作为法国在面对殖民地居民强烈要求自治的呼声时提供的说教性理由。无论如何，法国在非洲长达数世纪的殖民历史和殖民政策对法国和北非殖民地各国的关系发挥着重要影响。因此，法国对第一代北非穆斯林移民的政策也延续了法国在殖民地实施的同化政策。在针对第一代北非穆斯林移民的政策法规上，法国实施"一刀切"政策，将同一套规则强加在北非穆斯林移民身上，无视他们在来源地、宗教信仰、社会背景和经济状况等方面的迥异情况。[4]

（二）经济同化

伴随着殖民地的出现，经济上的同化应运而生。19世纪末，完成了工业革命的法国迫切需要开拓商品销售市场，而当时德国和美国实行保护性的高额关税政策，为了倾销剩余商品，法国殖民者撬开了非洲大陆之门，开始了长达数世纪的殖民掠夺活动。法国在北非殖民地实行的经济同化政策好比法国本土工业政策的“孩子”，为了满足法国本土工业发展需求而制定。

早在一战期间，由于原料缺乏，法国就意识到大规模开发殖民地资源的重要性。1921年，殖民部长阿尔贝特·萨罗第一次为殖民帝国引入了“国家计划”的概念，即要使殖民地尽可能地在经济上自足，并同法国经济紧密联系在一起。这意味着殖民地将被作为一个相关的单位得到发展，法国公共资金将被用来促进殖民地的生产。[5]在该计划的指导下，阿尔及利亚变成了法兰西帝国的一块出口生产的“飞地”，主要出产大多数阿尔及利亚人不喝的葡萄酒。此外，矿业开发也在有条不紊地进行。突尼斯虽不像阿尔及利亚那样受法国内政部的直接管辖，但宗主国外交部派来的驻扎官成了绝对统治者，只关注法国的利益。[6] 404在突尼斯的绿洲地区，蜜枣、谷物、酒类和橄榄油是主要的农业出口货物。突尼斯的矿业也迅速发展起来，铁矿石产量赶上了邻国阿尔及利亚，再加上铅和锌，突尼斯很快成了世界重要的矿产供应地。[7]在另一个保护国摩洛哥，卡萨布兰卡港通过铁路把内地的铁矿石和磷酸盐源源不断地运往法国。在热带非洲，20世纪20年代殖民化的主要成就表现在达喀尔港的改造和尼日尔河中部三角洲兴建的一项大规模的灌溉工程。[8]同时，农民都被纳入了生产和出口单一经济作物的市场机制，无论是被引导的，还是被迫的。

1929 年法国爆发经济危机时，北非殖民地已经是法国国家垄断下宗主国经济的延伸部分。1935年，法属非洲殖民地占了法国进口额的21%和出口额的27%。[6] 9阿尔及利亚是法国最大的殖民地市场，比其他殖民地的总和还要大。二战结束前，法国依赖从海外殖民地特别是非洲大陆攫取来的大量财富和资源，不仅还清了英国的全部贷款，还支持了本土的抗德战争。

在北非殖民地，法国除了掠夺原材料、开辟市场，还强征廉价劳动力。不仅对该地区实行经济同化，还把殖民地经济改造成以生产和出口单一经济作物为主的畸形经济结构。法国还无视殖民地对人力资源的需求，强征壮年劳动力赴法务农或参战，一战时，在法国本土作战的40万法军中约有30万是来自非洲的士兵，在其帮助下，巴黎最终得以解放。

由于北非本土青壮年农民的流失和殖民者的经济改造，原有的乡村经济几近解体，大批农田荒芜或被挪作他用，导致第一代北非穆斯林移民返乡后无事可做，只能年复一年地出国务工，务工收入成为他们家庭收入的主要来源。

在拉菲克咖啡馆里，笔者还碰到了一名早年赴法务农的老者穆罕默德，他回忆道：

我出生在阿尔及利亚北部柏柏尔人聚集区卡比利亚（Kabylie）。我是寡妇的儿子，据说父亲在我8岁的时候远赴法国谋生，因为我们家的土地被法国人强征。后来，有人说父亲上了战场，总之他再也没有回来，只有我和母亲相依为命。在我的童年记忆里，母亲一刻也没有停止过劳作，但她终日的劳作也只能换来她和我的口粮，很难有剩余。舅舅家也总是对我们娘俩的存在虎视眈眈，觉得我们是寄生虫，认为我整日游手好闲，不劳作。其实村里人大都整日无所事事，这也怨不得他们，他们都太老了，又或是身体有残疾。而且，实际上，村子也早无良田可种。村里原有的良田被各式各样的法国公司或收购，或兼并，种上了葡萄、橄榄等经济作物，没我们什么事情了。成年后，我因为要娶妻生子，只能和周围所有的青壮年一样，去法国谋生。终于，在17岁那年，我也加入了村子里包工头组织的赴法建筑工程队，去了法国。

在阿尔及利亚北部的卡比利亚村，92户人家中共有197名男性赴法国务工，留在村里的只有146人，他们中的105人去过法国。在这个村子里，只有10人从未去过法国，大多因为年纪太大，或是身体不好。仅穆罕默德所在的大家庭中，就有33人在法国，其中13人是随迁家属，留在村里的只有18人。穆罕默德自小便听周围的人谈论法国，他每天听到法国的次数不低于10次。[9]由此，原始的北非乡村经济无论在土地供给还是在劳力资源上，都呈现出萧条颓败之态，赴法务工逐渐成了农民经济收入的唯一来源。

（三）文化同化

在文化上，法国在北非殖民地开设法语学校，强迫来法的北非穆斯林移民将法语作为工作语言[4]，拒绝他们表现出任何形式的语言和文化差异，对伊斯兰教也采取抵制态度，不允许北非穆斯林进行礼拜，修建清真寺。

法国的文化同化政策由来已久，早在1858年，拿破仑三世在谈及阿尔及利亚时就指出，阿尔及利亚是一个武装的、精力旺盛的民族，必须用同化政策来消灭它。[10]

法国经济学家保罗·利莱–博利厄（Paul Leroy-Beaulieu）作为一个

殖民主义的鼓吹者和护卫者，在其著作《论现代民族的殖民化》（*De la Colonisation Chez Les Peuples Modernes*）中也提到，必须迫使250万阿尔及利亚原住民融入欧洲集体，可以通过舆论控制，也可以强制这些未开化的民族接受欧洲的习惯和法律，甚至是欧洲的宗教。欧洲对北非原住民的同化可以有一个过程，但最终将创建一个新制度。在这一制度下，欧洲人和北非原住民遵循同一套普通法和同一种生产方式，允许习惯和信仰不同，但经济、政治和社会利益必须保持一致。保罗·利莱–博利厄最后还强调，同化政策是欧洲和北非两个民族共同实现和平、繁荣和文明的不可或缺的条件。[11]

1889年，巴黎召开了两次以"同化问题"为主题的国际会议。那时，法国的主流意识形态是阿拉伯人的"法国化"，即在北非殖民地设置和法国一样的行政机构。会上，法国社会心理学家古斯塔夫·勒庞① 认为，法国全盘同化北非阿拉伯殖民地的想法是荒谬的。他还认为，若法国希望追求殖民地与宗主国的无差异化，是愚蠢的。因为法国的一切都是最好的，无论是法国的机构还是法国人的性格都是最好的，这些优势足以让法国人成功地将之强加于每一个殖民地居民身上，也能帮助法国人彻底消灭殖民地土著民。由此，最好的殖民方式是在北非殖民地推行法国教育。法国海外省瓜德罗普② 参议员亚历山大·伊萨克（Alexandre Isaac）则在会上进一步表示出了法国人对殖民地土著民的文化轻视。他认为，殖民地人民和宗主国人民之间的唯一关系是统治与被统治的关系，法国的习俗、语言和文化都是历史遗产，是世界上最美好的文化，殖民地土著民只能学习到一些显而易见的物质实际，学不会法国人的精神文化。[12]

宗教同化是文化同化的另一个突出表现。历史上，法国就对伊斯兰教一直保持怀疑态度。此外，由于宗教政治与世俗政治之间持续半个世纪的激烈论争，法国对宗教尤为敏感，拒绝来法穆斯林从事礼拜活动，并试图通过名目繁杂的教会活动让阿拉伯人放弃信仰伊斯兰教，改信天主教。

然而，行为习俗和宗教信仰的同化终究是漫长的过程。法国政府的同化政策主要还是依靠教育每一个独立的个体来完成。在教育上，政府要求移民

---

① 古斯塔夫·勒庞（Gustave Le Bon），法国社会心理学家、社会学家，以其对于群体心理的研究而闻名，被后人誉为"群体社会的马基雅维利"。勒庞认为，在群体之中，个体的人性会湮没，独立的思考能力也会丧失，群体的精神会取代个体的精神。

② 瓜德罗普（Guadeloupe）位于加勒比海小安的列斯群岛中部，是法国的海外省。与其他海外省一样，瓜德罗普是法国18个大区中的一员（作为法国的海外大区）和法兰西共和国整体的一部分。

学习法国的语言、文化和历史，将之纳入移民的规范教育体系。与此同时，法国政府还强调，如果这一同化政策失败了，或是不那么成功，法国政府不排除采用真正的政治和经济革命方式实现殖民地移民的同化。

总而言之，法国迫使第一代北非穆斯林移民全盘接受法国生活方式,期待他们最终被成功同化到法国社会中。于是，北非土地上就出现了奇怪的场景：回国度假的移民们操着法国口音的阿拉伯语，脱下传统大袍，穿着体面的西式衣服，花钱如流水，流连于新建的法式乡村咖啡厅和电影院。[13]

据穆罕默德回忆：

这群回村的“老人”穿着宽松的大袍、戴着镶有宝石的头巾、趿着拖鞋，与束身辛勤劳作的农民形成鲜明对比。他们或成天无所事事地坐在家里，或在大街上闲逛，保留了早年在法国生活的生物钟和生活方式，就连吃饭时间也不固定。而与此同时，他们的一言一行，诸如慢条斯理的言语、盘腿席坐的习惯、庄严谨慎的举止都无一不表现出他们虽生病年长，却受过“教育”的“文化人”的身份。

事实上，多年的移民历史改变了北非传统社会原有的精神面貌，让那些因年迈或因病返回故乡的第一代北非穆斯林移民与原生社会格格不入。一方面，这群人不再年轻，不再能从事年轻人做的工作；另一方面，他们也没有老到可以安享晚年。他们确实因早年在法国务工而身体患疾，但他们也没有病到不能自主劳作。而且，无所事事的生活让他们感到极度空虚。于是，这群人就在两个年龄段和两种状态之间游离，他们在时间和空间上都不属于北非原住民社会的任何一个年龄群体，只剩下无穷尽的时间和被法国剥削后的身体。他们不是年轻人，年轻人缺乏经验，却也因缺乏经验而简单地快乐生活；他们也不属于老年人，村里的老年人有智慧，对家族事务有决定权。他们也不属于男性群体，村里的男性群体都在农田劳作、养家糊口；他们也不属于女性群体，虽然他们不用外出劳作的状态和女性很像，但原生社会的女性承担起了烦琐的家务劳动，他们却什么事情也不做。他们是被社会遗忘的奇怪存在。

三、第一代北非穆斯林移民对同化政策的接受

在北非穆斯林移民看来，法国的殖民同化政策是强制性政策，是宗主国无视殖民地人民意愿的强加政策。它根植于建立在种族优越感基础上的殖民历史，本质就是不被信任的。

关于这一点，首先可以从“同化”一词的文字内涵上加以分析。法语和阿拉伯语有着截然不同的内涵。在法语语境下，同化（assimilation）概念始于法国大革命，被广泛用于殖民语境，并反复被用于为殖民事业服务。它假定法国是世界的中心，是最有人权的地方，法国文明是世界上最好、最先进的文明。因此，法语里的同化指要求在法国的外国人及其后代在生活方式上与法国人保持完全的一致。[14]而在阿拉伯语语境下，同化（استيعاب）指殖民列强在殖民地塑造模范价值观、建立教育机构、传播西方意识形态和生活方式的过程[15]，被同化对象指被社会边缘化的人，同化本身即带有歧视他者的含义。阿拉伯民族主义兴起、要求解决殖民造成的系列矛盾时，即将反同化作为唯一途径。无论如何，在法语语境和阿拉伯语语境下，同化概念都包含谁适应谁，谁被谁同化的问题。

在面对移民问题时，法国人一再强调，殖民语境和移民语境是完全不同的。殖民同化确实带有些许强迫性质，但移民同化则应是移民主动要求被移入国在移入国的领土范围内同化，被移入国所接受。但在阿拉伯人看来，法国的同化是虚伪的同化。第一，法国人认为的移民同化基石不成立。阿拉伯人认为，如果不是法国殖民北非，破坏了当地的政治、经济平衡，并强征廉价劳动力赴法，根本就不会有大批北非移民出现在法国领土上。第二，移民同化不平等。一直以来，法国都歌颂殖民行为，认为殖民活动体现法国倡导的普世主义①，它看重社会和政治契约，不同于德国沙文主义重视的血缘纽带，假定无论什么人，只要接受法国的价值观都可以成为法国人，享有同等公民权，假定所有人都能在理论上成为法国人。法国在这点上丝毫没有沙文主义，也没有帝国主义；或者说，法国或许也有沙文主义和帝国主义，但它存在于普世主义中。法国以此为荣，认为这“使法国在世界上突显人道国家

---

① 普世主义（universalism），是哲学上的一个分支，它强调普遍的事实能够被发现且被理解。在伦理上，普世性就是指能够应用在所有人身上的价值观或事物。这种思想存在于许多宗教或哲学体系之中。普世主义最早出现于宗教、神学和哲学概念上的普世（universal，意为“适用于所有的”）。

的地位”。但在北非穆斯林移民的眼里，法国的普世主义未能触及或破解事实上的不平等难题，流于口头表达。殖民时期，同化的本质是不让本地人在自己的土地上享有天然的资源优先获取权，而是要同殖民者共享资源优先分配权。而且，法国人总是以一副家长似的态度，居高临下地训斥阿拉伯人思想境界不够，或是不够开化，才不能被很好地同化。为此，法国人将阿拉伯人和此前移民法国的西班牙、葡萄牙和意大利人对比，证明拉丁裔人种比阿拉伯人种高贵，所以能被同化，并享受到法国大都市的繁华生活。第三，法国执行双重标准的同化政策。站在阿拉伯人的角度，法国同化阿拉伯移民这一对象，而移民同意被当作一个物品那样被同化，本身就是不平等的。因为法国从来没有尝试过，法国自己是不是也可以被其他社会或文化形态同化，就像法国同化他者那样。既然法国能同化他者，那么也应该可以被他者同化。而事实上，法国一直在指责被他同化的他者，指责这些被同化者没有很好地融入，是这些被同化者的错。而良性的同化应该是有利于被同化对象的。相反，法国却一直拒绝自己被其他社会文化形态同化，法国政府和法国人民对法语的维护和坚持就是证明。[①] 那么，现实实践中就有了这样的悖论：既然法国可以同化他者，那么法国也可以被他者同化。因此，法国落实同化政策中的双重标准昭然若揭。

最后，法国的同化政策主要通过法国化的教育实现，但笔者接触过的大部分受过教育的阿拉伯人都认为，法国教育的唯一目的是剥夺阿拉伯人的爱国情感，强加给他们一些人为的需求，而这些需求显然不能满足阿拉伯人的情感需求，只会增加他们的痛苦。事实上，法国推行的法国教育一直以来重文轻理，重点是让阿拉伯人学习法国的王室血脉传承族谱和英法百年战争的始末，并不教他们算术，更不教他们如何把科学技术运用到农业、工业和贸易上。而阿拉伯人关心和需要的显然是后者。

笔者曾于2017年1月12日在马赛阿拉伯世界与伊斯兰世界研究所，与该所研究员也门裔法国人法蒂玛谈及这一问题，她评论道：

---

① 法国政府长期以来把保护和推广法语作为一项基本国策，并将其纳入国家文化发展战略。在不同历史时期，法国政府都多次颁布法律，强制法语在国内使用。其中，1994年的《杜邦法》最具代表性，该法律明确地规定在工作、消费、广告、媒体、政府部门、教育和科研领域必须使用法语。此外，法国还设立了多个专门机构负责贯彻和实施语言政策和法律，其中的术语和新词总委员会还专门负责开发和推广新术语，保护法语纯洁性，应对外来语冲击。参见：梁建生《法国想方设法维护法语》，《中国文化报》2016年9月5日，第3版。

同一套法国教育显然会对法国人和阿拉伯人产生不同的效果。阿拉伯人学习法国历史只会感到亡国奴般的屈辱和无力反抗外国强权统治的无助。

四、同化政策的实践效果

不难看出，法国同化政策具有与生俱来的局限性，又因为殖民历史带来的罪恶感，法国对第一代北非穆斯林移民实践的这一政策自然会遭到这一代人的本能排斥。这代移民在法国时自我隔离，只想尽快完成工作回国，不打算长期待下去。他们不和法国社会接触，与母国的联系十分紧密，他们聚居的地方甚至被法国人戏称为“难民世界”（refugee world）。

在日常生活上，第一代北非穆斯林移民周期性的、集体性的客居异乡一隅，早出晚归，终日无休，周而复始地奔波在工地和住所，两点一线。他们节衣缩食，过着苦行僧般的至简生活，甚至都无法引起周围法国居民的注意，几乎是隐形人，因为他们几乎从来不到其他地方活动。他们每天只吃一顿饭，从来不去餐厅，从来不买衣服，甚至不去超市，法国人几乎无法在马路上看到他们。第一代北非穆斯林移民通常4到8人挤在一间15平方米的小屋里，住宿费低，水电煤花费也很少，他们来法只是为了劳动，花很少的钱，努力存钱，把在法国赚到的约2/3的钱带回老家，如果不这样做，就会被同伴和家乡人视为耻辱。

在拉菲克咖啡馆里，笔者还采访到了早年来法务工的阿尔及利亚裔阿拉伯人努尔·丁，他转述了其父亲的回忆：

法国的一切都是黑暗的。当我怀着一颗对未来无比憧憬的心踏上法国土地的时候，我非常失望，因为所有我期待的一切都没有发生，我在这里所见所感的一切也从未听长期或短期回国的乡亲们提及，事实上，我想他们永远也不会说。那时，我去法国北部的一处煤矿投靠在那里工作的叔叔。我永远忘不了我第一次推开叔叔房门时的情景，那扇门是那么小，颤颤巍巍的，屋内是那么局促、肮脏，还有两三个工友横七竖八地躺在地上，他们的身边堆满了杂物。我甚至清晰地记得那时屋里扑面而来的阵阵臭气，混杂了食物发酸的味道、潮湿天气的各种霉味、人体和衣服上的汗臭味。而当我向叔叔自我介绍，表示自己将要留在法国和他一起工作时，叔叔看我的眼神充满了忧愁和哀伤，深邃的眼瞳里有着一望不尽的落寞。此后，这里的工友断断续续地向我讲了另外一个故事，另外一个完全不同于我在老家听到的故事版本。他们说故事时是那么绝望，声音是那么低沉，眼神是那么暗淡。通常，他们会首先当着我的面指责叔叔，质问他是谁把我带到这里，为什么要把我这样的小孩子带到这样一个巨大的火坑，重复他们的悲剧。那时的我尽管对他们所说的懵懵懂懂，但却天真地想，或许他们是骗我的，他们只是不想更年轻的、更强壮的我比他们混得好，希望他们自己是村子里仅有的“人生赢家”。然而，我很快就发现自己错了，因为无论我到哪里，所有人和我讲的都是同一个故事，一个不同于我在老家想象的、悲哀的、孤独的故事。

那么我究竟在法国看到了什么呢？所有人做的都是脏活，而且没日没夜地干，像猫像狗一样地干，毫无尊严。所有人吃的食物都像毒药，吃饭只是为了不被饿死。所有人都居无定所，你经常可以看到大街上零落的行李箱，那是因为又有人因负担不起房租被赶到了大街上。好多人在大街上游荡，口袋空空，随时准备跟着任何一个可以给他们面包的人去往其他任何地方。几乎所有人的头发都过长且凌乱，等待着回国度假的时候修剪。运气好的人每月能赚到1万法郎，但那笔钱是靠弯腰得来的，是弓着身子受尽屈辱得来的。因为薪资微薄且来之不易，这里的人会为了节省一分钱而吵得不可开交，大打出手。所有这些都足以让你感受到他们生活的苦楚和艰难。事实上，我以前在家乡听到的那些回家度假的人吹嘘的高额工资从来就没有出现过，越是在法国过的凄惨的人，越在返乡时吹嘘他们的工资高，而他们实际的薪水连一半都不到，而且发工资后的两天就已经所剩无几，因为他们需要支付房租、欠款，还要邮寄很大一部分回老家，此后的他们连一支烟都抽不起，只能偶尔在大街上向路人乞讨。

以前我在家乡看到这些移民的形象都是高大的，如今在法国，我看到了他们的弱小和卑微。[①]

在意识形态上，第一代北非穆斯林移民自觉和法国社会的行为模式和精神面貌保持距离，尤其自觉远离法国人的消费行为。当时普遍称颂的优秀移

① 文中的“我”是努尔·丁的父亲穆罕默德。努尔·丁兄弟8个，他在25岁时跟随家人移民到法国马赛，年轻时曾在法国炼油厂和古斯古斯食品加工厂工作。努尔·丁的父亲穆罕默德86岁时在阿尔及利亚去世，他生前健康时一直在阿尔及利亚驻法国的一家建筑公司工作。在努尔·丁的记忆里，他们刚到法国时寄居在亲戚家，居住环境很差，下雨天房屋漏水严重。

民形象是那些保留了原生农民形象和道德的人。为了避免被城市的奢靡之风浸染，去往法国的第一代移民在出国前都会被反复告知，他们应远离法国城市里那些无所事事的游荡者，不要像法国人那样吃喝玩乐，尤其不要像他们那样挥霍，也不要像法国人那样只为填饱自己的肚皮而工作，而要对身后的家庭和家族负责。此外，每次刚回国的时候，这批移民还要接受一次“再融入”训练，由此退去他们身上带回来的“恶俗”之气。他们会脱下法国穿回来的衣服，警惕自己的语言，去除法国口音和习惯用语。因此，“好”移民需要向母国的亲朋好友证明，尽管他们去了法国，但依旧像一个真正的“好”农民那样生活和思考，也只有这样，他们才是坚强的、节俭的、受到社会高度赞誉的“好”人。任何一个沾染了法国城市习惯的人都会被冠以“贪得无厌”的骂名，指责他们对金钱有着难以抑制的渴望。第一代北非穆斯林移民有组织地被集体派到法国，通常一个村庄或临近村子的人被安排在一处，彼此高度依恋，相互监督。因此，熟悉的社会关系也在一定程度上迫使第一代北非穆斯林移民所有的思想意识和行为模式都完全遵循了母国的社会组织架构，也能较好地抵御法国都市生活对他们的诱惑和侵蚀。

第一代北非穆斯林移民的形式是最健康的，那时移民的人都是农民，到法国后还是做农民。第一代北非穆斯林移民去法国时内心是悲哀的，离开村子的时候一步三回头，驱使他们远赴法国的只有一个信念，或是资助兄弟结婚，或是重新修葺老房子，或是还债。到法国后，他们只想赶紧赚到钱逃离，去法国务工只是他们人生中的插曲，对他们而言，移民是一种承诺，承诺用自己短期的辛苦劳作，换取家庭乃至家族的幸福。

五、结语

简言之，法国对第一代北非穆斯林移民的同化模式以失败而告终，这代人基本保留了原始的北非农民特性，不太和法国社会接触，生活在相对封闭的同乡、同族小圈子里，思维方式和价值认同都源于母国的价值观，所有的认知也都源自母国的价值观。

关于法国同化政策失败的原因，欧洲学者众说纷纭。有学者认为，同化是法国整个帝国时代殖民政策中最主要的、最具延续性的特征，它突出体现了法国精英的意志。支持同化政策的人赋予了这个词一个完整的合法解释，即让殖民地人民出现在宗主国最重要的政治形态——议会里。还有学者用更为广泛的语言加以解释，即让非欧洲人变成“开化文明的”欧洲人形象。还有学者把同化和自治对比，以此比较法国和英国殖民地政策的特点，认为前者把殖民地纳入宗主国的政治体系中，后者则体现了殖民地的自治。但是，法国批评家认为，法国试图将欧洲民主体系运用至“落后民族”的做法是愚蠢的，英国人就没有犯这种愚蠢的、不负责任的错误。还有学者进一步提出，同化的真正特征是，法国宣扬种族平等，不像英国那样“隔离有色人种”（color bar）。另有学者从行政管理的角度解释这个概念，把同化定义为高度集中地直接治理殖民地。无论如何，支持或反对同化政策的学者都认为，同化政策本身没有问题，历史证明它成功过，如美国本土同化夏威夷，法国同化葡萄牙和西班牙移民。但同化政策在治理北非阿拉伯人时却失败了，其中一个重要原因是：西方民主政府的原则不适用于在他们看来“落后”的阿拉伯人。

参考文献

[1] AGERON C R. Les Algériens musulmans et la France:1871-1919[M]. Paris: Presses Universitaires de France, 1968: 68.

[2] KRATOSKA P H. South East Asia, Colonial History: Empire-building in the Nineteenth Century[M]. London & New York: Routledge, 2001: 339.

[3] GIRAULT A. Principes de Colonisation Et de Législation Coloniale[M]. Paris: L. Larose, 1895: 68.

[4] LEWIS M D. One Hundred Million Frenchmen: The “Assimilation” Theory in French Colonial Policy[J]. Comparative Studies in Society and History,1962, 4(2): 131.

[5] DUIGNAN P, GANN L H. Colonialism in Africa: 1870-1960: Vol 4[M]. Cambridge: Cambridge University Press, 1975: 131.

[6] BOURGUIBA H. La Tunisie et la France[M].Paris: René Julliard, 1954.

[7] ROBERTS A D. The Cambridge History of Africa:Vol 7[M]. Cambridge: Cambridge University Press, 1986: 276.

[8] HOPKINS A G. An Economic History of West Africa[M]. London & New York: Routledge, 1973: 262.

[9] SAYAD A. The Suffering of the Immigrant[M]. Cambridge: Polity, 2004: 56.

[10] PRIESTLEY H I. France Overseas: A Study of Modern Imperialism[M]. New York: D. Appleton-Century Company, 1938: 82.

[11] LEROY-BEAULIEU P. De la Colonisation Chez Les Peuples Modernes[M].

Paris: Guillaumin, éditeur de l'Ecole de Paris, 2010: 333-357.

[12] CURINIER C E. Dictionnaire National des Contemporains[M].Paris: Office général d'édition de Librairie & D'imprimerie, 2003: 84.

[13] عبد المالك صياد: اللعنة أوهام الغربة ومعاناة المغترب، الجزائر: المركز الوطني للبحوث في عصور ما قبل التاريخ علم الإنسان والتاريخ، 2016: 54.

[14] MICHELE T, Assimilation: la fin du modèle français[M]. Paris: Éditions de Toucan, 2013: 391.

[15] باسم رزق مرزوق: الهوية الأفريقية في الفكر السياسي الأفريقي .. دراسة مقارنة، القاهرة: المكتب العربي للمعارف، 2015: 278.

عنوان البحث: الدراسة في سياسة الاستيعاب الفرنسي للجيل الأول من المهاجرين القادمين من شمال إفريقيا إلى فرنسا

الباحثة: د. لياو جينغ، محاضرة اللغة العربية وآدابها في جامعة فودان، شنغهاي، الصين؛ يو هوي نان، طالبة لجامعة فودان، شنغهاي، بالصين.

ملخص البحث: يقصد الجيل الأول من المهاجرين المسلمين العربَ الذين يهاجرون من مستعمرات فرنسا في شمال افريقيا إلى فرنسا، بمن فيهم المهاجرون عن طريق العمل الموسمي في قطاع الزراعة والمهاجرون بصفة المرتزقة في الحرب العالمية الأولى والحرب العالمية الثانية. وقد تبنت فرنسا سياسة الاستيعاب، وتقوم هذه السياسة على ضرورة استيعاب الجميع الثقافة الفرنسية العلمانية مع تعزيز فكرة المواطنة كأداة أساسية للاندماج. فجميع المهاجرين من الجيل الأول يفترض بهم أن يتبنوا القيم الفرنسية وأن يتحدثوا باللغة الفرنسية ويتعلموا الثقافة الفرنسية. فيشعر أفراد الجيل الأول بأنهم مرفوضون من الثقافة الفرنسية ومرفوضون من ثقافة مسقط رأسهم أيضا بعد عودتهم في أواخر حياتهم. حينما يكشفون أنهم يُعتبرون "غرباء" مهما كانوا في فرنسا أو في شمال إفريقيا.

الكلمات المفتاحية: فرنسا، مسلم، مهاجر، الاستيعاب

苏丹独立后的南方政策研究*

◎ 顾　坚**

摘　要：近年来，苏丹史研究成为非洲史研究的热点。苏丹地处北非和撒哈拉以南非洲的交界地带，位于伊斯兰阿拉伯文明和基督教撒哈拉以南非洲文明之间的“文明断层带”。苏丹国内的种族、宗教冲突不仅是其国内政治，更是非洲区域热点问题。本文从苏丹南北对立的成因、苏丹内战和苏丹政府对南方的政策评估三个方面解读苏丹独立后对南方的政策，并解读其政策的成败得失。

关键词：苏丹；南方；治理政策

1956年，苏丹从英国殖民统治下独立，建立共和国。独立后的苏丹面临诸多问题的挑战，其一便是国家的身份构建，即苏丹是一个什么样的民族国家。掌权的政府精英基本是北方阿拉伯人，他们的梦想是将国家定义为阿拉伯人领导的伊斯兰国家。

苏丹目前是阿拉伯国家联盟的成员，是公认的阿拉伯国家。但是，南北分治前，苏丹的阿拉伯人口仅为全国人口的39%，非裔等少数族裔占全国人口比例高达52%。信仰基督教的非裔主要分布在南方，信仰伊斯兰教的非裔主要分布在苏丹西部的达尔富尔。苏丹政府，不管是文职政府，还是军人政府，大都奉行“大阿拉伯”的同化政策，试图将非裔“阿拉伯化”。历史证明，这一民族政策是错误的，不仅不能团结非裔人群的人心，反而加剧了国家内部的分裂倾向。

---

* 本文系扬州大学人文社会科学基金项目“苏丹政治现代化进程研究”（xjj-2014-45）成果。

** 顾坚，博士，扬州大学苏丹研究中心、外国语学院讲师，主要研究方向：国别区域研究（苏丹）、阿拉伯古典文学研究。

一、南北对立的成因

（一）"阿拉伯化"不彻底

苏丹南部非裔的离心倾向在古代便已有之。19世纪20年代初，苏丹被奥斯曼帝国的埃及总督穆罕默德·阿里征服。阿里建立喀土穆城作为苏丹的政治中心，奠定了今日苏丹政治版图的基础。从阿里征服苏丹开始，阿拉伯语取代了努比亚语的地位，成为苏丹北部人民的主要交际语言；伊斯兰教也成为苏丹北方的主要宗教信仰。

与苏丹北方被"阿拉伯化"不同，阿里政权对于苏丹南方的统治是非常有限的，仅仅在南部加扎勒河一带建立了若干据点，主要原因在于当时南方和北方之间广阔的苏德沼泽阻碍了奥斯曼军队的扩张。阿里政权在苏丹南部加扎勒河一带建立的据点，主要是保护阿拉伯奴隶贩子在苏丹南方贩卖黑奴，并没有起到实际的行政管理作用。苏丹南部的丁卡人、努尔人等部族，仍旧说本部族语言，信仰各自的原始宗教，除饱受阿拉伯奴隶贩子掠卖人口之苦外，并没有受到阿拉伯文化的影响。

在阿里家族统治苏丹的64年间（1821—1885年），苏丹北部各省被迅速"阿拉伯化"，当地非裔土著居民逐渐认同自己是阿拉伯人，加上大批来自北方埃及等国的阿拉伯移民移入苏丹北部，出现了大批阿拉伯人与非裔的混血儿。这些混血儿说阿拉伯语，认同自己的阿拉伯属性。苏丹南部各部族仍旧处于原始状态，并未被阿拉伯人同化。

19世纪80年代，马赫迪起义推翻了埃及对苏丹的统治，但是穆罕默德·艾哈迈德（马赫迪）和他的继承者阿卜杜拉·伊本·穆罕默德的统治范围局限于苏丹北部地区，并未对南方进行有效控制。阿卜杜拉曾希望用武力从埃及人手中解放赤道省，但他的军队被装备了雷明顿火枪的埃及军队击败，该省仍旧在埃及总督艾敏帕夏的统治之下。

（二）"英埃共管"苏丹与基督教传入苏丹南方

1899年，英埃联军击败马赫迪军队，夺取了今天的苏丹和南苏丹全境。由于英国出征苏丹是打着为埃及统治者（赫迪夫）收复苏丹失地的旗帜，而且参加远征的士兵半数以上来自埃及，故而英国将苏丹完全兼并为新的殖民地在法律上存在一定问题。但是，当时英国公众普遍认为，马赫迪起义是埃及“暴政”的结果，将苏丹完全交给埃及不符合“道义”；而英国政府更不会将苏丹拱手交给埃及政府，因为有悖于英国控制尼罗河水运的战略利益。英国的克罗默勋爵想出了“混合”统治的办法，即“英埃共管”苏丹。

“英埃共管”苏丹模式的含义在于：埃及（赫迪夫）名义上拥有苏丹主权，有权任命和免去苏丹总督职务；苏丹总督必须由英国政府推荐的英国人担任；英籍苏丹总督完全掌控苏丹的行政机构，有权任免苏丹的官员；英籍苏丹总督不向埃及统治者汇报工作，而是通过英国驻开罗代表处向英国外交部汇报工作。如此，苏丹的统治权便牢牢掌握在英国政府手中。这种“混合统治”的殖民统治模式一直持续到1956年苏丹获得独立。

在英国驻埃及专员克罗默勋爵、英国驻苏丹总督温盖特爵士的鼓励下，基督教传教士纷纷进入苏丹南方传播基督教。[1]传教士进入苏丹南方传教的目的之一是制止伊斯兰教在非洲的传播。在传教士们看来，人数众多的南方非裔可以成为上帝的信徒，使苏丹南方成为基督教撒哈拉以南非洲和伊斯兰教北非之间的缓冲带。英国当局在苏丹南方的上尼罗省、加扎勒河省和赤道省都有传教士协会负责传教事务。这些传教士协会建立教会学校和教堂，扩大信徒人数。

这些基督教传教士主要来自英国圣公会，他们在苏丹南方不仅从事传教工作，也开设学校、医院，从事社会服务。由于南方人接受基督教是和接受健康、文化教育等社会福利联系在一起，加上长期以来南方人对北方阿拉伯人掳掠其同胞为奴十分反感，故而基督教很快赢得了南方人的心。[2]

传教士不断游说英国当局强化对基督教事业的支援。1918年，英国总督颁布法令，宣布在南方实行和北方不同的休息日制度：南方休息日为基督教传统的星期日；北方按照伊斯兰教习俗，休息日为星期五。同年，英语成为南方的官方语言。从此，基督教成为苏丹南方的主流信仰，英语成为南方各族的共同语言。

（三）英国“分而治之”的统治策略

苏丹南北对立不仅是历史上苏丹“阿拉伯化”不彻底造成的，也是英国殖民者的“分而治之”使然。1898年，基奇纳勋爵的英国军队征服苏丹，顺带把苏丹南方也纳入“英埃共管”苏丹的版图。在这次远征中，有6个营的英国军队是从南方的赤道省招募的。英国当局利用南方非裔对马赫迪起义军的敌视，将南方非裔纳入自己一方，采用“拉一派打一派”的策略对付起义军。

英国当局击败马赫迪军队，征服苏丹全境后，利用“分而治之”的政策在苏丹南方建立不同于北方的独特文化氛围：1920年，英国总督颁布《封闭区法》，鼓励教会学校和政府机构使用英语，禁止使用阿拉伯语；在南方地区普遍建立基督教会学校，而北方阿拉伯人开办的伊斯兰学校和清真寺则被英国当局关闭；禁止北方阿拉伯人在未经当局审查的情况下进入南方，南方非裔也不得未经当局同意进入北方。英国当局于1922年颁布的《护照签发条例》进一步规定，北方阿拉伯人如果要前往南方经商，必须获得当局签发的护照。[3]

1910年，英国驻苏丹总督温盖特爵士在苏丹南部建立了一支由英国总督直辖的殖民军队——赤道兵团。[1]该部队完全由南方非裔组成，以英语为指挥用语。在隶属关系上，该兵团由英国总督直接指挥，不受苏丹北方阿拉伯人组成的苏丹治安部队的控制。这一安排实际上为之后的苏丹内战埋下了火种，1955年的托里特兵变——苏丹内战的开端，便是由这支赤道兵团发动的。托里特兵变失败后，赤道兵团的很多官兵都前往邻国乌干达避难，成为第一次苏丹内战（1955—1972年）南方反政府武装的骨干。

苏丹独立后，英国营造的“南北分治”问题显现出来。苏丹北方人以信仰伊斯兰教的阿拉伯人和努比亚人为主，主张全国“伊斯兰化”；南方基督教徒则主张联邦制，试图在联邦制下获得更多的自主权。

（四）奴隶贸易加剧南北对立

苏丹奴隶贸易也是南北对立的重要原因。1821年，埃及穆罕默德·阿里政权征服苏丹后，埃及征服者和苏丹北方阿拉伯人开始有组织地贩卖南方非裔为奴隶，由此引发了南方非裔对北方阿拉伯人的仇恨。1825年，奥斯曼帝国埃及当局劫持了4万名南方非裔做奴隶，到1835年，这一数字剧增到20万人。[4] 1850年，奥斯曼帝国埃及当局取消了对奴隶贸易的国家垄断。由于猎捕奴隶给阿拉伯部落贵族带来了可观的货币收入，奴隶贸易迅速增长。阿拉伯部落贵族在政府的许可下，在苏丹南方掳掠黑奴，将他们倒卖给出身于苏丹北方阿拉伯部落的中间商，这些中间商将黑奴倒卖到埃及等阿拉伯国家和地区。深入苏丹南部加扎勒河流域的奴隶猎捕队，一般以苏丹北方阿拉伯部落贵族为首，他们是一批持火枪的武装人员。这些武装人员都是以每月40—

60皮阿斯特的价格雇来的雇佣兵。一个成年黑奴的价格则在200皮阿斯特以上。

1857年，由于英国施压，奥斯曼帝国埃及当局宣布任何买卖奴隶的行为都是非法的。由于大大小小的埃及官吏热衷于奴隶贸易带来的巨额收入，对奴隶贸易“睁一只眼闭一只眼”，这一禁令很快成了“一纸空文”，一批批黑奴从苏丹南方被运往开罗和伊斯坦布尔的奴隶市场。

1899年，英国和埃及签订《英埃共管苏丹协定》，开始了由英国实际统治苏丹的历史时期。英国当局禁止北方阿拉伯人的奴隶贸易，并以保护南方传统习俗为借口，限制北方阿拉伯人和伊斯兰教对南方的渗透，将苏丹南北双方隔离开来。长达78年的奴隶贸易伤害了南方土著居民的民族感情，成为苏丹独立以后南北对立的重要原因。

二、从苏丹内战到南苏丹独立

独立前夕的英属苏丹共有约800个高级文官职位（英国人除外），但是只有6个职位由南方基督教徒担任，南方非裔处于无权的地位。1955年，英国给予苏丹自治地位，南方人组成的赤道兵团发动兵变，一度占据了赤道省除省会朱巴以外的全部地区。苏丹自治政府总理伊斯梅尔·阿扎里派了一支8000人的部队加入战斗。这次兵变成为南北武装对立的滥觞。

（一）阿拉伯民族主义的实验——从《传教士法》到《亚的斯亚贝巴协定》

苏丹独立之初，南方的知识分子便鼓吹联邦制，即南方在苏丹联邦国家内享有高度自治。1958年上台的易卜拉欣·阿布德将军认为，苏丹只有一个民族，即阿拉伯民族，否认其他民族存在，认为基督教是一个外国传教士强加给南方的外来宗教，并对其活动严加限制。他在1962年颁布《传教士法》，禁止外国传教士在苏丹南方传教，并驱逐了335名外国基督教传教士。阿布德在南方各地修建伊斯兰教经学院和清真寺，试图同化南方人。1963年，南方籍的苏丹军人组织了“阿尼亚尼亚”[①] 运动，建立了游击武装和苏丹政府对抗。可见，内战的起因便是苏丹军政府在南方强制推行的同化政策。

苏丹南方各省都出现了“阿尼亚尼亚”组织的游击队。托里特兵变失败

① 阿尼亚尼亚，苏丹南部马迪语词汇，意为“毒蛇和腐烂的豆子调和成的毒药”。

后流亡乌干达的赤道兵团军人和南方籍的苏丹政府军军人成为“阿尼亚尼亚”组织的骨干。“阿尼亚尼亚”组织在邻国埃塞俄比亚建立了训练营，在苏丹南方展开游击战，袭击政府的警察局和兵营，夺取枪支等武器。游击队起初武器原始，除骨干成员有枪械以外，多数成员只使用刀矛和弓箭，后来随着在战斗中缴获枪支，并从境外获取武器，逐步成长壮大起来。

阿布德对南方游击队采取了武力镇压的政策，内战造成的通货膨胀引起了喀土穆大学学生的骚动。左翼的“全国联合阵线”和军队高级将领联合推翻了阿布德。塞尔·哈特姆·哈利法被推举为总理后，苏丹进入了短暂的第二个文官政府时期。

南方温和派领袖威廉·邓主张温和政策，试图通过参加全国议会选举来和平实现南苏丹自治的主张。[5] 129而激进派则选择逃亡乌干达，在那里训练武装，择机而动。在1965年大选中上台的穆罕默德·马哈古卜对南方游击队采取了强硬政策。苏丹政府军大规模烧毁教堂，试图摧毁南方人的精神家园，甚至对被怀疑为游击队员的平民“大开杀戒”，因此引起了更强烈的反抗。

马哈古卜的强硬政策不得人心。在苏丹乌玛党内部，以马哈古卜外甥萨迪克·马赫迪为首的温和派反对用武力解决内战问题，主张向南方让步以结束战争。1966年7月，萨迪克出任总理，推行和南方和解的政策，但遭到主张阿拉伯民族主义的执政联盟内部伙伴的反对。萨迪克无法控制局势，结果于1967年5月宣布内阁总辞职，马哈古卜再次上台执政。

再次上台的马哈古卜试图用武力恢复政府对南方的统治秩序：当局不仅用武力镇压南方“阿尼亚尼亚”游击队，而且对南方温和派人士也采取“肉体消灭”政策。南方温和派领袖威廉·邓在1968年议会选举中赢得了所在南方选区的胜利，并同意和萨迪克在议会中结盟。但他一回到南方，即被苏丹政府军杀害。[6] 85

面对马哈古卜政府的军事压力，南方反政府武装开始寻求外援。约瑟夫·阿古被南方临时政府主席阿格雷·杰登任命为“阿尼亚尼亚”组织参谋长后，致信以色列总理列维·艾希科尔，表示只要以色列给予资金和武器，他本人和“阿尼亚尼亚”组织愿意为以色列效劳，在苏丹南部开辟反抗阿拉伯人的“第二战场”。约瑟夫·阿古在1967年12月转道第三国，访问以色列首都特拉维夫，获得了以色列政府给予财政和武器支持的承诺。当时的苏丹政府站在阿拉伯国家一方，拒绝承认以色列的存在，在外交上支持埃及和叙利亚反对以色列的战争。以方出于“敌人的敌人是朋友”这一古老策略，利用“阿尼亚尼亚”组织的势力来牵制对以色列敌对的苏丹政府，减轻以色列的战略压力。

1969年，加法尔·穆罕默德·尼迈里上台。尼迈里试图给予苏丹南方三省（上尼罗省、加扎勒河省、赤道省）自治权以结束内战。约瑟夫·阿古此时羽翼已丰，不仅他的部队在7年的战争中得到了锻炼，而且还和外界建立了联系。乌干达为阿古的军队提供训练基地，连埃塞俄比亚皇帝海尔·塞拉西都支持阿古。尤其是以色列，通过“以色列—红海—埃塞俄比亚—苏丹南部”的航线每月向阿古的部队空运两次武器弹药。

阿古不仅要求三省自治，还要求在南方成立独立的政府，有自己的议会和总统。双方“讨价还价”之后，在1972年达成《亚的斯亚贝巴协定》，宣告第一次苏丹内战结束。第一次苏丹内战约有50万人死亡。[7]《亚的斯亚贝巴协定》规定：南方有自己的政府、议会、总统，但总统选举产生后，需经中央政府任命；英语被承认为南方的官方语言；除外交、国防和货币政策外，南方完全自治。这一协定是南方的重大胜利，为之后的独立打下了坚实基础。

（二）再次“伊斯兰化”的尝试与失败

第二次苏丹内战爆发的直接原因是北方的尼迈里政府企图控制南方的石油资源。尼迈里政府在1980年重新划分南北方行政边界，将富含石油资源的尤尼提省划归北方，从而激起南方的强烈不满。[8]

与对石油资源的争夺相对应，尼迈里在执政后期越来越偏向伊斯兰教传统势力。他在1983年下令在南方实行沙里亚法（伊斯兰教法），从而激怒了南方民众，刺激了他们敏感的宗教神经。南方基督教会公开号召抵制沙里亚法。1983年底，南方反政府武装苏丹人民解放军发表声明，谴责宗教法庭对非裔基督教徒的死刑和断手判决，号召南方人起事，战争再度爆发。

战事初期，南方节节胜利。到1989年，南方反政府武装已经攻占了赤道省、加扎勒河省的大片土地，甚至向北攻入北方的科尔多凡和达尔富尔地区，威胁北方腹地。政府军则占据南方的核心城市朱巴和瓦乌。

1991年，在战场上占上风的南方反政府武装内部却出现分裂。出身于丁卡族的约翰·加朗自1983年以来，一直以专断的作风领导南方反政府武装，而出身南方第二大民族努尔族的指挥官芮克·马查尔则觊觎南方反政府武装的最高权力。在节节胜利的关口，二人为了最高权力发生了矛盾。苏丹总统奥马尔·巴希尔大喜过望，遂以分享苏丹南方石油收益为诱饵和马查尔联合，企图一举消灭加朗的部队。

1991年，在马查尔的配合下，巴希尔下令对南方反政府武装发动大反攻，企图一劳永逸地摧毁南方反政府武装。而南方反政府武装失去了埃塞俄比亚的支持，内部出现分裂，处境艰难。政府军一度占优，将南方地区一分为二。巴希尔在精神上利用伊斯兰教动员军队，宣布讨伐加朗的战争是伊斯兰教的“圣战”。

信奉基督教的乌干达总统约韦里·穆塞韦尼害怕巴希尔的“圣战”会危及自身，便向穷途末路的加朗供应军火，使加朗在危机中存活下来。巴希尔知晓此事后十分愤怒，命令情报机构秘密援助乌干达北部的反政府武装“上帝抵抗军”，报复穆塞韦尼。美国政府立即作出回应，宣布援助乌干达穆塞韦尼政府。这场原本是苏丹的内战，越来越向区域战争的方向发展。

1994年以后，南方反政府武装从以色列、乌干达等国获得武器，逐步扭转战局，在整个战场上处于攻势地位。从1995年10月开始，约翰·加朗先后发动旱季攻势、“黑狐”行动和“雷电”行动。1995年10月至1996年4月的旱季攻势，南方反政府武装夺回了大部分失地。1997年1月的“黑狐”行动，南方反政府武装不仅粉碎了政府军的反攻，还夺取了青尼罗河州的南部，威胁喀土穆。1997年3月，南方反政府武装在“雷电”行动中相继攻克阿马迪、卢伊、通季和沃勒普。1997年7月，苏丹陆军副参谋长萨义德投奔加朗。加朗委任萨义德为副总司令，负责训练士兵。

为了应对南方反政府武装咄咄逼人的攻势，巴希尔试图联合南方反对加朗的6个武装组织。1997年4月21日，6个武装组织正式投靠政府。但是，加朗的部队在当月的战斗中重创了喀土穆当局扶持的加扎勒河派武装组织，夺取了伦拜克和温罗格，巴希尔的希望落空了。

1997年7月，政府军实际被分割包围在几个互不相连的城市内困兽犹斗，执政的巴希尔政府不得不选择和加朗和谈。美国此时也加大了对苏丹政府的军事压力。美国海军向苏丹喀土穆北部被怀疑生产神经毒气的化工厂发射了13枚巡航导弹，用空袭的军事手段向苏丹政府施压，迫使其在谈判中让步。此时，苏丹政府焦头烂额，其部队在南部溃不成军，其盟友马查尔等人的部队也被加朗击败，在军事上已无反败为胜的希望。苏丹东部红海沿岸的贝贾人部落此时趁政府兵力南调，后方空虚，在东部山区起兵反抗政府，巴希尔腹背受敌。

巴希尔为了解救被围困在朱巴的数千官兵，并避免美国等西方大国进一步干涉，在谈判中作出了重大让步。苏丹政府在1998年的新宪法中承认，南北方公民权利与义务平等。

21世纪初，美国基督教团体开始潜入苏丹南部，开始了“为基督徒作证”运动。该运动的核心就是在苏丹南部寻找被迫害的基督徒，并为他们反对伊斯兰教的斗争“作证”。美国借保护基督徒为由，进一步干预苏丹事务。美国基督教右翼组织激烈地抨击苏丹从事贩卖奴隶和宗教迫害的行径，呼吁对巴希尔政府实施制裁。美国的宗教激进主义组织发起“赎买”计划，宣布要从苏丹北方阿拉伯人奴隶主和奴隶贩子那里赎买南方基督教黑奴。2001年3月，美国国务卿科林·鲍威尔在国会作证时宣称：“苏丹正在发生地球上最大的悲剧。”美国总统布什更是派遣特使约翰·丹福思前往苏丹，向巴希尔施压，要求苏丹政府在谈判中让步。丹福思要求北南双方在1956年划定的北南苏丹分界线以北的努巴山区共同实现停火，共同承诺不得将平民或民用设施及财产作为袭击目标，共同尊重冲突区域内划定的“非交战区”，保证人道主义医疗机构开展免疫接种项目，协商成立一个委员会，对苏丹奴隶制度开展调查。美国总统布什则在2002年签署“苏丹和平法”，以威胁苏丹政府向加朗让步。

在美国的压力下，苏丹北南双方于2002年签署《马查科斯议定书》，规定在苏丹南部取消沙里亚法，保障南方基督徒的信仰自由。次年9月，苏丹北南双方签署过渡时期安全协议。2005年1月，双方签署《全面和平协议》，从而结束了长达22年之久的内战。这场内战导致约200万人死亡。《全面和平协议》规定：南方有权举行公民投票决定其前途；苏丹南部10州成立了自治政府，加朗出任自治政府总统。同年7月30日，加朗在坠机事故中身亡，萨尔瓦·基尔·马亚尔迪特继任。2011年1月，南苏丹举行全民公投，98.83%的投票选民赞成与北方分离[9]，宣告独立的南苏丹共和国诞生。

三、苏丹政府对南方政策的评估

苏丹南方问题的出现有其特殊的历史原因。英国殖民者在南方制造了“隐性的政治实体”：南方不仅不许北方人自由出入，还拥有自己的准军事部队——赤道军团。苏丹独立之初，苏丹政府的南方政策在某种程度上也有通过强化“阿拉伯性”来维护统一的考量。不同时期，苏丹政府在南方实行的民族和宗教政策既有一致性——以推广阿拉伯语和伊斯兰教为主，也有不同时期的差异性，如尼迈里执政初期对南方采取怀柔政策，晚年为了迎合国内日益增长的伊斯兰势力，又开始在南方推行“阿拉伯化”和“伊斯兰化”政策。与执着于宗教和民族同化相比，苏丹政府对南方的社会、经济状况关注不多。苏丹经济的发展成果并未能惠及南方广大民众。

（一）苏丹政府对南方的民族政策评估

苏丹政府对南方的政策并不成功，虽然萨迪克、尼迈里等政治家都曾或多或少作出让步，但是南方非裔的离心倾向没有得到遏制。苏丹政府对南方非裔的政策最大的教训在于：对多民族国家而言，要尊重各民族的不同利益，对其他民族的文化传统以及信仰等采取宽容态度，要寻找一种各民族都能认同的价值体系。而苏丹北方政治精英对南方的“阿拉伯化”政策恰恰忽视了南方人的非阿拉伯属性，以及南方人信仰基督教和原始宗教的现实，因此遭到南方人的抵制。

苏丹独立以来，困扰苏丹政治精英的一个重要问题就是苏丹国家身份的探寻问题：苏丹应当是一个阿拉伯—伊斯兰国家吗？ 19世纪的马赫迪运动时期，苏丹北方的伊斯兰政权版图南达今天的苏丹南北分界线，无法对南方建立有效的统治。英国统治期间实行的“分而治之”政策，使南北苏丹在文化上是相互隔绝的，殖民者有意识地在苏丹南部传播基督教，教授英语，营造了和苏丹北部伊斯兰社会不同的基督教—英语文化。

苏丹独立之后，北方政府没有意识到解决南北问题的最佳做法是创造文化融合的环境与发展经济，反而强行推广伊斯兰教，引发南方信仰基督教的非裔部族的激烈反抗，造成苏丹政局的动荡。阿布德政府推行《传教士法》，试图在南方禁止基督教，结果事与愿违，反而激发了南方基督徒的反抗情绪。《亚的斯亚贝巴协定》原本是平衡苏丹中央和地方权力的良好安排，但是尼迈里晚年推行沙里亚法，破坏了维持11年之久的南北和平，战火重燃。强行推广伊斯兰教和阿拉伯语的同化政策之所以不能成功，在于苏丹政府从根本上忽视了南方民众的民族特性，不尊重他们的宗教信仰和社会习俗，其教训是非常深刻的。

和“阿拉伯化”比较彻底的其他阿拉伯国家不同，苏丹独立伊始就面临国家认同的挑战。苏丹独立后，对于自身身份认同的探寻，造成了伊斯兰教信仰的苏丹北部和基督教信仰的苏丹南部的对立，最终以南苏丹的独立确立了苏丹的阿拉伯—伊斯兰属性。苏丹的阿拉伯—伊斯兰属性的确立虽然以失去南方作为代价，但是却结束了长期的内战，为苏丹通过石油出口发展经济铺平了道路。

（二）苏丹政府对南方的宗教政策评估

现代伊斯兰复兴主义对苏丹政局有很强的影响力。马赫迪思想是苏丹人民在19世纪后期借以反对英国殖民主义统治，获取民族独立的思想武器。马赫迪的兴教救国思想也是苏丹当代伊斯兰主义的重要思想源头。[10]历届苏丹政府都试图推行伊斯兰法，试图将“伊斯兰化”作为团结国民、巩固政权的手段。阿布德、尼迈里等军人出身的总统为了获得统治合法性，更是大力推行“伊斯兰化”政策。

1989年军事政变后，苏丹伊斯兰复兴主义逐步抬头。全国伊斯兰阵线领导人哈桑·图拉比曾经以巴希尔“精神导师”的身份主导政坛。图拉比借担任苏丹议会议长之机，大力推行其政教合一的主张并成立了“阿拉伯和伊斯兰人民会议”，试图突出苏丹在伊斯兰世界中的地位。苏丹和什叶派的伊朗之间也存在军事合作。[11]在图拉比思想的指引下，掌握政权的巴希尔对基督教的迫害日益加剧。在北南双方媾和前，不仅南方的基督教信仰被完全禁止，北方境内南方公民的正常宗教活动也被军方查禁。1996年12月，苏丹军方摧毁了杜鲁沙的天主教祈祷中心。1997年3月，特里的一个基督教聚集场所被军方取缔。1997年1月，军政府颁布法令，宣布所有基督教活动场所都被作为“非政府组织对待”，即不享有受法律保护的权利。[6]44

苏丹“伊斯兰化”的长期推行，不仅加剧了南北矛盾，也造成了宗教势力与世俗政权的矛盾。20世纪90年代中后期，巴希尔军政权与图拉比的苏丹全国伊斯兰阵线之间出现裂痕，苏丹政府也减弱了对国外伊斯兰激进分子的扶持。[12]巴希尔对于图拉比企图利用宗教影响力控制政权十分不满，他和图拉比的矛盾在1999年达到了顶点。图拉比一度企图利用议会削弱总统的权力。政治斗争的成败，往往取决于谁能掌握“枪杆子”。苏丹总统巴希尔利用他掌握的军队，解散议会，实行紧急状态，挫败了图拉比试图借议会表决设立总理的图谋。[13]

无论是马哈古卜、萨迪克这样的文官政治家，还是阿布德、尼迈里和巴希尔这样的军事统治者，都将其合法性建立在伊斯兰教的基础上。这样做虽然凝聚了穆斯林的人心，但在苏丹营造了这样一种身份认同观：信仰伊斯兰教、讲阿拉伯语的人才是阿拉伯人，才是真正意义上的苏丹公民。这种认同观破坏了南方非穆斯林群体对国家的认同感。无论是阿布德推行的《传教士法》，还是尼迈里推行的沙里亚法，都得不到南方非穆斯林群体的拥护，甚至还激起了南方非穆斯林群体的武装反抗。

在北方当局用伊斯兰教统一国民身份认同的同时，南方广大民众则以基督教信仰作为彼此身份认同的工具。

（三）苏丹政府对南方的社会和经济政策评估

作为苏丹的“边疆地区”，非裔聚居的南方诸州长期以来处于苏丹社会的外围和边缘地带，长期以来一直被苏丹政府所忽视。南方无论在教育、卫生等社会事业，还是在经济发展水平上都在苏丹全国处于落后状态，也很难从中央政府那里获得足够的资源支持。究其原因，一是长期战争使南方的社会经济建设难以进行，二是苏丹中央政府在解决南方问题时考虑更多的是军事方案，而非其他。

以基础教育为例，20世纪80年代初，苏丹全国已有小学5400多所，但南北发展极不平衡，虽然南方人口占全国人口的约1/3，但南方的小学数量不到全国的14%。同时，南方的多数学校都是南方自治政府（1972—1981年）建立的，反政府武装苏丹人民解放军也在其控制的地区开办学校。1983年，第二次苏丹内战的爆发摧毁了南方的大部分学校，在逃避战争的南方难民中就有许多教师和学生。[5]360学校作为基础教育阶段的主要公共产品，在苏丹南方却不是中央政府提供，而是由作为分离势力的南方自治政府和反政府武装苏丹人民解放军提供，从而可见苏丹中央政府对苏丹南方的基层社会治理能力的弱势程度。

在经济上，南方的基础设施建设远远落后于北方。在南方，公路主体是碎石路，且由于内战时期反政府武装苏丹人民解放军大量埋雷而多数无法使用。全国5条铁路干线中，只有欧拜伊德到南方瓦乌的铁路经由南方。[5]277道路交通落后的原因有两个：一是内战中南方游击队为了阻遏政府军通过交通线南进而采取的布雷、袭扰等军事行动；二是在非内战的短暂和平时期

（1972—1981年），南方自治政府在缺少中央政府资金支持的条件下难以推进公路和铁路建设。

在产业分布上，南方也没有完善的工业体系。20世纪90年代，在南方上尼罗州发现大型油田后，巴希尔政府也未将石油收入用于改善南方的凋敝民生，而是用来强化军备打内战。由于长期内战和疏于建设，苏丹历届政府也未能在南方各州建立完备的工业体系。南苏丹在2011年独立时，除从北方当局接管的油田设施以外，国内极度缺乏像样的工业设施，以致全部劳动人口的85%从事农牧业。当中央当局难以在社会治理中向“边疆地区”提供足够资源时，就难以在“边疆地区”塑造足够的国族认同和向心力。苏丹政府无法履行在南方提供足够的经济领域公共产品，其治理角色也难免会被反政府势力所取代。

四、结语

国际社会多将苏丹列为“失败国家”，很大程度是因为苏丹政府处理民族问题的失败。苏丹长期兵连祸结，两次内战持续近40年之久，死亡超过250万人。民族矛盾激化导致战争，战争导致生灵涂炭，国民生活水平下降，国际社会孤立制裁……现代苏丹史是一部民族战争史。

从外部大环境而论，20世纪50年代末，英国势力撤离苏丹、埃及，法国势力撤离北非之后，在整个阿拉伯世界都掀起了阿拉伯民族主义的风潮，苏丹在某种程度上也受到了这种思潮的影响。阿布德时期制定的《传教士法》，从制定动机来说，将外国传教士当作外国势力予以镇压，这也是受到整个阿拉伯世界反对外国干涉、主张民族自主的民族主义思潮的影响。1989年，巴希尔上台后镇压基督徒，实行社会全面“伊斯兰化”的激进主张，也恰好和1979年伊朗伊斯兰革命后伊斯兰复兴主义兴起的大背景有关。分析苏丹政府在以上两个关键时期采取的南方政策，既要从政策的效果评估出发，指出其政策事实上加剧了南方的离心倾向，也不能脱离整个外部的大环境。

从政策手段考虑，喀土穆的阿拉伯政治精英更加关注通过种族和宗教认同的统一来达到巩固国家和民族统一的目的。独立后的苏丹政府，没有考虑到南部地区在宗教、民俗、语言、文化上的特殊性，也没有将经济和社会发展的成果惠及南方民众，单纯靠立法、司法等强力手段，便想达成种族和宗教的同一性。同化政策的出台，如阿布德时期的《传教士法》、巴希尔时期对基督教的镇压，往往都是通过强力手段，未能从根本上改变南部诸部族的民族和宗教认同。南方的基督教文化并非一朝一夕形成，而是英国当局在殖民统治时期通过提供教育、文化、卫生等社会公共产品，长期潜移默化地在南部地区营造并深植人心的结果。巴希尔上台后不久，在南方发现了大型油田。但是，南方的石油收益并未被巴希尔用来改善南方的民生，而是被他用来装备军队和民防军，不仅不能安抚南方民众，也使苏丹政府的南方政策失去了南方民众的支持。

从实施政策需要的力量对比而论，无论政治、经济还是军事实力，苏丹政府都占有绝对优势。而南方的反政府武装，无论是装备还是人员素质，都处于绝对劣势。苏丹政府本可以通过力量的优势来推行其政策，但是却失败了。两次内战，苏丹政府在军事上的失败宣告了其南方政策的破产。而军事的失败又和外力的强力介入有关，外力（美国、以色列）的强力介入，从根本上改变了南方反政府武装和政府之间的力量平衡。

苏丹政府失败的南方政策的教训是沉重的。多民族国家不能强制同化少数民族，必须给予少数民族和主体民族平等的权利。应当做好少数民族地区的经济和社会治理工作，使少数民族共享发展成果，才能巩固多民族国家的统一和长治久安。宗教迫害只会“搬起石头砸自己的脚”，应当施行宗教信仰自由政策。只有平等的民族政策和自由的宗教信仰政策才能为国家带来和平稳定。

参考文献

[1] 柯林斯.苏丹史[M].徐宏峰，译.北京：中国大百科全书出版社，2010: 41.

[2] 姜恒昆.苏丹内战中的宗教因素[J].西亚非洲，2004 (4): 35.

[3] 董捷卡.苏丹南北分离原因研究[D].金华：浙江师范大学，2013: 12.

[4] 苏联科学院非洲研究所.非洲史：1800—1918 [M].上海：上海人民出版社，1977: 144.

[5] 刘鸿武，姜恒昆.列国志 · 苏丹[M].北京：社会科学文献出版社，2008.

[6] 刘辉.民族国家构建视角下的苏丹内战研究[M].北京：中国社会科学出版社，2011.

[7] 梅雷迪思.非洲国：五十年独立史[M].亚明，译.北京：世界知识出版社，2011: 311.

[8] 姜恒昆，付海娜.苏丹石油：从内政焦点到外交难题[J]. 西亚非洲，2012 (6): 83.

[9] 姜恒昆，黄雨威.中国在南北苏丹关系问题中的作用[J]. 非洲研究，2013 (1): 68.

[10] 蔡德贵.当代伊斯兰阿拉伯哲学研究[M]. 北京：人民出版社，2001: 75.

[11] 亨廷顿.文明的冲突与世界秩序的重建[M]. 周琪，刘绯，张立平，等译. 北京：新华出版社，2002: 192.

[12] 彭树智.二十世纪中东史[M]. 北京：高等教育出版社，2001: 415.

[13] 王京烈.当代中东政治思潮[M]. 北京：当代世界出版社，2003: 364.

عنوان البحث: دراسة في سياسة الحكومة السودانية تجاه الإقليم الجنوبي بعد استقلال الدولة

الباحث: قو جيان، دكتور، محاضر في كلية اللغات الأجنبية، مركز الدراسات السودانية بجامعة يانغتشيو. واهتماماته الأكاديمية الدراسات الإقليمية للسودان والأدب العربي الكلاسكي.

ملخص البحث: أصبحت دراسات تاريخ السودان نقطة ساخنة في دراسات تاريخ إفريقيا في السنوات الأخيرة. يقع السودان في المنطقة الحدودية بين شمال افريقيا العربية وافريقيا السوداء، وهو "منطقة الصدع المتحضر" بين الحضارة العربية الإسلامية والحضارة الافريقية المسيحية السوداء. إن الصراعات العرقية والدينية في السودان ليست سياسة محلية فحسب، بل هي أيضا قضية ساخنة في افريقيا. وتفسر هذه المادة سياسة الحكومة السودانية تجاه الإقليم الجنوبي بعد استقلال الدولة وعبر سياساتها عن طريق تحليل الأسباب في المعارضة بين الشمال والجنوب في السودان، والحرب الأهلية السودانية، وتقييم سياسة السودان في الإقليم الجنوبيّ.

الكلمات المفتاحية: السودان، الإقليم الجنوبيّ، سياسة الحكم

民俗文化视域下的阿联酋社会
——对阿卜杜勒·阿齐兹·阿勒穆斯里姆关于阿联酋民俗文化研究的思考

◎ 韩小锋*

摘　要：阿联酋的民俗文化源远流长，历史悠久，是阿联酋社会文化的重要组成部分。在当代文化语境下，面对外来文化尤其是外来移民多元文化的冲击和自身文化发展面临的困境，阿联酋结合自身社会文化发展的实际情况，在遵循民俗文化特质的前提下，发起了旨在增强民族文化认同意识，复兴民族文化的号召。本文旨在通过观察和了解阿联酋社会对自身民俗文化的研究动向，并结合已有的相关研究成果及笔者的亲身体验，进一步认识民俗文化在当地社会文化发展中的作用和意义。此外，通过民俗文化视角观察阿拉伯社会，不仅有值得探究的学术价值，同时也有重要的现实意义。

关键词：民俗文化；阿联酋社会

阿拉伯民俗文化（الثقافة الشعبية），历史悠久，源远流长，体现在阿拉伯人社会生活的方方面面。在阿拉伯人的社会发展历程中，其民俗文化有继承亦有扬弃。如何观察阿拉伯民俗文化的继承和扬弃在不同的阿拉伯国家发生的变化？这种变化的意义和作用何在？在当前阿拉伯—伊斯兰文化语境中，民俗文化的民间性如何通过社会互动得以表达？这种表达又反映着怎样的族群记忆？对此，阿联酋沙迦文化遗产研究院主席阿卜杜勒·阿齐兹·阿勒穆斯里姆博士做了很好的回答，其著作《阿联酋民俗文化：纵览阿联酋民俗文化

---

* 韩小锋，陕西师范大学中国西部边疆研究院民族学博士，主要研究方向："一带一路"与阿拉伯国家社会文化。

主题脉络》①，基于阿拉伯文化典籍、阿联酋民间口述考证和田野调查研究，对阿联酋的民俗文化进行了梳理和归纳，为深入了解阿联酋社会提供了另一种视角。本文旨在观察民俗文化变迁对阿联酋社会文化发展的影响，并就阿卜杜勒·阿齐兹的观察视角、方法和认识进行思考。

一、阿卜杜勒·阿齐兹眼中的民俗文化

基于石油、天然气经济发展基础上的阿拉伯联合酋长国，在社会、文化、科技、经济和卫生等方面得到了全面发展的同时，其社会结构也在不断经历着变化，这一点在社会文化和人口构成方面尤为明显。根据世界相关机构数据预测，截至2020年，阿联酋的总人口可能会达到980万，其中外来人口比例高达80%，印度人和巴基斯坦人所占人口总数的比例分列第一位和第二位，而阿联酋本地人口占比则排在第三位。[1]从上述数据来看，阿联酋有着一个以外来人口占绝对多数的复杂社会，阿联酋当地人则成了名副其实的少数人口。这对以当地文化为主体的社会文化发展构成了一定程度的挑战，特别是对在现代化建筑艺术与外来移民文化空间中求发展的传统民俗文化而言，有着一定的压力。正如阿卜杜勒·阿齐兹所言："阿联酋每天都迎来各种人文组织，他们带着异于本地的西方等外来文化模式，在贸易和旅游等领域或多或少地破坏了本地文化模式，留下了外来文化的痕迹。"② 正是基于阿联酋独特的社会结构，将民俗文化介绍给年青的一代，并将其推介至全世界，成了阿联酋文化研究的重要组成部分。阿卜杜勒·阿齐兹所关注的民俗文化有以下几个方面：

第一，对国家名称来源的考证。这部分包括阿拉伯联合酋长国的旧称，即海岸国的由来及其在当地人语境中的意义、语言文化遗产中的海岸文化、本地文化遗产中的海岸国历史、民间俗语中关于海岸国的故事和外国参考文献中的海岸文化等。国家名称既带有对历史的记忆，也寄寓着对新的发展历程的美好期许。作者旨在解开阿联酋旧称之谜，剖析其中的模糊性。通过对

---

① 阿卜杜勒·阿齐兹·阿勒穆斯里姆：《阿联酋民俗文化：纵览阿联酋民俗文化主题脉络》，申十蕾译，2019。因该作品尚未在国内出版，故笔者同时参考了阿拉伯文版：عبد العزيز المسلم، ((الثقافة الشعبية: رؤية في أهم منابع الثقافة الشعبية في الإمارات العربية المتحدة))، معهد الشارقة للتراث، 2018.

② 阿卜杜勒·阿齐兹·阿勒穆斯里姆：《阿联酋民俗文化：纵览阿联酋民俗文化主题脉络》，申十蕾译，2019，第10页。

阿联酋国名的考证，意在表述阿联酋人民记忆中及民俗文化传述中的文化认同，同时也回应和批评了在作者看来对阿联酋名称解读存在的不严谨性和存疑之处。

第二，民族记忆与叙事内容的辨析。民族记忆与叙事中包含了民间传述、保护本地文化的故事及某些文化的象征意义等。其中，民间传述在作者看来内容更为真实，同时也更符合阿拉伯人“口述史”的叙事风格。而某些文化的象征性，是民间叙事的重要组成部分，因为在特定的人群中，那是一种秘密交流沟通的语言，包含了字面意义和深层意义。比如，季节在阿拉伯人的文化中有着不同的寓意。如夏季预示着果实成熟的喜讯，人们会说“棕榈树下已经可以避暑了吗？”，寓意为盛夏初生的果实是否成熟。此类事例在阿拉伯人的文化中有着共同的历史记忆，同时也是一种更深层次的民族叙事。

第三，自然环境与生活仪式。这部分主要为阿联酋人的民间信仰和禁忌，海洋文化，与水和盐有关的特性、蕴意及仪式等。例如，在阿联酋社会的民间概念中，如果有小孩在降雨时出生，人们定会欢欣鼓舞，并认为是吉兆。人们认为此人长大后或享荣华富贵，或为有识贤士，而此时的雨水又被称作“吉祥雨”。

第四，对传统手艺的挖掘。阿联酋的传统手艺包括贝都因游牧民的养驼、椰枣枝的工艺品编织及潜水捕捞和外来的工艺制作等。在阿卜杜勒·阿齐兹看来，传统手艺的遗失，造成了阿联酋传统文化继承和发展的断层，挖掘和抢救传统手艺，是民俗文化研究的重要组成部分。

以上内容，涵盖了阿联酋社会民俗文化的诸多层面，同时也构成了阿联酋文化的重要组成部分。事实上，民俗文化存在于每个民族，只不过会因其地域性差异和族群的多元性，导致不同层面的解读。

二、对国内阿拉伯文化分类研究的思考

阿拉伯文化是国内外学界关注的重要内容之一。国内学界关于阿拉伯文化的研究成果，亦是硕果累累。然而，通过分析国内学界已有的相关研究成果，笔者发现，国内阿拉伯文化的分类研究多基于史学维度上的文化划分或

区域国别层面上的文化研究①，总体上是一种较为宏观的文化研究，缺乏微观层面的描述性表述。事实上，阿拉伯文化有着自身独特的结构，通过研究阿拉伯文化来综合地、较为深入地理解阿拉伯社会，需要微观层面上的结构、历史和比较。[2]从这一概念出发，阿拉伯民俗文化不仅是阿拉伯文化“三种文化源流”[3]的重要组成部分，同时也是阿拉伯固有文化的深层积淀，对阿拉伯人的价值观、文化心理和社会心态都有着深远的影响。[4]

国内学界对于阿拉伯民俗文化并不陌生，对阿联酋的社会文化也早有接触。比如：其居民多以采集珍珠为生；居民还从事渔业和小木船制造业；以羚羊命名的国度；迪拜的姑娘们自由自在地在鼻子上、脖子上、手上佩金戴银，手指上戴着五个雕刻精致的戒指，由一条链子与手腕上的大镯子相连接，脚趾上还戴着有缨子的“无宝石指环”戒指；婚礼通常要在歌声舞影中连续进行三天，第一夜叫“爱怜之夜”，新郎的母亲及其近亲等在第二夜到新娘家来看儿媳妇，第三夜才能完婚。[5-8]尽管这些微观层面的文化元素在相关著作②中已有记录，然而在后期的阿联酋社会文化的研究中，鲜有涉猎。本文以为，对于阿联酋社会民俗文化研究的迟缓，不仅受广泛意义上的国际因素的影响，也受到国内学术学科建设发展因素的影响。从国际层面来看，观察他者的“写文化”研究是一种人类学意义上的民族志书写，而我国对于他者文化的研究起步较晚，真正“走出去”对海外民族进行深入调查研究的学术工作尚在起步阶段。而国内层面对于阿拉伯世界的主要研究，前文已有探讨，此处不再赘述。

从中国与阿联酋的人文交流状况来看，若要更好地认识阿联酋社会，实现人文交流中的民心相通，宏观层面的社会文化的研究显然难以很好地捕捉阿联酋基层社会的文化景观。当我们置身于阿联酋社会，会发现一些生活在现代都市中的当地人，在自己的住宅区域内规划出一片空地，并搭起帐篷。一边是现代建筑与帐篷，另一边是小轿车与骆驼，城市文化与游牧文化在这

---

① 相关研究成果参见：沙宗平《中国特色的“中东学”与“阿拉伯学”浅议》,《西北民族大学学报（哲学社会科学版）》2012年第1期；成红《中国的中东研究文献六十年综述》,《西亚非洲》2010年第4期。

② 参见：杨伟国、王雁芬《迪拜——沙漠奇迹》，世界知识出版社，2006；蔡伟良、陈杰《当代阿拉伯联合酋长国社会与文化》，上海外语教育出版社，2007；黄振《阿拉伯联合酋长国》，社会科学文献出版社，2003；仝菲《阿拉伯联合酋长国现代化进程研究》，社会科学文献出版社，2013；刘伟《阿联酋经贸文化》，社会科学文献出版社，2017。

里交汇。笔者曾与一位当地人谈及此事，他认为帐篷和骆驼会让他觉得自己更像一个地道的阿拉伯人。这也许只是一例个案，但其透露出阿联酋社会中一些尚待挖掘的文化元素。比如，这种场景的重设背后隐含着怎样的心理诉求呢？

从人类学的视角来看，对他者社会中民俗文化及其在当地社会文化中的意义的研究和认识，有助于研究者更好地把握当地人的观点、理解当地人对其世界的看法以及当地人在日常生活中的相互关系。而民俗文化的研究，能够使研究者的关注点从提供制度的、外部人的记述转移，也从对国家层面较为宏观的记录表述转移，而将关注的目光聚焦到这些民俗细节所展现的民俗文化持有者的心理态度上，提供一个更加贴近他者的解读视角。同时，民俗概念和当地社会的概念完全可以上升为学理概念[9]加以讨论。从这一层面来看，阿联酋民俗文化的研究对于中东学或阿拉伯学的研究，不仅可以提供一个学理讨论上的个案，而且对广泛意义上的阿拉伯文化研究也是一种文化田野的观察。

三、影响阿联酋民俗文化发展的因素

阿卜杜勒·阿齐兹将阿联酋的民俗文化分为两个部分，即属于当地人的传统民俗文化和受外来因素影响形成的现代技艺文化。当地传统民俗文化包括季节变化中的人们生活方式的变换、人际交往中的礼俗、自然环境差异下的地方文化、对文化遗产的传述方式和女性的传统技艺等。外部影响因素中形成的文化包括航海技术和饮食制作等。其描述较为深入之处，在于当地社会民俗文化的历史、继承和遗失等方面。

在阿联酋社会中，外来移民有着长期的历史原因。早在阿拉伯联合酋长国成立之前，阿联酋这片土地上就生活着来自伊朗、巴基斯坦和其他阿拉伯国家的移民，他们或流动经商，或安家定居。总之，在阿拉伯联合酋长国成立之时，这些外来移民大多得到了当地政府的许可，加入了阿联酋国籍。此外，鉴于当地社会的发展需求，阿联酋政府自成立之时，对外来移民的流入未做过多限制。因此，随着阿联酋石油经济的快速发展，社会经济发展对各类人才的需求迫使当地政府不得不再次降低外来人员的准入标准。与此同时，石油经济带动下的社会转型，为阿联酋社会的文化发展带来了诸多的挑战。城市化带来的生活方式的转变，减少了年青一代接触传统生活方式的频率。

都市生活中的多元文化及占绝对多数的外来人口的快速流动，将阿联酋当地传统文化压缩在了偏远的山村地带，及那些搭建在现代建筑旁边的帐篷中。而且，随着全球化的快速发展和阿联酋社会城市化的不断推进，城市生活成本的不断上涨和都市中当地人口的少数状况，让部分当地人放弃了城市生活，重新选择回到城外的部落乡村之中。这种城市化过程中的文化碰撞，尤其是在一个外来人口占绝对多数的社会中，文化认同变得越来越迫切。当地人的乡土性逐渐淡化，外来移民的社会生活出现本土化。随着那些经历了城市化前后变化的老一代人数量的减少，民俗文化传承的社会网络范围开始减小，新生代就会对民俗文化的意义和内容感到陌生。阿联酋民俗文化研究中所记述的内容，很好地解释了这一现象。

阿卜杜勒·阿齐兹认为，文化遗产和民俗文化总是体现民族自身的特色以区别于其他个体。而且，大众的文化遗产是代代口头相传而沉淀的纯正文化、文学、技艺精髓，是累积的实践、习俗、知识的传承。如摒弃模范优势，脱离生活现实，为了生存而将国外文化和本土文化融合，并产生以外来文化占主导地位的新文化，那么这种新文化便没有根植于大众的基础，在面对残酷的外来冲击时也就没有任何抵抗力。[①]

从阿联酋社会对传统民俗文化和文化遗产的展示来看，普通民众力量发起的民俗文化展演，在影响力和力度上显然逊色于政府主导下的民俗文化展演和研究。而通过举办特定的民俗文化展演，为外来移民了解阿联酋文化的多样性，更好地认识阿联酋社会并融入其中提供了便捷途径。值得注意的是，在阿联酋生活时间久且对当地语言掌握较为熟练者，能够更为深入、全面地了解当地社会文化，并更好地融入当地生活，如果加以观察，他们的生活经验可为研究当地民俗文化提供较为直观的案例和素材。

四、民俗文化中的自我认同

外来移民需要考虑如何在多元的移民环境中既能保持身份认同，又能很好地融入当地社会。而当地人则需要考虑如何在外来人口占多数的社会环境中，既能顺应社会发展趋势又能发展自己的社会文化。民俗文化是一种实践，也是一种符号和社会资本。通过民俗文化展演，“我群”与“他者”有了清楚

① 阿卜杜勒·阿齐兹·阿勒穆斯里姆:《阿联酋民俗文化：纵览阿联酋民俗文化主题脉络》，申十蕾译，2019，第7—10页。

的界限，彼此都感受到了群体的存在。阿联酋社会通过研究和展示自身的民俗文化，加强了族群互动和社会交往，同时也引导个体通过参与民俗文化活动来促进民族文化的认同。[10]在国家将地区社会文化整合起来对冲移民环境带来的压力时，民俗文化的继承和发展也就成了一种文化实践和社会资本，进而转化为一个群体共享的财富和认同的基础。

多元移民环境中的文化遭遇应当从多种视角来把握，通过研究民俗文化重现和继承群体的历史记忆，便于增强民众的文化自觉，使他们铭记先辈留下来的优秀文化，避免使其无辜遗失。阿联酋社会民俗文化的研究，通过社会活动的展演，不仅体现了民俗文化的价值及阿联酋社会传统文化的美感，同时也诠释了阿联酋社会民俗文化的特点以及阿联酋民众自我文化的认同。[11]传统的民俗文化中蕴藏着丰富的族群情怀，包含了民俗文化的社会价值及族群的发展历史。阿拉伯民俗文化也不例外，既有伊斯兰文化框架下的日常生活，也有阿拉伯部落文化习俗的痕迹、日常交往和生活礼节等。[12]阿联酋已经深受外来移民文化的影响，外来移民的影响无处不在，从政府部门到日常生活，甚至是阿拉伯人的家中。因此，民俗文化的研究对于阿联酋社会而言，既是增强民族文化认同的重要组成部分，也为阿联酋社会文化发展提供养分和动力。[13]

五、观察民俗文化的意义

观察阿拉伯民俗文化，需要研究者掌握多学科和当地语言知识。从文化层面来看，就阿联酋而言，既有与阿拉伯世界共享的阿拉伯—伊斯兰文化，也有属于阿联酋的地区文化。从语言角度来看，阿联酋作为阿拉伯国家，既可以讲标准的阿拉伯语，又有自己的方言。因此，多学科与熟练的语言知识可以对观察当地社会民俗文化起到很大的帮助和启发。

民俗文化，无论是在阿拉伯人的固有文化中，抑或是阿拉伯—伊斯兰文化中，都有着清晰可见的印迹。但其独特的民间性，往往容易被文化的整体研究视角所遮盖，容易成为人们印象中熟悉而又陌生的部分。实际上，民俗文化更能表达阿拉伯社会的民众诉求，隐含着社会大众日常交往中所表达的深层意义和文化内涵。[14]值得一提的是，通过观察民俗文化了解当地社会的思维方式，国内学界已有通过人类学、社会学和历史学视角及人类学方法所呈现的相关著作①，为研究者深入研究阿拉伯文化提供了经验，这种经验也将促使研究者关注身处阿拉伯社会的人们在日常生活中的点点滴滴。

阿拉伯民俗文化研究可为研究者深入理解中东文化提供素材。同时，研究者可以通过观察民俗文化了解阿拉伯人的生活日常，避免陷入历史记忆的刻板印象。[15]从阿拉伯文化研究的发展来看，这些散落于阿拉伯社会各个角落的民俗文化遗产，不仅值得关注，而且有助于更好地认识和区分阿拉伯地区的阿拉伯文化遗产和阿拉伯—伊斯兰文化遗产。

六、民俗文化研究对中阿人文交流的启发

第一，观察和了解他者文化的意义。鉴于当前国内学界对海外民族文化研究的愿望和状况，阿联酋的民俗文化研究对研究者走近他者、认识多样的阿拉伯世界有着重要的学术意义。阿卜杜勒·阿齐兹在著作中向研究者展示了为何阿拉伯人以某些方式思维和行动，把对每一项习俗的解释同展示其与阿联酋人的其他习俗和整个思想情感体系联系起来。他力图通过这部著作解释民俗文化对阿联酋人的意义，及其在建立认同情感和在代际传递时所应扮演的角色。因此，这也反映了民俗文化在阿联酋社会化的整体过程中所应具有的功能。这部著作直接同当地社会发展的需求相关联，而他的观点也旨在表明民俗文化作为阿拉伯文化不可或缺的部分应当被发掘。在民俗文化中，因殖民文化造成的模糊性和外来文化冲击下的多样性，对阿拉伯文化构成了挑战，这也是阿卜杜勒·阿齐兹对于阿拉伯文化复兴的一种反思。同时，他也在剥离他者话语主导下对阿拉伯文化表述的模糊性。观察民俗文化，是对一个社会内部个体和族群之间的互动过程的观察。如今，研究者应该意识到，对于阿拉伯社会的内部观察，此前始终是把看起来类似的整体文化概观推到前面，而往往忽略了民间社会的多样性。

第二，深入了解阿拉伯社会发展状况的意义。阿卜杜勒·阿齐兹的研究反映出时下外来移民文化对当地文化产生的悄然变化，以及阿拉伯学者对于学术关注的变化。毫无疑问，这部著作对阿联酋社会文化的发展有着一定的发散性思考，同时对于作为他者的国内研究者来说，也提供了观察阿拉伯社

① 参见：刘月琴《伊斯兰文化与社会现实问题的考察》，中国社会科学出版社，2012；戴晓琦《阿拉伯社会分层研究：以埃及为例》，宁夏人民出版社，2013；杨圣敏、张前进主编《埃及》，社会科学文献出版社，2017。

会的另一种视角。对民俗材料的分析，是通过沉浸到当地人的行为在当代社会所展现的细节中获得的，同时也折射出了文化的“乡土性”。

第三，促进“一带一路”建设中的民心相通。“一带一路”的互通，应当包含学术交流上的同步性，当阿拉伯学者通过观察自身的民俗文化进而反观自身社会时，国内研究者也应当注意到这种学术上的变化。民俗文化中对当地人日常生活的记录，大多是源于对口述史的考证和民间信息的采集以及来自阿拉伯人的诗歌记述。通过观察，研究者会发现，在现代化和全球化浪潮中，阿联酋的民俗文化不仅体现着阿拉伯人由于外来移民及外来文化影响所引起的自我反省，而且也带有阿拉伯人追求自我文化价值的思考。阿拉伯民俗文化是了解阿拉伯人思维方式、生活处事的窗口。民俗文化中那些看似毫无意义或习以为常的文化细节，实际上都有意义，无论是作为当地文化隐形的一面，还是作为在地方环境中的一种行为方式，都有着一定的意向，而了解这种意向也是通向民心深处的重要途径。

参考文献

[1] United Arab Emirates Population Statistics:2020 [EB/OL]. https://www.globalmediainsight.com/blog/uae-population-statistics/.

[2] 彭树智 . 阿拉伯国家史 [M]. 北京：高等教育出版社，2002: 5.

[3] 爱敏. 阿拉伯伊斯兰文化史：第一册 [M].纳忠，译.北京：商务印书馆，1982: 3.

[4] 肖凌 . 阿拉伯固有文化研究 [M]. 北京：社会科学文献出版社，2017: 183.

[5] 江海华 . 中东 [M]. 香港：真知出版社，1973: 66.

[6] 时延春 . 阿拉伯风情录 [M]. 北京：世界知识出版社，1986: 202.

[7] 吴富贵 . 阿拉伯世界风情 [M]. 北京：中国旅游出版社，1988: 15.

[8] 萨利姆 . 海湾拾贝 [M]. 解传广，译 . 北京：世界知识出版社，1984: 52-54.

[9] 麻国庆 . 跨界的人类学与文化田野 [J]. 广西民族大学学报：哲学社会科学版,2015，037 (004): 39.

[10] KIRCHNER S R. Maritime Culture in the UAE: The Construction of Museums and Heritage[J]. Museum International, 2013, 63(3-4): 41-50.

[11] افتتاح "أيام الشارقة التراثية" في دبا الحصن، التراثية، 2019.

[12] محمد بن أحمد بن الشيخ حسن: العادات والتقاليد في دولة الامارات العربية المتحدة، أبو ظبي: نادي تراث الإمارات، 1983.

[13] نوال عبد المتعال: تراث دولة الامارات العربية المتحدة، القاهرة: المكتب العربي للمعارف، 2017.

[14] عبد العزيز المسلم: التراث الثقافي في الامارات العربية المتحدة: رؤية في أهم المنابع والمؤثرات، أبو ظبي: معهد الشارقة للتراث، 2019.

[15] EL-ASWAD E S. Teaching Folklore of the Arab Gulf Region through Ethnographic Documentaries and Visual Narratives[C]. San Francisco State University: The 2nd Annual Middle East and Islamic Studies Conference, 2009.

عنوان البحث: مجتمع الإمارات العربية المتحدة في رؤية الثقافة العربية: التأملات حول بحث عبد العزيز المسلم في الثقافة الشعبية في المجتمع الإماراتي

الباحث: هان شياو فنغ، دكتور في علم القوميات، معهد أبحاث الحدود الصينية الغربية بجامعة المعلمين بشانشي، واهتماماته الأكاديمية "الحزام والطريق" والثقافة الاجتماعية في البلدان العربية.

ملخص البحث: إنّ الثقافة الشعبية في دولة الإمارات العربية المتحدة لها تاريخ طويل مع تطور مجتمعها منذ الزمان، وقد شكلت جزءا مهما من الثقافة الاجتماعية لدولة الإمارات العربية المتحدة. الا أنّ في سياق الثقافة المعاصرة، وفي مواجهة تأثير الثقافات الأجنبية خاصة على وجه تعدد الثقافات للمهاجرين، والمعضلة التي يواجهها تطورها الثقافي، قامت دولة الإمارات العربية المتحدة ، على أساس ظروفها الفعلية للتنمية الاجتماعية والثقافية ومع متابعة خصائص الثقافة الشعبية، بعمل تعزيز الوعي بالهوية الثقافية الوطنية والدعوة إلى إحياء الثقافة الوطنية. إذا، يهدف هذا المقال إلى زيادة فهم دور الثقافة الشعبية وأهميتها في تنمية المجتمع المحلي من خلال مراقبة وفهم اتجاهات البحث للمجتمع الإماراتي الى ثقافتها الشعبية بالذات والجمع بين نتائج البحوث الحالية ذات الصلة والتجربة الشخصية. وبالإضافة إلى ذلك، فإن مراقبة المجتمع العربي من منظور الثقافة الشعبية ليس له قيمة أكاديمية تستحق الاستكشاف فحسب، بل له أيضًا أهمية فعلية مهمة.

الكلمات المفتاحية: الثقافة الشعبية، مجتمع الإمارات

阿拉伯人眼中的“郑和”形象解读*

◎ 陈　静**

摘　要：郑和是中阿友好往来历史上的和平使者，也是当下中阿互动时的文化形象符号和意识形态输出载体。本文通过梳理并细读阿拉伯文献及材料中与郑和有关的文本内容，通过阿拉伯人描述中的郑和，了解他在阿拉伯人眼中的形象和影响力，可为中国文化“走出去”，在阿拉伯国家进行有效宣传提供参考价值。

关键词：郑和；阿拉伯；文化传播

郑和，明朝伟大的航海家，中阿古代交往的重要使者，在1405—1433年七下西洋，通过海上丝绸之路，遍访了36个国家和地区。他不仅促进了古代中阿友好关系的发展，加深了中阿人民之间的相互了解，也为双方的经济和文化交流作出了重大贡献。同时，郑和下西洋打破了朝贡贸易只来不往的消极局面，中阿经济关系有了短期的良性发展。郑和的远航是中阿交流史上的里程碑，也是谈及现代中阿关系发展时必要的历史纽带。

目前，我国有关郑和研究的专门机构有上海郑和研究中心、北京郑和下西洋研究会等。然而，郑和在阿拉伯国家的知名度非常有限，拓宽阿拉伯学术领域对郑和“和平使者”形象的认知，并在此基础上推广普及“郑和精神”，有助于推动“一带一路”中的互联互通和中国主流意识在阿拉伯国家的传播。

从已有的研究成果来看，一方面，对郑和的研究散见于各个学术领域，如地理、航海、造船、经济、中外关系等，资料来源多为中文古籍、西方文献以及田野考察。近年来，对郑和的研究多与“一带一路”倡议有关，着重

* 本文系2019年上海外国语大学第三届导师学术引领计划项目“阿拉伯人眼中的郑和及其在中阿交往中的作用”阶段性成果。

** 陈静，上海外国语大学东方语学院阿拉伯语系在读硕士，主要研究方向：阿拉伯文化。

于分析中国的对外政策以及外交战略。另一方面，对郑和下西洋的研究多集中于东南亚地区，阿拉伯地区的史料较少，且参考材料多以中文文献为主。梳理郑和在阿拉伯国家的相关历史记载和当代媒体对郑和的报道，有助于了解古今阿拉伯国家对中国使者的态度，为中国在阿拉伯国家的意识传播和文化传播策略提供参考，推进中阿人文交流，加强文明对话，增进中阿的互相理解。鉴于本文所涉及的史料以及文献，本文所谈及的“郑和”更多的是指向郑和及其船队而非仅仅郑和这一人物。

一、15世纪阿拉伯文献中的“郑和”

根据目前已收集到的阿拉伯语资料，涉及郑和船队的古文献共有四本，都是公元15世纪阿拉伯历史学家所著的史书，分别是《拉苏里王朝史》（作者佚名）、伊本·戴伊白的《也门历史概要》、伊本·泰格齐·拜尔迪的《埃及和开罗国王眼中的灿烂星辰》、阿卜杜拉·泰伊伯的《历史名人录》。其中，《拉苏里王朝史》对郑和船队的记载最为详尽，内容也更客观，书中记载了郑和船队抵达也门的时间、靠岸地点、接待人员等重要历史事件要素。其余几本史书对郑和船队的描述仅有寥寥几笔。

据相关历史学者对该书内容的考究，《拉苏里王朝史》((تاريخ الدولة الرسولية في اليمن))（*Tārīkh al-Dawlahal-Rasūlīyah fīal-Yaman*）一书的作者是一位伊历9世纪（公元15世纪）的历史学家，除此之外，再无更多作者的相关介绍。这部史书更像是一部事件录，主要记录伊历5世纪至伊历9世纪（公元11世纪至公元15世纪）的国家大事和社会事务。该书具有极其重要的研究价值，包含大量同类史书未曾谈及的史料，经也门历史学家验证，其中关于伊历9世纪的史料记载与当时的社会情况相符。根据书中内容，可以推测出作者在伊历840年（公元1436年）时仍健在，极有可能是国王的书记官。该书的唯一手稿现存于巴黎国家图书馆，共有4709页，日本学者矢岛彦和（Hikazu Yajima）曾于1976年就这份手稿发表了一些文章。目前，该书的阿拉伯语版本是由阿卜杜拉·穆罕默德·哈白希参考矢岛彦和的文章对原手稿进行校对，并于1984年在埃及开罗的新时代出版社出版的。

《拉苏里王朝史》中涉及郑和船队的材料共有六段，主要涉及郑和船队三次抵达也门，即郑和船队第五次、第六次和第七次远航的内容。书中与郑和远航相关的描述文段数量是其他阿拉伯史书远远不及的，大部分阿拉伯史书对郑和船队的描述仅限一小段文字，只涉及某一次郑和船队抵达阿拉伯国家的史实。然而,《拉苏里王朝史》却完整地记录了郑和船队三次抵达也门的详细经过，足以看出该书作者以及当权者对郑和船队抵达也门这一事件的重视和关注。同时也体现了作者身为王室近臣的可能性，只有如此，才能记载下如此详细的事件始末。鉴于伊斯兰历与公历之间进行时间换算后会出现一些细微的差距，故本文仅大致罗列出《拉苏里王朝史》中记载的内容。

书中有三段文字描述郑和船队第五次出使的内容，译文如下：

1. 伊历821年（公元1419年）12月，数艘大船抵达亚丁（Aden）港，随船抵达的是中国皇帝的使者及赠予纳赛尔苏丹的华贵礼物。[1] 189

2. 伊历822年（公元1419年）1月26日，纳赛尔苏丹莅临亚丁军营，营中堆满了中国皇帝的珍奇礼物，包括各式珍宝、金线和丝绸缝制的华服、高级麝香和大量瓷器等。这些礼物重约两万砝码（1砝码=4.64克，即总重92.8千克）。大法官瓦基弧丁·阿卜杜·拉赫曼受命看守这些礼物。[1] 189

3. 伊历822年（公元1419年）2月，纳赛尔苏丹将与中国皇帝赠礼等值的礼物交予中国使者，礼物包括各种珍宝、从欧洲舶来的珊瑚树，以及各种珍稀动物，如剑羚、斑马（《瀛涯胜览》中写作：花福鹿）、驯养的雄狮和猎豹等。大法官瓦基弧丁·阿卜杜·拉赫曼随后陪同中国使者赴亚丁港。[1] 190

《拉苏里王朝历史》中的伊历822年对应的是公元1419年，依据中文文献的时间，郑和第五次远航的时间是公元1417年5月至1419年7月，而该书中的时间约为公元1419年至1420年，郑和船队此次在也门大约访问了3个月之久。

与郑和船队第六次远航相关的内容有两段文字，译文如下：

1. 伊历826年（公元1422年）2月18日，纳赛尔苏丹获悉中国使者携皇帝赠礼乘船抵达（也门），遂命贾麦勒·丁·本·伊斯哈格准备接待事宜。贾麦勒陪同中国皇帝的使者从亚丁到达“光荣之门”。中国皇帝的赠礼包括诸多珍宝、高级麝香、中国鹅、华美瓷器、各式衣物和家具器皿等。纳赛尔苏丹亲赴军营迎接中国使者，王公贵族共同列席。[1] 202

2. 伊历826年（公元1422年）3月，法官贾麦勒·丁·本·伊斯哈格陪同中国皇帝的使者贾莱勒丁（郑和的阿拉伯语名）抵达首都塔伊兹（Ta'izz）。[1] 203

与郑和船队第七次航行的相关文字内容有一段，译文如下：

伊历835年（公元1431年）6月25日，一位中国官员携中国皇帝赠予苏

丹的礼物乘船抵达拉赫季（Lahij，也门城市名），大臣夏哈卜丁与贾麦勒长老共同接待其随行人员。[1] 247

从郑和船队三次抵达也门的史料记载可以看出，也门统治者对郑和船队到访的态度和关注度的变化。

第一，登陆地点发生变化。郑和船队前两次抵达也门都是从亚丁港登陆，但是船队第三次（郑和船队第七次远航）抵达也门时没有直接从亚丁港登陆，而是经过亚丁沿河而上，在拉赫季登陆。拉赫季城并不是一个沿海城市，它位于图班河沿岸，图班河的入海口即是亚丁。由此可知，郑和一行已经获得了拉苏里王朝（1229—1454）统治者的信任，因此能直接在内陆河流沿岸城市登陆。

第二，接待人员的变更。郑和船队第一次抵达也门的接待人员是大法官瓦基弧丁·阿卜杜·拉赫曼，之后，郑和一行拜见了纳赛尔苏丹。第二次到达也门时，苏丹带着众王公贵族一起接待船队成员，并让法官贾麦勒·丁·本·伊斯哈格专程安排礼宾事宜以示欢迎。到第三次的时候，郑和船队的相关接待人员变成了大臣等，书中并未提及苏丹是否接见了使团，依据该书作者的记录习惯，凡是参与接待的官员，其职位和姓名都完整地记录在书中。由此可见，郑和船队第三次抵达也门时，统治者并未接见他们。从接待人员的变化来看，也门统治者对郑和船队的态度是从热烈欢迎到慢慢冷淡。也门官方对郑和船队来访的态度发生明显转变，其转变原因可从其他阿拉伯史书中窥得一二。《埃及和开罗国王眼中的灿烂星辰》在伊历836年（公元1432年，即郑和第七次远航抵达也门的时间）的条目中写道："有两艘从中国来的船在亚丁靠岸，也门社会状况混乱……"[2]郑和第七次远航抵达也门时，当政者已不是纳赛尔苏丹，也门正处于政权更迭、社会动荡之中，彼时的当权政府极有可能已无暇顾及外交活动。

第三，接待地点和形式不同。前两次的接待地点都在军营之中，这在历史上的外交事务中是比较常见的举措，用于震慑远方来使，彰显强大国力和本国军事实力。第二次郑和船队到访时，国王派人陪同郑和船队前往首都塔伊兹，由此可见，当时的也门执政者对郑和一行人的到访非常重视，在军营中接待有可能是因为郑和船队的随行人员较多，也门统治者对他们的到访目的有所担心和顾虑。对郑和船队第三次到访的记载则没有提及任何接待地点，可能是由于政权交替，新任统治者对这次邦交不重视，也有可能是由于郑和船队以往多次到访的表现使统治者对他们的再次到访表示放心，无须再用军事力量对其进行震慑。

第四，赠礼的描述差异。郑和船队第一次抵达也门时，赠予也门统治者的礼物多是各式珍宝，作者专门为礼物加上了一个形容词——华贵，而之后两次到访的记载中并未出现描述礼物的类似形容词。不难看出，郑和船队的第一次到访让也门统治者和上层阶级惊叹不已，也让也门人民感受到明朝的国富民强，随后纳赛尔苏丹与郑和船队交换了等值的礼物。第二次的礼物相比之下更具中国特色，也更丰富，同样有珠宝玉石，且出于礼尚往来和彰显明朝的地大物博，还包括了中国的特有物产——鹅，以及各种家具器皿，这也是明政府与他国进行文化交流的体现。第三次抵达也门时关于礼物的记载仅寥寥几笔，只提及中国官员携礼而来，并未对礼物进行详细描述。在《拉苏里王朝史》中，郑和船队第一次抵达也门时，纳赛尔苏丹给中国皇帝的回礼与马欢（跟随郑和参与了第四次、第六次、第七次远航的官员）在《瀛涯胜览》中提及的物品大部分相符。但需要注意的是，在《瀛涯胜览》中，这些物品并非也门统治者赠予的礼物，而是郑和船员购买所得，而且双方对于到访时间的记载存在一定的差异。

综上所述，在《拉苏里王朝史》中，郑和及其船队在纳赛尔苏丹时期备受上层统治阶级欢迎和重视，双方互换奇珍异宝，互通有无。在这本史书中，“郑和船队”是正面积极的形象，是促进两国友好往来的使者。规模庞大的郑和船队让当时的也门统治者领略了明朝的繁盛，同时也让他们有所顾忌，故将接待地点安置在军营之中。

《也门历史概要》((قرة العيون في أخبار اليمن الميمون))（*Qurraï al-ʿuyūnfi aḫbār al-Yaman al-maymūn*）是也门历史学家伊本·戴伊白（Ibn al-Daybaʿ，伊历866—944，公元1461—1537）所著的一本纪传体史书。伊本·戴伊白熟知前人历史，其对历史事件的记述坚持“就事论事”的中正态度。该书以也门历代统治者为纲，按时间顺序介绍各统治者当政期间发生的重大历史事件。书中涉及郑和船队的文字只有一段，时间是伊历823年（公元1420年），即郑和船队第五次或是第六次远航的时间，“中国皇帝的使者搭乘三艘巨船，带着价值约为20万金的珍贵礼物到达此地，纳赛尔苏丹召见了使者”。[3]文中还附上了一句当时人们对中国皇帝的描述：“中国皇帝认为普天之下皆是他的臣民，其中部分臣民因国家境况和统治者的原因而愚昧不堪。”[3]寥寥几语，描绘出当时阿拉伯人，特别是阿拉伯历史学家心目中的中国形象：国家富强，统治者狂妄自大。

《埃及和开罗国王眼中的灿烂星辰》((النجوم الزاهرة في ملوك مصر والقاهرة))（*Al-Nujūm al-Zāhirah fī Mulūk Miṣr wa-al-Qāhirah*）是埃及著名历史学家伊本·泰格齐·拜尔迪（Ibn Taghzī Bardī，伊历813—871，公元1410—1470）的著作。书中涉及郑和船队的史料有一段，时间是伊历835年，即公元1431年，为郑和船队第七次远航的时间。书中写道："有两艘从中国来的船只在亚丁靠岸，因也门社会状况混乱，船上的瓷器、丝绸和麝香等货物未及全部售出，船便转去了吉达。"[2]

《历代名人录》((قلادة النحر في وفيات أعيان الدهر))（*Qilādatal-Naḥr fī wafayāta 'yān al-dahr*）是也门知名学者、历史学家、教法学家阿卜杜拉·泰伊伯（Muḥammad al-Ṭayyib，伊历870—947，公元1469—1546）所著的编年体史书，书中介绍了从伊历8世纪至10世纪（公元14世纪至16世纪）的知名人物和历史事件。书中有一段文字谈到了郑和船队第七次远航抵达亚丁的事件："伊历833年（公元1429年），（中国船只）抵达亚丁，众人前往参观（中国）船只并欣赏服饰，购买商品及珍宝，同时将一些动物售卖给他们，（船上的人）对此非常感激。"[4]

《历代名人录》中对第七次远航的记载和《明史》相比，时间有异。《明史》中写道："宣德五年，郑和使西洋，分遣使其侪诣古里。闻古里遣人往天方，因使人赍货物附其舟偕行。往返经岁，市奇珍异宝及麒麟、狮子、驼鸡以归。其国王亦遣陪臣随朝使来贡。宣宗喜，赐赉有加。"[5]宣德五年即公元1430年，此处的时间差异应是历法换算时产生的。这段文字也证实，郑和船队确实在第七次航行时购买了动物。

总体来看，在阿拉伯古代文献中，"郑和"以及"郑和船队"所展现的是明朝的国力强盛、经济繁荣和物产丰富。上述阿拉伯历史著作叙述了"郑和远航"这一历史事件对古代中阿之间的经济、文化交流有促进作用，是双方和平交往的成功案例。

二、20世纪之后阿拉伯世界的"郑和"研究

20世纪，随着相关史料的不断发掘和中国国力的逐渐增强[6]，世界各国学者掀起"郑和"研究热，出现了大量研究"郑和下西洋"的相关文章和成果，

其中包括英国学者梅辉立（W. F. Mayers）、英国学者菲力普斯（G. Phillips）、荷兰学者戴闻达（J. J. L. Duyvendak）、法国学者伯希和（P. Pelliot）、日本学者山本达郎（Yamamoto Tatsuro）等。[7]也门历史学家阿卜杜拉·艾哈迈德·穆海拉兹也加入了这一国际学术研究热潮，并撰写了《阿拉伯海域的中国航海记事》一书。

2000年，《阿拉伯海域的中国航海记事》((رحلات الصينيين الكبرى الى البحر العربي))（*Riḥlātal-Ṣīnīyīn al-kubrá ilá al-Baḥr al-ʻArabī*）在阿卜杜拉·艾哈迈德·穆海拉兹（ʻAbd Allāh Aḥmad Muḥayriz，？—1991）去世之后面世，由阿拉伯战略研究中心出版。作者用152页的篇幅全面介绍了15世纪郑和下西洋的原因、目的以及经过，并对马欢、费信、巩珍三人的著作进行简要翻译和介绍，作品参考了大量中文文献、碑刻及阿拉伯语文献，完整梳理了"郑和下西洋"这一联通中阿的历史事件，是阿拉伯著作中罕见的专门介绍"郑和下西洋"事件的权威书籍。阿拉伯世界的学者，特别是从事中阿海上往来研究的相关研究者都将这本书作为研究中阿关系的重要参考书目。

阿卜杜拉·艾哈迈德·穆海拉兹在书中着重突出了郑和作为中国和印度洋沿岸国家交往使者的身份，并在书中表示，郑和能统领船队下西洋是因为他辅佐帝王有功，深受皇帝重用。作者认为，郑和船队航行的目的主要如下：开辟新商路，寻找流亡海外的建文帝，降服其他民族，彰显天朝大国的地位，对其他国家强制推行中国制度。他强调，郑和船队的远航主要是出于政治目的，旨在让印度洋沿岸国家臣服于明朝皇帝，主动上贡。若有不服者，郑和船队则会对其开战，至于船队在所到之处进行的商业贸易则是附带行为。郑和船队的船只和船员数量众多，军事力量强大，曾公然干涉锡兰国和苏门答腊国的王权事务，使船队所经之国无一不恐慌，慑于明朝军事威力，方才主动朝贡，以保平安。[8]

《阿拉伯海域的中国航海记事》引用了部分《拉苏里王朝史》中的内容，用以佐证郑和船队抵达也门的次数，并强调当时亚丁作为国际港口的重要地位。与《拉苏里王朝史》所描绘的郑和船队的"和平使者"形象有所不同，《阿拉伯海域的中国航海记事》用不少篇幅描述郑和船队对他国政权的影响，突出其军事威压和对别国政治的控制，表现当时印度洋沿岸各国对郑和携军队到访的担忧和疑惧，甚至将这一心理恐惧延续到当代外交关系中，表现出对中国崛起的顾虑。

中国典籍历来认为“郑和下西洋”是出于对他国的友好援助，帮助他国稳固政权，体现了友好邦交的一面，同时促进了同海上丝路沿线国家的文明交流。而《阿拉伯海域的中国航海记事》作为阿拉伯国家现有的较权威的著作，对该事件表达出了政治偏见，作者在撰写该书时难免会带有个人情感色彩，抑或受到西方盛行的“中国威胁论”影响，其中缘由值得中国学者深思和重视，尤其在推动以“郑和”为载体的中国意识形态和中华民族传统文化传播过程中，应作出必要的调整和应对。

三、当代中阿交往中的“郑和”符号

和平与发展是当今时代的主题，中国积极主动地推进中国特色大国外交，与国际社会进行广泛合作，在当今世界树立起了一个负责任大国的形象。中国于2005年展开了为期两年的郑和下西洋600周年全球纪念活动暨“来自中国的和平使者”巡回展。此次纪念活动的重点之一即是以“郑和”为载体宣传中华民族热爱和平、睦邻友好的优良历史传统，进一步加强中外友好合作。

习近平总书记于2013年提出“一带一路”倡议之后，阿拉伯各国纷纷表示支持，并在新闻媒体上对“一带一路”倡议大为赞赏。“2019国际郑和论坛”发布宣言指出，郑和船队和今天的“一带一路”倡议，都是促进交流融合的“通路”实践。[9]传承和发扬“郑和精神”有助于推动“一带一路”建设。通过“郑和下西洋”这一历史事件“讲好中国故事”，将中国的优秀文化范例传播到阿拉伯国家，让阿拉伯国家熟悉并认可郑和的“和平使者”形象，做到民心相通，相互理解，是促进当代中阿交流，创造文化共同繁荣的有效途径。如何用中国文化元素传播和平理念并让“和平使者”的形象更加生动、立体，正是当下需要考虑的问题。

“郑和”在阿拉伯国家还是一个较陌生的名字，正如中国民众对于阿拉伯知名航海家艾哈迈德·伊本·马吉德（Ahmad ibn Mājid）同样陌生一样，只有研究中阿交往史的阿拉伯学者才对郑和略知一二。笔者查阅了近年来阿拉伯媒体对中阿交往历史的相关报道，仅有两家知名媒体曾报道与郑和有关的内容（表1），即半岛电视台、阿拉比亚电视台。笔者以2013年“一带一路”倡议的提出为节点，对比2013年前后阿拉伯两大知名媒体报道中的“郑和”形象并进行解读，以了解在全球意识形态多样化的大环境下，当代阿拉伯媒体对以郑和为代表的中国传统友好文化的理解和认知。

表1 阿拉伯媒体对郑和的报道统计

	2013年前	2013年至2019年
半岛电视台	3篇	4篇
阿拉比亚电视台	0篇	1篇

半岛电视台是阿拉伯地区最具影响力的媒体之一。2013年之前，半岛电视台刊登了三篇与郑和相关的报道，标题分别为:《中国穆斯林航海家郑和始航600周年纪念》[10]《中国穆斯林学者》[11]《中国需要非洲的外交话语权》[12]。第一篇报道发表于半岛电视台文化栏目，由阿拉伯记者和中国记者合写而成，简要介绍了郑和下西洋在加强中外友好关系和改进航海工具方面的贡献。同时，报道称赞郑和一行在远航途中的善行，并指出郑和远航的目的在于加深中国和其他国家的友好关系。第二篇报道将郑和船队航行的主要目的归纳为：和平友好外交、文化交流和贸易往来。在第三篇报道中，阿拉伯记者谈到，中非之间的外交关系可以追溯至郑和时期，郑和船队的到访为两地建立了深厚的贸易和文化联系。

2013年“一带一路”倡议提出之后，半岛电视台推出了《重启丝绸之路》的专栏报道，谈到建设海上丝绸之路可能会面对的阻力：中国日益强大的军事实力可能引起“一带一路”沿线国家的担忧与质疑。评论中指出，这一担忧正是源于郑和下西洋时期曾使用军事力量建立统治秩序，并认为郑和远航的目的不仅在于同他国建立贸易关系，还包括“以构建良好世界秩序为名，对所经之地进行军事干预”。[13]该报道显然对明朝构建世界秩序的认知失之偏颇，因明朝统治者受儒家思想的影响，提倡和平地经营海外关系，生怕继位者在海外滥用兵力，消耗国力。[14]该专栏的另一记者在评论“雅加达选举”[15]时谈到，郑和船队远航的目的是获得周边各国的上贡，船队应邀为当地统治者提供军事援助，从而促成了明朝政府与这些国家缔结友好关系。还有一篇报道中提及，中国探险家郑和曾为了巩固友好邦交于1414年到访马林迪市。[16]《石油人民币体系是阿拉伯人最后的机会》[17]的报道中称，在世界多极化趋势下，阿拉伯人必须加入由中国倡导的和平的全球治理道路中，中国的和平治理经验可追溯至穆斯林航海家郑和远航的时期。

由此可见，2013年之前，半岛电视台的报道多从文化交流和经济贸易的角度关注“郑和下西洋”事件，并在报道中肯定“郑和下西洋”这一历史事件为中阿经济文化交流作出的积极贡献。2013年之后，报道则将郑和与当代国际政治热点相结合。需要注意的是，半岛电视台在政治方面的论述与《阿拉伯海域的中国航海记事》中的政治偏见相似，但显然与历史真相相左，也与习近平总书记提出的“坚持和平发展道路，推动构建人类命运共同体”相背而行。

阿拉比亚电视台是沙特的重要新闻平台，该媒体仅有一篇报道[18]与郑和相关，转载自《利雅得报》2018年的报道。报道对郑和勇敢无畏、睦邻友好的精神表示赞扬，同时对郑和船队有如下描述：郑和来往于各大港口，代表皇帝向当地统治者馈赠宝石、草药等礼物，以彰显中国皇帝的天威。同时，他还将中国穆斯林带到了爪哇、苏门答腊和马来亚等地，促进了这些国家和地区侨民文化的发展。尽管郑和船队中有大型军舰，但船队从未对任何国家和地区进行残酷的殖民统治。该篇报道认为，郑和是中阿交往的和平使者，但这篇仅有的报道并未提及更深入的信息。

通过对上述新闻报道的研究，可以发现阿拉伯新闻媒体对郑和的报道大多参考中文典籍，或是阿拉伯现当代著述。这一点可以通过报道中对郑和名字的音译直接看出，郑和在阿拉伯历史文献中早已有固定阿拉伯语称谓，即马哈茂德·夏姆斯丁/贾莱勒丁（Maḥmūd Shams al-Dīn/Jalāl al-Dīn），但上述报道中仅有一篇报道使用了郑和的阿拉伯语名字，其余都直接使用了现代音译名“تشنغ خه”。与郑和相关的报道，直接参考或是照搬中文文献，有利于中国文化元素的传播，但所参考的内容仅为郑和船队航行的概述，未能深入挖掘郑和远航这一历史事件的意义。上述两家媒体对郑和的报道大部分都与中国对外塑造的“郑和”形象一致。此外，从身份认同角度来说，郑和的穆斯林身份可能是阿拉伯国家传媒界愿意主动接受这一文化形象的原因。值得注意的是，《中国穆斯林航海家郑和始航600周年纪念》报道文末特地用加粗字体注明合著该文的中国作者是位穆斯林。最后，阿拉伯媒体在文化版面特意介绍或穿插介绍一位对于阿拉伯民众而言不甚知名的中国历史人物，与当下中阿外交关系有着莫大的关联。中阿共建命运共同体，有着共同利益观，国家关系紧密，阿拉伯媒体才会积极主动地寻找双方之间的历史联结并深化友好感情。

四、小结

对比古代阿拉伯语文献、20世纪的阿拉伯语著述以及阿拉伯媒体报道，可以从为数不多的与“郑和”及“郑和船队”的相关描述中梳理出一些关键词用以概括阿拉伯人眼中的“郑和”形象：不立体、和平交往、商贸、军事威压。当代阿拉伯学者和媒体对中国历史人物研究的特点体现为：中文资料和西方观点的粗糙堆砌。意识形态是一种反映现实世界的价值观，是一种主观性的认识和理解。当代中国以“郑和”作为意识形态和文化传播的载体，向世界推出一张和平外交、友好往来的名片，是对郑和这一“和平使者”的肯定，具备真实性，这一点可在中阿历史典籍中得到验证。再者，斯里兰卡的“郑和锡兰布施碑”、索马里的“郑和村”等无一不展现了当地民众对郑和下西洋的赞誉，足以表明郑和“和平使者”这一形象是深入人心的、普遍的。既如此，是否由于阿拉伯学者和媒体对“郑和”的评价毁誉参半，“郑和”就不适合作为当代中国文化在阿拉伯国家传播的载体呢？并非如此。鉴于阿拉伯人对郑和的了解仅浮于表面，如何恰当地推动“和平使者”这一形象在阿拉伯国家的传播就变得至关重要，这一点可以从以下三个方面进行强化。

第一，以目标受众为核心。中国推动“郑和精神”在阿拉伯国家的传播，是为了增进中阿友谊。让阿拉伯民众对“郑和”的认识和理解与中国的主流意识形态相符合，需要加大对目标群体，即加大对阿拉伯民众的关注，找准目标群体的兴趣所在，了解其独特的民族、宗教、社会文化，并与“郑和”形象进行有机结合，挖掘阿拉伯史料中对郑和的描述，使用阿拉伯人乐于接受的话语体系宣传“郑和精神”。

第二，创新传播方式。目前，中阿在图书和电视剧方面的合作已经取得了很大突破，中国古今书籍的阿拉伯语译作在一些大型书展中都可看到。基于此，充分利用各种新型传播媒介（影音娱乐、短视频等）提高阿拉伯民众对郑和的关注度，特别是对“和平使者”这一形象的认知和关注，有利于中国主流意识形态和文化的传播。同时利用多样化的传播方式，丰富“郑和”形象，使之在阿拉伯民众的眼中生动立体起来，展现其作为“和平使者”的人格魅力。

第三，加强学术合作。中国有大量研究郑和的可靠学术成果，而阿拉伯国家在这一方面的成果和学术影响有限。从国家层面提供切实可用的学术交流平台，以便双方进行学术合作，有利于阿拉伯国家学者了解中国的相关研究成果，填补阿拉伯国家在郑和研究方面的缺口，同时也可减少西方某些恶意观点在阿拉伯国家学者间的传播。由阿拉伯国家学者讲述“中国故事”，展现中国文化的内核，推进中国主流价值观传播。

对“郑和精神”的传承体现在对和平交流、传播文明的坚持。在塑造“郑和”作为“和平使者”的形象时，需要注重文化输出的方式以及质量。“文明因交流而多彩，文明因互鉴而丰富”，推动“郑和”以及“郑和精神”在阿拉伯国家的传播，有利于中阿文化之间的交流和互鉴，同时可以加强“一带一路”建设中的民心相通，增进中阿双方的互相理解。

参考文献

[1] مجهول: تاريخ الدولة الرسولية في اليمن ، مصر: مكتبة الجيل الجديد، 1984.

[2] 葛铁鹰. 关于郑和船队的一段重要史料：披览阿拉伯古籍札记之二[J]. 回族研究，2007(2): 141-144.

[3] ابن الديبع: قرة العيون في أخبار اليمن الميمون، اليمن: مكتبة الإرشاد، 2006: 390.

[4] محمد الطيب: قلادة النحر في وفيات أعيان الدهر،السعودية: دار المنهاج، 2008: 405.

[5] 张廷玉. 明史[M]. 北京：中华书局，2013: 8703.

[6] 王健. 郑和研究百年状况述论[J]. 南京社会科学，2005(2): 49-54.

[7] 万明. 郑和下西洋研究百年回眸[J]. 中国史研究动态，2005(8): 9-14.

[8] عبد الله احمد محيرز: رحلات الصينيين الكبرى الى البحر العربي،اليمن: دار جامعة عدن للطباعة والنشر، 2000: 45-70.

[9] 叶攀. 多国专家聚首马六甲说郑和[EB/OL]. http://www.chinanews.com/hr/2019/11-15/9008851.shtml.

[10] محمود يوسف\لي خواين: البحار الصيني المسلم تشنغ خه في الذكرى الـ٦٠٠ لرحلته الأولى ، http://suo.im/6pwHW7.

[11] عبد الله ادم: وقفة مع بعض علماء الصين المسلمين ، http://suo.im/5Ha43L.

[12] عزت شحرور: بكين تحتاج افريقيا بدبلوماسية اللسان ، http://suo.im/5zDUg8.

[13] شاشي ثارور: إحياء طريق الحرير ، http://suo.im/6pwIhJ.

[14] 徐晓望. 论郑和下西洋与明朝构建大同世界的梦想[J]. 中共福建省党委学报，2017(12): 95.

[15] مسلم عمران: انتخابات جاكرتا وقصة هجرتين ، http://suo.im/5zDUjQ.

[16] مجهول: ماليندي ، http://r6d.cn/acAhU.

[17] يربا الخراشي: نظام البترو-يون فرصة العرب الأخيرة ، http://suo.im/6x2YQ4.

[18] مجهول: ماليندي ، http://r6d.cn/acAhU.

[19] فهد عامر الأحمدي: الحاج محمود شمس ، https://www.alarabiya.net/ar/politics/2018/04/05/ الحاج-محمود-شمس.

عنوان البحث: تحليل صورة "تشنغ خه" في عيون العرب

الباحثة: تشن جينغ، ماجستير في قسم اللغة العربية لكيلة اللغات الشرقية بجامعة شانغهي للدراسات الدولية.

ملخص البحث: ان "تشنغ خه" رسول السلام في تاريخ التبادل بين الصين والدول العربية، وهو رمز الثقافة وناقل الأيديولوجيا الصينية الراهن. تحليل صورة "تشنغ خه" في عيون العرب ومعرفة تأثيره في قلوب العرب عن طريق مطالعة المراجع والمؤلفات المتعلقة ب "تشنغ خه"، للمساهمة في نشر ثقافة الصين وتوفير مثال دعايتها في الدول العربية.

الكلمات المفتاحية: تشنغ خه، العرب، التبادل الثقافي

[教学改革与语言政策]

دور وسائل التواصل الاجتماعي في تعليم اللغة العربية في الصين

راجه ماجد معظم *

مخلص البحث: يتناول هذا البحث تدريس اللغة العربية في الصين عبر الاستخدامات التقنية الجديدة. ويهدف البحث لتقديم أفق حديثة في مجالي تدريس ونشر اللغة العربية من خلال الإنترنت ووسائل التواصل الاجتماعي مثل اليوكو، والويتشات، والكيوكيو، والوتس آب وغيرها من التطبيقات. وينبغي علينا الاستعانة بتلك التقنيات لمعالجة تحديات العولمة، وكذلك علينا استخدام وسائل التواصل الاجتماعي ضمن الأغراض التعليمية. كما يسلط هذا البحث الضوء على بعض الاقتراحات التطبيقية الهامة لاستخدامات الإنترنت ووسائل التواصل الاجتماعي بغرض تدريس اللغة العربية في الصين.

الكلمات المفتاحية: اللغة العربية، الصين، وسائل التواصل الاجتماعي

التمهيد

يقال في العصر الراهن "أن الناس على دين إعلامهم"، لا شك أن وسائل الإعلام لها دور كبير في تنمية المجتمع في مجال الفكر والتربوي والمعرفة.

ويعرض هذا البحث بعض الأفكار التعليمية التطبيقية التي يمكن من خلالها تعليم اللغة العربية عبر وسائل التواصل الاجتماعي المختلفة، وتوضيح طريقة تطبيق تلك الأفكار على المواقع المستخدمة في الصين؛ وهي اليوكو والوي شات والكيوكيو، مع مساندة مواقع التواصل الحيوية الأخرى كالتويتر والواتس أب والائين. وهذه المواقع لها تأثير قوي على مرتاديها ومستخدميها في العصر الراهن.

ووسائل التواصل الاجتماعي هي مواقع وتطبيقات إلكترونية تفاعلية، أنشئت لأغراض اجتماعية مختلفة؛ كالمحادثة، والبحث عن الأصدقاء، والتعبير عن المشاعر والأحاسيس الخاصة، ومشاركة الآخرين في أفكارهم واهتماماتهم، ثم استخدمت بعد ذلك في مجالات شتى؛ علمية وثقافية واقتصادية وسياسية وغير ذلك.

وهناك تجارب جيدة للغرب في استخدام وسائل التواصل الاجتماعي والحسابات الالكترونية في

---

* طالب الدكتوراه في قسم اللغة العربية، جامعة شانغهاي للدراسات الدولية بالصين. واهتمامه الأكاديمية: علم اللغة التطبيقي.

التعليم، وأدت إلى نتائج باهرة، ومن ذلك دراسة تيتر "Teeter" التي أجريت ونفدت على مجموعة من الطلبة في أمريكا، للتعلم في إحدى المقررات الدراسية، حيث تم تطبيق طريقة التعلم على بعض المواقع الإلكترونية، فأبدى الطلاب تفاعلاً جيداً مع الوسيلة الالكترونية المستخدمة، وكان تحصيلهم عالياً في هذا المقرر، وتم تطبيق التمرينات على تلك المواقع، واستخدام الطلاب مهارات الاستماع والنقاش والردود على أفضل وجه. ①

قبل أن نناقش عن تعليم اللغة العربية عبر وسائل التواصل الاجتماعي في الصين لابد لنا أن نعرف عن انتشار اللغة العربية في جمهورية الصين الشعبية.

المبحث الأول: الصلات بين العربية والصينية

دوّن التاريخ أربع حضارات إنسانية كبرى قامت على وجه الأرض وهي: حضارة السومريين على شواطئ الرافدين أي دجلة والفرات في بلاد العرب وتحديد في العراق، ويبدأ تاريخها المدون من عام 3200 قبل الميلاد تقريباً. وحضارة مصر القديمة في وادي النيل، ويعود تاريخها المدوّن إلى عام 3200 قبل الميلاد من الملوك الفراعنة. وحضارة الهند في وادي أندس، ويرجع تاريخها إلى عام 3750 قبل الميلاد.② وحضارة الصين على شواطئي نهر الأصفر ونهر يانغتزي، ويعود تاريخها المدون إلى عام 2050 قبل الميلاد مع أسرة شيا.③

وتُشير السجلات التاريخية إلى أن التواصل العربي الصيني يرجع إلى زمن بعيد، حتى قبل ظهور طريق الحرير البري وطريق الحرير البحري، وتؤكد ذلك المكتشفات الأثرية في بلاد العرب والمكتشفات الأثرية في أنحاء كثيرة من الصين التي ما يزال فيها العديد من الشواهد التاريخية لهذه الاتصالات. وقد تميزت العلاقات الصينية العربية عبر تاريخها الطويل بسمات خاصة؛ أبرزها أنها علاقات ودّية لم تشبها شائبة خلاف جوهري الذي جعلها نموذجاً لتنمية العلاقات الودية بين الأمم، وأنها علاقات متواصلة عبر حقب التاريخ المختلفة، فضلاً عن ذلك هي علاقة تكاملية، فالجانبان العربي والصيني لديهما القدرات والإمكانات التي يفيد كل طرف بها الآخر بما يعود عليهما بالمنفعة المتبادلة. التبادلات التجارية بين الصين والعرب تبدأ بإقامة سلطة أسرة هان في المناطق الغربية في عام 50 قبل الميلاد. وكانت البضائع الصينية إذا ما وصلت إلى سلوقية – طيشفون ومدخل البحر الأحمر والخليج الفارسي، ثم تنقل ثانية إلى

① Teeter.T. (1997) Teaching on the Internet Meeting the Challenge of Electronic Learning, ERIC NO.ED 418957. وكذلك راجع، محمد دين، عمر (الدكتور). أفكار لتفعيل اللغة العربية عبر الوسائل الاجتماعي. (بحث مقدم في المؤتمر الدولي الأول في ماليزيا خلال فترة 25-26 يوليو 2017م). ص79.

② الألوائي، محي الدين (الدكتور). الدعوة الإسلامية وتطورها في شبه القارة الهندية. (دمشق: دار القلم، 1986م). ص44.

③ "لمحة عن تاريخ الصين" المركز العربي للمعلومات. 22يناير2017م. <http://www.arabsino.com/articles/10-07-27/4167.htm>

سوريا ومصر، ومن ثم إلى أوربا فتباع فيها. ففي زمني اليونان والرومان كانت قوافل التجار العرب في جزيرة العرب وسوريا تمارس تجارة الترانزيت، فلعبت بذلك دوراً نشيطاً في الوساطة التجارية بين الصين والغرب، وأسهمت في التبادلات الاقتصادية بين الصين والبلدان العربية من جهة وبين الصين والغرب من جهة أخرى.① وقد بدأ تبادل اقتصادي مباشر بين الصين والبلدان العربية قبل عهد أسرة تانغ (618م–907م)، إذ ذكر أبو الحسن المسعودي في كتابه ((مروج الذهب ومعادن الجوهر)) بأن السفن الصينية قد وصلت قبل عهد أسرة تانغ إلى الحلّة الواقعة على شط الفرات حيث كانت تمارس التجارة مع العرب. ② اتخذت الحكومة الصينية في عهد تانغ مجموعة من الإجراءات لرعاية التجار العرب وغيرهم من التجار الأجانب، وكانت تعاملهم معاملة حسنة تحمي مصالحهم بحرص. وكان مسموحاً لهم بممارسة التجارة من دون قيود في أية من المدن والموانئ المفتوحة لهم. هكذا كانت السفن التجارية العربية تبحر إلى الصين كما السفن التجارية الصينية تبحر إلى عمان وسيراف والبحرين والأيلة وبغداد. وكانت في بغداد سوق خاصة تبيع الحرير وأواني الخزفية الصينية وما إليها من البضائع الصينية. وبهذه الطرق استوطنت جاليات عربية في أرجاء بلاد الصين فضلاً عن ذلك تكونت جاليات صينية في ربوع العرب، وكان لهذه الجاليات أثر كبير في الإسراع في نشر اللغة العربية في الصين.

وكان النبي محمد صلى الله عليه وسلم وأصحابه يعرفون الصين والأشياء الصينية، وقد جاء ذكر بعض من ذلك في مناسبات متعددة على لسانه صلى الله عليه وسلم كما جاء في الحديث "اطلبوا العلم ولو بالصين". ③

وعدد الجاحظ مزايا كل أمة في عصره فقال عن الصين: "ميزة سكان الصين الصناعة، فهم أصحاب السبك، والصياغة، والإفراغ، والإذابة، والأصباغ العجيبة، وأصحاب الخرط، والنحت، والتصاوير، والنسج".④ إن الورق الصيني معروف عند العرب. وقد اشتهرت مصر بصناعة الورق، وقد نقلت هذه الصناعة عن الصين.⑤ ولكن تقدموا فيها عبر تنقيته مما كان يعلق به من ورق التوت ونحوه، وانتشرت صناعته في دمشق، وطبرية، وطرابلس، وسمرقند، ولو لا كثرته ما انتشرت العلوم انتشارها في ذلك العصر.

الآن نريد أن نلخّص أثر الثقافة العربية في الثقافة الصينية، في النقاط الآتية:

- قدم كثير من علماء الفلك المسلمين إلى الصين في عهد يوان (1271م–1368م) حاملين معهم

① ينغ ده، قوه. ترجمة: جيامين، تشانغ. تاريخ العلاقات الصينية العربية. (بكين: المركز العربي للمعلومات، 2004م). ص55-58.

② المسعودي، أبوالحسن بن علي. مروج الذهب ومعادن الجوهر. (بيروت: مكتبة العصرية،2005م) جـ 1، ص103.

③ أخرجه ابن عدي والبيهقي في المدخل والشعب من حديث أنس. وقال البيهقي: متنه مشهور وأسانيده ضعيفة. وأدرجه الألباني في سلسلة الأحاديث الضعيفة والموضوعة. (الرياض: مكتبة المعارف للنشروالتوزيع، 1992م). جـ 1، طـ 1، رقم الحديث 416 ص 600، واصفاً إياه بأنه باطل.

④ جاحظ، أبو عثمان عمرو بن محبوب. مجموعة رسائل. الطبعة الأولى. (مصر: مطبعة التقدم، د.ت). ص42.

⑤ أمين، أحمد. ظهرالإسلام. (مصر:مؤسسة الهنداوي للتعليم والثقافة،2012م). ص440.

بعض الأجهزة والمصادر الفلكية العربية. وهذه المصادر والأجهزة الفلكية قد ساعدت مساعدة فعالة على صنع الأجهزة الفلكية والرصد الفلكي ووضع التقاويم في الصين. ففي العام الأول من عهد هونغ وو (1368م) أنشأت الحكومة الصينية هيئة الأرصاد الفلكية الإسلامية. وبما أن الرياضيات هي أساس علم الفلك، فقد انتقلت الرياضيات العربية مع علم الفلك العربي إلى الصين في آن واحد.

• لقي الطب العربي والصيدلة العربية إقبالاً عظيماً من أهل الصين. إن العقاقير العربية بما فيها اللبان والصبّار والمر والميعة والحُلبة والقرنفل والزراوند والجِلتيت والإهليلج واللؤلؤ وكافوروما إلى ذلك من العقاقير العربية قد استخدمت في أوساط الطب والصيدلة في الصين على نطاق واسع، وبعض أسمائها ما يزال باقياً في اللغة الصينية كما هو في اللغة العربية تقريباً، مثل(Muyao) (دواء مر) و (Huluba) (الحُلبة) و (Helile)(الإهليلج)..الخ. وكانت العملية الجراحية العربية في عهد يوان تتمتع بشهرة عظيمة جداً داخل الصين، فقد ظلت السنة العامة تتناقل الحكايات عن القدرة السحرية لدى بعض الأطباء المسلمين في الصين.

• أرسلت السلطة المسلمة رجالاً في عهد يوان من بغداد يتقنون فن تكرير السكر ليعلموهم كيفية تصفية السكر باستخدام الرماد النباتي المحتوى على الصودا التي من شأنها أن تبيض السكر الأسمر. ولقد شهدت الصين تطوراً عظيماً في تكرير السكر فيما بعد.

• هجرة العلماء والشيوخ العرب إلى الصين، منهم :قوام الدين الذي جاء إلى مدينة بكين، والشيخ بهاءالدين إلى مدينة يانغشو، وعبد الرحمن البلمباني إلى مدينة شانغهائي، والشيخ البهروشي إلى أطراف الصين. وفي العصور المختلفة قدم كثير من الشيوخ العرب إلى الصين لنشر الدين الإسلامي واللغة العربية.

• تركت الفنون العربية بما فيها العمارة والموسيقى والرسم والزي أثراً في الأقليات الصينية الإسلامية بدرجات متفاوتة. وأثر العمارة والرسم يتمثل بصورة رئيسية في مباني المساجد والجوامع في أنحاء الصين.

• دخلت اللغة العربية الصين مع دخول الإسلام إليها. ومعروف أن كثيراً من المسلمين يتعلمون اللغة العربية منذ نعومة أظفارهم، فهم يقرأون القرآن الكريم باللغة العربية، وإن الويغور والقازاق وغيرهما من الأقليات التي تنطق لغات الترك، ظلت تكتب لغاتها بالأبجدية العربية. وقد بدأت الأبجدية العربية تحل محل الأبجدية الويغورية الكلاسيكية في زمن الدولة القرخانية، بالإضافة إلى أن اللغة العربية كانت متداولة في كاشغر. وقد وضع كتابان ضخمان معروفان في العالم في زمن الدولة القرحانية: ((ديوان لغات الترك لمحمود الكاشغري)) و((الحكمة مفتاح السعادة ليوسف خاص حاجب)) الذان بقيا درتين مشرقتين في تاريخ الحضارة الويغورية.①

① وضح قوه ينغ ده هذه الإسهمات بالتفصيل في كتابه "تاريخ العلاقات الصينية العربية" من صفحة 131 إلى 142.

أما تأثّر الثقافة العربية بالثقافة الصينية فنشير إلى النقاط الآتية:

• الصين هي الدولة التي اخترعت الحرير، ولهذا سميت في الغرب بدولة الحرير. وقد بدأت تنتج الحرير بكميات هائلة، وتصبغه ألواناً مختلفة فيما بين القرن الثاني والثالث. وكان الحرير بوصفه رمزاً للحضارة الصينية أقدم وأجمل هدية تقدم إلى العرب. وكان حرير الصين مصدراً هاماً للمواد المستخدمة في صناعة الغزل والنسيج في سوريا ومصر في العصور القديمة. ولما فتح العرب مصر وغربي آسيا استغلوا الظروف المناخية الصالحة والأيدي الماهرة والمعدات الجاهزة الجيدة لينشروا صناعة غزل الحرير ونسجه على نطاق واسع، فأصبحت بلادهم الدولة الثانية بعد الصين في انتاج الحرير. وفي عام 751م حدث أن وقع عدد من الجنود الصينيين أسرى في يد العرب في أثناء حملة طراز، وكانوا من عمال غزل الحرير ونسجه، فانتقلوا بفنهم إلى بلاد العرب، وساعدوا العرب على رفع مستواهم في هذه الصناعة.

• كانت أواني الخزف الصيني تعد نوعاً ثانياً من الصادرات الصينية بكميات هائلة بعد الحرير. إذ كانت أواني الخزف الصيني في عهد تانغ (618م–907م) تنقل إلى بلاد العرب وتباع في أسواقها. وكان من بين الهدايا التي قدمها حاكم خراسان إلى هارون الرشيد أواني بديعة من الخزف الصيني. وقد انتقلت صناعة الخزف الصيني إلى بلاد العرب في القرن الحادي عشر، وعلى يد العرب انتقلت إلى أوربا.

• حدث لكثير من الفنون الصينية كالرسم الصيني والموسيقى الصينية وغيرها أن انتقلت إلى الأقطار العربية عبر التاريخ، فتركت أثرها في العرب. وحينما بدأ الخليفة المعتصم إنشاء مدينة سامراء، استخدم عدداً كبيراً من الفنانين الصينيين، فتركوا في الرسوم الجدارية في سامراء آثار الرسم الصيني إلى جانب آثار الرسم اليوناني والفارسي.

• الطب الصيني التقليدي هو التراث الآخر الذي نقل إلى بلاد العرب، والطريقة الصينية التقليدية في جس النبض واضحة الأثر في كتاب ((القانون في الطب)) لعلامة الطب العربي ابن سينا. فقد نُقلت القِرفة الصينية إلى بلاد العرب فسماها العرب "دار صيني". وكان الكافور الصيني والمسك وعود وزنجبيل والعقاقير الأخرى الصادرة إلى البلاد العرب.

• إن الورق والطباعة والبوصلة والبارود هي المخترعات الصينية الأربعة التي ملأت شهرتها أصقاع المعمورة، وتعتبر أعظم إسهامات قدمتها العلوم والتقنية الصينية للحضارة العالمية. وقد وصل الورق إلى بلاد العرب في أيام بني أمية، وفي عام 751م أسر العرب في حملة طراز بعض الجنود الصينيين الماهرين في صناعة الورق، فنقلوا هذه الصناعة إليهم. وقد انتقلت صناعة الطباعة مع صناعة الورق إلى البلاد العرب في آن واحد. نقلت البوصلة إلى العرب بين أواخر القرن الثاني عشر وأوائل القرن الثالث عشر، فسموها "حلقة الإبرة" أو "بيت الإبرة". وفي النصف الأول من القرن الثالث عشر نقلت

صناعة البارود إلى العرب على يد التجار عبر الهند. [1]

إن العلاقة الثقافية بين العرب والصين ترجع إلى زمن بعيد، فكلتا الأمتين العظيمتين تحتاجان إلى حاجة ماسة إلى تطوير هذه العلاقة الثقافية، لجلاء جوانب من التفاعل الأدبي والثقافي بين الأمتين وصولاً إلى الإفادة من تجربة الماضي والحاضر في سبيل إعادة التفاعل إلى ما كان عليه، بل وإلى أفضل مما كان عليه.

المبحث الثاني: مقترحات تعليمية تطبيقية لتعليم اللغة العربية عبر وسائل التواصل الاجتماعي

إن العولمة اليوم هي من التحديات المعاصرة التي تعرقل أكثر من كل شيء وبروز ظاهرة العولمة يؤثر في ميدان التعليم كما يؤثر في مجالات الاقتصادية والسياسية والثقافية وذلك أن النظام التربوي التعليمي مرتبط بالعولمة ويحتكم إلى عملية التأثير من خلال تفاعله مع البيئة المحلية امتدادا إلى تأثير النظام العالمي على انظمة المجتمع الواحد من خلال التغيرات العالمية في السياسة والاقتصاد والتطور التكنولوجي والحضاري.

ولا يخفى على الجميع أن وسائل التواصل الاجتماعي (اليوكو، والوي شات، والكيوكيو وغير ذلك) أصبح لها تأثير كبير جداً في تثقيف الناس وتعليمهم والتأثير فيهم. وفيما يأتي توضيح لبعض المقترحات التي قدم الدكتور عمر بن محمد دين،[2] ويمكن من خلالها تعليم الناس قواعد اللغة بطرق جيدة وسهلة، تناسب المتوسطين في تعليم اللغة العربية، وتكون متنوعة كذلك، بعيدة عن الطرق التقليدية التي قد يتلقاها الطالب في قاعات الدراسة في المراحل المختلفة.

التعليم بالصور والنماذج المختصرة:

يقصد بهذا المقترح هو تعليم اللغة العربية بإعداد وتصميم صور متنوعة، تحتوي معلومات متعددة عن الموضوع الواحد، ويتم شرحه بطريقة مبسطة، وتوضح تلك المعلومات داخل أشكال ورسومات وصور متنوعة، جذابة، عصرية، ذات ألوان جميلة، ويصمم على أحد البرامج المعروفة حالياً مثل: الفوتوشوب، والبوربوينت وغيرها.

ومن فوائد التعليم بالصور والنماذج المصورة المصممة المختصرة:

أ – شد انتباه المتعلم إلى المعلومة بحيث ترسخ في ذهنه.

ب – المتعة في التعليم وإيصال المعلومة.

---

[1] المرجع السابق، من صفحة 144 إلى185.

[2] راجع محمد دين، عمر (الدكتور). أفكار لتفعيل اللغة العربية عبر الوسائل الاجتماعي. (بحث مقدم في المؤتمر الدولي الأول في ماليزيا خلال فترة 25-26 يوليو 2017م). ص93. بتصرف.

ت – الاختصار في عرض المعلومات المتعلقة بالموضوع الواحد.

ث – جمع أكبر قدر من المعلومات الهامة في الموضوع الواحد في صورة واحدة، ومكان واحد، وهو أدعى إلى استيعاب التفاصيل المهمة للموضوع بصورة أشمل وأسرع.

التعليم عن طريق مقاطع الفيديو التثقيفية:

وهذا النوع ذو شقين: الأول عرض الدرس كاملاً، والثاني التعليم بالبث المرئي المباشر.

أولاً عرض الدرس كاملاً: ويكون ذلك بإعداد عرض بوربوينت كامل عن موضوع لغوي محدد، ثم يعد تسجيلاً بالصوت والصورة عن طريق برامج الفيديو، ويتم شرح الموضوع كاملاً بشكل مبسط وواضح، مع عرض الأمثلة المناسبة، وربط الدرس بما يتعلق به من الدروس الأخرى باختصار، ويحاول قدر المستطاع أن لا يتعدى الشرح أكثر من 20 إلى 30 دقيقة. ثم تنشر هذه المادة اللغوية المرئية على الحساب المخصص على قناة اليوكو، وكذلك على حساب الوي شات، والكيوكيو.

ثانياً التعليم بالبث المرئي بالمباشر: وهذه الطريقة تشبه الطريقة الأولى في إعداد عرض بوربوينت عن موضوع لغوي، ولكن الدرس هنا يعرض مباشرة عن طريق إحدى برامج البث المباشر المتعلقة ببعض التطبيقات، مثل: برنامج لايف ون المرتبط بقناة مختلقة. وفي هذا النوع لا بد أن يحدد موعد إلقاء الدرس باليوم والساعة؛ حتى يتمكن المستمعون والمتعلمون من التفرغ والاستعداد للاستماع، ويستحسن كذلك أن تكون مدة الدرس من عشرين إلى ثلاثين دقيقة، وبعدها يفسح المجال للنقاش.

إقامة المسابقات العلمية والثقافية:

وهي فعاليات وبرامج مساعدة في تعليم اللغة العربية، ويكون ذلك بإعداد مجموعة من المسابقات العلمية والثقافية والترفيهية، وتعرض في بعض الحسابات المتعلقة بالمشروع، وتكون الأسئلة ضمن المواضيع والدروس التي تم بثها وإلقاؤها على الحسابات المشروع المختلفة، وذلك لقياس مدى استيعاب المتعلمين للدروس، وللتشويق والتحفيز على متابعة برامج المشروع وحساباته، وللتشجيع على تعلم العربية وإتقان أبوابها ومسائلها وأمثلتها، ويقترح أن يقيم المشروع المسابقات الآتية: مسابقة ثقافية تحريرية، ومسابقة ثقافية قصيرة، ومسابقة عملية بحثية، ومسابقة الفنون التشكيلية، ومسابقة الإلقاء والخطابة وغير ذلك. ①

المبحث الثالث: طريقة التنفيذ للمقترحات

هنا نوضح طرق التنفيذ المناسبة للمقترحات التعليمية المختلفة وطريقة ربط الحسابات والقنوات الإلكترونية مع بعضها عند التنفيذ والنشر للمواد اللغوية، وذلك لاقتراح أفضل السبل لنشر اللغة العربية،

① المرجع السابق، ص 97. بتصرف.

والتشويق في تعلمها، وحث الناس على متابعة الحسابات المختلفة للمشروع للاستفادة من المواد التعليمية وغير ذلك حيث نقترح الطرق والسبل الآتي:

أولاً: تكوين فريق العمل:

1. تُعرض فكرة المشروع وتفاصيله وطريقة العمل فيه إحدى الجهات والمراكز العلمية المتخصصة، ويفضل أن تكونه جامعة حكومية، ويتم الإشراف عليه من قبل كلية اللغة العربية، أو مركز لغوي متخصص.

2. تكوين فريق العمل والإشراف: من رئيس ونائبين ورؤساء تنفيذيون مشرفون على الأقسام والبرامج الإلكترونية، ثم مجموعة من الأعضاء يتم توزيعهم على البرامج المختلفة للمشروع، بحدود ثلاثة أو أربعة في كل برنامج.

3. الاستعانة بمتخصصين لإنشاء الحسابات والمواقع الالكترونية المختلفة للمشروع، ومتخصصين آخرين لإنشاء الأفلام وعروض البوربوينت وتصاميم المواد التعليمية بأفضل التقنيات البرمجية الحديثة.

4. عقد مجموعة من الاجتماعات وورش العمل وحلقات النقاش لدراسة المشروع من جميع جوانبه، واقتراح البرامج والفعاليات والأساليب والطرق المناسبة لتنفيذ المشروع، ولشرح خطة العمل، وتوضيح مهام فرق العمل وأعضائها.

5. دعوة بعض المتخصصين في اللغة العربية وفي مناهج تعليم اللغة العربية وعرض عضوية مجلس الإدارة عليهم، عرض خطة العمل والبرامج والفعاليات التي سيقيمها المشروع، والاستفادة من آرائهم ووجهات نظرهم في تلك البرامج وطريقة تنفيذها وتفعيلها.

ثانياً: إنشاء حسابات وقنوات إلكترونية:

1. إنشاء حسابات إلكترونية رئيسية خاصة بالمشروع على مواقع وتطبيقات اليوكو، والوي شات، والكيوكيو.

2. إنشاء حسابات إلكترونية مساندة للحسابات السابقة، مثل: التوتير والوائبر والائين والتو، والواتس أب، والفيس بوك، واللنكدان، وكذلك بريد إلكتروني، مرتبط بحساب اليوكو، وتكون هذه الحسابات مساندة للبرامج التعليمية من حيث الدعاية والإعلان لها، والتنسيق في استقبال الاستفسارات والرسائل وغير ذلك، ولا تخصص لنشر المواد التعليمية.

3. الإعلان عن تلك الحسابات كلها في الصفحة الرئيسية لكل حساب إلكتروني رئيسي أو مساندة خاص بالمشروع.

ثالثاً: مراحل تطبيق المشروع:

يقترح تطبيق المشروع على ثلاث مراحل:

المرحلة الأولى: إنشاء والإعلان والتنظيم للمشروع وفريق عمله والدعاية له: ويكون بتوفير التجهيزات الأولية والأساسية اللازمة للمشروع، من أجهزة ومعدات، ثم الدعاية للمشروع في جميع

الحسابات الالكترونية المتعلقة بالمشروع ووسائل التواصل الاجتماعي، والتوعية بأهمية تعلم اللغة العربية.

المرحلة الثانية: تعليم المتوسطين اللغة العربية: وذلك بتعليم المتابعين المتوسطين المواضيع والدروس الأساسية في قواعد النحو والصرف والإملاء، ولا يتم شرح التفاصيل الدقيقة لهذه الدروس إلا في المرحلة الثالثة.

المرحلة الثالثة: هذه مرحلة متقدة للتعليم اللغوي وتشرح فيها الدروس الفرعية للمواضيع الرئيسية، ولا تبدأ هذه المرحلة إلا بعد التأكد من إتقان الطلاب للدروس الأولية المشار إليها في المرحلة الثانية.

رابعاً: طريقة نشر المواد التعليمية:

1. يقوم فريق العمل في المشروع بالإعلان عن المراحل المختلفة لتعليم النحو والصرف والأملاء، ومدة كل مرحلة، ومواعيد البدء والانتهاء لكل مرحلة، حيث سيتم فيها نشر المواد التعليمية المختلفة على حسابات المشروع، ويتم الإعلان عن طريق جميع حسابات المشروع؛ اليوكو، والوي شات، والكيوكيو، والفيس بوك واليوتيوب والتوتير والواتس آب، فيعلن – مثلا ً– عن دروس تقسيم الكلام، وما يتعلق بها من المعرب والمبني والنكرة والمعرفة في مدة شهرين، ابتداء من أول يوم من شهر مارس وحتى نهاية شهر أبريل، ويوضح جدول تنظمي لهذه الدروس في الشهرين المذكورين.

2. توزيع تلك المراحل كذلك على العلوم الثلاثة: النحو والصرف ولإملاء، وتكون دروس النحو والصرف متوازية، فيعطى في الأسبوع الواحد درسين في النحو والصرف مثلاً، ويتم التركيز على دروس النحو أكثر من الصرف؛ لثقل علم الصرف، أما المهارات الإملاء والكتابة والتحرير فيمكن تأخيرها إلى ما بعد انقضاء سنة أو أكثر من تعليم النحو والصرف.

3. تُنشر الصور التعليمية المصممة على المواقع القابلة لنشرها مثل: الوي شات، والكيوكيو وغيرها، كل درس ينشر في موعده ويومه المحدد له.

4. تنشر المقاطع المرئية التعليمية (الفيديو) على موقع اليوكو، وينسخ الرابط الخاص بها وينشر في موقع الوي شات، وتكون المقاطع المرئية متوافقة مع المادة اللغوية المنشورة على الوي شات، ويشرح الدرس اللغوي على المقاطع المرئية، بالمدة المحددة سابقاً فيها، بحيث لا تزيد عن ثلاثين دقيقة.

5. يكون النقاش بعد ذلك في التعليقات الخاصة بالمنشور على اليوتيوب أو الفيس بوك، كل درس يتم النقاش مع منشوره، ولا يسمح المسئولون في المشروع أن يتم نقاش موضوع لغوي آخر في موضوع ليس متعلقاً به، إلا في حدود ضيقة.

6. بعد الانتهاء من كل مرحلة تتم مراجعة الأبواب والمواضيع التي بثت ونشرت على اليوكو، والوي شات، والكيوكيو، وتكون المراجعة بشكل مختصر، وتعقد له جلسة أو جلستين كاملتين، وتتم مناقشة المتعلمين فيها تم تعليمه ونشره سابقاً، ويتم قياس مستوى المتعلمين بسؤالهم مباشرة عبر التعليقات على منشورات اليوكو، والوي شات، أو عبر البث المباشر على برنامج اللايف ون.

7. يمكن أن توضع المواد النحوية والصرفية والإملائية كل على حدة، في حساب مستقل على الحسابات الرئيسية في اليوكو، والوي شات، والكيوكيو حتى يتعرف المتعلمون على الفروقات التي بينها فلا يحصل لديهم اللبس.

8. يمكن تصوير وعمل مونتاج لمقاطع مرئية لمقابلات مع الناس، والتحدث معهم عن حياتهم اليومية، ومحاولة تعليمهم اللغة العربية عبر المخاطبة والمشافهة المباشرة، ويقام ذلك بصفة دورية، في كل شهر مرتين، وتنشر هذه المقاطع في الحسابات المساندة مثل: التويتر والواتس أب والفيس بوك وغير ذلك.

9. ويمكن كذلك عمل مقابلات مع بعض المشهورين في المجال اللغوي، والذين لهم خبرات سابقة في تعليم اللغة بمختلف الوسائل؛ لعرض تجاربهم ونشرها للمعلمين بخاصة والناس بعامة؛ ليستفيدوا منهم، وتنشر هذه المقابلات المرئية في الحسابات المساندة.

10. إنتاج مقاطع فيديو قصيرة متنوعة المواضيع: منها ما يقصد به توعية الناس بأهمية تعلم اللغة العربية وتعليمها للناس، ومنها ما يركز على بعض الأخطاء اللغوية عند التحدث أو القراءة أو الكتابة، وتوعية الناس بالطرق الصحيحة لذلك، وغيرها من الأهداف، وتنشر هذه المقاطع على الحسابات المساندة.

11. تسجيل مقاطع مسموعة للشعر العربي، بقراءة أحد المتخصصين الفصحاء، ونشرها على الحسابات المساندة.

12. يكون التحدث والنقاش في جميع مراحل التعليم ووسائله المختلفة باللغة العربية الفصحى، ولا يقبل التحدث بعير ذلك من جهة المعلمين والقائمين على المشروع، أما المتعلمين والمتلقين فيحاولون قدر المستطاع التحدث بالفصحى، وإن لم يتمكنوا فيغتفر لهم، وينبهون على أخطائهم من قبل المعلمين.

13. عند وضع الأمثلة على القواعد والمسائل اللغوية يستحسن أن يكون التمثيل بآيات القرآن أو الشعر العربي أو النثر الفصيح من كلام العرب القدماء.

خامساً: طريقة تنفيذ المسابقات:

1. المسابقة الثقافية التحريرية: يتم فيها وضع مجموعة من الأسئلة التعليمية، تشمل على المواضيع والدروس التي تم بثها ونشرها في فترات سابقة، ثم يعقد اختبار إلكتروني للطالب في يوم محدد على إحدى الحسابات الإلكترونية للمشروع، ثم ترسل الإجابات إلى أيميل المشروع، ويكون وقت الاختبار قصيراً لا يتعدى الساعة ونصف الساعة، وتتضمن أسئلة الاختبار أمثلة تطبيقية على نصوص القرآن الكريم أو الشعر العربي أو الكلام النثري الوارد عن العرب الفصحاء. ويمكن أن تكون هذه المسابقة دورية، تعقد في كل شهر أو شهرين مرة واحدة، وتوضع أسئلتها مما تم بثه من الدروس في الأيام السابقة أو الشهر الماضي قبل الاختبار. ويمكن كذلك أن تعقد هذه المسابقة بحضور الطلاب إلى قاعة معينة في مدينة محددة، وذلك إذا كان المشتركون في أماكن متقاربة، أو يعمل للمتواجدين في منطقة معينة مسابقة خاصة بهم، وترسل الإجابات إلى الإيميل الإلكتروني على حساب مرتبط باليوكو، ثم تصحح الأسئلة من اللجنة المختصة، وتعلن النتائج

في الحفل الختامي السنوي، ويكرم الفائزون فيه.

2. المسابقة الثقافية القصيرة: وتقام على الحسابات المساندة، وتكون بوضع أسئلة قصيرة خفيفة للطلاب، عن إحدى المواد التعليمية التي تم بثها قبل المسابقة على الحسابات الرئيسية، وتكون الإجابات في فترة قصيرة جداً لا تتعدى النصف ساعة من بعد وضع السؤال المنشور مباشرة، ثم يقفل باب المشاركة، ويرسل المشاركون أجابتهم برسائل خاصة إلى البريد الخاص لحساب المشروع على التويتر، أي في الموقع الذي أقيمت فيه المسابقة، ويتم إعلام الفائزين على الحسابات نفسها، وترسل جوائزهم عبر حساباتهم البنكية إن كانت مالية، أو ترسل له عبر البريد العادي إن كان مجسمة.

3. المسابقة العلمية البحثية: حيث يقيم المشروع هذه المسابقة لقياس مدى استيعاب الطلاب للدروس، وقدرتهم على تطبيق ذلك على النصوص المختلفة، وتحليل المسائل والشواهد المرتبطة بها، وتضع إدارة المشروع أو اللجان المتخصصة في المسابقات العلمية الشروط والضوابط المقننة للمسابقة، وما يتعلق بها من المواضيع أو المحاور الرئيسية والفرعية يتناولها المتعلمون بالبحث والتفصيل والتحليل، مع تحديد مواعيد التسليم، وكذلك الجوائز المرصودة للمتميزين، وتقام هذه المسابقة مرة واحدة في العام، وتوضع ضوابطها وشروطها ويعلن عنها في بداية العام، حتى يأخذ المشاركون الوقت الكافي لإعداد أبحاثهم وأوراقهم العلمية، وترسل الأبحاث إلى الإيميل الإلكتروني، وتشكل لجان علمية لفحص وتحكيم الأبحاث المقدمة، وتقويمها، ويكون التحكيم على مرحلتين: التحكيم الأولى العلمي النظري، ثم التحكيم النهائي العلني للأبحاث المرشحة في التحكيم الأولى، ويكون التحكيم العلني في فعاليات الأسبوع الثقافي الذي تقيمه إدارة المشروع، وبعد ذلك يكرم أصحاب الأبحاث الفائزة في الحفل الختامي السنوي للمشروع.

4. مسابقة أفضل قارئ: وطريقة هذه المسابقة أن يعرض على أحد حسابات المشروع نص معين، سواء من القرآن الكريم أو الحديث النبوي أو الشعر أو النثر، ثم يطلب من المشاركين مقاطع مرئية صوتية وهم يقرؤون ذلك النص، على أن يكون القارئ هو المشارك نفسه، وذلك بالتأكد من هويته التي يرسلها مع مشاركته، ويتم تقويم أفضل قارئ للنص، ثم يُكرم المشارك الفائز بجائزة محددة من قبل إدارة المشروع، وترسل له الجائزة.

5. المسابقة الثقافية الكبرى بين الفرق: وتعقد هذه المسابقة في إحدى مقرات المشروع، قبل الحفل الختامي السنوي للمشروع، وقبل الأسبوع الثقافي، ويحضرها الراغبون في المشاركة، ويتم الإعلان عن المسابقة على الحسابات المختلفة للمشروع، وتوضع لها الشروط والضوابط الخاصة بها، وتحدد جوائزها، وتنشر قبل موعد إقامة المسابقة بعدة شهور، ويكوّن المشاركون فرقاً متعددة، بالشروط المحددة لتكوين الفرق، وتوضع فترة لتسجيل الفرق، ثم يتم التنسيق والإعداد لإقامة المسابقة في الموعد المحدد، وتُعد إدارة المشروع واللجان المختصة فيها أسئلة المسابقة، وتكون ضمن لمواضيع والمواد التعليمية المنشورة سابقاً على حسابات المشروع، في العام المنصرم القريب، وتعقد المسابقة في يومين أو ثلاثة أو أكثر – بحسب

عدد الفريق المشاركة – ويكرم الفريق الفائز في الحفل الختامي السنوي للمشروع، وتعقد هذه المسابقة مرة واحدة في العام.

6. مسابقة المشاهد التمثيلية: حيث يعد الفريق المشارك في المسابقة مشهداً تمثيلياً يتضمن موضوعاً تعليمياً أو ثقافياً أو تربوياً أو تعوياً، ويتكلم المشاهدون باللغة العربية الفصحى، ثم يرسل المشاركون مشاركتهم إلى البريد الإلكتروني الخاص بالمشروع، وتوضع الشروط والضوابط المقننة للمسابقة، وتوضح جوائزها، وتحدد المواعيد الخاصة لتسليم المشاركات، وتحدد مواعيد التقويم والتكريم للفائزين.

7. مسابقة الإلقاء والخطابة: وتقام هذه المسابقة كذلك مرة واحدة في العام، ويعلن عنها في بداية العام، ويقترح أن يكون تحكيمها علنياً أمام الحضور والجمهور، في فعاليات الأسبوع الثقافي الذي يقيمه المشروع في نهاية العام، وتشكل لجنة مختصة لتحكيم المشاركين المتقدمين للمسابقة، وتكون طريقة المسابقة أن يصعد المشارك إلى منصة التحكيم للإلقاء، ثم تعطيه اللجنة موضوعياً مفاجئاً غير معروف للمتكلم، ولم يُعد أو يحضر له من قبل، ثم يعطى فرصة لمدة خمس دقائق ليلمّ شتات الموضوع الذي سيتكلم عنه، من غير استعانة بأي أمر كان سوى ذاكرته، ثم يرتجل متكلماً في الموضوع الذي اختاره، من غير أدوات مساعدة كورقة مكتوبة أو غيرها، وتقوّم لجنة التحكيم أداء المشارك، ثم تعلن أسماء الفائزين في الحفل الختامي السنوي للمشروع، ويكرمون باستلام جوائزهم وشهادات التقدير.

8. مسابقة الفنون التشكيلية: تقام هذه المسابقة مرة واحدة في العام، ويعلن عنها في بداية العام الدراسي التعليمي، وتنشر شروطها وضوابطها على الحسابات المساندة المختلفة، وتتفرع عن هذه المسابقة بعض المحاور، مثل: الخط العربي، والرسم التشكيلي، والتصوير التشكيلي، وتكوّن لجنة تحكيم مختصة لفحص اللوحات المقدمة، وتعلن أسماء الفائزين في الحفل الختامي السنوي للمشروع.①

سادساً: إقامة أسبوع ثقافي وحفل ختامي سنوي:

يعقد فريق المشروع هذا الحفل السنوي ليكون خاتمة أعمالها وبرامجها لعام كامل، ويتم فيه تكريم الفائزين في المسابقات المختلفة، وكذلك تكريم الجهات الداعمة والراعية والمشاركة في إنجاح برامج المشروع، وتكريم الأعضاء الفاعلين في المشروع. ويقترح أن يسبق هذا الحفل الختامي مجموعة من البرامج والفعاليات الثقافية، مثل: إقامة تحكيم علني لبعض المسابقات مثل: مسابقة الأبحاث العلمية، ومسابقة أفضل شاعر، ومسابقة الإلقاء والخطابة. كما يقترح أن يقام في هذا الحفل الثقافي معرضاً مصاحباً تعرض فيه صوراً للمنجزات التي تحققت خلال عام كامل للمشروع وفريق العمل، كما تعرض بعض اللوحات والبوسترات العلمية المستخرجة من الأبحاث العلمية المقدمة في مسابقة الأبحاث. ويقترح أن يعرض في المعرض المصاحب المذكور أجود اللوحات الفنية والتشكيلية التي شارك بها المتسابقون في مسابقة الفنون التشكيلية.

① المرجع السابق، ص 102.

近代阿拉伯语的语用革新与实践述评

◎ 马和斌*

摘　要：承载守护着阿拉伯游牧大众文化精神的阿拉伯语历经数千年不衰，内涵丰富，意义非凡，在人类文化传承过程中发挥过中流砥柱的作用。当外族利用其创建了较厚重的文化根基后，阿拉伯语被贬为二等社会交流语言；随着被殖民侵蚀的不断加深，阿拉伯语语用生态曾一度黯然失色，语用环境遭受严重扭曲，程序化、模式化语用特定突出，词语晦涩难懂，辞藻华丽无实，特定颂扬格调泛滥；其语用生态远离百姓，脱离生活。在彼社会环境下，近代阿拉伯有志之士倡导阿拉伯语言社会化，致力于推动阿拉伯语服务社会，通过各种途径谋求阿拉伯语语用模式改革，率先垂范复兴阿拉伯语语用功能，使阿拉伯语益于人类文化的交流与传承。

关键词：阿拉伯语语言；语用；规则；革新

阿拉伯语承载、守护着阿拉伯游牧大众历经千年积淀的生活体系，折射着阿拉伯文化本质。阿拉伯语的属性亘古未变，内涵丰富，词义变化甚微；但不同时期人们使用阿拉伯语的风格却迥然有别。

为使阿拉伯语能够真切地表达思想，抒发感情，易于交流，有志之士设法对其应用的历史性痕迹进行相应改革，倡导并推动使用具有时代性的语言风格。该项革新创举的推进艰难且缓慢，逐渐被人接受，惠及社会。

一、18世纪阿拉伯语的语用生态

奥斯曼帝国（Ottoman Empire，1299—1922）的奠基者依靠突厥人获取对中亚和小亚细亚的统治后，势力范围逐渐扩大。16世纪中叶，帝国统治北非

* 马和斌，西北民族大学外国语学院副院长，副教授，博士，主要研究方向：阿拉伯语语言学、阿拉伯语言教学。

和阿拉伯半岛，并借力伊斯兰教，使其权力被赋予神圣不可置疑的色彩。帝国建立之初，当政者为稳定统治基础，推行“融合性”政策，吸纳阿拉伯、柏柏尔、库尔德、亚美尼亚、斯拉夫、希腊、阿尔巴尼亚等族群[1] 29的顺民，使当时社会的多元文化传统和宗教教义得以保留。被征服地民众的优秀文化成果为突厥文化输入新元素，民族融合达到前所未有的程度。当政者接纳、善待阿拉伯地区学者，推崇阿拉伯语言文化。执政者在所辖地兴办学校，修建图书馆，出版书籍，搜集各地民间图书，还为求学者免费提供食宿[1] 33，让突厥人通过学习阿拉伯语进一步了解伊斯兰诸学科知识，使突厥文化嵌入并糅合了阿拉伯伊斯兰文化的元素。现如今仍不难看到突厥文化中的阿拉伯文化和波斯文化痕迹。彼时，奥斯曼帝国当政者将研习阿拉伯语视为一种荣耀。第14任苏丹艾哈迈德·本·穆拉德（Al-Sultāna Ahmad bin Muhammad bin Murād, 1591—1617, 1603—1617年在位）① 在行政管理方面实行“公正执法”、推行制度与规范管理社会，深受百姓爱戴。“他是一位有能力的领导者，宗教信仰纯正；善待学人和圣裔，结交贤哲，善待贫者；爱好文学，擅长写诗，且还能用阿拉伯语撰写诗歌。”[1] 34-35苏丹艾哈迈德对阿拉伯语的喜爱，给其辖区从政人员研习阿拉伯语一个绝佳理由。

在一定的历史阶段，突厥语、阿拉伯语和波斯语不仅是帝国普通民众学习知识和文化的语言，还是政府议事与执政的官方语言。只有接受过教育者，尤其是帝国政府工作人员，才能较好地同时使用这三种语言。17世纪，突厥语——“国语”已成为当政者的宠儿，阿拉伯语排第二位，波斯语屈尊第三。彼时，阿拉伯语仅作为宗教语言被广泛使用，波斯语在很大程度上则为文人墨客创作时所用。18世纪末，阿拉伯文学特别是阿拉伯诗坛已衰落到了谷底，沉寂且僵滞。那时，精通阿拉伯语的人本就不多，能用阿拉伯语进行诗歌创作的更是寥若晨星。

随着突厥语社会地位的逐步提升，阿拉伯语的语言生态受突厥人思维左右的情况日趋严重。即便有学者尤其是宗教学者要使用阿拉伯语，亦是在长久形成的特定使用模式下勉强地记录着历代的文化成果，没有丝毫的创新杰作。阿拉伯语语用程序化、模式化现象突出，且词语晦涩难懂，追求辞藻华

---

① 被称为“艾哈迈德一世”，是一位致力于社会改革的管理者和诗人型苏丹。当政之初，帝国社会腐败，各地暴乱频发。于是，他推行公正执法，廉洁管理，极力举荐女性进入帝国的管理层。伊斯坦布尔的蓝色清真寺就是在他的主持下修建的。

丽、特定颂扬格调。其实，奥斯曼帝国时期，不少学者受命对阿拉伯语文献资料进行有限的修订，或编撰百科全书，或将阿拉伯语典籍译成突厥语。此行为抢救性地保留了一些阿拉伯语文献。概括性地说，阿拉伯语在奥斯曼帝国时期历经了被引入、重视和边缘化3个不寻常阶段，最终被禁锢在某个特定使用范围。

奥斯曼帝国时期，阿拉伯诗歌"题材庸俗、琐细、平淡、无聊，空洞无物；艺术手法上矫揉造作，堆砌辞藻，华而不实。……诗人们大多趋炎附势，对权贵极力歌功颂德，阿谀奉承，缺乏真实情感，脱离生活，脱离社会，没有丝毫的时代气息"。[2]如此境况的语用生态使阿拉伯语失去了往日的生机，反而形成了具有奥斯曼帝国时代特征的语用生态。阿拉伯语的语用模式古板，使用规则老套，强调谐音手法，忽略词语本义，不注重语言的社会属性，不关注语用效果。

二、近代阿拉伯学者规范阿拉伯语语用举措述评

突厥语的语言风格对阿拉伯语的语用模式冲击不小，使阿拉伯语语用在帝国后期出现了"石化"现象，且影响深远。埃及翻译先驱雷法尔·塔哈塔维（Rifā'ah at-Tahatāwi，1801—1873）曾于1842年供职《埃及时事报》（*Al-Wāqa'i'al-Misriyya*）①，确定了阿拉伯语的社会地位，通过新闻媒介告诫百姓"阿拉伯化"的重要性和紧迫性。他的主张使奥斯曼帝国定性的阿拉伯语为二等社会语言的局面得以扭转，被认为是近代阿拉伯语语用规范现代化的创举。

1880—1882年，穆罕默德·阿卜杜胡（Al-Shaikh Muhammad Abduh，1848—1905）② 担任《埃及时事报》主编，发现该报副刊中的文章冗长晦涩。虽其中的文风尚有现代气息，但其内容却与埃及本土人的语言使用习惯相差甚远，甚至还充斥着马穆鲁克和奥斯曼帝国人的语言表述习惯——肆意赞扬权贵与名流。穆罕默德·欧玛尔（Muhammad Omarah，1931—2020）认为：

---

① 该报创建于1828年12月3日，是一报双语（突厥语和阿拉伯语，突语在右，阿语居左）官方纸质媒介，后用阿拉伯语独立撰发消息。该报是中东地区第一份阿拉伯语报纸，主要为军队首领、学者等中上层次人士所阅读。1880年，该报倡导社会改革与加强民族教育，深受百姓喜爱。广大民众每周（除周五）都可以阅读6期社会新闻，每期售价1角。如今，该报已成为埃及发布官方政令的主要媒介，通常每周四（特殊情况除外）发行一期。

② 近现代埃及社会改革家、宗教革新家、埃及宗教大法官。其改革思想对现代伊斯兰主义影响甚大。

"那样的阿拉伯语语用风格会误导读者。"[3] 231-232 他明白媒介的导向性、引领性、示范性、权威性。然而，那时埃及报业不曾关注读者，亦不会考虑读者的感受。阿卜杜胡意识到，媒介文章的语言风格对语用的影响不可低估。

阿卜杜胡撰文呼吁发展民族教育，学习现代技术。那些新想法抑或是基于他思考社会的良性发展，唤醒民众从陈腐的思维中走出来，接受新式教育，解放思想，建设国家。随后，叙利亚、突尼斯、黎巴嫩等地的年轻人均以满腔的热忱投身到民族复兴的大业中，摒弃宗教信仰的藩篱，共同为阿拉伯民族的复兴奋斗，极力推动社会现代化建设。在那场民族文化复兴运动中，以阿卜杜胡为代表的学者曾作出很多意义深远的突出业绩。

（一）校注传统阿拉伯文学名著

阿卜杜胡于1889年校注传统阿拉伯文学名著——《赫迈扎尼麦卡姆集》。麦卡姆系阿拔斯王朝（750—1258）时期集散文、故事、诗歌、骈文等形式为一体的特殊文学体裁，以阿拉伯游牧部落为基调，通过口头形式传递趣闻轶事。麦卡姆文体中虚构的传述人和主人公，是作者对社会现实不满或想表达意见的"传声筒"，著述者往往通过主人公流浪文丐的轶事趣闻，有意或无意反映当时的社会风情，揭露诟病与弊端。麦卡姆"真切地表达了下层民众的朴素感情和基本愿望"[4]，"具有反映现实、批评现实的文学价值"。[5]

语言学家伊本·杜莱德（Ibn Durayd，837—933）常年奔波于沙漠腹地、城乡集市，边说故事边向游牧部落老人搜集各种传说故事。著名阿拉伯语专家仲跻昆（1938—2020）教授认为，赫迈扎尼（Badī'al-zamān al-Hamadhānī，969—1007）曾仿效杜莱德的故事，先撰写40篇麦卡姆，后续写10余篇，汇成《赫迈扎尼麦卡姆集》。[5]哈里里（Abū Muhammad al-Qāsim Ali al-Hariri，1054—1122）于1101—1110年仿照赫迈扎尼的风格创作了50篇麦卡姆。

阿拉伯麦卡姆文体受到东西方学界的关注。据记载，胡登洲（1522—1597）① 贤哲偶遇一来华进贡者，其囊中有经，曰《母噶麻忒》。② 20世纪前，《母噶麻忒》一直是中国伊斯兰教经堂教育中研读阿拉伯文学的必修教材。

① 今陕西省咸阳市渭城湾胡家沟人，回族，字明普，经名穆罕默德·阿卜杜拉·伊里亚斯，明代伊斯兰教学者、经师；因开创伊斯兰经堂教育，被中国穆斯林尊称为"胡太师巴巴"。

② 赵灿:《经学系传谱》，青海人民出版社，1989，第26—27页。关于这一点，日本拓殖大学日本文化依据所的长谷部茂先生也有同样的认知，参见：http://www.guancha.cn/changgubumao/2015_01_23_307232_2.shtml。

2016年1月底，笔者在滇巍山县小围梗清真寺看到两册《哈里里麦卡姆集》，其蓝色花布包裹的书皮有虫蛀的痕迹。钱内里（Thomas William Chenery，1826—1884）① 于1867年用英语翻译了《哈里里麦卡姆集》的第1—26个故事，并撰文介绍史料，做阿拉伯语语法注释等工作。该译作由英国威廉斯和诺盖特出版社（Williams & Norgate）发行，一卷562页。后来，斯坦噶斯（Francis Joseph Steingass，1825—1903）② 继续翻译了剩余的24个麦卡姆故事。1898年，东方翻译基金（Oriental Translation Fund）和大英皇家亚洲学会理事会（The Council of the Royal Asiatic Society）携手在伦敦的亚洲学会理事会出版了附加索引的第二卷，共408页。2014年，英国高登出版集团（Forgotten Books）在保持《哈里里麦卡姆集》原貌的前提下，利用现代数字技术补充和修正了其中缺失或遗漏的信息，分两次出版了全两册的《哈里里麦卡姆集》。[6]

阿卜杜胡修订麦卡姆为规范阿拉伯文确定了一个示范。[3] 243 2013年，埃及文化大厦出版总社出版了阿卜杜胡注释的《赫迈扎尼麦卡姆集注释》（一册256页）。阿卜杜胡凭借当时现有的语言水平和数量不多的工具书，尝试着进行开创性的语言注释，利用搜集到手的多个版本文集，补足了原文中缺失的信息或遗漏的词语。他对比多个引证中最贴近原本含义的信息，博众之长，再解释其中的一些注释，使之更符合现代人的鉴赏品味。[7]除此之外，阿卜杜胡通过各种方法向各地识家求证，使散布于阿拉伯各地的阿拉伯语文献资料（如《沙姆的光复》《修辞奥秘》等）能够得到科学公正的修正。

（二）注释《古兰经》

阿卜杜胡注释了《古兰经》的部分章节，后被其弟子穆罕默德·赖西德·里达（Muhammad Rashīd Ridā，1856—1935）整理成《光塔经注》。该经注基于伊斯兰教义学，古兰学，圣训学，伊斯兰教法学，逻辑学，伦理学，阿拉伯词汇学、词法学、语言学、修辞学、音韵学等知识，对经文作了简洁明了的诠释。为让研读者更好地了解经文的背景，他还对伊斯兰教初期的历史、《古兰经》降示的背景信息作了相应的阐述。此外，引证历代学者（包括

---

① 1854年曾被《泰晤士时报》派驻伊斯坦布尔。他通晓阿拉伯语、希伯来语、现代希腊语和土耳其语。

② 英国语言学家、东方学家，熟知包含阿拉伯语、波斯语在内的24种语言。主编多部阿拉伯语—英语、英语—波斯语、英语—阿拉伯语词典。

法学家、经注学家等）对《古兰经》经文注释的权威见解，间或引用类似的经文对某段经文作更全面的解释。研读者能感到其注释的《古兰经》经文浑然一体。

黎巴嫩贝鲁特科学图书出版社（Dār al-Kutub Al-'ilmīyah）于2005年出版《光塔经注》。在第一卷中，仅《古兰经》开端章（Sūrah al-Fātiḥah）的注释就有60页（31—91页）之多，包括：经文降示地、经文节数、降示次序等信息，逐节解释经文；注释该章经文的伊斯兰法学认定，各学派对安拉“至仁”属性的主张；基督教对该章经文的看法；每次礼拜时诵读该章的伊斯兰法学依据；学界认定该章经文节数的依据；其中“迷悟者”与“被谴怒者”两个词语的更深层次意义；读完该章后念“阿敏（Al-Tamin）”的意义，阿拉伯语字母“达德（al-Dād）”与“扎乌（al-Ẓā'）”发音时趋向“达德”的依据；该章含义的演绎与扩充，礼拜中必须知晓该章含义等海量信息。阿卜杜胡使用阿拉伯语时关注语用的凝练简洁，让读者易读易懂。

（三）创建学术机构

1899年，阿卜杜胡创建阿拉伯学科复兴学会（The Association in Revival of Arab Science），旨在校注、修订、出版阿拉伯文典籍，同时还翻译一些优秀的西方学术专著。该学术机构为阿卜杜胡有效规范阿拉伯语语用提供了一个绝好的实践场所。组建该机构表面上不像修订阿拉伯文献典籍、注释《古兰经》那样耀眼，但确实是一个具有远见卓识的事业。

西方殖民者以武力入侵埃及，致使民不聊生，社会安宁环境被破坏殆尽。西方生活模式像病毒一样侵蚀着埃及百姓，使之在不知不觉中竭力为那些“洋东西”摇旗呐喊，甚至不遗余力地推崇和效仿。西方文化侵蚀的首选之举是将殖民者语言词语移植到阿拉伯语中，用其思维模式置换阿拉伯语语用规则。最终导致阿拉伯语中混杂了殖民者的许多词语，固有的阿拉伯语言结构被肢解，百姓言谈时使用的阿拉伯语词语中新添加的部分不伦不类。

1892年，阿卜杜胡、哈福尼·纳斯夫（Hafnī Nāsif，1855—1919）等人集聚文学家穆罕默德·陶菲格·巴克里（Muḥammad Taufīq al-Bakrī，1870—1932）家中，商议应对殖民语言对阿拉伯语语用的侵蚀。阿卜杜胡等人萌发拯救阿拉伯语语用生态的想法，拟组建一个协会，并推举巴克里为领导者。那时他们的想法仅是“纸上谈兵”，但为后来组建阿拉伯学科复兴学会打下了基础。

1907年，纳斯夫在阿卜杜胡参与和亲自创建的学会的基础上，组建了阿拉伯语语言学会。开罗大学文学院的学者每两周聚会并商讨阿拉伯语语言问题，纠正因外来词语导致阿拉伯语语用模式混乱现象，完善阿拉伯语语用规则。

尽管那些具有明显个人特质的各类学会都没有长久地远行下去，但他们确实在阿拉伯语语用模式的改革方面作出了前无古人的贡献。表面上看，埃及学者在20世纪初进行的阿拉伯语语用模式改革成效并不显著，社会效应甚微，但有一点可以肯定，那就是民间学者在维系阿拉伯语语用规则纯洁性方面确实有超越时代的现实意义。以埃及学者为代表的民间学者，自下而上地推动阿拉伯语语用模式，从一个层面反映了阿拉伯民众坚定文化自信的愿望与决心。

三、近代阿拉伯语语用规范的现实意义

近代阿拉伯语语用规范及语用模式改革活动的出现与推进，是历史发展与社会进步的必然产物，与近代阿拉伯社会发展的历史脉络、思想交融、现代技术、文化自信等因素密不可分。

第一，基于突厥人当政的社会环境，阿拉伯语断然不会成为主体社会语言。15世纪以来，阿拉伯语一直处于低迷、僵固和被边缘化的境地。以阿拉伯语为基础的阿拉伯文学（含诗学、史学）创作寥若晨星，惨淡苟存。有志者则以自恋式的情怀抄写一些文献资料，希冀传统阿拉伯文化能得以保留与传承。在那样的境况下，西方殖民者以武力侵占埃及，通过各种方式裹挟着埃及民众进入现代社会，并接受现代生活方式。西方殖民者最直接的方法就是将殖民者的思维植入阿拉伯语中，迫使阿拉伯语成为被嫁接外来语言和思维后的新式语言，且通过各类新式“教育”让埃及青年喜欢具有殖民色彩的新语言。

第二，西方“先进文化”与传统阿拉伯文化的碰撞和交融，亦是近代阿拉伯语的语用模式革新的重要因素之一。西方殖民者的语言政策使19世纪埃及的阿拉伯语语用环境雪上加霜，传统的阿拉伯语语用环境被破坏殆尽。虽然突厥人统治时期的阿拉伯语语用环境不尽如人意，但至少没有被完全颠覆。

而当西方人将“文明”的生活模式引植到埃及民众生活中①，原本已枯萎的阿拉伯语语用环境则快速地被动了“手术”，阿拉伯语的外壳貌似还存在，但其内核已经像被置换了灵魂的新阿拉伯语。

西方文化殖民也使阿拉伯地区有基督教信仰背景的一些年轻人首先接触到了西方科技思想，为阿拉伯民族文化复兴做足了准备。19世纪后半叶，叙利亚曾出现的各类学校，社团,（学术）刊物，语言、科学和文艺学会，为整个阿拉伯世界的文化复兴带了一个好头。[8]西方殖民者文化输出过程中开展的各种活动，促使叙利亚和埃及等地学者开始翻译西方文化典籍，吸纳了不少科技信息，使“大量的译词和借词”进入阿拉伯语，成为阿拉伯语中的新词,“大大丰富了阿拉伯语的表达，使得阿拉伯语能跟上时代的进步和科技的发展”。[9]鉴于此，近代阿拉伯语语用模式的革新则是阿拉伯民族复兴运动的重要组成部分。

第三，西方殖民者将印刷技术带到阿拉伯地区，彻底颠覆了语言文字的传统传播方式。印刷技术未问世前，各地民众要么通过口授的方式传承民族文化，要么用誊抄的办法让传统文化精髓永驻人间。阿拉伯世界对传统阿拉伯文化的传递亦是如此。那时，有学问的人便是能书写的人，誊写古人杰作是一种崇高的荣誉。事实上，有些誊抄者会不自觉地将自己的想法添加其中，使原典作品失色不少，亦为后人研读典籍作品注入了隐患。阿卜杜胡等人发觉在世面上流传的一些阿拉伯文典籍中存在的失真现象不足为奇。

另外，誊写（手抄）本典籍的普及性极差，只有家庭富裕者才有能力购买阅读。大批量的印刷使书籍的价格大幅下降，也使书籍的普及性大大提升，印刷技术让成千上万的普通百姓享受到阅读的乐趣。“印刷机消灭了文学和科学的贵族性，……全体人民都有权利享受它们。”[10]引进印刷技术催生了埃及出版业的兴起，也为“阿拉伯文学语言进行现代题材创作”[11]提供了活动场所。

第四，创建阿拉伯科学协会及社团，加强阿拉伯文化自信建设。20世纪上半叶，阿拉伯世界创建的科学协会都是基于发掘阿拉伯文化遗产、推动阿拉伯语为现代科学服务为宗旨。1918年10月28日，叙利亚成立了阿拉伯科学

① 国内学界认为，西方殖民者利用文化渗透的方式对阿拉伯地区实施“先进文化和价值观”的输入。参见：孔令涛《文化大背景中的阿拉伯文学与欧洲文学影响研究》，宁夏人民出版社，2014，第179页。

学会，其前身是阿拉伯语言翻译编辑部，后易名为大马士革阿拉伯语言学会。1923年7月23日，约旦在安曼宣布成立约旦科学学会，但因故未能开展更多工作。在约旦科学学会基础上，安曼阿拉伯语化翻译出版委员会于1961年组建，并于1976年7月1日正式成立约旦阿拉伯语言学会。1932年12月13日，埃及成立了王室阿拉伯语言学会，即现在的开罗阿拉伯语言学会。1948年11月26日，巴格达阿拉伯语言学会成立。截至2016年，阿拉伯世界共建有13个国家级别的阿拉伯语言学会。各学会的研究侧重不同，如“大马士革和巴格达两个语言学会，着重发掘研究有关阿拉伯文化遗产的图书资料，并负责整理出版。安曼阿拉伯语言学会着重引进理工科大学的各种外来教材，并将其翻译成阿拉伯文，在部分大学试用。开罗阿拉伯语言学会侧重研究阿拉伯语中出现的新词汇，及其应用范围，推广各个学科阿拉伯语的专业术语”。[12]

资料显示，阿拉伯世界各国政府主导的阿拉伯语言学会，都不同程度地为阿拉伯语语用规范作出了贡献。为使阿拉伯语言学会的各项工作有助于阿拉伯语语用的推广和普及，“阿拉伯语言学会联盟于1971年成立，负责协调各成员协会的工作”。[13] 200

上述因素促使阿拉伯语的语用规则符合社会发展的需求，且可以将阿拉伯语语用外延提升到时代高度。以开罗阿拉伯语语言学会为例，其中有约1/4的会员接受过法国教育。[13] 203笔者绝非要贬低该学会，而想说世事总是“祸福相伴”。阿拉伯伊斯兰学界曾有人视法国殖民入侵甚至西方文化侵蚀为洪水猛兽，痛恨至极；而伴随而生的是将阿拉伯世界推向现代化进程的快车道，许多科技手段被应用到社会生产之中。埃及本土学者和有志之士将西方现代技术进行本土化改造后，使其与社会环境相适应，那些兼容并蓄的杰作既未失去埃及本土文化的属性，亦吸纳了外来较先进的生产手段，助力本土民众朝着更远的幸福生活目标前行。

绍基·戴逸夫（Aḥmad Shawqī Daif，1910—2005）博士于1996—2005年担任开罗阿拉伯语言学会第5任主席。他撰文回顾开罗阿拉伯语言学会50年历史时指出，它开启了关闭的大门，激活了惰性的能量，容纳了富有生命气息的现代词语和时代文化，吸收了科学与技术。那些活动并非一帆风顺，却充满艰辛与困难，各专门委员会①、学术论坛举办众多活动，在阿拉伯语词法规则，阿拉伯语派生词，阿拉伯语借入新词、搭配规则等方面作出了卓越贡献。据不完全统计，开罗阿拉伯语言学会制订了6万多个科学和艺术领域的专业术语。[14]

《开罗阿拉伯语言学会50年：1934—1984》的第一章将开罗阿拉伯语言学会的历史上溯至古希腊语言学会，接续托勒密（Ptolemy）人在亚历山大创建的学术成果，秉承中世纪阿拉伯人在巴格达、库法、开罗、科尔多瓦等地创建的学术中心。简言之，开罗阿拉伯语言学会是秉承人类文明的新生事物，亚历山大在人类文明传承过程中亦有不可或缺的重要作用，且将会成为东西方文化交流最耀眼的一颗明星。这一论述与开罗阿拉伯语言学会会刊主编曼苏尔·法哈米（Mansūr Fahmī，1886—1959）的论调一致。

20世纪50年代，开罗阿拉伯语言学会已"建构（成）了一个由阿拉伯—伊斯兰学术传统为主导的全球性的'语言学会'历史连续体"[13] 208，在阿拉伯语语用规范化进程中作出了很大贡献：从最初的借入词语逐渐修炼成通过复兴传统阿拉伯文化遗产推动阿拉伯语的"纯正性"，重塑传统阿拉伯文化自信，坚持阿拉伯语现代化规范，推动阿拉伯语语用新途径。

参考文献

[1] 艾布阿里. 奥斯曼与马穆鲁克时代的阿拉伯文学（阿拉伯文）[M]. 加沙：伊斯兰大学出版社，2008.

[2] 仲跻昆. 阿拉伯文学通史：下卷[M]. 南京：译林出版社，2010: 577.

[3] 欧玛尔. 伊玛目穆罕默德·阿卜杜胡：以维新宗教振兴社会的改革家（阿拉伯文）[M]. 第3版. 开罗：曙光出版社，2009.

[4] 马智雄. 中世纪的文学之花：麦卡姆[J]. 阿拉伯世界，1990 (03): 55.

[5] 仲跻昆. 阿拉伯文学通史：上卷[M]. 南京：译林出版社，2010: 446.

[6] CHENERY T. Assemblies of Al Hariri: Vol.I [M]. Errata. London: Forgotten Books, 2014.

[7] 阿卜杜胡. 赫迈扎尼麦卡姆文集注释（阿拉伯文）[M]. 开罗：文化大厦出版

① 开罗阿拉伯语言学会下设大型辞书、语言原理、词语与词型、方言与语言研究、文学、阿拉伯文化遗产复兴、中级词典、心理学与教育、哲学与社会科学、历史、地理、法学、医学术语、化学与制药、生物与农业、经济、地质、石油、水务、物理学、工程、数学、电子医疗、文明与艺术术语、伊斯兰法学和诗歌语言词典26个专门委员会。

总社，2013: 6-8.

[8] 法胡尔. 阿拉伯文学史[M]. 郅溥浩，译. 银川：宁夏人民出版社，2008: 450.

[9] 孔令涛. 阿拉伯国家语言战略发展研究[M]. 上海：复旦大学出版社，2017: 40.

[10] 戴逸夫. 阿拉伯埃及近代文学史[M]. 李振中，译. 北京：人民文学出版社，1980: 21.

[11] 基布. 阿拉伯文学简史[M]. 陆孝修，姚俊德，译. 北京：人民文学出版社，1980: 171.

[12] 一丁. 阿拉伯国家语言学会简介[J]. 阿拉伯世界，1987 (04): 23.

[13] 廉超群. 埃及社会现代化观念的变迁：从开罗阿拉伯语语言学会对自身历史渊源的讲述[C]// 丁士仁，敏敬. 伊斯兰文化研究：第五辑. 兰州：甘肃人民出版社，2012.

[14] 戴逸夫. 阿拉伯语言学会50年：1934—1984（阿拉伯文）[M]. 开罗：开罗阿拉伯语言学会，1984: 3.

عنوان البحث: تعليق إصلاح أساليب الاستعمال للغة العربية وتطبيقها في العصر الحديث

الباحث: ما خه بين، أستاذ مشارك، نائب العميد لكلية اللغات الأجنبية لجامعة القوميات شمال غربي الصين الشعبي، الاهتمامات الأكاديمية: علم اللغة العربية وتعليم اللغة العربية وتربيتها.

ملخص البحث: ما زالتْ حية نشيطة اللغةُ العربيةُ التي تحمل روح الثقافة البدوية وحمايتها تماما بمرور أعوام مع وفيرة المعاني داخلية وهي تلعب دورا عظيما في وراثة الثقافة البشرية في تاريخ. كانتْ اللغةُ العربيةُ منزولةً كدرجة ثانيةٍ في المجتمع بعد خُلقتْ الحضارةُ العجمية متينة بعون ذاتها ومن ثم أنها أُصيبتْ بسوداء حالة الاستعمال وكانتْ بيئتها بصورة المعوجة خلال أيام الاستعمارية الغربية لبلدان العرب حيث أنها تميزتْ بطريقة عجيبة في أسلوب الاستعمال نموذجيا شكليا مع خلطة الألفاظ حتى لا تُفهم معانيها دقيقة، وظهرتْ كلمةُ اللغة العربية الجميلة بدون فائدة في التعبيرات اللغوية ولو بلغة المدح خاصة. ولذلك أن بيئة اللغة العربية للمستخدمة أوشكتْ بعيدة عن حياة الشعب وتاركة المجتمع فعلا. فكان بعض العلماء العرب المطيعين يفكرون عمل على دفع اللغة العربية إلى الجماهير بأحسن وجه للاستعمال والخدمة اجتماعيا بأكثر طرق الإصلاح في أساليب المستعملة وهم يمثلون طليعة المصلحين في استعمال اللغة العربية ويجعلون اللغة العربية لغة عملية في نقلة الثقافة البشرية ووراثتها بالدنيا.

الكلمات المفتاحية: اللغة العربية، طرق الاستعمال اللغوية، قواعد اللغة العربية، تجديد وإصلاح

独立学院阿拉伯语专业“二—三—三”人才培养模式的构建*

◎ 崔林杰　杨　希　沈允育　左泽玲**

摘　要：南京大学金陵学院阿拉伯语专业在发展过程中，充分考虑独立学院应用型人才培养的特点，明确专业建设定位，清晰专业发展目标，即：响应“一带一路”倡议，立足江苏、面向华东，紧密围绕“立德树人”教育宗旨，融合“双线并行、三位一体”的人才培养理念，坚持内涵发展，旨在培养语言功底扎实、人文素养厚实、实践经历充实“三实并重”的国际化应用型阿拉伯语人才，以此构建“二—三—三”人才培养模式，力争建设成为校级品牌专业和同类院校中一流的阿拉伯语专业。

关键词：人才培养模式；实践教学平台；“双师型”教师队伍；志愿服务

南京大学金陵学院阿拉伯语专业（以下简称“本专业”）创办于2007年，作为江苏省创建最早的阿拉伯语专业，也是迄今为止江苏省内唯一的独立学院阿拉伯语专业，自2011年拥有第一批毕业生以来，已累计向社会输送300余名毕业生。

一、专业建设定位

本专业在成立之初，依托南京大学浦口校区办学资源和办学条件，立足于为长三角地区培养专业阿拉伯语翻译人才，在人才培养和课程设置上注重对学生语言基本功的能力培养。

---

*　本文系南京大学金陵学院2018年度教学改革重点立项项目“创新创业教育与外语专业教育的深度融合——以‘新丝路’平台为例”（0010521807）阶段性成果。

**　崔林杰，副教授，南京大学金陵学院阿拉伯语系副主任；杨希，南京大学金陵学院阿拉伯语系教师；沈允育，南京大学金陵学院阿拉伯语系教师；左泽玲，南京大学金陵学院阿拉伯语系教师。

在发展过程中，本专业先后成立专业建设专家指导委员会，聘请专家顾问共同研究国内外人才需求、国内阿拉伯语专业发展和国家政策调整情况，充分考虑独立学院应用型人才培养的特点，围绕人才培养方案修订、教学成果奖申报，以及专业综合评估的自检、自查工作，明确专业建设定位，清晰专业发展目标，即：响应“一带一路”倡议，立足江苏、面向华东，紧密围绕“立德树人”教育宗旨，融合“双线并行、三位一体”的人才培养理念，坚持内涵发展，旨在培养语言功底扎实、人文素养厚实、实践经历充实“三实并重”的国际化应用型阿拉伯语人才，以此构建“二—三—三”人才培养模式（图1），力争建设成为校级品牌专业和同类院校中一流的阿拉伯语专业。

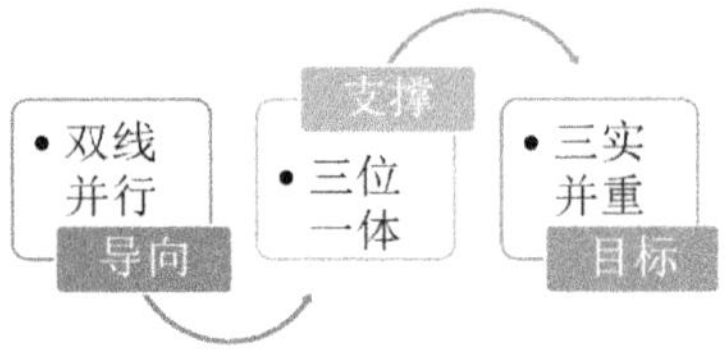

图1　“二—三—三”人才培养模式

二、人才培养模式

（一）以语言文化素养和综合实践能力“双线并行”为导向（图2）

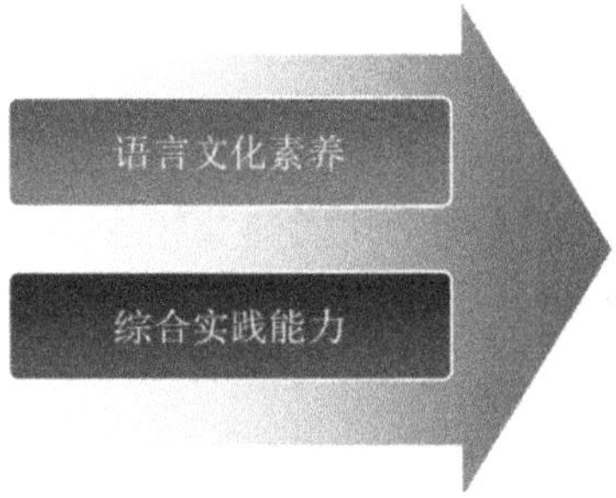

图2　以“双线并行”为导向

1. 以语言文化素养为导向

本专业以培养具有扎实语言功底的应用型阿拉伯语人才为目标，将语言文化素养作为培养学生的第一导向。在这一导向作用下，本专业经过多年实践，总结出语言类核心课程、文化类素养课程相结合的培养手段，以本专业语言类课程为培养主线，结合“伊斯兰文化”“阿拉伯世界概况”和2017年依据形势新开设的“中阿人文交流与创新”“中西文化交流史”构建语言文化素养培养的课程体系。

自成立以来，本专业坚持邀请国内外知名学者和行业专家来校讲学。每年举办数期阿拉伯语专业系列讲座，2017年10月后更名为“新丝路”大讲堂，讲座主题涵盖阿拉伯语语言、文学、文化、经济、政治、历史、中阿交往等领域，更有结合媒体传播知识的跨学科主题讲座，使学生充分了解本专业学科前沿、企业现状与需求及阿拉伯国家最新动态等。

2. 以综合实践能力为导向

本专业以实践类课程建设为主线，创新实践训练项目为特色，综合性学科竞赛为辅助，鼓励学生参与校内外实践活动，培养学生综合实践能力。

本专业实践类课程涵盖学生听、说、读、写、译5种语言技能。“阿拉伯语听力”和“阿拉伯语会话”贯穿学生1—3年级的课程安排；“阿拉伯语政治外交选读”“阿拉伯语科技文选读”“阿拉伯文学选读”“阿拉伯语经贸文选读”全方位提升学生的阅读能力；“阿拉伯语汉语口译”“阿拉伯语汉语笔译”“经贸阿拉伯语口译实训”加强学生的翻译实践训练；“毕业论文”锤炼学生的研究能力和写作能力。

本专业学生在专业教师指导下，共成功申报江苏省大学生创新训练项目8项，顺利结项7项，1项在研，项目主题涉及海上丝绸之路旅游路线设计、南京清真食品行业调研、《中国人的一天》阿汉双语纪录片摄制等。上述项目共完成论文13篇，拍摄双语纪录片3部。

近年来，本专业鼓励学生参加各类学科竞赛，并取得优异成绩，已有22名学生在国家级和省级学科竞赛中获奖。

（二）理论与实践并重的课程体系、教学与实训互动的实践教学平台、专业知识和实践经验丰富的“双师”队伍——“三位一体”为支撑（图3）

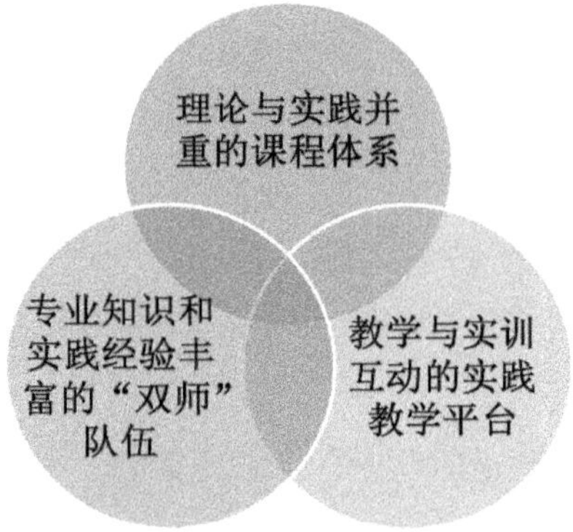

图3 “三位一体”为支撑

1. 建设理论与实践并重的课程体系

通过2017年版和2018年版人才培养方案的论证和修订，本专业进一步调整和优化创新型实践课程体系，突出“三实并重”的阿拉伯语专业人才培养目标。本专业整合原有师资，本着“固基础、强应用”的原则，开设“阿拉伯语语音训练”；在“新丝路”实践教学平台的基础上，丰富“新生导学课”的层次和内容，新开设“中阿人文交流与创新”和“中西文化交流史”。

2. 建设教学与实训互动的实践教学平台

本专业教学团队以创新创业教育为突破口，重点打造“新丝路”实践教学融合平台，充分利用现有资源，丰富硬件配置，培育学生创新团队，取得了积极的成效。

2016年，本专业在响应国家“一带一路”倡议的同时，以学校申报南京大学国家级双创实训平台为契机，开始建设“新丝路”双创工作室。以该工作室为平台，整合实践教学与创新实训资源，打造“新丝路”创新教育品牌，为本专业“二—三—三”人才培养模式增添亮色。

“新丝路”双创工作室建立以来，共开展“新丝路”大讲堂5期，邀请名家进校园，将学科前沿学术动态、国际国内热点问题、阿拉伯—伊斯兰文明纵览、名家文学代表作品等与本专业师生分享；举办“新丝路”校友沙龙2期，邀请杰出校友返校交流，开展朋辈互助、为在校生现身说法；开设“新丝路”工作坊9期，师生开展圆桌沙龙，围绕预设的教学、科研主题，展开讨论，分享心得；举行“新丝路”文化艺术节1期，师生展示多才多艺的另一面；举办留学生沙龙1期，邀请在宁阿拉伯留学生来校联欢，互相传授舞蹈、书法、非遗手艺等技艺。

在建立“新丝路”双创工作室的基础上，本专业于2017年开始建设实践教学软平台——阿语社。阿语社成立之后，在专业教师指导下，先后举办“新丝路”朗读、书法、演讲、口译、笔译、配音大赛等，统筹安排本专业学科竞赛和素质拓展活动，成为专业发展的重要辅助资源。

本专业教师认真总结围绕“新丝路”双创融合教育取得的成果，经过凝练后撰写论文公开发表。

3. 建设专业知识和实践经验丰富的“双师”队伍

本专业重视建设专业知识和实践经验丰富的“双师”队伍。现已拥有一支结构合理、专兼结合的“双师型”教师队伍。在13名教师中，拥有行业企业经历的“双师型”教师6人，占比46.2%。

通过人才引进，充实“双师”队伍。本专业聘请两位具有丰富行业经验的“双师型”教师来校任教。一位是皖南医学院弋矶山医院的周玉森副译审，承担高年级学生“阿拉伯语精读”“阿拉伯语汉语笔译”和“阿拉伯语汉语口译”课程教学任务，凭借丰富的翻译经验和援助也门医疗队等工作实践经验，拓宽学生视野。另一位是中国国际广播电台原副总编辑马为公，作为客座教授承担“新生导学课”“中阿人文交流与创新”等课程教学任务，为学生拓宽媒体融合、对外传播、文化“走出去”等领域的认知视角。

通过行业锻炼，培养“双师型”教师队伍。本专业鼓励教师参与实践指导，积极服务社会。本专业与行业单位合作，派遣青年教师赴行业单位兼职，完成指定工作任务，提升业务水平，增加专业积累。本专业教师沈允育曾担任浙江警察学院对外培训任务的翻译，崔林杰曾在南京青奥会组委会国际联络部担任NOC（国家或地区奥委会）助理主管，杨希和袁琳娴曾担任新东方公司实习生业务主管。

（三）以培养语言功底扎实、人文素养厚实、实践经历充实“三实并重”的国际化应用型阿拉伯语人才为目标（图4）

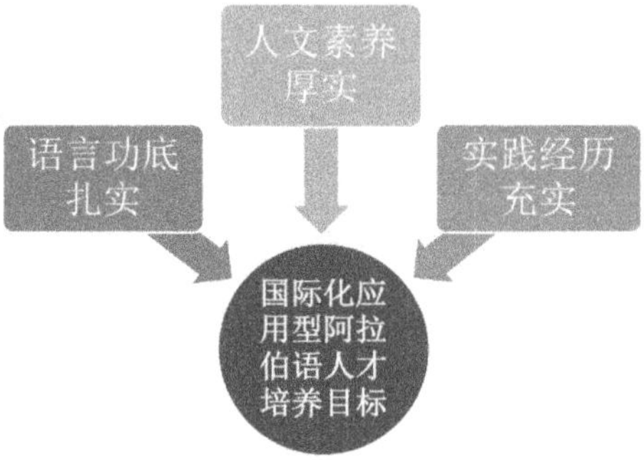

图4 “三实并重”的人才培养目标

1. 以培养语言功底扎实的阿拉伯语人才为目标

近年来，本专业外语四级考试通过率在同类院校中均名列前茅（见表1），应届考生通过率均达到70%以上，远超全国平均水平，更先后有2人达到全国优秀水平，19人达到全国良好水平。同时，本专业积极鼓励学生学习英语。近4年来，学生大学英语四级通过率均在90%以上（见表2）。

表1 2016—2019年阿拉伯语专业应届毕业生专业四级通过率

年份	阿拉伯语专业四级通过率
2016	90.32%
2017	72.50%
2018	70.00%
2019	78.26%

表2 2016—2019年阿拉伯语专业应届毕业生大学英语四级通过率

年份	全国英语四级通过率
2016	100.00%
2017	90.00%
2018	92.50%
2019	95.65%

2. 以培养人文素养厚实的阿拉伯语人才为目标

本专业人才培养方案中设有专门的文化素质选修模块。从大学二年级开始，学生可选修全校文化素质教育课程，且必须修满至少6个学分才能获得毕业资格。目前，学校设有80多门文化素质选修课程，涉及文学、艺术、哲学、社会学、法学、历史、医学、经济学、管理学等10余个学科门类。此外，本专业鼓励学生通过选修其他院系的专业课程拓宽知识面，先后已有百人选修南京大学优质通识慕课（MOOC），如“理解马克思”“走进中华优秀传统文化”“英国小说”等。

3. 以培养实践经历充实的阿拉伯语人才为目标

本专业作为南京唯一的高校阿拉伯语专业点，充分把握南京建设高速发展的机遇期，服务南京城市建设。本专业鼓励学生积极参加国际赛会志愿服务，本专业师生志愿者团队作为南京亚青会和青奥会唯一的阿拉伯语志愿服务团队，出色完成了组委会布置的接待和服务任务，获得组委会志愿者部表彰，学生志愿者也在赛会中得到历练和成长。

本专业学生团队在教师指导下开展了丰富的创新训练活动：与艺术学院学生团队合作，设计丝路特色文创产品；走访南京清真食品企业，进行行业调研；学习纪录片制作技术，摄制完成3部阿汉双语纪录片；考察南京海上丝绸之路文化景点，设计旅游路线。通过跨学科实践活动，培养和锻炼了学生综合实践创新能力。

同时，本专业同埃及亚历山大大学签订了交流合作协议，每年派遣10余名学生赴埃及留学一至两学年，有助于提升学生语言学习环境，拓宽文化认知视野和实践途径。

三、专业建设成效

本专业围绕“三实并重”的人才培养目标，多措并举，取得了一定的育人成果。

（一）学科竞赛成绩优异

本专业开办至今已先后有22名学生在国家级和省级学科竞赛中获奖。在第二届至第五届“CRI杯”中国高校阿拉伯语演讲比赛中，本专业共有6名学生获全国优胜奖。在2013年和2015年举行的两届中国高校阿拉伯文书法大赛中，本专业有1名学生获全国三等奖，8名学生获全国优秀奖。在2016年举行的第一届全国高校汉语阿拉伯语文学翻译大赛中，1名学生获全国三等奖，1名学生获全国优胜奖。在2017年举行的第十四届“沪江杯”翻译竞赛中，1名学生获阿语组翻译全国优胜奖，本专业获大赛唯一优秀组织奖。在2018年举行的“永旺杯”第十一届多语种全国口译大赛中，1名学生获阿拉伯语交传组全国优秀奖。在2018年举行的第三十届韩素音国际翻译大赛中，1名学生获汉译阿组全国优秀奖。在“that's”阿拉伯网络小说创作与翻译大赛中，1名学生获阿语组二等奖，本专业也获得该届大赛的最佳组织奖。此外，1名学生在2015年举办的江苏省第三届文科大学生自然科学知识竞赛中获省级二等奖。

（二）就业层次较高，就业情况良好

本专业围绕“三实并重”的人才培养目标，经过不断努力，多年来形成了毕业生就业“高层次、宽口径”的特点。

本专业学生近4年的年终平均就业率达95.34%，2016届毕业生就业率更高达100%。本专业多位毕业生进入国家部委、大型国企、央企等机关企事业单位工作，就业层次较高。此外，还有学生被录用为大学生村干部，深入基层工作。多数毕业生能够胜任不同行业、不同岗位的工作要求，就业口径宽。通过对部分毕业生用人单位的跟踪调查，本专业毕业生普遍获得了用人单位的肯定和赞扬。

（三）继续深造的比例和层次较高

2011年至2019年，本专业共26人考取国内知名院校研究生，其中包括中国人民大学、北京外国语大学、对外经济贸易大学、北京第二外国语学院、北京语言大学等。其中，2014届和2015届毕业生各1人分别在南京大学和对外经济贸易大学攻读博士研究生。另有18人考取国外知名大学出国深造，如英国布里斯托大学、英国伯明翰大学、英国诺丁汉大学、英国阿伯丁大学、美国康涅狄格大学、新西兰梅西大学、澳大利亚国立大学、埃及亚历山大大学等。

四、提档升级措施

本专业是江苏省内两家阿拉伯语专业之一，也是省内唯一的独立学院阿拉伯语专业。稀缺性是阿拉伯语专业的特有属性。在建设过程中，本专业也提出了提档升级的措施。

（一）优化师资结构，大力培养优秀青年教师

本专业教师队伍的博士学位获得比例需要进一步提高，还需进一步完善青年教师培养培训体系，加大培训力度，鼓励青年教师申报更高层次科研项目。

（二）提升办学特色，大力推进“阿拉伯语+”专业建设

结合学校办学转型提升工作的具体要求，及时调研搬迁苏州校区后当地的需求，按照“外国语学院专业+复合能力培养”的“外语+”人才培养模式构思，制订详细的“阿拉伯语+”人才培养方案，尽快拟定融合经济管理、新闻传播、工程管理、文化创意等学科的课程体系建设，推进复合型人才培养。

（三）拓展资源利用，大力完善办学条件

以学校迁址南京大学苏州校区为契机，在地方经济建设和社会发展的总体规划下，争取地方政府的支持与协作，实施创新驱动发展战略，开拓共享苏州地区的国际化教学资源，进一步丰富对外合作交流渠道，拓宽对象高校范围，适应苏州校区建设和当地人才需求，适时开展国际化复合型人才培养合作交流。

عنوان البحث: بناء الصياغة المتمثلة في "2-3-3" لإعداد الأكفاء في كلية اللغة العربية بالمعاهد المستقلة

عرض على أصحاب المقالة: تسوي لينجيه، أستاذ مشارك، نائب المدير لقسم اللغة العربية في معهد جينلينغ بجامعة نانجينغ؛ يانغ شي، محاضرة في قسم اللغة العربية في معهد جينلينغ بجامعة نانجينغ؛ شين يونيو، محاضرة في قسم اللغة العربية في معهد جينلينغ بجامعة نانجينغ؛ زوع زيلينغ، محاضرة في قسم اللغة العربية في معهد جينلينغ بجامعة نانجينغ.

ملخص البحث: أمعنت قسم اللغة العربية في معهد جينلينغ بجامعة نانجينغ في عملية تطورها النظر في خصائص إعداد الأكفاء التطبيقية للمعاهد المستقلة وتحديد مواقع بناءها وأهداف تطورها. من أجل الاستجابة لمبادرة "الحزام والطريق"، تركز على الغرض التربوي والتعليمي المتمثل في تعزيز التعليم الأخلاقي وتربية الأكفاء اعتبارا من مقاطعة جيانغسو واتجاها شرق الصين مع الاندماج بأفكار "الخطين المتوازيين وتجسيد ثلاثة أجزاء في نقطة واحدة" من أجل إعداد الأكفاء، تتمسك بالتنمية المحتوية هادفا على إعداد الإكفاء التطبيقية الدولية للغة العربية وهم ذات قدرة اللغة القوية والجودة الإنسانية الكثيفة والخبرات العملية الوفيرة،سعيا وراء بناء قسم اللغة العربية بالدرجة الأولى على مستوى الجامعات والمعاهد بنفس المستوى.

الكلمات المفتاحية: صياغة إعداد الأكفاء، منصة التدريس التطبيقي، صفوف التدريس بطراز الأستاذين، الخدمات التطوعية